한국창조문학대표문학선

隨詩說

- 길에서 삶을 보았네라<Ⅱ>

道譚 이상일 지음

창조문학사

■ 辨

나의 기행수필집 "길에서 삶을 보았네라"를 발간한지가 2011년 올해로 5년이 지났다.

그동안 각종 지면에 수필과 시. 그리고 소설을 기고하며 세월을 보냈는데...

그러다 고희가 되면 그 기념으로 책을 하나 내려고 생각했었다.

그런데 이것도 학마(學魔)인가.

내년에 프랑스 파리로 건너가야 할 모양이다.

건강도 좋지 않고

해서 실기하기 전에 그동안 엮어두었던 글들을 꿰어볼 요량이다.

극구광음(隙駒光陰)이라는 말이 있다.

세월의 빠르기가 문구멍으로 달려가는 말을 보는 것과 같음이라는데 약관의 나이로 청운의 꿈을 꾸며 서울시 공무원으로 들어와 청춘을 다 바치고 상락두변(霜落頭變)이 되어 정년을 맞고는 강원도 횡성 어답산 자락에 집필실을 만들고 은둔을 하고서야 그 세월의 빠름을 통감하니 어찌 보면 참 많이도 무딘 사람이라는 생각도 해본다.

이번에는 수필과 시와 소설을 한권에 꿰었다.

수(隨筆)시(詩)설(小說)이라는 이름으로

지난번에도 귀한 연을 주신 님들의 호칭을 실명으로 사용했는데 이번에도 그렇게 할 요량이다.

이 또한 님 과의 따듯한 정으로 교감을 해주실 것으로 생각하고 싶다.

이 책이 나올 수 있도록 많은 도움을 주신 여러님 께도 감사하다는 말씀 올린다.

- 2016. 12

道譚 이상일

차 례

제1부 시

제2부 수필

제3부 소설

제1부 시

□ 시

덜커덕

황사의 분노를 떨쳐갈 듯
흰 드레스 입은 귀룽나무
몸부림치며 바람에 눈꽃을 날린다.

비켜갈 거라며
꿈꾸는 것은
부질없는 망상의 과욕

잠시 머문 시간
전사다
슬픔. 기쁨. 행복. 아픔. 미움. 보고픔이
한곳에 갇혀 북적거린 공간 속에서
격렬한 전쟁을 치룬

시간에 잡혀 정지된
감추고 싶은 진실과
가려진 진실의 이중주

면역반응 없는

견딜 수 없는
통증

그리움 한 소절
그리움 한 소절

덜커덕

기억 창고에
자물쇠를 채운다.

어답산 1

일봉. 이봉. 삼봉. 사봉. 오봉
오봉. 사봉. 삼봉. 이봉. 일봉

일봉. 이봉. 삼봉. 사봉. 오봉
오봉. 사봉. 삼봉. 이봉. 일봉

일봉. 이봉. 삼봉. 사봉. 오봉
오봉. 사봉. 삼봉. 이봉. 일봉

일등. 이등. 삼등. 사등. 오등
육등. 칠등. 팔등. 구등. 십등
십일등. 십이등. 십삼등. 십
사등. 십오등. 십육등.

일등. 이등. 삼등. 사등. 오등
육등. 칠등. 팔등. 구등. 십등
십일등. 십이등. 십삼등. 십
사등. 십오등. 십육등. 십칠
등.

일등. 이등. 삼등. 사등. 오등
육등. 칠등. 팔등. 구등. 십등
십일등. 십이등. 십삼등. 십
사등. 십오등. 십육등. 십칠
등. 십팔등.

어답산 2

안개 소리
참새 내음
햇살 향기
낙엽 끙끙

떡갈나무 방긋
소나무 생뚱
잣나무 힐끗
참나무 부스스

싸리버섯 넙죽
영지버섯 은근슬쩍
잣나비걸상 삐쭉
망태버섯 세춤

도룡룡 댄스
까치독사 윙크
청솔모 살인미소
고라니 창

* 어답산-강원도 횡성군 갑천면에 있는 산

당신은 나의 로또

당신은 나의 로또
당신은 나의 로또

퇴근길
같이 영화나 볼까 해서 나오라고 했더니
이미 선약이 있다내요.

요리가 너무 맛있어
특별 주문을 해 가져갔더니
방금 식사를 해서 못 먹겠다내요.

백화점 갈 때마다 목이 아프게 기웃거려
깜짝 쇼 하려고 준비해 갔더니
어제 샀다며 자기여동생이나 주라내요.

모처럼 일찍 들어가
칭찬 받는가 했더니
찬도 없는데 밥이나 먹고 들어오지 라내요.

나는

나는
언제쯤 당신을 맞출 수가 있을까

정녕
당신은 나의 로또?
당신은 영원한 나의 로또?

집착

어렵게 구한 작은 모자
어디 가든 늘 곁에 있던
산에 올랐다가 그만
바람에...

같은 것을 구해 보아도
옛 것을 꺼내 보아도
곧, 시들

가끔
산에 올라
벼랑 나뭇가지에 걸린 모자
바라보며 하는 생각

'언제 심한 비바람에 날아가 버린다면?'

어답산 사전(蛇傳)

뱀12호는
까치독사다.
한여름 뜨거운 햇살 속에서도 바위에 길게 누워 인사를 한다.

뱀11호는
청비사라 이름 붙였다.
파란색을 하고 날다람쥐처럼 내 눈앞까지 뛰어올라 날아간다.

뱀10호는
화사다.
윗집 스님이 몰고 다니는 벤츠에 로드-킬 되었다.

뱀9호부터5호는
구렁이 살모사 독사들이다.
주변 집주인들이 땅꾼을 불러 자루에 들어가게 했다.

뱀4호는
제법 흰빛을 띤 구렁이새끼다.
윗집 한 선생 작대기에 대가리를 맞아
기절한 상태로 꼬리만 꿈틀거린다.

뱀3호는
목욕을 자주하는 물뱀이다.
마을길에서 로드-킬되었다.

뱀2호는
무지개 색을 한 노랗고 까맣고 하얗고 한 새끼 뱀인데.
하여 프리즘 스네이크, 나를 보자마자 잽싸게 돌 더미 속으로 사라진다.

뱀1호는
살모사 새끼다.
봄기운을 느끼는지 철부지인지 스틱으로 치는 땅 소리에도 고개만 끄덕인다.

일기

0월00일

처마 끝의 파랑새도 단, 한사람을 위하여 부르는 노래에는 갈증이 날수 있다는 것.

단, 한사람도 가끔은 바깥세상의 노래 소리가 궁금하다는 것. 이후, 너무 익숙해져버린 혼자라는 의미부여, 소중하다는 것은 옆에 있을 때 모른다는 것 ,사랑은 늘 기다림이고 아픔이다 ,내가 혼자 할 수 없다는 것을 알고 있을까? 고백, 시간이 흐르듯 ,난 나를 그냥 내버려둔다.

0월00일

은하수가 아무리 반짝여도 은하수는 명자 꽃이 될 수 없다는데. 오늘 밤도 명자나무에 내리꽂이는 별빛을 보여 당신을 그립니다. 나의 하루를 빛나게 해주는 당신. 잠깐이나마 빈 공란 처리되었던 가슴에 그리움의 연가를 불러봅니다.

0월00일

당신과의 동행이 포장 잘된 고속도로 일수만은 없지만 .덜컹 ,와자지껄 .소란스러워도 참고 가야겠지요. 오늘 하루도 당신은 먼지처럼 제 호주머니 에서 노닐겠지요.

0월00일

세찬 바람에 시든 열정이 툭 떨어진다. 미확인 비행물체가 가슴속에 착륙... 이륙시켜 말아?

0월00일

그리움보다 더 지독한 보고 싶다 를 뭐라 하지? 말을 생각 하지 않고 할 수 있는 사이가 부부 밖에 더 있겠는가. 나이가 점점 무거워 지는 세월 앞에 우리의 사랑도 무거워 지리라 믿어봅니다. 앞으로. 오늘도 내일도 전진 앞으로....

0월00일

적막강산, 산속에 눌러 붙어 속새 이야기 물어다 주는 그대 목소리, 그거이 내겐 큰 낙 인디...

들국화

아침에 눈을 뜨면
제일 먼저
내 마음을 깨우는

목소리 하나로
밤새 허전함을
다독여주는

멈출 수 없는 것은
세월뿐이 아니라
마음도 그렇다는 것을 알려준

아라비아의 왕이 되어
1000일 야화를
하고 싶다고 생각하게 하는

내안에 있는...

다낭에서

한강 옆에서
황룡의 신음소리를 듣는다

귀를 울리는
오토바이의 바퀴 구르는 소리
대형버스의 크락션 소리
취한 여행객의 술잔 부딪히는 소리
케이 팝의 소리

아, 수 십년 전
하늘에서 쏟아지던
네이팜탄이며 고엽제도

황룡에겐
이런 소리로 들렸으리라

(한강-베트남 다낭시가를 흐르는 강. 서울 한강의 기적을 보고 따라 지었다함. 다리를 황룡형상으로 만들었다)

내 손가락

지극한 효자처럼 부모님에게 단지 올려 기사회생 하시게 한 적도 없고 조폭 똘마니처럼 상사에게 충성을 다 한다고 단지를 한 적도 없다. 안중근 의사처럼 조국의 독립과 민족을 위한다고 단지를 한 적은 더더욱 없다. 해서 두 손에 달린 열 개의 손가락은 아직도 멀쩡하다. 그렇다고 내 손가락이 부끄럽게 만은 보이지 않는다. 마디마디엔 늙은 소 눈자위 주름과 굳은살이 눌러 붙었지만 아내가준 결혼반지를 끼었고 두 엄지 검지는 첫째 둘째 딸의 콧물을 닦아주었다. 할머니 등 손톱에 허연 살 비늘이 끼도록 긁어드렸고 어머님 귀 새끼손가락으로 시원하게 후벼드렸으며 어두운 밤 아버지께 등불 들어 길을 밝혔다. 대통령 현충원에 묻히던 날 가로에서 영정 줄을 잡았고 아버님 어머님 돌아가셨을 때 황토 잡아 관위에 평토 해드렸다. 천만 서울 시민들이 잘 살고 행복하게 도로와 지하철도 만들었다. 이제 그 열 손가락 좀 쉬게 했으면, 허나 어디서도 쉽게 그 자리 찾기 어려워. 궁리궁리 한다. 구례 지리산 화엄사 말사 어느 주지 스님처럼 부처님께 소지공양이라도 해야될까나.

무술수업

차르르르르르...

문을 열고 들어서니 뜨끈뜨끈하고 껌껌하여 마치, 고래 속같다. 천하제일고수각하님 제 술을 한잔 받으시지요 의자에 앉기도 전, 자막으로 눈이 먼저 간다. 화면엔 긴 수염과 머리가 허연 늙은 무사가 두 손으로, 백주를 눈이 쭉 찢어진 수염도 없는 젊은 무사에게 공손히, 권하고 있다. 그때 파리 한마리가 안주 접시로, 풀썩거리며 내려앉는다. 순간 젊은 무사가 비호처럼 젓가락으로, 파리를 내리쳤는데, 순간 파리는 내 좃 빨아라 하면서, 도망을 쳐버린다. 그때 늙은 무사가 한 손엔 백주 병을 든 채 전광석화처럼, 젓가락을 휘둘리니, 파리 대가리가 두 쪽으로, 뚝 갈라지며 떨어진다. 자네를 강호에서는 어떻게 부르나. 뭐 이름, 이름 이랄 거까지야

있겠습니까. 그냥 꾸정꽈당나불랑이라 불려 지지요. 역시 내, 생각이 맞았네. 난 그 이름을 듣고 얼마나 웃었던지. 지금 자네가, 내 앞에서 파리 대가리를 두동강 내었는데 어떻게 생각하나, 어떻게 생각 하다뇨 저야, 40여 년 간 눈비를 맞으며 무예를 익히다 보니 꾸정물에 꽈당거리며 수도 없이 넘어져, 이름도 그렇게 지어져 불리지만 수련장 주변도 얼마나 더럽던지 파리 때가 너무, 많아 아예 파리를 잡는 무술을 연마하여 이런 행태를 보이게 된 거지요 이놈의 파리도, 날아가는 습성이 정해져 있어 날아 올 때와 도망 갈 때의 몸짓이 다르기에 그 성향만, 잘 파악하면 한 초식에도 실패가 없답니

다. 그 참 자네는 아직도 내 말을 못, 알아듣는 구나

이 젓가락을 보게나 여기 파리 다리 하나가 붙어있는 것이 보이지, 않는가 그 파리는 비록 자네가 준비해온, 황룡사시미에 앉기는 했지만 미쳐 촉수를 대지 못했기에 내가 다리만 잘랐다네, 허지만 자네는 오직 한 가지 나에 대한 경외심과 존경심에 빠져 내가 아직, 손대지 않는

안주를 어찌 미물인 파리가 감히 넘보느냐 하는 괘심함의 일념만이, 마음속에 가득 찬 탓에 그 파리의 대가리를 단방에 두 동강으로 내고 말았지 않는가. 어찌 생각 하는가 내 말이 틀린겐가. 아이고 아닙니다. 정말 천하제일고수각하님은 이곳, 화산파의 장문으로 손색이 없으십니다. 이제야 저의 경솔함과 무지함을 모두 알았습니다. 용서 하십시오. 늦게라도 알았다니 다행이야 무술이란 본래, 어려운 것이지 암, 어려운 것이야. 화면에는 마루 바닥에 넓죽 엎드려 있는 늙은 무사의 모습과, 용상좌대에 거만하게 걸터앉은 젊은 무사가 동시에 보여지고 황룡사시미 위에는 잘려 떨어진, 파리 대가리가 크게 클로즈업되며 붉은 태양이 떠오르는 화산 정상으로 종(終),이라는 글자가 크게 두 눈을 찔러 온다.

아버지

왼 종일 툇마루 앉아
나 태어나기도 전 누날 위해 심었다는
대문 곁에 선 오동나무를 쳐다본다.

그 그림자
내 무릎 까지 찾아와
붉은 이빨 드러내길 수십일

두 무릎 다 뜯길 즈음

허어, 우리 만 상주
큰일이네
눈깔 볼라치면 달구지를 타고도 몇 날은 족히 들어가야 되겠구나
어디 술이나 한잔 같이 해볼까나

흰 점박 머리
누른 수건 동여매고
대밭에 숨겨둔 찹쌀 동동주
아예 작심한 듯
독 째 안고 버둥인다

커, 맛 좋다.
니도 한잔 해 보거라.

오랜 시간
표주박만 들락이며 멱을 감고
그러고도
한참을 더 지나서야
불콰해진 아버지

얼음이 물에서 나왔다케도 물 안에서 안 녹더나
마, 남자도 다, 여자 속에서 나오긴 했지만
그 여자 때문에 망할 수도 있는기라

너무 연연 해 말거레이.

우리아들 잘 할 수 있겠제?
내사마 니를 안믿나.
니 만할 땐 나도 그랬다 아이가.

풍 맞은 오동나무

이제는 안마당도 무섭단다
그러면서도 절룩거리며 다가 온다

그 그림자
독 든 아부지 같다.
잘 못하시던 술
내 앞에서
억지로

커, 맛 좋다

하시던 나의 아버지.

격랑

장막에 갇혀 춤을 춘다.
춤사위가 더 격할수록 성음은
장막을 뚫고 창문을 타고 오르내린다.

광풍이 몰아치듯 짓이기며
허둥대다
독수리 발톱에 민물숭어 낚아채듯, 등짝이 찢겨도
한숨 한번 크게 쉬고는 다시 달음질친다.

흠씬 맞았으면서도
아픔은 언제냐는 듯이
다시 일어나 앉는다.

살을 타게 하는 열기에 흠뻑 젖어서도
서있다, 굳건하다.
온 세상 다 가져본 듯,
풍만한 미소를 머금은 채로
한 치의 틈을 보이는 것이 죄악인 듯
이건 갈증 이전의 것은 아니다
다시 묵묵히 삶을 던진다.

수반에 꽂인 하얀 안개꽃으로
귀뚜라미의 작은 성음이 내려앉는다.
노도같이 철썩이던 격랑은 어디로 가고
그 자그마한 성음은 창문을 뛰쳐 넘친다.
적막에 내려앉는 어둠속
여전히 귀두라미는 성음을 뱉어내고 있다.
귀뚤 귀뚤...

요세미티에서

내 사랑

이곳은 캘리포니아에 있는 요세미티 국립공원이란다.

태양에 담금질되어 은빛으로 빛나는 요세미티밸리 폭포는 아더왕이 거대한 장검을 절벽에 눕혀 놓은 듯하구나. 검은 다시 부서져 하얀 포말 속에 묻혀 빙하가 되어 흘러내리고, 굴러굴러 구석구석 멍이 들어 푸른 조약돌이 되고, 마침내 가느다란 모래알이 되어 커다란 바위와 나무 사이를 요리조리 잘도 피해 달아나고 있구나.

서부의 강열한 햇살이 멍든 얼음 정수리에 머큐롬을 발라주고, 100미터가 넘는다는 자이안트세콰이어트리는 온몸을 흔들며 햇빛을 질투하고, 얼음은 물을 떠나고, 아메리카오크가 놀란 듯 멈칫하며 뒤돌아보고, 물이 돌 속으로 스며들고, 얼음이 햇빛을 타고 올라가고, 얼음이 햇빛에 미끄러져 굴러 떨어지고, 오색무지개가 폭포 위로 날아오르고, 둘레가 20미터나 되는 속이 텅 빈 삼나무는 발을 헛딛어 옆으로 나뒹굴며 신음소리를 내고, 갑자기 나타난 거대한 큰돌이 햇살을 가리고, 철도 잊었는지 하얀 눈이 몸을 흔들며 내 머리위로 내려앉고, 제 몸을 형체도 못 알아보게 해버리는 햇살을 원망하듯 눈은 눈물을 흘리고, 무지개송어가 아가미를 크게 벌리며 하품을 하고, 가재 꼬리 속에 달라붙은 알들이 옛날이야기를 하고, 키가 60미터도 더 되 보이는 왕 떡갈나무가 누가 들으면 창피 할까봐 숨어서 방구를 뀌고, '누구세요' 하며 새끼 곰이 엉덩이를 흔들면서 악수를 청해오고...

당신 곁을 떠나온지 벌써 3일이 지났구나
그런데 내가 자는 방은 자꾸만 조금씩 커져만 가네.

내 사랑
그럼 내일 또...

돌체다방 김마담

정말
아무 일이 없었다는 듯
걸어오는 동안 다 쏟아내고 왔는지
내 옆에 선 돌체 김마담.

다방 안에 들어서야
그녀 입술 반 열림이 눈에 들어 왔다.
하나밖에 없는 딸애가 교통사고로 멀리 떠났단다.

달이 웃옷을 반쯤 벗을 때쯤
같이 밖으로 나와
혼자라고 기죽으면 절대 안 된다고
내가 늘 옆에 있겠다고,

달이 옷단장을 하길 수 백 번
돌체에서는 더 이상 김마담을 볼 수 없었다.
그녀가 만든 로즈마리 향도 없었다.

늘 '한 번의 실수'였단다.
낯선 길 드라이브하다

길에 나온 어린 삶 하나를 로드-킬 한 것
그 죄 값으로 ,
혼자서 키운 딸애를

내 앞에서
굵게 덩어리진 솜사탕 같은 눈물 방울을 굴려 내리던
돌체 김마담

은행잎이 바람결에 실려 가며 속삭인다
'돌체에는 김마담이 없다'

순자네 주점

부서지는 포말이 달라붙는 희미한 네온사인
흰 돛단배 한 척 찾아 올리 없는
허름한 순자네 주점
오늘도 주모는 헝크러진 반백의 머리
노란고무줄에 의지하고
할머니 뱃가죽 같은 이마, 가을 만개한 목화 가 밭고랑 막듯
희멀건 분가루 눌러댄다.
화통 같은 소리
'순자야 3호방에 안주 퍼떡 가 가거라'
순자가 바쁠 때면
슬며시 방에 들어와
'기래도 술은 치마 둘린 여자가 쳐야 제 맛 이제'
얼른 한잔 받으라며 쭈그러진 양은주전자를 냅다 숙인다.
두주불사 하며 술잔이 돌자
한껏 불콰해진 주모
'순자야 순자야 니 어딘노'
하며 그제서야 바쁜 듯이 방을 빠져 나간다
주모는 손님들께 얻어 마시는 술 한 잔이 제일 맛있단다.

내가 삼청교육대에 안 끌려 갔는기요

공수 아들 참 독하기도 하대요.
허름한 창고 같았는데 나보고 홀라당 벗어라 카더니만
커다란 술통에 쳐 넣고는 모가치까지 차도록 맥주 소주 막걸리 양주
마 그곳에 있는 술이라고 생긴 것은 다 부어 버리대요.
그러더니 말 장화같이 생긴 군화를 들디 마는 술통에 쳐넣구 첨범대며
술을 뜨가는 미칭개이처럼 돌리가며 처먹어대는데...

주모는 언젠가 귓속말로 그 날 술통에서
오줌을 싸 질러 버렸다는 얘길 해줬다.

'순자야 니 뭐 하노 2호방에 가 바라 니 안 찾나'
어둠이 쫓겨 갈 즈음 순자가 비틀거리며 마당에 있는 화장실에 들어가자
'저년 저거 저래도 내게는 아주 귀한 보물인기라'
주모의 혀 꼬부라진 소리가 채 끝나기도 전에
언제 방에 들어갔는지 앙칼진 순자의 쉰 소리가 들린다

'언니 여기 술 한 되 더 주이소예'

쿵쾅 쿵쾅

지난 주 말
전남부안에 있는 변산 월명암 가는 길.

땀을 뻘뻘 흘리면서도
붉게 그을린 나무에게 농을 거느라 힘든 줄 몰랐네

쿵쾅 쿵쾅

암자 턱밑에 와서야 요동치는 심장소릴 들었네

쿵쾅 쿵쾅

어디선가 많이 들었던 소리

부처님께 공양을 올리고

감로수로 목을 축이고서야 겨우

그 소리가 뭔지 알았네

아내를 처음 만나
수성 못 뚝방을 거닐며

살포시 손을 잡았을 때

쿵쾅 쿵쾅

가마우지

잘 다녀오세요
오늘도 좋은 하루 보내시구요

아침 출근 때
결혼 초부터
늘 그런 소리를 내게 했나 보다

다정하게 얼굴을 가까이 대고
넥타이를 조르면서
의미 있는 미소를 주면서

시간이 갈수록
점점 더 다가오는 얼굴
더욱 조여지는 넥타이

더 세월이 지나
더욱 조여지는 넥타이
목이 막혀
나도 모르게 캑 캑

그때서야
내가 누구다라는 사실을 알았다

나는
가마우지다

역삼동 차 마담

정 마담이 염라대왕 앞에 끌려갔다.
염라대왕이 그녀에게 이미 다 안다며
그 동안 몇 남자와 섹스를 했느냐고 물었다.
그녀는 시침 뚝 떼고 네 번 뿐이라고 했다.
몇 번을 더 다그쳐도 그렇다고만 했다.
옥문 나설 때 형리에게 봉투를 주고 들은 대로

정 마담이 땀을 뻘뻘 흘리며 가시밭길을 걷고 있다
양손에 남근 두 개씩 나누어 들고
"네년은 네 번만 했다니 남근 4개를 들고 가시밭 천릿길을 갔다 오도록 해라."
염라대왕의 추상같은 명령에 온 몸뚱이가 가시로 피범벅이 되고 정신이 혼미해도 남근 두개는 꽉 움켜쥐고 있다. 행여 잊어버리기라도 했다간 이제까지의 행군이 무효가 된다하니...

사람이 죽으면 염라국에 가서 이승에서 지은 죄의 벌을 받는데 바람을 핀 남자는 다시는 남자의 구실을 못하게 단칼에 남근을 자르고 여자는 바람 핀 횟수만큼 짤린 남근을 들고 가시밭 천리 길을 행군하도록 한단다.

정 마담이 반환점에 도착할 쯤 저 앞에 먼저 온 차 마담이 헐떡거리며 걸어오고 있다.

역시 그녀도 양손엔 남근이 몇 개 들려 있다.

정 마담이
'저 언니는 내보다 훨씬 많을 텐데' 하며 손을 보니
양손 합해 달랑 3개만 있다
"언니, 언니도 형리에게 뇌물 바쳤소?"
"아니, 뇌물은 무슨 뇌물?"
"아니 그런데 언니 손에 든 것은 몇 개 안되네?"
"아, 이것? 너 조금 전 지나가든 용달차 못 봤어? 너무 많아 용달차 하나 불렀어. 이것은 길이 험해 떨어진 것 뒷 따라 오면서 주운거야."

'그럼 그렇지'
정 마담은 차 마담과 멀어지면서 속으로 쾌재를 부른다.
'저 언닌 정말 숙맥이야.
십 여 년 룸-사롱 했으면 뭐해, 그것도 강남에서...'

누구에요?

"이 꽃은 무슨 꽃인가요?"

"얼음새 꽃이란다. 얼음이 녹기 전 먼저 세상에 나와 봄을 알리므로 '봄의 미소'라는 꽃말을 가지고 있단다."

"이 꽃은 무슨 꽃인가요?"

"돌꽃이지. 백두산 천지주변 암석들에 붙어 마치 바위가 옷을 입은 것 같아 '바위 옷'이라는 꽃말을 가지고 있단다."

"이 꽃은 무슨 꽃인가요?"

"홀아비꽃대라하지, 그늘에서 외롭게 홀로 꽃을 피우기 때문에 '외로운 사람'이라는 꽃말을 가지고 있단다."

"이 꽃은 무슨 꽃인가요?"

"동자꽃이란다. 동자가 시주를 나간 스님을 기다리다 얼어 죽었다는 전설을 가지고 있단다. 붉은 색깔의 꽃을 피우는데 '동자의 눈물'이라는 꽃말을 가지고 있단다."

"이 꽃은 무슨 꽃인가요?"

"촛대승마라한단다. 촛대라는 어원에서 기원이라는 뜻을 가져와 '간절한 기원'이라는 꽃말을 가지고 있단다."

"이 꽃은 무슨 꽃인가요?"

"물봉선이란다. 씨앗을 받으려고 다가가면 먼저 씨를 쏟아버려 좀처럼 씨앗을 받기가 힘들단다. '나를 건드리지 마세요'라는 꽃말은 거기에서 유래 되었단다."

"이 꽃은 무슨 꽃인가요?"

"장백제비꽃이란다. 백두산의 다른 이름이기도한 장백산에서 자라는 꽃이라 불러진 이름인데 이 꽃은 각종 병에 특효라 찾는 사람이 많아 꽃말이 '나를 생각해다오' 라는 것이란다."

"나는 누구에요??"

"너? 노루발톱이구나. 풀잎은 연약해보이지만 겨울이면 흰 눈 속에 깊이 파묻혀 추위를 피하고 봄이 되면 새 순을 내는, 때 묻지 않은 꽃이라 '소녀의 기도'라는 꽃말을 가지고 있어 너와 꼭 같아 보이는구나."

"그럼 선생님은 누구에요?"

"나? 글쎄, 나는 풍선난초. 꽃은 피우지만 씨앗을 맺지 못하는 꽃. 우리 인간들의 못 이룬 꿈을 대변하여 '꿈'이라는 꽃말을 가지고 있단다. 나 또한 이 꽃처럼 너무 못 이룬 꿈이 많기 때문에."

여보자기당신허니다링

'여보자기당신허니다링'
'여보자기당신허니다링'

컬러링 채 사라지기도 전
그녀 성음
트레몰로 선율 되어
몸속 찰싹 도배된다.

10년. 크로커다일
시위 떠난 화살, 과녁 없어 뒤뚱
동맥경화, 심근경색, 그녀를
토마토라 불렀다.

20년. 이가 갈린다/상상하기도 싫다/일고도 미련도 없다.
굳은 얼음 쪼개듯 한 송곳질.
내안에 구겨지고 있는 시지포스의 바위

30년. 서리 가득, 질식한 영혼,
못난 일벌의 무능, 벌충해준
백화점 누워 있는 옷만 고른다는, 가시고기

8천생의 전생 연을 존귀로 참아 준, 그대
당신은, 당신은 호박(琥珀).

다링.
허니.
당신.
자기.
여보.

담연(痰涎)

밤늦게 찾아온 슬픔
대구 매형 사망
허둥댈 누님 안쓰러워
먼 길 마다않고 차를 몬다

는개 잠긴 고속도로
콱,
목이 잠겨
캬!
큰 기침 몇 번, 담연 한입
힘껏, 차창 밖에 내 친다
퉤!

귀경길 휴게소
몽롱한 정신, 진한 커피 향에 희롱 당할 때
차 뒷문에 달라붙은 희꺼머래 한 그 뭔가가 눈에 든다

뭐지?

다가가보니 그것은

그제 밤 야멸차게 내 팽개친
담연

말라비틀어진 채
붉게 물들여진 뒷문 차창에 찰싹 달라붙어 있었다.
뻔뻔스레...

진실과 오해

당신은
거울 속의 당신을 보며
밋밋해진 몸매와
늘어나는 주름에
속상해하지만

나는
거울 밖의 당신을 보면
밋밋해진 몸매와
늘어난 주름이
예쁘고 귀하고
그리고
더욱 더
아름다워 보입니다.

제2부 수필

□ 수필

담연(痰涎)

지난달 대구에 계시는 바로 위의 누님으로부터 밤늦게 전화 한통을 받았다. 근자 몸이 편찮다며 끙끙거리시던 매형이 급작스레 세상을 달리하셨단다.

솔직히 내 마음 같아서는 가고 싶지 않았는데 남편을 잃은 누님이 안쓰러워 두 눈을 비비면서 차를 몰고 서초동에서 고속도로로 들어선다. 유난히 춥던 올 겨울, 허나 춘 3월 중순을 넘어서자 이곳저곳 봄의 자태가 완연한데도 차 밖의 밤기운은 아직도 매서운 찬 기온을 내보인다.

한참을 달려 경부고속도로 금강휴게소를 지날 때 쯤 안개가 온 도로를 듬뿍 삼켜 가시거리가 50미터도 채 안 나온다. 아마 금강의 따뜻한 습기가 찬 공기와 마닥뜨려 일 것이다. 갈수록 안개는 더욱 심해져 차를 운전 할 수 없을 정도다.

그러고 보면 매형과의 그 모질기까지 한 인연도 이제 다 끝났다는 생각을 해본다.

내가 고등학생일 때다. 누님이 결혼하겠다며 그와 같이 우리 집에 나타나자 나는 죽기로 반대를 하였는데 지금 생각해보면 당시 늘 가까이에서 나를 돌봐주던 엄마 같던 누님(바로 위 누님이지만 6살 정도 나이 차이가 남)이 다른 남자로 인해 내 곁을 떠난다는 것에 그의 외적 부족함에서 보다 더 큰마음의 상처를 입어 그렇게 하였는지도. 너무 심하게 반대를 하다 난투극까지 벌어져 그에게 따귀를 맞기까지 했다.

허나 결국 그는 나의 매형이 되었고 불행하게도 내 예측이 적중되어 누님은 직장생활에 적응을 하지 못하는 그를 대신하여 평생 고생(?)을하며 생활전선에 나가 전 가족의 생계를 책임져야만 했다.

그렇게 시작된 그와의 악연은 그것으로 끝나지 않았다. 내가 대학시절부터 7년간이나 사귄 여인과 결혼을 앞두고 있을 때 그가 그녀의 부모를 찾아가 나를 험담하고 결혼을 해서는 안 될 남자라며 훼방을 놓기도 했다. 그 후, 꼭 그의 탓이라고 할 순 없겠지만 결국 난 그녀와 헤어지고 말았다.

내가 결사반대 하였던 누님 결혼에 그가 앙갚음을 하였다고도 할 수 있겠다.

그가 우리가족이 되고 나서 또 많은 세월이 흘렀지만 집안일이 있을 때면 늘 티격태격 이견을 보였다. 한시도 그에게서 찐한 가족애 같은 것은 느껴 본적이 없었다.

그가 세상을 다한 이 순간 까지도 그에 대한 호감은 손톱만큼도 없다는 것은 아마 내 가슴 속 깊은 어딘가 아직도 그때의 일들이 앙금이 되어 눌러 붙어 있다는 것이리라.

그런 그가 이제 세상을 달리했단다.

갑작스레 목이 콱 잠겨 온다.

큰 기침 몇 번에 입안이 담연(痰涎-가래침)으로 가득하다.

달리는 차창을 열고 힘껏,

퉤!

아무 일 없었다는 듯이 차창을 올린다.

새벽에 도착한 병원장례식장은 아직 아무런 준비도 되어있지 않았다. 너무 갑작스레 당한 일이라며 누님도 넋을 놓고 혼란스레 차려놓은 빈소 앞에 반은 구부러진 채 앉아있었다. 너무 황망하여 눈물도 나오지 않는단다. 낮이 밝고서도 한참이 지나서야 그의 동생이며 가족, 친지들이 들이닥쳐 울고 불며 호들갑을 떨어댄다.

장례식을 마치고 돌아오는 길, 며칠 선잠을 잔 탓에 고속도로 휴게소에 들러 잠시 눈을 붙이고 있었다.

얼마나 지났을까. 그래도 눈이 떨어지지 않아 매점에 가서 진한 커피한잔을 받아 마셔본다.

혼미하던 정신이 약간은 돌아오는 것 같기도 하여 차로 가는데, 뭔가 희멀거니 한 물체가 차창에 붙어있는 것이 보인다.

뭔가?

하며 가까이 가보니, 그것은.

담연(痰涎).

산을 힘겹게 넘으며 싸놓은 태양의 배설물을 주워 먹었는지 핏빛 같이 물던 붉은 선홍색 차창엔,

담연(痰涎)이 말라비틀어진 채 찰싹 달라붙어 있었다.

그제 밤 내가 모질게도 뱉어내 던져버린 바로 그 담연(痰涎).

뻔뻔스레 희죽거리며 나를 놀리기까지 한다.

- 2014. 10

고사리 이야기

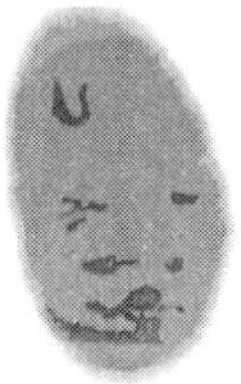

필자가 횡성 어답산 자락에 우곡사랑이란 집필실 사랑방을 내고 지낸지도 어언 2년이 지났다. 그동안 주변 인사들과 여러 가지 정담도 많이 가져 보았지만 그중에서도 토박이들의 산촌이야기만은 들을 때마다 신기하고 재미나고 또 때로는 경이롭게 느껴 질 때도 있었다. 고구마가 예쁜 자주색 꽃을 피운다는 거며, 자두열매는 제때에 따지 않으면 전부 스스로 떨어져 버린다는 거며 상추는 계속 잎을 따줘야 더욱 더 싱싱한 잎을 만든다는 거며 토마토는 열매를 솎아주지 않으면 가지가 꺾어져 버린다는 거며 옥수수는 따서 바로 삶아야만 제 맛을 느낄 수 있다는 거며...

헌데 그중에서도 특히 재미있는 이야기가 하나 있었으니, 필자는 난생 처음 들어보는 진기한, 바로 고사리이야기다.

물론 옛날부터 고사리는 맛이 있어 남자들이 너무 좋아하니까 매일 상차림을 감당하지 못하는 부인들이 정력이 떨어진다고 하여 남자들이 멀리하도록 하게한 산나물 반찬이었다는데, 그 옛날 백이숙제가 산속에 들어가 이 고사리만 뜯어먹고 살았다하여 충의와 절개의 상징이 되기도 했단다. 현대 한방에서도 어린순을 약재로 쓰는데 위와 장에 있는 열독을 풀어주고 가벼운 이뇨작용도 한단다.

피를 맑게 하고 머리를 맑게 하는 특성이 있으며 지사제로도 효능이 뛰어나다고 한다. 그래서인지 스님들이 드시는 전통 사찰음식에는 이 고사리가 빠져서는 아니 된단다.

10여 년 전만 해도 고사리는 모두 산에서 뜯어온 자연산이었단다. 그러던 것이 수요를 감당하지 못 할 정도의 시장이 크게 늘어나자 중국산 수입고사리가 득세를 하게 되자 지리산 쪽으로부터 자연 재배고사리를 생산하기 시작 했는데 이후 전국적으로 야산에다 고사리를 재배하게 되어 이제는 시장에 나오는 중국산 수입고사리를 제외한 자연산 고사리는 전부 야산에다 재배한 양식 고사리들이라고 한다.

필자가 하고 싶은 것은 이제부터의 고사리 이야기다.

수 만평의 산에 고사리 씨앗을 뿌린다고 했다. 물론 산을 개간하는 정도는 아니지만 크고 작은 나무는 베어내고 잡초를 제거하고... 그러나 자연임야 수 만평을 일반 전답처럼 관리하기는 그리 쉽지가 않단다. 아니 그렇게 해서는 수지를 맞출 수가 없다고 했다. 고사리를 팔아 인건비도 건질 수가 없다고 했다.

해서 연구된 것이 고사리 밭에 염소를 방목하는 것이란다.

너무 재미있다.

염소들은 자고로 먹이를 안줘서 못 먹는 거란다. 또 키가 먹이에 닿지 않아서 못 먹는 것이란다. 즉 이 세상에서 염소들이 못 먹는 것은 아무것도 없다는 뜻인데.

그런데, 그런데 말이다. 이 염소들이 이 세상에서 못 먹는 식물이 딱 한가지 가 있으니 그것이 바로 고사리란다.

이유는 아직 모른다고 했다. 고사리의 어떤 성분이 염소들을 내치게 되는 것인지는 정확하게 규명이 안 되었다지만 염소들은 고사리만 남겨두곤 다 먹어치운단다. 고사리 농장주는 이제 자기가 고사리농장주인지 염소농장주인지 헷갈릴 때가 많다고 했다.

자연산과 같은 야생 고사리에 대한 입 소문이 나자 판로가 커지니 자연히 고사리 밭도 차츰차츰 넓혀지면서 염소개체수도 늘어나 이젠 고사리 밭에 새카만 염소군락이 새떼처럼 이리저리 몰려다녀 처음 견학 오는 고사리 농장주들이 염소 농장 말고 고사리농장을 보여 달라고 하는 웃지 못 할 해프닝도 벌어진단다.

- 2016. 7

나의 실수

이씨-그 참, 내 같으면 절대 그냥 못 넘어가지. 그것이 말이 돼? 아니 입장을 바꿔놓고 생각을 해 보자고.

필자- 자세히는 모르지만 듣기엔 이 선생님 말씀이 맞는 말씀이네요. 아니 한 선생님도 어쩌려고 그렇게 하셨는지... 늘 얼굴을 맞대고 봐야할 분들이...

인씨-나도 뭐가 어떻게 된 건지 모르겠습니다. 처음 시작을 할 때도 한선생과 충분히 상의를 하였거든요.

이씨-아니 그것이야 상식이지. 남의 땅에 농사를 지으려면 땅 주인에게 먼저 양해를 구하고 일을 하는 것이 당연하지 인 선생이 자기 맘대로 하지는 않았을 것이 아닌가.

필자- 아니 어떻게 된거요? 인 선생님이 자세하게 설명 좀 해 보세요.

인씨- 설명 들이기가 난감하네요. 며칠 전, 그렇네요. 그때 선생님께서 어답산에 가시던 날. 내가 옥수수를 심는 것 보셨잖아요. 그날이에요. 우리 집 밭이 올해 고구마랑 고추를 많이 심은 탓에 옥수수 심을 땅이 없어 고민하든 중 마침 옆 밭에 한 선생이 고구마를 심고 있지 않겠어요. 해서 옆 자투리 비어 있는 땅을 사용토록 해주면 내가 돌을 일구어 옥수수를 심겠다고 했더니 흔쾌히 승낙을 하시더군요. 선생님도 그날 보셨으니 아시겠지만 그 돌밭을 호미로 긁어내는데... 날씨는 덥죠. 정말 죽을힘을 다해 하루 종일 걸려 겨우 두 고랑을 만들어 옥수수모종을 내었네요.

그렇게 죽을 고생을 했지만 나는 한 선생께 너무너무 고맙다는 생각을 했었지요. 아무리 같은 직장에서 정년을 마치고 이런 시골에 내려와 같이 전원생활을 한다지만 선뜻 일 년을 점용해야하는 땅을 내준다는 것에... 옛사람들이 말하던 이웃사촌이이란 것이 과연 이런 것이었구나 하는... 그런데 그 고마움도 잠시, 다음날 서울에서 한 선생 부인이 내려와서 옥수수모종을 모두 뽑아내래요.

이유인즉, 옥수수가 커서 햇빛을 가려 옆에 있는 고구마가 생장이 안 된다고 하면서...

기가 찾지만 막무가내라 할 수 없이 아무소리 않고 옥수수모종을 뽑아다 내팽개쳐버렸지요.

이씨-들었지요? 아 글쎄, 인 선생이 한 선생에게 아무소리도 안하고 옥수수모종을 뽑았데요. 정말 숙맥 같은 사람이구만.

필자-한 선생 부인에게도 한 말씀 안했어요?

인씨-그거 해서 뭐해요? 불쾌하고 화도 났지만 내 혼자 속으로만 삭이면 됐죠 뭐.

이씨- 글쎄 인 선생이 이렇다니까. 나 같으면 일당을 내놔라 했것다. 아니 주인의 허락을 받고 오뉴월 땡볕 아래 죽을힘을 다해 돌밭을 일궈 옥수수모종을 심었는데 다음날 그 모종을 도로 뽑아가라? 그것이 말이 되요?

필자-한 선생부인께서는 아무 말도 없었나요?

인씨-다음날 아침에 와서 한마디 하더군요. '인 선생 삐쳤나요? 한고랑은 남겨둬도 괜찮다고 했는데 두 고랑 다 뽑아갔데요.' 참, 기가 차서...그래서 또 꾹 참고 답했죠. '괜찮아요. 해 가리는 것은 한 고랑이 있어도 똑 같을 것 같아서 아예 다 뽑아 버렸답니다.'

필자-한선생은 무슨 말을 안 해요?

인씨-딱 한마디 하더군요. 자기 생각이 짧았다나 뭐라나...

*필자 집필실이 있는 강원도 횡성 어답산 중턱에서 전원주택을 짓고 텃밭을 가꾸며 노후를 살아가는 이웃사촌들의 이야기다. 필자의 실수는 인 씨가 한 씨의 밭에 옥수수를 심을 때 그것을 못 말린 것이 실수라면 큰 실수다.

- 2015. 6.

나의 자화상

두위일신지존 소이상천(頭爲一身之尊 所以象天)...'

'머리는 일신의 존귀한 존재인 까닭으로 하늘을 상징한다...'

고서(古書)에 나오는 이야기다. 필자가 수년전 대학에서 동양학을 공부하면서 배운 마의상법(麻衣相法)으로 나의 상법을 한번 풀어보라 하신 적이 있다. 마의상법(麻衣相法)은 '명궁', '재백궁'. '형제궁'. '전택궁'. '남녀궁'. '노복궁', '처첩궁', '질액궁', '천이궁', '관록궁', '복덕궁', '부모궁' 이렇게 12개의 궁(宮)으로 얼굴 각 부위를 궁이라 칭하고 그 부위가 어떻게 생겼고 얼굴과의 조화는 어떻냐는 것에 관점(觀占)을 두고 흔히 말하는 관상을 보는 것이다. 필자 얼굴을 이 12궁에 맞추어본다. 첫째. '명궁', 학문으로 크게 성공은 못하지만 중상정도는 통달 할 수도 있겠다는 생각을 해보았다. 왜냐면 늙어서도 이렇게 열심히 글을 쓰고 배우고 있는 것을 보면 그렇겠다는 생각도 해본다. 두 번째. '재백궁'재물의 근원은 마르지 않겠다고 보인다. 공직에 있어 정년 후에도 연금을 받으며 생활할 수 있어 이모든 것이 코끝이 잘 생긴 덕으로 봐야겠다. 셋째. '형제궁'고향을 잃고 타향에서 살게 된 것으로 보이는데 실제 필자의 고향은 경북영천으로 서울에 온지 어언 36년이라는 세월이 흘렀다. 이 또한 상과 맞아(?)떨어진다. 네 번째, '전택궁' 일그러져 가고 있어 명확한 결론을 내리긴 어려우나 젊었을 땐 제법 통통하고 건실하여 그나마 현재 공무원이라도 되어 있지 않는가 하는 생각을 해 볼 요량이다. 다섯째, '남녀궁' 자식인연이 없다고 하니 그 이치가 맞는가 보다. 필자는 아들은 없고 딸만 2명이다. 여섯 번째, '노복궁'끝이 엷어 고관대작은 어려울 것 같다는 말이 맞는가 보다. 필자의 경우 늙어 턱이 제법 두툼해져서야 그나마 50여명 정도 되는 직원을 관리하는 부서장이 되었으니... 일곱 번째, '처첩궁'검은 기미가 없고 검은 사마귀가 없으니 다소 안심할 정도이다. 여덟 번째, '질액궁' 부모의 유산이 많지는 않지만 있고, 흉터, 함몰이 없어 숙질, 중병 또한 없을 것으로 보인다고 위로를 해 본다. 아홉 번째, '천이궁' 융만하고 중영하진 않으나 비뚤어지거나 꺼지진 않았으니 상류사회는 아니지만 중간 벼슬정도는 하는 모양으로 보아야겠다. 열 번째, ' 관록궁', 어릴 때(초등학교5학년)친구가 칼로 '관록궁'에 상처를 내어 초년 출세가 어려웠는가 보다. 수 십 년이 지난 후에 그 흉터가 없어져 관운이 열려 그나마 서기관 정도는 하는 것으로 보아도 될까 싶다. 열한 번째, '복덕궁' 틀어지지 않고 함하거나 까기지 않았다고 보아 복록이 반은 면면하다고 볼뿐이다. 마지막으로 열두 번째, '부모궁' 어둡지 않고 낮지 않고 함하진 않았으니 평범하게 볼뿐이다.

이정도로 필자의 자화상을 '마의상법(麻衣相法)'이라는 관상학적 측면으로 풀어봤는데 솔직히 대충 맞아지는 것 같았음에도 '질액궁'에서 필자의 코가 잘 생겨 질액 같은 것은 전혀 없어야함에도 올해 필자는 암이라는 엄청난 놈의 질액을 만나 혼이 난 것을 생각하면 이 또한 아무 쓰잘대기 없는 짓거리라 생각을 해 본다.

– 2014. 12

사장님 사장님 우리사장님...

"같이 더 있읍시다."

그러고 보니 벌써 2년이라는 세월이 지났다. 필자가 이곳 회사로 발령받아올 때 근무 기간을 2년이라고 명시 하여 그동안 근무를 하면서도 늘 그 시한을 생각하지 않을 수 없었다.

이곳 사장님을 처음 만났을 때 힘든 부서를 맡기며 필자에게 여건이 어려울지도 모르지만 근무 잘 해주기를 바란다고 채근도 했었지만 6개월이 지나자 고생 많았다며 좀 편한 부서를 맡겨주었다.

그러고 보니 6개월 동안 무지고생을 한 것도 같았다. 그 부서는 비를 담당하는 곳인데 부서를 맡자마자 태풍 '콤파스'가 온 시가지를 훑어 가로수며 전주를 도로에 눕히고 상점의 간판까지 날려버리는 등 그야말로 바람신(風神)의 위용을 마음껏 자랑하였는데, 그로인해 시민들은 그야말로 죽을 맛... 그 죽을 맛을 산 맛으로 바꾸어줘야 할 임무를 가진 곳이 바로 내가 맡은 부서...

관내 아파트단지 40개가 전력이 끊겨 한 여름의 찜통더위에 노출되고 아침밥을 못해먹은 가구도 부지기수... 교통은 그야말로 만신창이, 신호등은 불통이고 가로수가 도로를 막아 출근길

차량들은 거북이산책놀음, 전철 또한 기능을 모두 상실하여 그야 말로 아침 출근길은 교통대란이었다. 미리 예보를 접하고 사전대비를 하였지만 바람의 위력 앞엔 속수무책, 이제 그 사후조치만 신속하게 처해본다. 야간 비상근무를 하였지만 아침식사도 미룬 채 부서 직원들은 한전을 독려하고 경찰을 비상동원하고 군부대지원까지 받아가며 상황처리를 진행해 본다.

여기저기 이곳저곳 관련부처와 면담하고 전화통화를 하고 그러기를 몇 시간, 이곳저곳에서 막힌 교통이 소통이 되고 단수된 물이 나오고 전철이 다니고, 그러나 어느 아파트단지는 자그마치 상황발생 후 10여 시간이 지나서야 겨우 수습이 되었다는 상황보고가 들어온다.

"시간당 강우량이 79mm입니다."

이번에는 기습 집중호우가 찾아왔다. 추석전날 그야말로 200년 만에 내린 집중호우가 우리 시민들을 볼모로 잡았다. 때맞춰 너도나도 고향으로 가는 바람에 주인이 없는 빈집들은 지하실이 빗물로 가득 차고 말았다. 말이 지하실이지 영세도시민들은 비싼 집값을 감당하지 못해 대개의 주택 지하실을 세내어 거주용 주택으로 개조, 사용하고 있다. 그러니 그 피해가 얼마나 심각하겠는가. TV.냉장고, 에어-콘 같은 가전제품은 전부 침수로 인해 기능을 상실하였고 장롱과 이불 심지어 옷가지도 물이 넘쳐 올라 입을 수 없게 되었고 방바닥까지도 물에 부풀어 물을 빼고 사람이 들어가도 당장은 생활 할 수가 없을 정도였다. 비상연락망을 가동해 귀향한 관계자들을 불러올리고 이재민을 교회나 학교 같은 대피소에 모아 관리를 하고 수십억이나 하는 재해대책기금을 지원하기는 하였으나 수용소에 온 당사자들은 다들 원망과 불만과 한탄으로 밤을 세워본다.

그래도 그것은 약과였다. 귀향으로 연락도 못 받았다가 특히, 중국동포인 경우는 근 보름 만에 집에 돌아와 보니... 세간이 다 썩어있었다.

이런 어려운 여건을 그나마 우리부서 직원들의 힘을 모아 원만하게 종결하고 나니 그래도 다들 힘은 들었지만 자긍심을 느껴본다.

필자도 신경을 많이 쓴 탓이지 머리엔 원형탈모 증상까지 보인다.

그 후 얼마 뒤 사장께서 필자를 다른 업무 부서로 자리를 바꿔준다. 인사이동이 있어 도로관리부서장이 바뀌게 되었는데, 필자께 그곳을 맡아줄 수가 있느냐고 의향을 물어봐 주신다.

정말 감지덕지... 그 부서의 일은 필자가 사회에 발을 내밀 때부터 해오던 일이 아닌가. 너무 감사하다며 수명을 하고는 다시 맡은바 업무에 온 열정을 다해본다.

이곳 부서는 도로상 일이거나 또는 도로계획, 도로 건설을 총괄하지만 겨울이 되면 도로위에 내린 눈을 치우는 제설작업을 총괄하는 곳이기도 하다. 기상청에서 눈이 온다는 예보가 있으면 부서의 전 직원은 비상근무체제로 들어간다. 제설장비를 가동시키고 제설제인 염화칼슘이며 모래를 차량에 싣고 신속한 제설작업에 임하도록 만반의 준비태세를 하고 눈을 기다린다.

그런데 재미있는 것은 눈은 꼭 밤에만 온다는 것이다. 이 눈이란 놈이 무슨 머리를 쓰는지... 눈이 낮에 오면 도심은 많은 차량이 다녀 거의 제설작업 없이도 눈이 내리자마자 녹아버리는데 밤에 오면 다니는 차량도 많이 없고 또 다들 눈 위 운전을 기피하여 제설작업 없이는 쌓인 눈이 녹지를 않는다. 해서 밤새 제설차량을 동원하여 작업을 하지만 행여 아침 출근시간까지 제설작업이 미진하여 교통사고나 체증이 일어나면 서로 기다렸다는 듯이 각종 언론들이 벌 때처럼 일어나 난리를 피운다.

이렇게 이곳에서 2년 동안을 여름엔 비와 싸우고 겨울엔 눈과 시름을 하며 열정을 다쏟아부었다. 그리고는 때가되었다며 그만 두려고 하는데...

"그동안 수고했습니다. 잘 가세요."

필자는 사장께서 그렇게 답을 주실 줄 알았다. 물론 맡은바 일을 열심히 한 사실도 있지만 지난해 년 말, 필자의 부서에서 팀장 한명이 불미한 일을 하여 관리책임을 져야했기에, 당연이 필자가 그만 둔다고 하면 그렇게 하라고 답할 줄 알았기에...

그런데 예상을 뒤 엎고

"같이 더 일을 해보시다."

그 말을 듣고 필자는 너무나 기분이 좋았다. 이곳일이 힘들고 아무리 어렵더라도 필자를 인정해주고 붙들림을 당하는 그 기분.

당시 필자는 너무 행복했다.

누가 말했든가 여자가 사랑을 받으면 인생을 걸고, 남자는 인정을 받을 때 목숨을 건다고 했다는데...

필자는 그일 이후 늘 기쁜 환희 심에 가득 차있다. 그리고 사장님을 볼 때마다 수년전 코메디 프로그램 한 코너가 생각난다. 종(鐘)을 손에 들고 흔들어 보이며 '나는 영원한 회장님의 종입니다.'며 '회장님 회장님 우리회장님'을 연호하였는데...

필자는 외쳐본다.

"사장님 사장님 우리사장님..."

어디선가 딸랑딸랑 거리는 종소리가 들려오는듯하다.

- 2012 .8

여보자기당신허니다링

벌써 수십하고도 수년이 지났다. 처음 내게 온 그녀는 나의 꽃이요, 꿈이요, 자랑이었다. 그녀 역시 모든 것을 입속의 혀처럼 그침이 없었다. 그땐 그랬다. "여보자기당신허니다링?" 언제 어디서나 내 전화를 받을 땐 그 특유의 상냥한 비음 섞인 목소리로 다섯 개의 명사를 한 단어처럼 리듬으로 엮어 화답을 해온다.

10년 가까이 나는 그렇게 늘 꿈을 꾸듯 행복하다며 살아왔다. 그녀도 무척 행복해 보였다. 나는 긴 생머리를 날리며 다니는 그녀를 토마토라 부르기도 했다. 졸업을 앞둔 대학 4년생을 학생도 아닌 것이 학생인 척 한다며 토마토에 비유하였는데 이는 토마토가 과일도 아닌 것이 과일인척 한다는 것을 빗댄 말로, 그녀가 옆구리에 화판을 끼고 촐랑거리며 가는 것을 볼라치면 애 엄마 이면서도 마치 처녀인양 착각하고 다니는 것 같아 꼴불견이란 생각에 한번 일침을 가한 말이기도 하다.

그러나 나는 못 느꼈지만 그때부터 그녀에게 어떤 문제가 싹을 틔우고 있었던 모양이었다. 아이가 태어나고, 혼자 계시던 어머니가 몸이 불편하여 같이 동거를 하게 되니, 보육비, 의료비 같은 기본 생활비가 장마철 봇물처럼 불어나 그녀의 양미간에 실개천 흔적 몇 개를 만드는가 싶더니 언제부터인가부터 나의 전화를 받고도 그 상냥하던 성음(聲音)은 어디로 보냈는지 “당신?” 하며 무기력까지 한 음성을 들려준다.

드디어 그녀는 무시무시한 악어가 되었다. 아프리카의 거대한 아가리를 가진 크로커다일이... 그녀의 말은 시위 떠난 화살이 되었고 그 화살은 어디에도 과녁이 없어 뒤뚱 거렸다 가족은 다들 동맥경화를 앓았고 심근 경색을 앓았다.

20년이 그렇게 지나갔다. 어머님은 세상을 등지셨고 아이들은 대학에 다니고 나는 여전히 직장인으로 다람쥐 쳇바퀴 돌 듯 시지프스의 바위를 열심히 굴러 올리고 있었다. 어느 날 저녁 가족들이 둘러앉아 담소를 즐기다 서로 상대 이름으로 삼행시를 짓기로 하여 나는 그녀이름으로 멋진 삼행시를 지어 올렸는데...

이 이가 갈린다.
상 상상하기도 싫다.
일 일고의 미련도 없다.

그녀는 그렇게 나를 매몰차게 몰아낸다.

굳은 얼음덩이를 쪼갠 듯한 송곳질에 내 가슴은 오랫동안 속앓이를 했었다.

30년이란 세월이 흔적을 남겼다. 이제는 나도 그녀도 머리에는 허연 서릿발을 얹었다. 하지만 나는 아직도 질식할 듯한 이 하루에서 벗어나지 못하고 있다. 결혼을 하지 못한 장성한 아이들도 문제지만 이제 머잖아 평생을 몸담은 직장을 떠날 때가 되었음에도 준비되지 않은 앞 날 에 대한 막연한 두려움이 앞서서 그럴지도 모르겠다.

그러나 또 한편으론 전혀 그렇지가 않다. 이유는 그녀가 있기 때문이다. 생활이 어려울 때는 일선으로 나서 못난 일벌의 무능을 벌충해주었고 백화점에 가면 누워 있는 옷만 고른다는 가시고기 같은 그녀, 전생 8천생의 인연을 존귀로 참아준 그녀, 해서 이제 나는 그녀를 호박(琥珀)으로 부른다

여보.
자기.
당신.
허니.
다링.

- 2013. 7

활인적덕(活人積德)

'라라라 라라라 라라라 라라라...' 오늘따라 와이셔츠 왼쪽 호주머니에서 울려나오는 '로망스' 멜로디가 더욱 생뚱맞게 들린다.

"예 이동윤입니다."

"이동윤팀장님이시죠? 조사과 김도환입니다. 한 가지 여쭤 볼 일이 있어 전화를 드렸습니다. 통화 가능하신지요."

꺼내든 전화기에선 아주 부담이 간다는 듯 조심스런 목소리로 나의 의향을 물어본다. 순간 나는 가슴이 덜컥 내려앉는 것 같은 불안감을 느꼈다. 역시 그 사건 때문이겠구나.

며칠 전 모 조간신문 사회면엔 대문짝만한 기사가 실렸다. 『박 모씨 관급자재 횡령으로 긴급체포』 큰 타이틀 밑엔 서울시 공무원인 박모씨가 보수용공사자재로 보관중인 철재가드레일 수십톤을 자기가 위장 운영하고 있는 고물상에 무단입고하고 처분한 협의로 관남 경찰서에 긴급체포...

그때와 같은 하늘은 그날이후 아직 한 번도 보지 못한 기분이다.

나는 저 남쪽 경상북도 영천에 있는 조그만 면소재지인 우곡이라는 농촌마을에서 태어났다. 당시 농촌마을들이 다 그만그만 했었겠지만 특히 내 고향 우곡의 50년 전 풍경은 지금도 생각만 하면 아주 쉽게 그릴 수 있는 매우 전형적이라고까지 할 수 있는 50년대 촌락이었다. 40여 호의 초가와 10여 호의 기와집이 옹기종기 모여 마을을 이루고 맑은 물이 솟아오르는 우물이 마을 한가운데 있어 왼 종일 동네아낙들이 물을 긷고 밥쌀을 씻어 대어 밤늦게까지 소란스러움이 끊이지 않던 곳.

초등학교 1학년에 들어가 맞은 첫 여름방학 때의 일이다. 요사이는 소를 비육용으로 사육을 하고 있지만 당시만 해도 소는 농사를 짓는 큰 일꾼이었다. 논과 밭을 갈아엎고 짐을 나르며 마치 지금의 '트랙터'와 같은 농기구 역할을 소들이 다했다. 마을 사람들은 낮이 되면 소를 산에다 방목을 하여 풀을 뜯어먹게 하였는데 방학 땐 그 일을 아이들이 도맡아 했었다. 나도 다른 집 애들이랑 같이 소를 몰고 산 속으로 가게 되었는데 소를 산 속에 풀어놓고 난 뒤는 같이 모여 여러 가지 장난을 하고 놀았다. 구슬치기, 땅따먹기, 돌 던지기, 소장수놀이, 물놀이... 그런데 한 가지 재미있는 사실은 이 소치는 오후의 하루반나절은 아이들이 마음대로 놀 수가 있어 제법 큰 아이들도 동생에게 눈을 부라리고는 곧잘 소를 몰고 나타난다는 것이다. 이를 경우 산 속엔 종종 큰 메아리가 울려 퍼졌으니 꼬맹이들이 형 아들에게 두들겨 맞아 마을까지 들리도록 악을 쓰며 우는소리이다. 그 날도 이것 저것하고 놀다 조그만 저수지에서 헤엄을 치며 물놀이를 하게 되었다. 헤엄을 치고 노는데도 격이 있다. 5.6학년정도 되면 상수로 수신(水神)격인데 저수지를 앞뒤 좌우를 마음대로 건너다닌다. 다음은 중수인 3.4학년으로 중간 격인데 폭이 좁은 저수지 좌우로는 건너다닌다. 제일 격이 떨어지는 것이 꼬맹이 그룹인 하수다. 하수는 1.2학년이거나 아직 학교에 다니지 않는 풋내기들인데 이제 겨우 물맛을 알 정도로 대부분 헤엄을 못 치기 일수 고 헤엄을 친다 해도 개헤엄으로 겨우 10미터정도를 넘다들 정도이다. 물론 나도 하수인 경우지만 말이다. 그때 일이 벌어졌다. 같이 놀던 '창수'가 물에 빠진 것이다. 처음 '창수'가 물속에서 하는 짓을 보고 나는 그가 물장구를 치고 노는 줄 알고 웃기까지 했다. 바로 쳐다보면 민망해 할 것 같아 물 속에 얼굴을 숨겨 가면서까지... 그런데 몇 번을 다시 봐도 두 눈을 꼭 감고 머리를 마치 고기가 낚시를 물었을 때의 찌처럼 물속에 넣었다 내었다 하기를 반복하는 것을 보고는... 그래 이게 바로 말로만 들어왔던 물에 빠진 사람이 하는 '무재비'라는 것이구나. 언뜻 생각이 그곳에까지 미치자 나는 행동을 개시했다. 먼저 형아 들을 향해 크게 소리를 쳤다. "여기 창수가 물에 빠졌다." 몇 번을 그렇게 소리쳐놓고 나는 바로 '창수'를 향해 뛰어들었다.

"가 말이다. 히미질도 잘 못하는 동유이가 창수를 살렀다꼬 카데"

"그랬다 카두마 창수 가는 히미질도 못하민서 물에는 와 들어갔노."

"우쨌기나 창수 가는 천운인기라 글씨기 츠음엔 꺼내 거꾸로 눞히노니끼 숨도 안시더라 쿠더마 꼭 주은질 알았다카데."

그로부터 13여년 뒤 또 한 가지 일이 일어난다. 내가 대학교 3학년 때의 일이었다. 여름방학에 같은 학과생 10여명이 모여 부산에서 배를 타고 제주도로 갔다. 당초계획은 1달 동안 아예 제주도 전체를 답사하겠다는 생각으로, 해서 당시 그곳엔 귀하다는 쌀을 각자 배낭에 가득 채워 메고... 그러나 우리들은 겨우 15일을 넘기지 못하고 배를 타곤 다시 부산으로 돌아오고 말았다. 15일 동안 얼마나 고생했던지 내 경우는 피골이 상접해진 느낌마저 들었다. 준비해간 버너가 고장이나 아침에 일어나 밥을 해 먹고 나면 점심때가 되었고 이동 후 텐트를 치고 나면 한

밤중, 그럴 땐 점심은 건너뛰고 저녁은 굶기가 일수였다. 제주를 반 바퀴 돌았을 쯤 짐 싸들고 야반도주하듯 제주항에서 저녁 배를 타고 말았다. 밤새워 부산항에 도착한 시간은 아침7시경으로 기억된다. 다들 대구로 간단다. 나는 부산역에서 경주로 가는 기차를 탔다. 영천 고향집으로 바로 가겠다며... 시간이 9시도 채 되지 않았는데도 기차가 복잡하기 이를 때 없다. 코스가 해운대와 송정을 거쳐 경주 영천으로 가는 완행열차라서 인가보다. 배도 고프고 너무 힘이 들어 어디에라도 앉고 싶었지만 객차 안은 해수욕장으로 가는 행락객으로 빈자리는커녕 편히 서 있을 곳도 없었다. 궁리 끝에 배낭만 객차선반에 올려놓고 출입구 앞으로 나와 입구 반대편 열차계단에 웅크리고 앉아있었다. 그런데 그 와중에도 내 앞을 비집고 계단 끝으로 내려가 난간을 잡고는 엉덩이를 흔들어대며 뭐라고 떠들어대는 청년이 한 명 있었으니...

"으악!" 어디선가 퍽! 하는 둔탁한 소리가 들리는가싶더니 귀를 찢는 남자의 비명소리가 들렸다. 하면서 내 앞으로 허연 물체가 하나 떨어져 내리고 있었다.

"아이고 이거 고마워서 우짤꼬. 응?"
"청년 정말 고맙데이. 이 은혜는 뭘로 해서 갚을꼬마 응?"
나는 당시 어떻게 해서 그 청년을 끌어올렸는지를 모른다. 앞에서 언급했듯이 너무 피곤하여 거의 가 수면 상태로 머리를 숙이고 계단에 앉아 있었다. 그런 혼미한 상태에서 뭔가가 미끄러져 내려온다는 생각에 나도 모르게 무작정 두 팔로 그것을 끌어안은 것 뿐 이었다. 뭔가가 위험에 처해졌다거나 누구를 구해줘야 되겠다는 생각을 미리 한 것은 더더욱 아니다.

처음 피를 흘리고 있는 그를 열차 통로에 올려놓고 객차 안으로 들어가 연고자를 찾으니 아주머니 한 분이 나와 보곤 대경실색을 한다. 그러면서 모두 내가 사고를 친 것처럼 쳐다본다. 사고를 당한 청년은 아마 그 아주머니의 시동생인 모양이었다. 한참 뒤 정신을 차린 청년이 일어나 해명을 했다. 객차 창문에서 바깥풍경을 내다보는 조카들을 어리려고 출입문에 나와 난간을 붙잡은 채 머리를 내밀고 있었는데 기차가 출발하는 바람에 그만 선로 옆에 있는 신호등 기둥에 뒷머리를 맞아 나가떨어진 것이라고...

활인적덕(活人積德)이라는 말이 있다. 사람의 목숨을 구하여 음덕 쌓음을 이르는 말이다. 나는 이렇게 하여 지금까지 두 사람의 생명을 구하였다. 언젠가 이런 이야기를 지금은 고인이 되신 어머님에게 말씀드렸더니 "활인적덕이라는 말이 있느니라." 하시면서 "그러나 아무에게나 그러한 기회가 오지는 않는다."고 하셨다. "훗날 네가 누군가로부터 어떤 도움을 받을 수도 있겠지만 이미 전생에서 네가 누군가로부터 많은 도움을 받았을는지도 모르겠구나."

그날 이후 나는 가끔 '나는 남에게 도움을 받을 수 있는 사람이다.' 라는 생각을 갖게 되었다. 하면서 한편 '나는 남에게 해가되는 행동은 전혀 하지 않을 것이다.'라는 생각도...

다시 20여년 뒤 1995년에 일어난 일이다. 나는 대학을 졸업하고 군복무를 끝내고는 서울시 공무원으로 취직을 한다. 제법 세월이 흘러 주임시절 상부로부터 공사비가 배정되었다. 나는 당시 실무자였기에 며칠을 고민하여 설계서를 완성했다. 공사내용인즉 자동차전용도로상 차량 사고를 방지하기 위하여 중앙분리대를 만드는 것이었다. 중앙분리대는 흔히 콘크리트구조 방호벽을 많이 하나 기존도로에 설치 할 땐 도로 가장자리에 많이 사용되는 '아연도강판'으로 만들어진 가드레일을 많이 사용한다. 이 가드레일을 차도중앙선에 지주를 세우고 앞뒤로 '앙카 볼트'로 고정을 하도록 설계했다. 당시 가드레일 지주는 '디젤햄머'나 '진동햄머'로 지주를 타격하여 지반에 심게 설계 되어있었다. 허나 해당구간이 자동차전용도로의 중앙선이 위치한곳으로 차량을 세우지 않고는 햄머 타격공법을 적용할 수가 없어 한동안 고민을 하였는데 당시 신공법으로 유사공종에 사용하고 있는 '포터볼오가-드릴'이라는 공법을 찾아내고 이를 중기와 조합하여 설계하는데 성공하였다. 이 공법은 사람이 손수 천공기를 들고 다니며 지주공(支柱孔)을 하나하나 뚫어 지주를 세우는 방법으로 타격공법에 비해 다소공기는 늦으나 예산규모 면에서는 1/3이나 되는 공사비를 절감할 수가 있는 공법이었다. 그런데 이 1/3이나 절감된 공사비 때문에 문제가 발생했다. 경위야 어찌됐던 귀하게 얻어온 예산을 남기게 되어 불용예산으로 간주, 다시 반납처리를 해야 할 형편이었기에...

그러다 생각해 낸 것이 남은 절약예산으로 보수용 자재를 미리 사두자는 것이었다. 해서 전체 시공구간 1/2물량인 약 2,000미터정도를 보수할 수 있는 분량의 가드레일을 보수용 자재로 구매 비축하게 되었다. 당시 그 사유로 공사구간이 자동차사고가 끊임없이 발생되는 자동차전용도로이며 사고를 막기 위하여 중앙분리대를 만들게 되었고 또 근 4,000미터나 되는 긴 구간이라 사고 즉시 보수를 필요로 하는데 필요한 자재를 미리 확보해 두겠다고 하며.

그 공사를 하고 다음해인 1996년도 3월에 나는 다른 부서로 전근을 갔다. 그 뒤 수년의 세월이 흐르도록 당시의 일에 대하여는 거의 잊다시피 하고 지냈다. 다만 가끔씩 가드레일로 만든 중앙분리대 이야기가 나오면 당시의 일을 예로 들며 설계를 잘 하여 예산을 절감하였다고 잘 난체를 했던 기억이 난다. 그러나 그것이 그렇게 될 줄을 어찌 알았으리오. 몇 년 후 국가위기상황인 IMF사태가 발생되자 그 여파로 서울시도 대대적인 조직개편이 있었고 이에 따른 관련 시설물의 관리주체가 변경되기도 했다. 그 바람에 그 보수용 가드레일도 이리저리 옮겨 다니며 관리를 받기 시작했다. 박 모씨도 그즈음 내가 남겨둔 그 가드레일과 인연을 맺게 된다.

다시 8 년 뒤 2004년. 신문에선 『박 모씨 관급자재 횡령으로 긴급체포』란 타이틀 밑엔 '서울시 직원인 박 모씨가 보수용공사자재로 회사에서 보관중인 철재 가드레일 수십 톤을 자기가 위장 운영하고 있는 고물상에 무단입고하고 처분한 협의로 관남경찰서에 긴급체포 했다.'고 적혀있었다.

나는 생각했다. 왜 이런 일이 벌어졌을까? 왜 하필 내가 뿌려놓은 씨앗이 올무가 되어 나타난단 말인가. 만약 내가 그 당시 예산을 절감하지 않았더라면? 아니 예산을 절감했더라도 반납조치를 해버렸다면? 그런 일이 일어나지 않았을지도. 지금까지도 그 만한 자재가 소모되지 않고 남아있었다고 본다면 어떤 측면에선 크게 잘못된 자재소요판단을 한 나의 큰 잘못이라는 생각도 들기에 말이다.

유아지탄(由我之歎)이라는 사자성어가 생각난다. 나로 말미암아 남에게 해가 미치게 된 것을 탄식한다함이니... 바로 이런 경우를 두고 한말이 아니겠는가.

박 선생은 그 후 재판에서 몇 년의 징역형을 받고 복역을 하다 나왔다. 내가 젊은 시절 두 번이나 남의 목숨을 구하는 활인적덕(活人積德)의 음덕을 쌓았건만 어찌 이 지천명(知天命)의 나이에 이런 가슴앓이를 하게 한단 말인가. 정녕 하늘이 나를 버렸단 말인가. 나는 10여년이지난 지금도 당시만 생각하면 돌아가신 어머님이 하신 활인적덕(活人積德)의 의미를 다시 한 번 떠올려본다.

- 2015. 6

아니 이곳까지...

'중구 소공동 강수확률 30%. 온도 0도 - 2015. 1. 2'
서울시 재해대책본부에서 보낸 요란한 매세지음을 토해낸 스마트 폰의 시계는 새벽2시를 가리키고 있었다.

필자는 어제까지 만 해도 서울시 영등포구청에서 도로과장의 직책으로 영등포전역의 제설대책을 총괄했다. 아니 1979년도에 서울시 토목직 공무원으로 들어가 2014년 12월31일 공무원의 신분을 다 할 때 까지 토목직의 고유 직무로 인하여 비가 오면 수방상황실에서, 눈이 오면 제설상황실에서 숫한 날을 밤 세워가며 근무를 했다. 그러다보니 여름철엔 장마대비로 하기휴가를 가 본적이 없었고 겨울엔 눈 치우는 걱정으로 전 시민이 고대하기도하는 낭만어린 화이트크리스마스도 제발 오지 말기를 기도하곤 했었다. 실제로 매년 11월 15일이면 제설상황실 현판식을 하면서 천신에게 직원들의 안전기원제를 겸한 고사를 올리는데 축문에 '올해는 제발 눈이 오지말기를 바란다'는 문구를 꼭 집어넣는다.

암튼 필자는 만 36년이라는 공직생활을 지난해 말로 끝을 냈다. 그리고 정년퇴임을 축하해준다며 큰 딸애가 일본 오사카로 여행을 가자기에 3박4일 여정으로 아내와 셋이서 1월1일 인천공항을 출발했다. 오후2시 출발 비행기라 '간사이 비행장'에 도착하여 버스를 타고 숙박지인 '오사카 힐턴호텔'까지 오니 겨울철의 짧은 낮 시간으로 벌써 어둠이 여기저기서 몰려오고 있었다.

근데 인천에서 비행기를 타면서 참 황홀했던 이야기를 하나 써야겠다.

필자 생애최초로 '비즈니스 석'에 앉아 왔다는 것. 필자도 그동안 공적으로나 사적으로 제법 많은 해외여행이나 출장을 다녔지만 한 번도 '퍼스트클래스'는 물론이고 '비즈니스 석'에도 앉아보지 못했다. 그런데, 딸 득에 이게 왠 떡... 호텔도 '힐턴' 같은 최고급 호텔이라니... 너무 좋았다.

이야기가 약간 빗나간 것 같은데, 도착하니 이건 또 뭐냐. 하늘에서 눈이 내린다. 큰애말로는 '오사카'는 눈이 잘 안 오는 곳이라며 "이상타 제설도사 아빠가 오니 눈이오나?" 라는 말로 웃음을 만든다. 근데 정말 밤에 엄청 눈이 많이 왔다. 인근 '교토'는 20센티 정도 왔는데 그렇게 눈이 많이 오기는 50년 만에 처음이란다. 덕분에 '교토'에 가서 필자는 내 평생 잊을 수 없는 눈과의 추억을 만들 수가 있었다. 바로 '금각사'에 들어가서였는데, 눈이 이렇게 아름다울 수도 있다는 것에 경외심마저 들었다. 맑게 게인 아침햇살을 받아 '금각사'는 황금빛으로 은빛을 녹이고 연못까지도 은빛이 되어 '금각사'의 황금을 녹이고 있었다. 곳곳에는 청송이 '게이샤'처럼 온몸에 하얀 분칠을 하고 비스더미 누워 은밀한 부위를 보여줄 듯이 기지개를 켜기도 한다.

눈, 정말이지 필자 평생 눈을 좋아할 수가 없었는데, 딱 하루 걸려서 이렇게 눈을 좋아하게 되고 말았다니...

'중구 소공동 강수확률 30%. 온도 0도 - 2015. 1. 2'

서울시 재해대책본부에서 보낸 매세지를 토해낸 요란한 스마트 폰 소리에 준비된 기동타격대 요원처럼 벌떡 일어난다.
주위를 둘러보니, 이곳은 서울이 아닌 일본 오사카의 밤.

"아니 당신 여기까지 와서도 서울 눈 걱정 하고 있나요?"

아내의 피곤에 찬 쉰 목소리에 미안해하면서 시계를 쳐다보니 바늘은 새벽2시를 가리키고 있었다.

"미안해, 아직 내가 옷을 못 벗었는가봐. 근데 이친구들 큰일이네, 비상연락망 내 전화번호를 아직도 정리를 안 하다니..."

- 2015. 1. 7

엉겅퀴 (야홍화)

"이 빨간 꽃술이 꼭 피 묻은 화살촉처럼 보이지 않니?"

늦가을 공원묘지로 들어서는 길옆에는 엉겅퀴가 참배객을 맞듯 푹 고개를 숙이고 있었다. 30년 전 선친께서 이 길을 걸으며 이 꽃 이름과 로마시대 시슬 장군이 화살에 맞아 죽고 난 뒤 피어났다는 꽃의 유래에 대해서도 일러주셨다. 예나 지금이나 이 빨간 꽃술은 꼭 피 묻은 화살촉처럼 보인다.

내가 말하며 손으로 엉겅퀴 꽃을 가리키자 그러고 보니 정말 그렇네요라며 시슬장군에 대해서도 재미있다며 놀라워한다. 나는 올해 대학에 들어간 큰 딸애와 이곳에 왔다. 선친이 내게 그랬던 것처럼 나도 그 이야기를 큰 딸애에게 해주고 싶었기 때문이다.

"여기에는 누가 계시는가요? " 한 번도 오지 않은 곳이라 생소하다는 듯 질문을 하였지만 못들은 척 한참을 두리번거리다 오랜 세월 버려진듯한 무덤 하나를 찾아서는 준비해간 낫으로 정성을 다하여 묘지를 다듬었다. 다시 술 한 잔을 올리고 둘이서 같이 큰절을 올리고 난 뒤, 그제서야 네 할아버지 친구 분 묘소다 라며, 잔디에 앉아 30년 전 내가 선친으로부터 들은 이야기를 딸애에게 전해본다.

"지금 생각해 보아도 대단한 친구였어." 네 할아버진 내게 다짜고짜 그렇게 서두를 꺼내셨단다. “이 무덤에 계신 이는 나보다 한두 살 아래이면서도 함께 소학교를 다녔고 우리 동네에선 나와 함께 몇 안 되는 신식교육을 받은 사람 중의 한사람이었다.” 라며...

계속해서 네 할아버지는 말씀을 하셨다.

그의 부친은 큰 정미소와 양조장까지 하였고 그의 형은 당시 집권당의 국회의원으로, 그 권세가 하늘을 찔렀단다. 집안일로 서울에서 올라치면 온 고을이 그의 환영행사로 난리가 났단다. 마을사람들은 그날만큼은 양조장 앞마당에 편 멍석에 두 다리를 펴고 앉아 마음껏 막걸리를 마시며 일 년, 한두 번 구경하기 힘든 쇠고기국도 한껏 배불리 먹을 수가 있었기에 말이다.

6.25가 나자 나는 군대에 들어가고 그는 미국과 일본을 오가며 해외에서 유학생활을 하였었지. 아마 54년 초엔가 그가 귀국을 하였는데, 공부를 많이 하였는지 박사학위를 몇 개나 받아왔다는 소문을 들었지. 약관의 나이임에도 그는 당시 우리나라 굴지의 K광산 재정을 총괄하는 자리에 들어갔고, 얼마 되지 않아 그 회사에서 중책을 맡았다고 자랑을 하기도 했단다. 그러던 중 이례적으로 그가 집으로 나를 찾아 온 적이 있었는데 제사가 있어 내려온 김에 잠시 들렸다고 하더구나. 서울에서 내려 올 때면 내가 늘 찾아가곤 했는데 말이다. 오랜만의 만남이라 별생각 없이 밤늦도록 술잔을 기울이며 호연지기를 나누었는데 그가 갑작스레 아주 진지한 표정으로 생뚱맞은 이야기를 하나 꺼내놓더구나.

“조금 늦은 감이 있긴 하지만 지금이라도 군대에 갔으면 한다”고 말이다.

그 만남이 있고 난 뒤 그는 정말로 가족 몰래 군대에 지원하였고 그의 형이 손을 써서 마련해준 군대내에서의 좋은 보직도 마다하고 최전방으로 자원근무를 떠나버렸지. 그리고 얼마 지나지 않아 그는 다시 보초근무를 하다 자기소총으로 자살을 하고 말았단다.

그 사건이 있기 전 그로부터 내게 한 통의 편지가 왔단다. 읽어보니 나만이 자기를 이해해 줄 것 같았다며, ...그는 친구들이 전쟁터의 사선을 넘나들 때 외국에서 공부 하게 된 것을 자기의 의지와는 전혀 관계가 없었다고 했다. 잘못 했다면, 천재성을 가진 아들을 전쟁터에서 잃기 보단 외국에서 더 많은 지식을 함양케 하여 후일 부국강병의 기초를 도모코자하다는 부모형제의 말을 순진하게 액면그대로 받아드렸던 것이라며... 그러면서도 이제까지 그가 이루어 놓은 모든 것들은 자기혼자 힘만으로 된 것으로 굳게 믿었다고 했다. 그런데 혼사일로 형의 비서를 만나면서 이제까지 자기는 전혀 알지 못했던 집안일들을 알게 되었단다. 지금 국회의원으로 있는 형은 대동아 전쟁 때 학도병에는 죽어도 갈 수 없다고 하여 머슴의 아들을 대신 보내 필리핀에서 죽게 하였으며 6.25땐 자신도 아버지가 군 대신 정부관료로 보내려다가 정부가 부산으로 피난을 하는 바람에 손쓸 경황이 없어 우선 외국으로 내 보내게 되었다는... 그리고 그가 다니고 있는 회사 또한 아버지와 형이 대주주로 있으며, 회사의 간부가 될 수 있었던 것도 자신의 능력보다는 아버지의 입김이 훨씬 더 컸었다는 것도...

그 사실을 알고 난 후 충격이 너무 커 지금 자신이 할 수 있는 일이 무엇일까 하고 몇 날을 며칠을 고민하다가 내린 결론이 몸과 마음을 송두리째 던져버릴 수 있는 군대가 생각났다고 했다. 당시 휴전이 되었다고는 하나 전방에는 피아간에 수시로 교전이 성행하던 때라 위험한 시기임에도 그는 오히려 그것을 더욱 원하였다고 하면서. 그런데 그것도 마음대로 되지 않았단다.

왜냐하면 자기 형이 실력을 행사하여 조기에 제대를 하도록 만들었기 때문이었기에.

한참 후 네 할아버지는 내게 이렇게 말씀하셨다.

"무엇이 그를 죽음으로까지 몰고 갔을까. 물론 그의 아버지와 형이 그의 죽음에 전혀 무관하다고 할 수야 없겠지만. 허나 죽음에 대한 직접적인 계기는 뭐니 뭐니 해도 그가 자신의 껍질을 스스로 깨는데 실패했기 때문이라고 볼 수 있겠지. 또 하나 그가 편지에도 언급했었듯이 그는 세상을 아름답게만 보려고 그렇게도 노력했는데, 이 부조리한 세상이 그를 배반한데 대한 울분이 빚어낸 결과라고도 볼 수 있겠구나. 참 이상도하지, 어릴 땐 내가 무척 현실주의 였다가 철이 들어 일제강점기를 견디면서 극한 염세주의자가 되었던 반면 그는 어릴 땐 이상주의자였고 철이 들어서는 낙천주의자가 되었었는데... 이렇게 스스로 목숨을 끊을 수 있었다니."

이 이야기를 나도 대학을 입학한 그해 가을에 이곳에서 네 할아버지로부터 들었단다. 당시 더 이상 말씀은 하시지 않았지만 어쩌면 당시 네 할아버지는 이런 생각을 하고 계시지나 않았는지 모르겠구나..

"이 세상은 네가 학교에서 배우고 느끼고 생각하듯 그렇게 늘 아름답고 선한 것만은 결코 아니다. 그렇다고 정형화된 그 무엇이 항상 우리를 감금하고 있다는 단정, 또한 쉽게 해서는 안 되겠지. 인생이란 기쁨만도 아니고 또한 슬픔만도 아니며, 기쁨도 때론 슬픔을 불러올 수 있고 슬픔 또한 기쁨으로 통하고 있다는 사실도... 그리고 한 가지 분명한 것은 그러한 기준만큼은 자기 스스로가 정해야 하고 책임 또한 자기 혼자만이 질 수밖에 없다는 것을 알아야 할 것이다."

산을 내려가는 길가에는 흐트러진 빨간 엉겅퀴의 꽃잎을 저녁 낙조가 더욱 빨갛게 물들이고 있었다. - 2014. 8

엄마 엄마 우리엄마

"이 박수는 내가 딸을 위하여 치는 것이 아니라 나를 위하여 치는 것 이란다"

어머님이 내 곁을 떠나가시기 전의 어느 해 설 명절 때에 있었던 일이다. 내가 어릴 때에는 감히 엄두도 못 낼 일이었지만 세태가 얼마나 변하였는지 이제는 생각도 못하던 일들이 내 주변에서도 왕왕 벌어지고 있는데, 그 한 가지가 막내 누이가 보여준 것으로 설날 당일 시집에서 차례를 끝내기가 무섭게 친정으로 어머님을 찾아왔다. 그것도 사형 댁의 장남이기도한 남편을 보란 듯이 대동하고...

사형 댁도 만만치 않는, 종종 족보가 어떻다하며 가문을 들춰대던 사대부의 후손인데, 암튼 시아버지가 친정어머님이 편찮다고 하며 졸라 댄 철없는 종손 며느리의 성화를 못이기는 척해줬음이라 보인다. 허나 일만 생기면 쪼르르 달려와서 어머님 젖을 만져대는 막내 누이를 보면 '죽어서도 너는 이제 그 집 귀신이니 친정 앞도 얼쩡 되지 말라'시던 나의 선친의 엄함도 아마 그 동안의 숫한 세월의 빛바램 때문이었으리라.

모처럼 설날 많은 친척들이 같이 모여 서로 세배를 나누고 난 뒤 거실에 빙 둘러앉아 윷놀이를 하였는데 낙조가 아파트 창을 들이칠 즈음 실정이 났는지 돌아가며 노래를 한 곡조 해보잔다.

먼저 막내 누이가 일어나며 자기 남편을 지명한다. 이미자의 '열풍'이라는 노래를 질펀하게 불러 재낀다. 나도 화답으로 역시 이미자의 '섬마을 선생님'을 열창했다. 몇몇이 돌아가면서 이 가수 저 가수의 노래를 흥이 나게 하였는데 마지막으로 막내 누이가 역시 이미자의 '여자의 일생'을 간드러지게 불러낸다. 가수 중 어머님이 제일 좋아하는 이미자. 그 중 '여자의 일생'은 이미자의 노래 중에서도 어머님이 최고로 좋아하셨고 팔순이 넘었어도 종종 혼자 라디오의 음률에 맞춰 흥얼거리시기까지 하신 노래였다.

노래가 끝나자 제일먼저 어머님이 화사한 웃음을 만면에 흘리며 두 손을 번쩍 올리시고는 '짝짝' 온 힘을 다하여 큰 박수를 치신다. 그것을 보고 사위가 한 마디 하는데

"장모님 우리 집사람이 다른 건 몰라도 노래는 참 잘하는 것 같아요. 어째 장모님을 닮았는가 봅니다. 당신도 어서 장모님께 고맙다고 해요. 장모님 박수 소리가 너무 듣기 좋습니다."

그때 어머님이 사위에게 화답 하신말씀. 세월이 꽤 많이 흘렀건만 아직도 웡웡거리며 내 귓전을 맴돌고 있다.

"이 사람아 내 박수소리가 자네에겐 그렇게 들리나? 허나 잘 들게 이 박수소리는 자내나 내 딸을 위하여 치는 박수가 아니라네. 이 박수는 내가 나에게 치는 것이라네. 이렇게 예쁘고 착하고 노래 잘하는 딸을 낳게 해 준 나에게 말이네."

\- 2014.3

나무에서 떨어진 스님

필자가 서울을 떠나 이곳 강원도 횡성에서 생활한지도 어느 듯 8개월이 다되어간다. 서울을 떠나 시골, 흔히들 말하는 전원생활을 한다고 하니 주변 지인들이 주말이면 한 번씩 와보겠다고 소식을 주니 처음 몇 번은 그 관심에 눈물이 날 지경이었지만 회수를 더하니 이젠 손님 치르기가 귀찮아 연락이오면 그날은 이곳에 없다는 핑계를 종종 둘러댄다. 그 회수가 세월이 갈수록 더한다는 생각이 든다.

옛날 속담에 삼복 손님은 범보다 무섭다 라는데 올 여름은 더 유난하다. 이곳 산속까지도 37도 이상이다. 더위가 끓어올라 혼자 있어도 불쾌감이 찌른다. 이런 날 지인들이 한차 몰려올라치면 그야 말로 안 할 말로 죽을 맛이다. 다들 덥다고 이곳저곳 몰려다니며 북적되니... 방청소 해야죠, 음식준비 해야죠, 혼자 있으면 더울 땐 훌러덩 옷을 벗을 수가 있는데... 당최 불편한 것이 어찌 그리 많은지. 8월말인데도 아직 한낮은 무척 덥다. 올 여름은 정말 삼복손님이 범보다 무섭다는 말을 실감할 수 있는 여름이다.

지난 4월엔가 평소 친하게 알고 계시던 스님 두 분이 역시 필자가 어떻게 사나하고 확인 차 이곳에 오시었다.

경주와 거제에 계시는 스님들이라 미리연통을 주시어 영월까지 마중을 나가게 되었는데 이유인즉 이곳에는 근자에 와 보신 적이 없어시다기에 영월에 있는 단종 유배지인 청령포와 단종 묘소를 둘러보고 주천에 있는 한반도지도마을과 신림에 있는 고판화박물관을 관람시켜 드리기 위해서였다.

일정대로 돌다보니 필자의 집에 도착한 시간은 밤10시. 좀 늦은 감은 있었지만 저녁은 밖에서 해결하였기에 집에 들러서는 과일 몇 조각을 야참으로 하여 담소를 하다 잠이 들었는데 일단 첫날 스님 접대는 잘 된 것으로 되었는데...

그런데 취침을 준비하시던 경주스님이 한 말씀하신다. 내일 아침밥을 당신이 직접 한번 해주시겠단다. 이렇게 황감할 때가... 필자가 현직에 있을 땐 명색이 불교모임의 회장직을 맡기도 해서 스님에 대한 경외심이 남다른데, '아니되오 아니되오'를 연발했지만 쌀을 내놓으라신다. 그리고는 손수 쌀을 씻으신다. 이렇게 해야 내일 아침 밥맛이 좋으시다며...

다음날, 전날 거제스님과 밤늦도록 담소를 즐기다 늦게 잔 탓에 해가 뜨도록 일어나지 못하고 이불속에서 몸을 굴리고 있었는데, 생각지도 못했던 일이 일어났다. 옆집에서 아침을 준비했다며 스님을 모시고 오란다. 필자가 스님들이 오신다고 하였더니 독실한 불교신자인신 옆집 이 선생님부부가 스님께 아침공양을 하시도록 준비를 하셨단다.

그때 경주스님이 울상을 해 보인다. '이걸 어째?' 당신이 새벽에 일어나 미리 밥솥에 밥을 해두셨단다. 하지만 밥솥에 있는 밥이야 점심때 먹으면 되는 것이라 옆집에 건너가 다들 아주 맛나게 아침공양을 대접 받았다.

점심이나 드시고 가시라고 해도 그냥 뿌리치며 갈 길이 너무 멀어 그냥 가시겠다며 스님들은 떠나가셨는데...

그런데 문제는 스님들이 가시고 난 뒤 벌어졌다. 필자가 점심을 먹으려고 밥솥을 열어보고는 그만 기절하는 줄 알았다. 밥이 한 솥 가득 되어있었는데 완전 죽 밥이다.

"하하. 내가 물에 불린 쌀로는 밥을 해 보지 못해서 그랬나봅니다."

필자가 전화에 대고 어찌 밥이 이 모양이냐고 추궁을 하니 경주스님이 주신 대답이다.

당시 필자가 밥을 하려고하니 처사님은 밥을 한 경력이 이제 겨우 4개월이지만 당신은 30년을 해왔다며 자기는 밥의 전문가라 했다.

이밥을 어쩔까하고 집사람에게 전화를 해서 물어보니 조금씩 펴서 랩으로 감아 냉동실에 얼려두란다. 후에 죽을 끓여먹으면 된다고.

오늘도 냉장고 문을 열면 랩에 쌓인 죽밥 봉지가 가득 보인다. 30년의 밥도사 스님이 나무에서 떨어져 만들어주신 죽밥 봉지...

그날 이후 원숭이 스님이라고 별명 지어진 스님.

그러고 보니 아직 한 번도 그것으로 죽을 끓여 본적이 없네...

\- 2015. 5

진실 혹은 오해

다음 주 토요일은 우리막내 둘째 여아이 결혼식이다. 그런데 그렇게 동생과 친하고 돈독하던 큰 애가 동생결혼식에 참석치 않겠단다. 아예 회사에다 유럽 출장을 신청해 놓았다고 한다.

필자에겐 아들 대신 귀엽고 예쁜 두 딸이 있다. 둘 다 서울에 있는 명문대를 졸업하고 지금은 대기업에서 남자 못지않은 활달한 사회생활을 하고 있어 늘 자랑으로 알고 지냈었는데 이번 막내가 결혼 준비를 하게 되면서부터 가족 간에 반목이 생기고 화목이 깨어지는 바람에 가장으로써 엄청난 갈등을 느끼고 있다.

"아빠, 어찌 그럴 수가 있어? 웨딩촬영을 하는데 시어머니 될 분이 왜 따라 나오시는거야? 웨딩촬영은 신부 측 고유권한 아냐?"

4년이나 빠른 큰애가 동생을 못 마땅해 하며 푸념을 쏟아낸다.

"아 글쎄 그 사가지 없는 것이 엄마하고 나를 택시 타고 자기들 뒤를 따라오래요. 아직 결혼식도 안 올렸는 것이 벌써 그 집 식구가 된 것처럼 자기들끼리만 승용차를 타고 먼저 가면서... "

얼마 전 신부 웨딩촬영을 하던 날 동생을 따라간 큰애가 사돈 측에서 사부인과 사부인 여동생이 함께 나오는 바람에 승용차에 자리가 없게 되어 벌어진 사단이라는데...

첫애는 아직 결혼을 하지 않았다. 그러니까 둘째가 언니 보다 먼저 결혼을 하는 입장이 되어버렸다. 4살 터울이지만 필자가 보기에도 평시엔 너무 사이가 좋았다. 언니가 동생에게도 무척 헌신적이었고 동생도 언니를 무척 잘 따랐었다. 해외출장을 밥 먹듯이 하는 큰애가 돌아오면서 명품을 사주기도 하고 외국여행도 같이 다니고, 시간이 나면 퇴근 후에도 유명한 레스토랑으로 불러내어 갖은 수다를 다 떨던 형제였는데.

“아빠 나는 언니를 이해 할 수가 없어, 아니 내게 왜 이러는 거야. 내가 결혼 하는 것이 싫은 건가?”

“웨딩촬영 때도 난 잘못한 것이 하나도 없어, 그쪽에서 3명이 나오고 우리 쪽에도 3명이 나왔어, 물론 시댁 쪽에 3명이 나온다는 사실을 나도 처음엔 몰랐어 시어머님동생이 웨딩 샵을 하시어 함께 오시게 된 것이었데”

“처음엔 언니도 엄마도 다들 이해를 하였었어, 그래서 6명이 한차에타고 웨딩 샵을 몇 군데 돌았었고, 그러다 언니가 불편했는지 마지막코스는 엄마와 둘이 택시를 타고 뒤따라가겠다고 먼저 얘기를 내게 했었어”

“그래서 조금만가면 된다고, 불편하더라도 같이 타고 가자고 몇 번이나 권했는데, 얼굴을 붉혀가며 끝까지 엄마와 택시를 타겠다며 고집을 부리더라구.”

“정말 그것뿐이에요. 당초 웨딩촬영을 하고 언니와 엄마와 저녁을 같이한다고 유명한 레스토랑에 예약까지 해뒀는데 그렇게 화를 내고 가버리니 시댁 쪽에선 또 뭐라고 하던지... 정말 중간에서 죽을 맛이었다니까요.”

“집에 와서 언니에게 몇 번이나 사과를 했어. 허나 막무가내 얼굴도 마주치지를 않겠다니 저도 이제 지쳤어요. 하나밖에 없는 동생이 결혼하는 것이 그렇게 보기 싫었나 하는 기분밖에 안 들어 난 지금도 너무 섭섭하답니다."

양쪽 넛 두리가 너무 팽팽하다. 한명씩 면담을 하며 이해를 시키려고 하다 깊게 패인 큰 골이 둘 사이에 놓여 진 것을 느끼고는 다시 한 번 크게 당황을 해본다.

하면서 이건 단순한 동생의 웨딩촬영 현장에서 일어난 사건의 발단이 만들어낸 결과가 아니다 라는 생각을 해본다.

언니가 동생을 너무 사랑했다. 아들이 없는 집안에서 두 여형제가 너무 서로를 의지하며 자랐고 똑똑한 언니는 늘 동생의 멘토가 되었고 동생 또한 언니를 흉내 내어 열심히 공부도 하였다. 특히 대학시절 외국 유학을 갈 때도 언니가 자력으로 일본으로 교환학생으로 가게 된 걸 보고 동생은 미국으로 가겠다며 열심히 노력하여 역시 교환학생으로 미국으로 갔다 왔다. 둘은 알게 모르게 때론 경쟁자, 때론 서로의 조력자가 되면서 사회진출도 하고 어느 듯 결혼적령기에 다다르게 되었고,

그 와중에 큰애는 몇 번 결혼을 하려다 중도 하차를 하게 된다. 그러다보니 큰애는 남자보다 동생을 더 소중하고 가깝게 여기게 되었고 늘 곁에 두고 보살펴 주곤 하였다. 그런데, 그 아끼던 동생이 자기의 곁을 떠나간단다. 처음 상견례까지는 보아 줄 수가 있었다. 그런데 막상 웨딩촬영을 한다니 막연하게 동생이 떠난다는 기분에서 현실감이 더해지고, 현장에서 동생이 예비 시어머니에게 하는 다정스런 모습에서 어느새 그들이 한 통속이라는 듯 같이 차를 타고 자기를 버리고 떠나는 것을 보자 이제 자기는 동생에게서 버림을 받은 신세가 되었다는 비통한 자괴심에 빠져버린 것이 아닐까 하는 생각을 해본다.

필자는 지금 가슴이 너무 답답하다. 이제 곧 나를 떠나갈 작은애를 야단 칠 수도, 그렇다고 큰 멍울이 들었을 큰 애를 나무날수도 없기에 말이다.

많지도 않은 자식. 이제 내가 죽으면 그 둘만이 남는데, 그 둘마져 서로 등을 지고 살아간다면... 내가 죽어서도...

남자인 필자의 마음도 이를진데 그 둘을 배 아파하며 낳은 엄마는 마음이 어떠할까나... 어느 날 밤인가 집사람이 한말이 아직도 내 귓가를 맴 돈다.

"나는 밤이 무서워요. 재네들 밤에 집에 들어와서도 서로 얼굴도 마주 치지 않아요. 내가 무슨 죄를 지었길레 자식들의 이런 꼴을 보고 살아야 되는지... 내가 그렇게 곱게곱게 키웠는데..."

- 2014. 9.

진실 혹은 오해 2

"당신 너무 고마워"

"그래요, 나도 이번 일을 보며 내가 수필을 쓴 것을 정말 감사하게 생각해요."

아내가 나에게 고맙다고 했다. 너무 고맙다고...

나 역시 너무 기뻤고 또 글에, 내가 쓴 글에 감사했다.

사연인 즉, 지난 9월 13일은 딸만 둘 가진 우리부부가 난생 처음 그중 하나를 품에서 떠나보낸 날이다. 그것도 순서에 맞지 않게 작은 애를 큰 애보다 먼저. 처음 혼담이 오고가고 작은애를 따라 사돈댁을 맞아 상견례를 할 때까지는 별다른 내색 없이 큰 애도 동생 결혼을 축하하는 것 같았고 회사를 마치고는 같이 어울려 다니며 잘 지내기에 우리부부도 결혼준비로 정신은 다소 없었지만 4가족 전부 편안하였고 너무 행복해 하기 까지 했다. 결혼 소문에 친한 직장 동료가 동생이 먼저 결혼을 하니 언니가 동생 결혼식장에 얼씬도 하지 않아 순서에 맞지 않은 자매 결혼이 참 힘들 수도 있다는 조언을 주었지만 그 말은 우리 가정에는 전혀 해당되지 않은 기우라고 생각하고 말았다.

근데 예식장과 일정이 정해지고 웨딩촬영을 하든 날 그 기우는 현실이 되어 내 앞에 나타나고 말았다. 사돈 측 친척 중에 현직 웨딩플레이너가 있어 사부인이 신랑과 함께 현장에 나타난 것이 화근이었단다. 웨딩 삽과 촬영장을 오가며 차량으로 이동을 해야만 되었는데 우리 측에서 아내와 딸애 둘, 해서 3명이 사돈 측에서 온 3명과 합세하니 모두6명, 신랑이 몰고 온 승용차는 정원 5명. 처음엔 다들 같이 끼어서 합승을 했단다. 그러다 몇 번 이동을 하는 과정에서 불편이 가중되면서 갈등이 일어난 모양이었다. 급기야 작은애가 언니와 엄마는 택시를 타고 뒷 따라오라며 예비 시어머니와 신랑 측 차를 타고 가버리자 큰애가 화가 나 분통을 터뜨리고는... 그날 이후 두 애는 얼굴도 마주치지 않는다. 물론 말도 같이 하지 않는다. 동생이 몇 번이나 사과를 했다는데도 언니는 쳐다보지도 않는단다. 공공연히 결혼식에도 참석하지 않겠단다. 급기야 유럽으로 출장계획을 세워 놓았다고 한다.

결혼식 날이 다가올수록 두 애 사이에서 아내만 죽어나고 있었다. 아내는 밤이 무섭다고 했다. 둘 다 명문대를 나와 대기업에 다니는데 퇴근을 하면 다들 늦은 밤이다. 그때서야 두 애를 보지만 둘 다 묵언수행을 하니 속이 다 뒤집힐 지경이란다. 낮에는 안보니 그래도 견딜만하다면서... 나 역시 겉으로는 태연한 척했지만 속이 타기는 마찬가지, 행여 결혼식장에 큰 애가 없다면... 평생 큰 한으로 남을 것이 뻔해 보였다. 그렇게 시집을 가버린다면 둘은 평생 보지도 않을 것 같은 생각이 들고... 둘이 화해할 기색은 전혀 보이지 않고, 결혼식날짜는 다가오고...

그런데 잡지사에서 원고청탁이 왔다. 마감일이 다음 주로 1주일의 여유밖에 없었다. 그런데 추석 연휴가 있어 실제적으로 글을 쓴다면 당일 하루뿐이라는 것. 무얼 쓸까 생각하다 '진실 혹은 오해'라는 제목으로 두 애들의 이야기를 글로 썼다. 글을 잡지사로 보내면서 카톡으로 우리가족에게도 발송을 했다. 아내인 엄마의 심정과 아빠인 나의 심정, 동생의 입장, 언니의 입장을 역지사지하며 내가 생각한 바를 아이들에게도 보여주고 싶었다.

먼저 작은 애로부터 반응이 왔다.

"아니, 언니가 내 결혼식 날 유럽으로 출장 간다는 것이 정말이에요?"

"어떻게 그럴 수가... 서로 다투고 말도 안하고 얼굴을 붉히고 있는 것은 사실이지만 난 언니가 내 결혼식에 안 온다고는 상상도 못해봤어요."

다음 큰 애의 반응을 아내로부터 들었다.

"글을 보고 많이 울었다고 하네요."

"당신이 큰 애의 입장에서 쓴 글을 보고 아빠가 자기의 마음을 이해 해준 것에 감동되었는가 봐요."

그날 저녁 나는 먼저 작은애를 만나 꼬드겼다.

"언니가 마음을 열었다. 제발 먼저 네가 사과를 해라. 내가 보기엔 무릅 꿇고 3번만 용서를 빌면 분명 마음을 돌릴 것이다."

사과를 몇 번이나 했지만 눈길도 주지 않았다며 처음 완강히 거부하던 작은 애도 대신 조건을 하나 들어주겠다는 나의 약속을 받고서야 그렇게 하겠다고했다.

다시 큰 애를 만났다. 역시 처음엔 버팅기기를 하였지만 진심으로 사과를 한다면 받아드리겠단다.

"너 능력 있잖나. 결혼식 날은 일시 귀국하면 좋겠는데 어때, 그렇게 할 수 있지? 비행기 값은 내가 주께..."

결국 둘은 화해를 했다. 결혼식 날이 얼마 남진 않았지만 밤이 무섭다던 아내도 이젠 잠을 편히 자게 되었단다. 하지만 큰 애는 당초 계획한대로 유럽으로 출장을 갔다. 결혼식 당일 큰 애는 유럽출장 중 밤비행기를 13시간이나 타고 중도 귀국하여 결혼식에 참석 했다.

근데, 나는?

작은애는 화해의 조건으로 승용차를 사는데 비용 10%를 요구했다.

큰애는 역시 유럽 왕복 비행기 값을 요구했다.

'그래 아빠는 봉이다!'

그러나 나는 봉이라도 기쁘다. 내 글로 너희들이 화해해 준 것이 또한 너무 기쁘다. 그리고 내가 수필가가 된 것, 더 기쁘고...

- 2014. 12

추억의 검정 고무신

2012년 임진년. 올해는 총선과 대선이 총망라된 한 해다. 300명의 국회의원이 새롭게 여의도에 입성하고 또 한명의 대통령이 청와대에 들어가게 되는 관문을 세우는 해다.

작금 신문과 방송에는 전직 동장이 선거운동에 관여하다 투신자살을 하였다는 둥 공천탈락자가 불만을 품고 그 당을 탈당을 하고 무소속으로 입후보 한다는 둥 갖은 선거백태가 보여 지고는 있지만 그래도 돌이켜보면 지금의 선거는 정치깡패가 동원되고 관권과 금권이 난무하고 심지어 테러까지 나타내보였던 암울하기만 했던 그 옛날의 선거풍토에 비하면 너무 깨끗하여졌고 후보 또한 걸출한 재목들이 많아 그야말로 잘 짜여진 룰 안에서 온 국민이 그들과 어우러져 한바탕 큰 축제를 벌인다고 하여도 결코 잘못됨이 없다할 것이다.

희미하지만 그 옛날 필자의 어린 시절 선거 당시로 한번 거슬러 올라가 본다. 그 때 필자는 10대 초반이었다. 너무 어려서 이겠지만 지금도 정확한 년도는 잘 모르겠다. 하지만 5.16 군사혁명이 일어나기 얼마 전으로 4.19학생의거로 장면내각 정부가 들어서 지방자치를 한다며 도의원 시의원 군의원 같은 자치단체의 의원들을 주민들이 직접투표로 선출하였는데 지금의 구 의원격인 군 의원 선거에 저의 선친께서 출마를 하여 온 집안사람들이 선거에 매달린 기억이 있어서이다.

필자의 집은 면 단위의 조그마한 산촌마을이었는데 선친이 출마를 하자 그야말로 온 마을사람들이 다 동원되었다. 이웃을 포함하여 먼 곳에 있는 사돈의 팔촌까지도 삼삼오오 몰려들어 선거운동을 한답시고 이 마을 저 마을을 뭐가 그리 바쁜지 밤낮 구분도 없이 내달린다. 마당엔 화톳불이 밤마다 밝혀지고 깔아 놓은 멍석에 둘러 앉아 술을 마시는 취객인지 선거운동원인지도 구분할 수 없는 수많은 군중들은 그 수를 헤아리기조차 힘들 정도였다. 그러다 술에 취한 장정들이 선거이야기를 하다 서로 의견이 맞지 않으면 멱살잡이를 하며 분탕을 쳐대 어느 날 새벽엔 패싸움까지 일어나 선거캠프가 아수라장이 된 적도 있었다.

그렇게 어시장경매현장 같은 소란스런 시간이 근 보름여동안 반복되다 드디어 다음날이 선거 날 이란다.

선거당일 우리 집 앞 공터는 이른 새벽부터 그야말로 야단법석이다. 아니 전쟁터를 방불케 한다고 표현하는 것이 좋겠다. 온 마을 사람들이 총동원되어 머리에 수건을 두르고 함성을 지르며 선친의 함자를 외쳐 된다. 수십 마리의 황소들의 달구지를 메고 토하는 우렁찬 울음소리 또한 산천을 흔들어댄다. 그 사이로 짚차의 시동소리까지 한몫 거들며 화음을 맞춰준다.

투표장소는 우리고을에서 십리정도 떨어진 면사무소였다. 주민들을 유권자들을 투표장으로 이동하기 위하여 인근마을에 까지 소달구지를 다 소집했단다. 20여대는 족히 되어 보인다. 거기다. 큰누나가 대구에서 선거유세용으로 지원해준 군용 짚 차를 개량한 자가용 한대.

계속해서 달구지를 메고 있는 거대한 황소들이 눈을 부라리며 울음을 뱉어낸다. 삼국지에 서 제갈량이 출사표를 던지고 전장으로 나갈 때의 모습이 이와 크게 다르지 않았을 것이라 생각해 본다. 비록규모는 적지만 분위기는 최고조로 비장함까지 나타난다.

이제 슬슬 운송이 시작된다. 우선 머리띠를 두른 청장년들이 소달구지에 올라탄다. 지게작대기에 수건을 걸고 흰 광목에 먹으로 검게 칠해진 선거구호 깃발을 매달아 흔들며...

나아가 많은 사람은 오후에 공터로 모이란다. 찦 차로 모셔간다고...

그날 소달구지와 찦 차는 울퉁불퉁 거리는 비포장도로를 헤아릴 수도 없이 왔다 갔다를 반복했단다.

결과는 당선...

그러나 몇 개월 후 5.16혁명이 나고 지방자치의회는 중도 해산. 선친은 그 직을 사임하고 말았는데...

훗날 필자가 철이 들었을 때 선친께서 하신말씀이 아직도 귀에 생생하다.

"...아마 내가 당시 의원 임기를 마쳤다면 재산이 모두 거덜났을 것이다. 선거운동 때도 집집마다 검정고무신은 기본이고 심지어 수저까지 몇 벌은 건네주어야 했었지만...의정활동을 할 때도 의장직을 맡아 의원들의 회식비며 의회의 대소사 경비까지도 전액 사비로 부담해야 되었었지...."

그러면서 선거 날 나이 많은 할머니나 할아버지는 운동원이 직접 방안까지 들어가서 업고 투표소에 가고... 이미 죽었거나 거동자체가 안 되는 유권자가 있으면 투표통지서로 그 자식들이 대리투표까지 하여도 별탈이 없었다고 하셨다.

생각해보면 이해가된다. 자유당시절 투표함 자체를 바꾸기도 하는 관권선거가 가능하였기에...

당시엔 돈이 없으면 정치를 할 수가 없었는가 보다.

지금은 기초의원까지도 일정액의 봉급이 책정되고 의장은 차량이며 비서 그리고 활동비인 판공비도 제법 많이 나온다. 아마 당시엔 그런 비용 까지도 의장이신 선친께서 도맡아 처리를 해야되었는가보다.

그러고 보면 세상 많이 변했다. 정치인은 부조도 못 하게했다. 음식도 대접 못하게 했다. 선거비용도 국민이 부담해준다. 그럼에도 출판기념회나 후원회의 밤 같은 것을 이용하여 정치기탁금을 모을 수 있게 했다.

어떤가? 이래도...

며칠 후면 총선 날이다. 다들 걸출한 인물을 선출토록 우리 유권자들은 마음을 열어야 할 것이다.

이제는 두 번 다시 입후보자나 유권자 모두 추억의 검정고무신은 떠올리지 말아야 할 것이다.

- 2012. 3. 7

횡성 삼거리마을 김복수아저씨

강원도 횡성에 가면 횡성댐 근처에 삼거리라는 자그마한 마을이 나온다. 필자가 처음 이곳을 찾았을 때 삼거리라는 명칭을 듣고 길이 세 갈래라는 뜻인 줄로만 알았는데 마을 앞 리명석(里名石)을 보고서야 삼거리란 뜻이 '세 개의 커다란 것'이라는 뜻인 삼거리(三巨里)임을 알았다. 뒷날 이 마을 어르신이 삼거(三巨)란 이 마을에 있는 커다란 산수목(山水木)으로 거대한 산과 물과 산을 의미하며 큰 산은 마을 뒷산인 어답산으로, 큰물은 수년전 인근에 생겨난 횡성호로 보고 있는데 큰 나무만은 실제나무가 아니라 사람으로 보고, 앞으로 이곳에 나라의 동량지재가 될 큰 인물이 날것으로 마을사람들은 굳게 믿고 있다고 했다. 실제로 마을 뒷산의 어답산이라는 명칭은 삼국시대 때 신라 임금이 다녀간 곳이라는 뜻이라는데 산세가 좋고 신령하다하여 암환자 같은 고질병을 가진 병자들이 찾아와 요양을 하고 큰 효과를 얻고 있다고 했다.

암 이야기가 나와서 말인데 필자도 그만 얼마 전부터 암 환자가 되어 이곳 어답산 중턱에 앉아 글을 쓰고 있게 됐다. 참 묘한 인연이 되었지만 몇 달 전, 그러니까 올 년 초 지인의소개로 이곳 어답산 중턱에 자리한 전원주택 1채를 임차하였는데 겨우 두 번째 왔던 날(서울에 있는 직장관계로 주말에만 내려 올수가 있었음) 몸에 이상이 있어 응급실로 찾아가니 암 초기라는 의사의 판정.

어쨌거나 수술을 하고 다니던 직장에 두 달여 병가를 내고 휴식을 취하는데, 어쩌 암이 찾아올 걸 예견이라도 한 듯 미리 쉴 곳을 정해놓았다는 듯이 이곳 어답산 아래에 와서 산의 정기를 받았으니...

각설하고, 필자가 두어 달 이곳에 쉬면서 산책삼아 마을을 쏘다녀 보았더니 마을 곳곳에 수령이 500년은 더 됨직한 아름드리 나무들이 숫하게 보였다 나무 앞에 세워놓은 안내문을 보니 다들 횡성군 보호수들이다. 필자가 보기엔 마을 어르신 말과는 달리 삼거중 하나인 나무가 사람이아니라 이 거목이 아닌가하는 생각을 해보았다.

또한 필자는 이곳에서 재미난 마을아저씨를 한분 알게 되었는데 '김복수'라는 그 이름도 매우 특이하다. 여름철 비를 맞고 무성히 자라버린 집 앞마당 잔디를 정리하는 일을 맡기게 되어 휴식시간 중 잠깐 같이 다과를 나누면서 한담을 하게 되었다. 그는 우리 집 같은 경우는 산소벌초를 하는 제초기로 마당 잔디를 깎는다고 했다. 마당이 잘 정돈 된 전원주택 잔디는 잔디 깎기 전용 기계로 하면 되지만 주인이 상주하지 않고 주말만 이용하는 우리 집 같이 마당 면이 잘 관리되지 않은 잔디는 잔디 깎기 전용기계를 사용할 경우 기계칼날이 다 망가져버린단다. 제초기를 사용해도 줄칼이 마당에 박힌 돌에 부딛쳐 망가지는 바람에 몇 번이고 기계를 정비해야한다면서. 그는 제초기로도 전용 잔디깎기 보다 더 잘 할 수 있단다. 집주인이 원하는 높이대로 잔디 높이를 딱 맞춰 잘라 준다고 했다.

준비한 막걸리를 한잔 더 권해주자 그는 더욱 재미난 이야기를 필자에게 들려주었다. 자기는 이곳 삼거리의 '맥가이버'라고 했다. 이곳 삼거리 마을 전체의 가구 수는 20여채 그런데 원주민은 채 다섯 가구도 안 된단다. 그것도 도시로 나갔다가 늘그막에 귀향한 사람들이 대부분이라며. 그리고는 다들 외지인인데 특히 '어답산' 자락주변은 서울서 내려온 사람들이 전원주택을 10여 채나 지어 깔고 앉아 아주 서울 타운을 만들어 버렸단다.

그러면서 그는 이 사람들이 아주 웃긴다고 했다. 어디서 듣고 왔는지 집을 짓기가 무섭게 유기농 농사를 짓겠다며 너도나도 집 옆에 텃밭을 만들고는 고추며 상추, 가지 같은 채소를 가꾸고 심지어 마당을 파서는 연못을 만든단다. 주말에만 오는 사람도 아주 농사꾼처럼 새벽부터 채소에 물을 주고 잡초를 뽑고 비닐을 덮고, 이곳 원주민 보다 더 농사짓기에 난리를 피운다고 했다. 그 정성이 농사꾼인 자기 보다 더 한 것 같다면서.

더욱 불콰해진 그가 한마디 더한다.

"제가 '맥가이버'잖아요. 조그만 문제만 생겨도 온 마을에서 다 나를 찾아요. 특히 서울 타운에서는 집에 전기가 나가도 한전에 연락하기보다 먼저 나를 찾지요. 제 전문은 시동 거는 거지요. 경운기, 펌프, 전동 톱, 자동차, 제초기, 잔디깎기, 선풍기, 가스렌지... 어떤 장비든지 사용하다 시동이 꺼지거나 아예 처음부터 작동이 되지 않으면 나를 찾지요. 그러면 제가 가서 시동을 걸어준답니다. 헌데 제 전문이 하나 더 있거든요. 그게 뭐냐면 시동 안 걸리는 여자도 제가 책임 질수 있는데 아직 소문이 안 나서인지 그것을 내보고 해달라는 사람이 아직 없으니. 이참에 선생님께서 광고 좀 해주시면 안되나..."

- 2014. 9

술탄(황제)의 영광이 찬란한 오스만투르크제국

–형제의 나라 터어키를 가다. (1)

10.23(목)

이슬람역(曆)으로 9월은 단식의 달이다. 이때가 대면 무슬림들은 한달 동안 일조시엔 아무것도 먹지를 않는데, 이것을 라마단이라고 한다. 이 라마단이 시작되기 전인 10월 23일, 캄캄한 한밤중에 이집트 카이로를 출발한 일행은 그리스 아테네공항을 경유하여 09시20분에 터어키의 옛날 수도인 이스탄불 아타투루크 공항에 도착했다.

이 공항은 우리나라의 김포공항정도의 규모로 느껴졌는데 지금도 국부로 추앙을 받고 있는 터어키 공화국을 연 초대 대통령의 이름을 붙인 공항으로 2000년에 새롭게 개장을 했단다.

터어키 하면 6.25때 유엔군으로 참전해준 16개국 중의 한 나라며 우리나라의 형제 국으로 만 막연하게 느끼고 있었는데 이곳에 와서 보니 그 문화와 역사가 결코 만만치 않음을 느낀다. 또 이곳은 다른 곳과 달리 흥망성쇠의 특별한 역사가 있기에 문화를 접하기에 앞서 필히 역사를 먼저 알아야지, 그렇지 않고서는 정말 흔히 말하는 장님 코끼리 만지는 격이 될 수밖에 없을 것 같았다. 해서인지 일행이 공항을 나와 버스에 오르자마자 가이드는 터어키의 역사 소개에 열을 올리고 있다.

우리 남북을 합한 크기의 3배정도의 면적(780,580km2)으로 인구 역시 우리남북인구와 비슷한 7,150만 명이란다. 대다수가 이슬람교도이다. 유럽과 아시아를 모두 포함하는 국토를 갖고 있으며 인종 또한 터키인, 쿠르드인, 그리스인, 유대인, 아르메니아인, 아랍인까지 그 종류(?)가 다양하다. 수도는 공화국이 되기 전까진 이곳 이스탄불이었으나 현재는 아시아 쪽에 있는 앙카라(Ankara)이다.

기원전 2000년 중앙아시아 남부에서 기원한 터어키 민족의 조상은 중국의 변방 민족인 "훈"족(돌궐족,흉노)이라고 하는데, 이는 우리나라의 고대국가인 대조영이 세운 발해 국의 한 부족이 돌궐족이라서 우리와는 형제국이라고 한단다.
(최근엔 훈 족은 돌궐 족이 아니라 우리와 같이 몽고반점이 있는 몽골리안이라는 학설을 제기한 학자도 있음)

터어키 민족은 중세기에 아랍지역을 횡단하여 서쪽으로 이동하는 과정에서 대부분이 이슬람교로 개종하게 되었으며 문자 또한 아랍문자를 도입하여 사용하게 되었단다.

터어키의 역사는 크게 세 개의 시대로 구분하는데, 기원전 6000년 전부터 시작되어 동로마제국이 융성하던 11세기까지를 고대국가시대로, 1281년부터 시작되는 오스만제국시대. 그리고 1923년부터 시작된 현재의 공화국시대가 바로 그것이다.

필자가 일행들과 이번에 문화탐방을 하게 되는 곳은 아시아대륙이 있는 아나톨리아 반도가 아니라 그리스의 비잔틴제국을 거쳐 동로마제국 시엔 황제가 살았고 역시 오스만제국시대 때 술탄(황제)이 살았던 유럽 반도 쪽에 있는 그 옛날 콘스탄티노플이라 불려졌던 이스탄불이다. 가이드의 말을 빌리면 이곳을 두 개의 현수교가 보스포르스해협(지중해에서 흑해로 들어가는 해협)을 건너 아시아의 아나톨리아 반도와 유럽의 이스탄불을 연결하고있는데, 세계 유일의 대륙 연육교란다.

그러면서 골든혼(golden horn-이스탄불도시 사이에 있는 좁은 해협으로 낙조시에 마치 황금으로 빛나는 뿔과 같이 보인다고 해서 붙여진 이름이란다.) 과 보스포르스로 마치 물의 화환에 둘러 싸여있는 것 같은 이곳 이스탄불은 지중해(에게해)와 흑해를 잇는 마르마라(MARMARA)해협(지중해에서 보스포르스로 들어가는 입구 바다)에서 바라보면 수많은 모스크의 돔과 첨탑 그리고 현대적 감각의 마천루가 은은한 잿빛 하늘과 어우러져 환상적인 실루엣을 자아낸다고 자랑을 하는데, 과연 2박2일이라는 짧은 기간 동안에 우리들도 그 모습을 보고 갈 수가 있을 런지....
(다음날 오후 보스포르스 해상 크루즈가 있었는데 골든혼에서 지중해 쪽이 아닌 흑해 쪽으로 가는 바람에 결국 필자는 그 모습을 볼 수가 없었다.)

이곳은 일찍이 골든혼의 끝자락에 자리 잡기 시작한 거주자들이 아크로 폴리스를 만들며 정착하여 B.C7세기 그리스의 식민도시인 '비잔티움'의 도시로 형성되었고, 그 후 페르시아인의 침략과 지배를 받게 되었고, 다시 로마 황제에 의해 점령되었다. 330년에는 콘스탄틴 대제에 의해 비잔티움은 로마제국의 수도가 되고 그때부터 '콘스탄티노플'이라 불리워 진다. 이 '콘스탄티노플'은 1453년 오스만투루크에 의해 점령당하고 '이스탄불'로 이름이 바뀌어지면서 약 480년동안 오스만투루크 제국의 수도로 역사적인 도시가 되었다. 1922년 오스만 제국의 왕조가 몰락하게 될 때까지 약 1500년간 번영을 누려왔고 두 제국의 국교였던 기독교와 이슬람교의 문명이 서로 맞닿고 섞인 곳으로 현재 유동인구 포함하여 1000만명이 살고 있는 세계에서도 인구 밀도가 제일 높은 도시이기도하다. 1923년 케말파샤(아타투루크)가 주도한 터어키 민주공화국은 수도를 이곳에서 앙카라로 옮긴다.

● 성 소피아 박물관

첫 방문지는 소피아 박물관이다. 광장은 오전인데도 관광객으로 꽉 찼다. 이곳에도 우리나라에서 온 관광객이 무척 많이 보인다. 선도를 가든 가이드가 이제부터는 "구로 팀"으로 부르자고 한다. "구로 팀 모이세요."하면서... 서울이라고 해서는 구분이 안 되겠단다. 정말 대단하다. 우리일행은 모두 27명이었는데, 직장 남녀혼성팀이라 연령분포나 외관상 특성이 없어 가이드가 자주 헷갈린단다. 그런 가이드를 따라 먼저 성 소피아 박물관으로 들어갔다. 버스에서 현지한국인가이드의 설명이 너무 장황 하다는 생각을 하였는데 이곳에 들어와 보고서야 그 이유를 알 것 같았다.

'소피아박물관'은 '아야 소피아성당'으로도 불리고 '소피아모스크'라고도 불리는 곳인데, "하나님의 지혜" 또는 "성스러운 지혜란 뜻"으로 모두 예수를 상징한단다. 이 거대한, 심지어 건축물 세계 7대 불가사이로 까지 불리어지는 이곳은 그 유래가 또한 대단하다. 처음은 콘스탄틴대제가 세웠단다. 그런데 그것이 지진과 화제로 무너져 버렸는데, 6세기 때 유스티니아누스황제가 다시 건축한 것이라고 한다. 성당이 무너지자 황제가 말했다.

"아담 이래 일찍이 없었고 미래에도 있을 수 없는 그런 성당을 지으라" 하고...

그 후 5년 만에 성당이 완공되었다. 당시 그만한 규모의 건축물을 지으려면 길게는 20년, 아무리 빨라도 10년은 넘었다는데...

537년에 완성되었다니 지금까지 1500여년이 되었건만 별이상 없이 건재하다. 그동안 크고 작은 수많은 지진을 겪고도 말이다.

몇 년 전 이곳에 대지진이 일어났을 때도 중앙 돔의 창유리만 조금 떨어져나갔단다.

천장(돔)을 쳐다본다. 뚫린 창을 통해 빛이 스며들고 있었다. 지금은 중앙 돔을 수리하기 위하여 돔 밑에 철제비계가 가득 바쳐져 있지만 그 장엄함이나 화려함이 가히... 그냥, "엄청나다." 라고 밖엔 달리 표현할 말이 없다. 창이 모두 몇 개냐고 물으니 중앙 돔에는 40여 개의 창이 있단다. 까마득하게 높은 곳을 목을 뒤로 젖혀 둘러보는데, 그러나 어디에도 기둥 하나 보이지 않는다. "정말 경이적이다."라는 외침이 절로 나온다. 그러나 외벽을 돌아올라 사제관이 다녔던 곳에서 주위를 보고는 더욱 놀란다. 벽화가 이중(?)으로 되어있다. 아니 "사람 위에 사람 있고, 그림 밑에 그림 있다." 라고 표현해 보고 싶다. 벽화 가득 무슬림의 문양이 가득한데, 군데군데 패어진 문양 밑으로 예수 상이며 마리아 상등이 나타난다.

오스만투루크가 1453년 이곳을 정복하여 그 화려함을 시기하여 건물을 헐어 버리려다 놀라운 건축양식을 보고 내부만 회칠을 다시 하여 그 위에 무슬림 문양을 만들고 첨탑을 세워 이슬람사원인 모스크로 만들었다. 수 백년 후 케말이 정권을 잡고 술탄을 몰아내고 공화국을 선포한 후 500여년이 지난 이 무슬림사원을 다시 그리스정교로 회복코져 덧칠한 회를 긁어내는 작업을 하였는데, 국민들이 "오스만 투루크도 터어키의 역사고 중요한 문화다" 라며 반대하여 결국 반쯤만큼 당초벽화를 도출하는 선에서 공사가 중단되었다고 한다. 그리하여 결국 이곳은 모스크도 아니고 정교성당도 아닌 박물관으로 명명하여 관광객을 맞고 있단다.

이곳을 둘러보며 수많은 외세침략으로 민족의 문화재를 스스로 말살 해온(?) 우리의 입장에서 많은 교훈을 느끼게 하였다. 물론 침입자가 문화재를 파괴했을 수도 있을 것이다. 허나 임진왜란 시 경복궁의 방화나, 6.25때의 한강인도교 폭파며 산 속의 유명사찰들의 소실된 사실은... 일례로 지리산 화엄사에 가면 기념비가 하나 세워져있다. 6.25 당시 아군이 화엄사를 군사작전에 포함하는 바람에 풍전등화같이 위급하였는데 현장 지휘자의 과감한 판단으로 상부지시를 어겨가면서까지 사찰을 보호하여 지금과 같이 보존되었다며 사찰 측에서 그 공덕을 기념하여 비를 세워놓은 것이다. 각설하고...

"오. 솔로몬이여! 나는 그대를 능가했노라!"

이 성소피아 성당이 완성되자 유스티아누스황제가 처음 일갈한 소리란다. 필자는 가만히 귀 기우려 황제의 쿵쾅되는 심장소리를 느껴본다.

돌아 나오는데 입구 쪽 벽 옆으로 많은 사람들이 길게 한 줄로 서있는 것이 보였다. 호기심이 발동되어 한번 가 보는데... 한 사람씩 오른손엄지손가락을 구멍에 넣고 돌려댄다. 연유인즉, 엄지손가락을 구멍에 넣고 손을 펴서 한 바퀴 크게 돌리면 소원이 이루어진다는 전설이 있단다. 필자도 한참을 기다린 후에 크게 손을 한 바퀴 돌려본다. 하면서 많은 소원을 빌었는데...먼 이국 땅에 와서까지 영험 있다는 소피아 귀신에게 소원을 빌었으니 한번 세월을 두고 확인해볼 요량이다.

● 블루 모스크

블루다. 글자그대로 푸른 모스크라는데, 들어가 보니 온통 푸른 타일로 장식이 되어있다. 이 모스크는(모스크란 뜻은 아랍어 마스지드의

'이마를 땅에 대고 절하는 곳' 이라는 말을 영어로 번역되면서 표기된 것이라고 함) 20세기의 젊은 술탄(황제) 아흐멧 1세의 명령으로 건축가 메흐멧아가(MehmetAga)에 의해 1609~1617년에 지어졌다. 그래서 공식명칭이 술탄 아흐메트 사원이다. 맞은편에 있는 성소피아성당을 모방하여 만든 것이라는데, 첨탑(미나레트)이 무려 6개나된다. 미나레트라 불리는 첨탑은 신도수나 교세를 나타내는 것으로 보통 2개가기본이란다. 성소피아 성당도 도 이슬람사원으로 개조 시 첨탑은 4개만 만들었다는데, 이곳 블루모스크는 그런면에서 오스만투르크 제국 최고의 모스크인 것이 틀림없어 보인다. 안에서는 무슬림(이슬람교도)들이 예배를 보고 있었는데 그래서인지 모든 입장객들도 신발을 벗고 실내로 들어가야 된다. 블루모스크는 건축당시 많은 무슬림들이 예배를 볼 수 있도록 실내를 아주 크게 하여야 되었는데, 그러다 보니 성소피아 돔보다 더욱 큰 돔을 만들게 되었단다. 그래서 어쩔 수 없이 기둥을 세우게 되었는데 그 기둥숫자가 8개나 된다.

성소피아의 첨탑이 이슬람사원으로 개조되면서 세워진 것에 비하여 술탄아흐멧모스크는 당초부터 정확한 비례로 축조된 6개의 탑이 260개나 되는 창을 가진 거대한 돔과 잘 조화되어있어 17세기 터키인들의 이슬람 건축 예술의 우수성을 대표적으로 반영해 주는 건물로 꼽히고 있단다.

가이드가 귓 소리로 속삭이듯이 내뱉듯이 하는 설명을 한 귀로, 또 다른 귀로는 그 넓은 바닥에서 수많은 무슬림들이 모여앉아 돔 창에서 쏟아지는 푸른 햇살을 쓰고 흥얼대는 코란소리를 들으니...

● 히포드롬

블루모스크를 나서면 앞에는 거대한 오벨리스크가 세워져있는 히포드롬이 나타난다. 이곳은 그리스의 비잔틴제국시대와 로마시대 때 각종 경기 및 황제를 위한 축제 등이 거행되었던 곳으로 10만 명이 넘는 관중들이 운집할 수 있었다니 당시로선 대단한 규모다. 경기장의 한가운데 서 있는 오벨리스크는 무게 300톤, 32.4m로, 1개의 반암 대리석으로 만들어진 것인데 이집트의 카르낙 신전에 세워진(BC 1502 ~ 1448) 4개 오벨리스크 중 하나란다. 이곳에는 서기 390년에 데오도시우스 1세가 이곳으로 가져와 세운 것이라는데 가이드의 설명에 따르면 운반을 양가죽으로 만든 뗏목을 만들어 이곳까지 운반을 했단다. 오는 도중 하단 부 12m 정도가 떨어져나가 지금 세워져 있는 것은 20m가 채 못된단다. 설명당시엔 양가죽뗏목을 이용하여 운반했다는 말을 이해하지 못했는데, 다음날 보스포르스 해협을 배를 타고 다녀보니 상황이 이해된다. 우리가 생각하고있는 바다가 아니다. 바다라고는 하나 파도 한 점 없는 우리나라의 소양강이나 대청호 같은 다목적댐의 호수로 보면 될 것이다.

필자 주변에서 히포드롬에 가면 꼭 오벨리스크 받침돌을 보라는 당부가 있어 유심히 살폈는데... 아니나 다를까, 역시 터어키는 우리의 형제 국이 분명했다. 그 받침대에 새겨져있는 황제와 신하들의 조각상 모두 얼굴의 코가 바스러져 있는데 이것이 남아선호사상에서 우리나라의 부처님 코를 떼어가 갈아 마신 경우와 같았다니...

이번 여행은 몹시 특이했다고 해야 옳을 것 같다. 날밤을 세워가며 밤 비행기를 수도 없이 타고... 오늘도 새벽2시45분에 이집트 카이로공항을 그리스 비행기를 타고 아테네로 출발했다.

서울과 7시간의 시차를 가진 이집트는 그리스와도 1시간의 시차를 가지고 있었다. 뒤에 알았지만 경도상의 시차가 아니라 "summer-time" 실시에 따른 시차라고 했다. 허나 이집트호텔에서 밤12시30분에 나와 그리스시간 05시간45분 아테네공항도착, 공항에서 2시간여 대기 후 08시 5분에 다시 그리스 비행기를 타고 이곳 이스탄불에 도착한 시간이 위에 언급한 09시 20분, 후에 "스핑크스-박"이라 불리게 된 박 선생은 그 특이(?)한 잠버릇 때문에 잠을 한숨도 못 자 죽을 맛이란다. 아마 잠을 못 잔 분이 일행 중 박 선생뿐 만은 아니리라, 아무튼 일정 상 오전행사를 치르느라 비몽사몽간에 가이드 뒤를 졸졸 따라 다니다 지친 일행이 버스에 올라 점심을 먹겠다고 예약된 오리엔탈하우스에 도착한 것은 오후2시가 다 되어서 였다.

● 가죽가게

"어서오세요."
"반갑습니다."
"싸게 팔아요."
"빨리 준비해 드릴께요."

점심을 먹고 난 뒤 당초는 보스포르스 해협을 배를 타고 유람을 할 계획이었으나 모두 지쳐 내일로 미루고 빨리 호텔로 가잔다. 필자가 이곳이 유명한 가죽제품이 많다는 소문을 들어 가이드에게 호텔로 가는 길에 혹 가죽 만드는 공장이 있다면 들러보자고 건의를 했었는데 웬걸, 버스를 세운 곳은 가죽 만드는 공장이 아니라 가죽제품을 파는 상점 앞이다. 가이드가 무조건 들어가란다. 2층으로 안내되었는데, 좌우로 앉을 수 있게 스탠드가 준비되어있었고 가운데는 무대가 꾸며져 있었다. 가게 지배인이 유창한 우리말로 인사를 해댄다. 신문에 2003년 3/4분기 우리나라 순수해외여행경비로 지출된 달라가 30억불이 넘었다는 기사가 보이는데... 과연 실감나는 현실이다. 정말 글자 그대로 이곳 이국만리 터어키에도 돌아서 보면 한국사람들이 보인다. 이곳에서 곧 팔등신의 미녀들이 나와 패션쇼를 한단다. 일행의 성화같은 환호에 못이겨 우선생이 모델들이 나오기 전 먼저 스테이지에 올라 워킹을 해본다. 한바탕 박수를 쳐대며 왁자지껄하며 떠드는데 음악소리에 맞춰 예쁜 모델들이 짧은 가죽 자켓을 입고, 들고, 또 흔들어대면서 무대로 나타난다.

● 그랜드 바자르

가이드가 예기치 못한 곳에서 제법 매상을 올렸는지 이번에는 터어키석을 구경하잔다. 당초에도 시장체험은 계획이 되어 있었던 차라 피곤은 하지만... 또 재미있는 쇼핑을 한다니 모두 피곤이 확 달아나는 것처럼 보인다. 일행을 태운 대형관광버스가 좁은 뒷골목을 담장에 대일 듯 요리조리 곡예를 하며 밀고 들어가는가 하면 어느 땐 백-밀러 만 보고 뒤로 차를 몰아간다. 그러고 보면 이곳도 우리들의 형제국 답게 운전 실력이 만만찮아 보인다. 한참을 가니 조그마한 주차장이 나오는데 온통 대형버스로만 꽉 채워져 있다. 승용차는 아예 들어오지도 말란다. 이곳도 자국민 보다 관광객 우선구역인 것 같았다.

"그랜드 바자르"는 우리나라의 남대문 같은 재래시장으로 역사가 아주 오랜 된 그 옛날 "하멜"이 다녔던 "실크로드"의 마지막 종착지라는 이곳 이스탄불의 재래시장이다. 터어키말로 "카팔르 차르쉬"라고 하는데 그 뜻이 "지붕이 있는 시장" 이란 것으로 당시에는 아주 고급스런 시장이었던가 보다.

기록에는 3개 대륙의 문물이 이곳에서 교역되어 "3개 대륙의 시장"이라고도 한다는데 65개의 거리와 4천4백개의 점포들이 한 지붕 밑에 들어앉아 있는 것을 볼 때 필자는 당시 대륙적으로 너무 큰 규모라 생각되어 대륙시장이라 불려지지 않았을까 하는 생각도 해본다.

우리를 내려주고 버스는 주차장을 벗어난다. 가이드 말이 쇼핑이 끝날 때쯤 다시 데리러온단다. 유동인구포함 1000만을 자랑하는 국제도시답게(?) 이곳의 교통문제도 서울 못지 않게 심각해 보인다. 말이 나온 김에 이스탄불의 교통체계를 한번 보자. 도로상에는 철길(지상전철)이 놓여있어(옛날 우리나라의 전차선과 같음) 신호등이나 차량이 사거리에서 통과를 못하면 전차도 마냥 기다리고 서있다. 왜 지하철을 설치하지 않느냐고 물으니 지하에 고대유물이 많아 문화재 보호차원에서 지하공사는 하지 않고 있다는데... 글쎄...

꼭 권하고 싶다는 터어키석 전문판매점이 있다는 가이드를 따라 들어선 상점은 아예 한국말을 능숙하게 하는 종업원이 두 명이나 있었다. 다들 시장구경에 정신이 없다. 이곳저곳 아무 곳에나 들러 얼마냐며 흥정을 한다. 필자가 터어키 말로 "카치파라" 하고 물었더니 가게주인의 눈이 휘둥그레진다. 우리말로 "이 물건 얼마입니까?"하는 말인데... 그가 웃으며 무어라고 말을 하는데, 이번에는 필자가 눈이 휘둥그레진다. 무슨 뜻인지 전혀 모르겠다. 아침에 말한 가이드의 말이 생각난다. 그냥 간단한 영어로 의사소통을 나누라던... 결국 현지인 말을 하며 잘난 채(?)하다가 망신살만... 허허... 이곳에는 달러나 유로화를 사용할 수 있었는데 터어키의 화폐는 단위가 높아 부르기도 어려웠다. 보통 식사 한 끼에 5백만리라(리라-터어키 화폐단위)나 한다. 물론 터어키 리라 금액이지만 우리의 금액에 1000을 더 붙여야 된다. 즉 1억을 가져가면 당장1000억이 되는 것이다. 그 사실을 알고는 일행 중 누군 집에 가기가 싫단다. 허수의 부자가 되고파서....

오후 8시,

아리랑이라는 한인이 경영하는 한국식당에서 김치와 된장국으로 아주 거나하게 저녁을 마치고는 오랜만에(?) 호텔(프린스)에 들어 짐을 풀어 던지고는 쭉(?)... 내일은 술탄을 만나러 가야지...

술탄(황제)의 영광이 찬란한 오스만투르크제국

-형제의 나라 터어키를 가다. (2)

"소피아박물관처럼 기독교 성당을 파괴 없이 그대로 이슬람 모스크로 사용한 것에서 보더라도 그들의 관용과 제국의 경영능력이 얼마나 뛰어났으며 또한 문화의 다양성을 인정하는 것이 얼마나 중요한 것인지를 알 것이다." 라며 모 인사는 혈연, 지연. 학연들로 똘똘 뭉쳐 나와 다른 집단에 대해 배타성으로 일관된 우리나라의 편협된(?)국민성까지 끌어대 비교하며 그것을 "제국을 경영해본 경험이 없기 때문" 이라고 까지 비하하였는데... 글쎄, 근자 그들의 후손인 무슬림들은 아프카니스탄에서 불교문화유산인 대형불상을 이교도유산이라며 폭파까지 하였으니... 아무튼 누적된 역사의 오랜 관습에서 오스만 제국의 관용(?)이 그대로 느껴진 이스탄불에서의 하룻밤을 푹 자고 피곤을 풀고 나니 감회가 한결 새롭긴 하였다.

2003. 10. 24

07 시 기상, 후딱 세면을 끝냈다. 08시 룸-메이트인 '이 선생'과 호텔 1층에 있는 레스토랑에 내려가 아침식사를 했다. 식단엔 과일이며 여러 종류의 빵, 양고기, 계란 프라이도 있었다. 소스도 맛있었고 필자 식성에는 잘 맞는 편인데, 일행 중 몇 분은 오늘도 아주 죽을 맛이란다. 그 중에서도 '나 선생'은 아예 고추

장으로 소스를 대신한다. 반면 필자나 '이 선생'은 체질이 서로 비슷한 것 같았다. 식성 좋은 것까지도, 서울을 출발할 때 김이며 고추장, 컵-라면 심지어 김치, 찐 밥까지 준비해왔는데 전혀 먹고 싶은 생각이 없다. 당초 우려하였던 현지식이 몸에 맞지 않을 것이라던 것은 기우였고 오히려 서울에서보다 더 많이 먹어 살이 찔 지경이다. 그러나 이로 인한 병폐가 하나 생겼으니 그것은 여행 가방이 전혀 줄어들지 않는다는 것이다. 그러다 보니 끌고 다니는 것도 힘이 들었지만 기념품을 사도 넣어 둘 곳이 없으니...(정말 이집트에서 이곳으로 올 때 짐 일부를 그곳 호텔에 맡겨 두고 왔다.) 끼니때마다 일행 중 현지음식으로 고생하시는 분께 얼마간의 보시를 했음에도 불구하고 여행이 끝나갈 무렵 일행에게 떨이를 하고서야 가방 무게를 줄일 수가 있었는데.... (후일 일행들은 이 선생과 필자를 아예 무슬림 체질로 몰아 이곳에 그냥 눌러앉으란다.)

●톱카프궁전(Topkapi Saray)

오늘의 첫 일정은 톱카프 궁전을 찾는 것으로 시작했다. "톱카프"란 「대포 문」이란 뜻이다. 1478년 완공되어 역대 25명의 술탄이 거주하였고 1853년 새로운 궁전으로 옮겨갈 때까지 오스만투루크 제국의 심장부로 그 역사적인 중요성을 지켜왔다.

우리나라 여의도 면적의 1/3정도인 21만평이나 되는 엄청난 규모로 일년에 250만명 이상의 방문객들이 찾아들며 터어키에서도 방문순위 제1위를 기록하는 곳이다. 1453년 콘스탄티노플을 정복한 술탄 마호멧은 처음 그랜드바자르 근처의 베야즈트 지역에 세운 조그만 궁전에서 머무르다가 1475년 이곳에 궁전을 착공 4년 만에 완공하여 입궁 하였다. 이후 270여년 동안 모든 술탄들은 궁전의 규모를 계속 넓혀나갔는데, 그 결과 지금과 같은 규모로 최고 번창하던 때엔 상주인구만 5천명으로 매일 2만 명분이상의 식사가 만들어졌다고 한다.

실제로 부엌과 도자기전시실에 들러 전시된 각종그릇을 보니 중국의 당나라 명나라, 청나라 시대의 유명 도자기와 일본의 진귀한 도자기가 가득한데, 정작 필자가 놀란 것은 그 진귀함보다는 그 그릇의 크기에 놀랐다는 것이 정확할 것이다. 그만큼 그릇은 모두가 거대(巨大)하였는데, 모두 직접 주문하여 생산 받은 것은 아니었는지 모르겠다.

1924년 박물관으로 개조되어 일반인들에게 공개되고 있는 이곳은 궁정, 정자, 모스크 그리고 우물의 복합체로 그 규모를 크게 4개의 궁정과 하렘지역으로 나눌 수 있는데, 각 전시실에는 왕족의 소유였던 도자기와 보석, 무기, 원고, 서예품 등 많은 예술품들을 소장 진열되어 있었다.

이궁전의 원래이름은 『사라이으 제디데이 아미레』라고 하였으나 궁전앞에 있던 거대한 대포 때문에 국민들이 "톱카프"라고 불렀고 그것이 후에 궁전을 일컫는 말이 되었단다.

미국 디즈니랜드의 상징처럼 되어 있는 '개선문'도 이곳의 '예절문'을 그 원형으로 하고있다는데, 안으로 들어갈수록 찬란한 벽화, 바닥에 깔린 세계최대의 카펫, 황금 요람, 스푼메이커스의 다이아몬드 등, 이 모든 것에서 당시 술탄이 누렸던 화려했던 영화를 한눈에 느껴 볼 수가 있었다. 또 다른 전시실인 종교관에서는 다윗의 칼이며, 세례요한의 두개골과 손뼈, 심지어 모세의 지팡이라는 것도 있었다. 이곳에서 필자는 선뜻 이해되지 않는 것을 하나 발견 했다. 그것은 모세의 지팡이로, 어릴 적부터 필자의 뇌리에 각인된 모세의 지팡이는... 아마 여러분도 그럴 것이다. 십계라는 영화에서 모세로 분한 찰튼헤스톤이 람세스 2세(율부린느 분) 앞에서 유대 민족을 해방시키라며 집어던진 2미터도 넘어 보였던 길고 굵은 커다란, 무서운 코브라로 변하기도 하고 나일강을 온통 피로 물들게 하기도한 그런 지팡이 말이다.

가이드의 설명으론 그렇지가 않단다. 아주 가느다란 그리고 조그마하기까지 한 지팡이가 현실적이란다. 이집트 사막엔 종려나무밖엔 없는 관계로 모세의 지팡이도 가느다란 종려나무가지로 만든 것이 맞는 것이라고 한다.(그렇다면 영화 십계를 다시 편집해야 되려나...)

●지하저수지(예레바탄 사라이)

이스탄불의 지하궁전이라고 소개하는 가이드를 따라 일행이 들어선 곳은 소피아박물관앞 시가지 지하에 있는 거대한 저수조였다. 가이드가 저수조가 아닌 지하궁전이라고 소개한 이유를 알만했다. 코린트양식으로 잘 빚어진 굵은 석재기둥이 촘촘히 천장을 떠받치고 있고 위용까지 보이니 그 장엄함이 마치 고대 그리스 신전처럼 느껴진다. 가로 세로각각 70미터, 140미터, 면적은 3000평이며, 336개의 기둥이 8미터 높이로 4미터마다 세워져 총 8만톤의 물을 저장 할 수 있는 규모란다. 설명에 따르면 비잔틴시대 수자원이 부족한 도시의 식수난을 해소코져 532년에 유스티나누스황제 때 만들었는데, 당시 이와 비슷한 저수조가 무려 60여개나 있었다니... 필자가 토목엔지니어 입장에서 한번 둘러보았는데, 당시 건축기술이 대단하게 느껴졌다. 이스탄불은 그 지역 여건상 삼면이 바다며 그 지표고 조차 무척 낮아(부산 송도나 인천 월미도 같은 해안도시)지하구조물을 조성하기가 쉽지 않은 곳으로 보였는데 6세기에 벌써 이만한 규모의 지하구조물에 그것도 완벽한 방수시설을 하였다니 심히 경이적이라 할만하였다. 더욱 대단한 것은 그 공사기간이었는데, 불과 수개월만에 완공되었단다. 조금은 의심을 하였는데, 다음날 그리스에서 가서야 그 의문점이 해소되었다.

"고대 희랍시대의 많은 유적들이 주변 강대국들의 피해를 당하였는데, 일례로 이스탄불에 있는 지하저수조의 기둥들도 이곳 신전들을 해체 반출하여 세운 것들입니다."

그리스의 가이드가 파르테논신전 앞에서 했던 말이다.

아무튼 그리스 신화에 나오는 메두사의 머리를 기둥으로 깔아뭉개고 지어진(그 머리카락은 하나하나 뱀이고 이빨은 멧돼지 이빨이며 눈이 무시무시하게 빛났던 메두사의 머리는 죽은 뒤에도 마력이 있다고 믿어 부적으로 무기나 벽에 붙여졌음) 지하저수조는 현재 물이 없는 대신 파바로티의 노래가 울려 퍼지고 레이저-빔이 화려한 갖은 영상을 지하 돌기둥에 새기고 있어, 그 옛날 전쟁대비를 목적으로 한 축조 당위성은 이제 곱게 포장된 문화상품의 큰 그늘 안으로 잠식됨을 느껴본다. 허나 작금의 이라크사태 여파로 터어키 곳곳에선 폭탄테러가 빈발하고 있으니....(필자일행이 이스탄불을 떠난 며칠 뒤 자칭 "이슬람돌격전선"이라는 테러단체에서 유대교회 두 곳에 폭탄테러를 하여 23명이 숨지는 등 320여명의 사상자가 생긴 최악의 테러사건이 발생했다) 혹 이곳에 다시 물을 채우는 일은 없어야 할텐데...

●돌마바흐체궁전

1922년 11월1일 무스타파케말이 주도하는 '투르크 대 국민회의'가 술탄체제를 폐지함으로써 623년 역사의 그 강대하고 찬란했던 오스만 투르크제국이 역사 속으로 사라졌다. 한때 서아시아, 북아프리카, 발칸반도, 흑해북부까지 아우르고 1943년엔 콘스탄틴노플의 동로마제국가지 함락해 유럽인들의 자존심을 여지없이 짓밟았던 오스만 투르크는 대제국이었음에도 불구하고 술탄의 무능, 지배계급 내부의 갈등, 산업 침체 등이 거듭되면서 16세기 후반부터 차츰 쇠락의 길로 들어서게 된다. 19세기 발칸반도 국가들의 독립러시는 제국의 기반을 뿌리째 흔들었고 1차대전의 패전은 오스만제국을 열강들의 각축장으로 만들었다. 당시 제국 내에선 전승국(戰勝國)의 보호령이 되어 제국을 보존하자는 의견이 많았지만 당시 군사령관이었던 케말은 단호하게 이를 거부하고 민, 군의 지지를 얻어 오스만 의회의 지지를 끌어낸다. 이에 영국은 이스탄불을 점령하고 의회를 해산한다. 그러나 케말은 다시 '투르크 대국민회의'를 구성하고 독립전쟁을 하여 점령군을 모두 내쫓고 이스탄불을 포함하여 당초의 투르크민족의 영토만을 국토로 하는 터어키공화국을 1923년 10월29일 수립하고 초대 대통령자리에 오른다.

현지 가이드인 부산이 고향이라는 아줌마가이드가 케말파샤의 이야기를 열변 하듯 토해내는 대 필자는 그녀의 음색에서 애조가 가득히 배어 남을 느낀다.

"술탄과 그 가족들은 24시간 안에 모든 것을 버리고 터어키를 떠나라."

케말은 공화국 선포 후 특별법을 만들어 황족들을 국외로 추방한다. 케말은 그 후 "아타투르크" 라는 국부칭호를 의회에서 증정 받지만 그에게서 쫓겨난 술탄과 그 자녀들은 외국에서 갖은 고생으로 한평생을 보내게 되는데, 모 황태자는 아무도 알아보지 못하는 브라질까지 가서 택시운전사를 하기도 했단다. (세월이 흘러 아타쿠르크라고 불리던 케말은 이곳 돌마바흐체궁전에서 1938년 11월10일 세상을 떠난다. 가이드는 그가 늙어 죽을 때까지 독신으로 지냈다고 했다. 케말이 장군시절 부인은 늘 혼자 있는 것이 못마땅하여 그의 곁을 떠났는데 국부가 되자 주변에서 재혼을 권하였지만, 그는 "나는 이제 터어키 국민과 결혼했다."면서 두 번 다시 결혼은 하지 않겠다고 했단다.) 이는 1948년 이승만 대통령이 조선황가를 국외로 망명시켜 '이구'라는 황손이 혁명정부 때까지도 고국에 돌아오지 못하게 한 경우와 그 맥락이 같다고 보여진다. 그들 또한, 한 명은 하와이에서 자식도 없이 쓸쓸한 최후를 맞았고, 또 한명은 부하의 총탄에 맞아....

이 돌마바흐체궁전은 잔잔한 호수같은 보스포르스 해안에 접해 세워져있는데, 원래이곳은 오스만이 이스탄불을 정복할 때 닻을 내린 포구였던 곳이다. 1848년에 착공하여 13년 후인 1856년에 완공되었는데, 전체면적 83,000평, 건평4,400평으로 건축비만 10억 독일 마르크가 들어 이로 인해 많은 빚을 지게되었단다. 마지막 6명의 술탄들이 이곳에 살았으며 유럽의 대사들과 고위관직자들에게 유럽적인 이미지를 주기 위해 파리의 루브르박물관과 런던의 버킹검궁전을 모방해서 세웠단다. 궁전의 장식에는 14톤의 금과 40톤의 은이 사용되었으며 가구들은 파리에서, 화병들은 세브르에서, 실크카펫은 헤레케와 리용에서, 크리스탈은 프랑스의 바라카트에서 가져온 것이란다. 131개의 커다란 카펫과 99개의 작은 카펫은 모두 실크 수공이며 헤페케의 왕실작업장에서 만들어진 것으로서 카펫이 깔린 면적만 1,300여평이 되었으며, 그 중엔 1장에 무려 37평이나 되는 초대형 카페도 있었다. 궁전 앞을 돌아 나오니 제국의문엔 처음 들어 갈 때 보았던 근위병이 그때까지도 부동자세로 서있었다. 필자가 한참을 지켜보았지만 눈동자를 제외하곤 그 어디에도 표정변화나 움직임이 없어 꼭 굳은 밀랍인형처럼 보인다.

●.보스포르스해협 선상크루즈

돌마바흐체궁전을 나와 중식을 보스포르스해안에 세워진 시타델호텔 레스토랑에서 현지식인 케밥을 야채소스와 같이 먹었는데, 일행 중 '박 선생'은 또 먹지를 못하고 고추장타령을 한다.

오후 2시경, 골든-혼 선착장에 도착한 일행은 유람선을 타고 지중해 마르마라 바다에서 흑해로 들어가는 해협인 보스포르스로 나와 노래를 불러대며 좌측엔 유럽, 우측엔 아시아 대륙인 지구상 유일하게 두 대륙을 가진 나라라는 터어키의 국토를 둘러본다. 참, 생각할수록 이곳은 묘한 곳이다. "지중해(地中海)". '땅 가운데 있는 바다' 라는 뜻이다. 글자 그대로 해석하면 호수와 다름이 없다는 말인데, 돌마바흐체궁전이 바다 바로 옆에 세워진 것에서도 느꼈지만 정말 보스포르스해협 가운데로 나와보니 잔잔한 물결은 이곳을 바다가 아니라는 착각을 불러일으킨다. 마치 우리나라의 소양강댐이나 충주댐에서 유람선을 타는 기분이라고나 할까. 언젠가 도올 선생이 "녹취(綠翠)빛의 지중해는 환상 그 자체다. 지중해바다는 우리가 경험하는 태평양의 바다와 너무도 다르다. 우선 파도가 없다. 그리고 간만의 차이가 없다. 그리고 난류라서 항상 따스하다. 염분의 농도가 높아 몸이 잘 뜬다. 뻘이 없어 비린내가 나질 않는다. 그리고 고요하고 맑다. 달빛에도 갑판 밑 바다 바닥이 투명하게 빛난다. 그것은 바다라기보다는 하나의 거대한 호수다." 라며 '호르메스'의 '오디세이'에 나오는 '율리시즈'의 항해를 "장보고나 백제인들의 항해에 비하면 누워 떡 먹기처럼 쉬운, 낭만적인 여정이었고 그래서 아름다운 배들과 환상적 신화의 이야기들이 그렇게 많이 지어졌을 수도 있었지 않았겠느냐."고 했던 글이 생각난다.

선상에 나오니 잔뜩 찌부러진 하늘에서 갑자기 한 두 줄기 빗줄기가 후닥되며 얼굴을 때린다. 요사인 늘 우산을 준비해야 된다며 이곳은 이제부터 우기 철이 시작되었다고 가이드가 일러준다.

우측 아시아대륙 쪽으로 푸른 산림으로 덮여진 구릉지가 보인다. 바로 '우스쿠다라' 라고 한다. 필자가 학교 다닐 때 '터어키민요' 라며 흥얼거렸던 '우스쿠다라'.

"우스쿠다라 머나먼 길 찾아서 왔더니, 세상에서 제일가는..." 그렇게 시작되었는데, 멜로디는 알겠는데 가사는 기억이 잘나질 않는다. ...감회가 새로웠다.

멀리 로마 성벽이 보인다. 마르마라 바다에서 골든-혼까지 연결되는 이 성벽은 총 길이가 6.5km로 비잔티움을 적들로부터 천년이상 지켜왔을 뿐 아니라 중세유럽의 역사에도 많은 영향을 끼쳤다. 이 성벽의 대부분은 AD 5세기 데오도시우스 2세의 통치 때 축조된 것으로 내부 방어 벽, 외벽, 그리고 해자로 구분되어 있다. 비록 지금은 많이 파손되어 흉물스럽기까지 한 곳도 있지만 언덕을 따라 늘어선 탑들과 성벽들은 그 자태가 아직도 장엄하기 그지없어 보인다. 톱카프궁전에 갔을 때 이상한 벽화가 몇 점 있었다. 배가 산으로 올라가고 있는 그림이었는데, 정말 사공이 많으면 배도 산으로 올라가는 모양이었다. 1453년 술탄은 드디어 이 콘스탄티노플을 점령하고자 한다. 그러나 성벽이 너무나 견고하여 돌파하기가 어려워지자 기발한 꾀를 하나 생각해낸다. 즉 콘스탄티노플의 안에 있는 바다(內海)쪽 성벽은 방어가 약한 것을 알고(바깥 바다 쪽은 쇠사슬을 엮어 적 군함이 못 들어오게 막고 있었음) 이 곳으로 배를 대기 위해 군함들을 산으로 끌어올려 쇠사슬 안쪽의 바다로 넘겨 운반하여 온 것이다. 정말 우리나라 이순신 장군도 놀랄만한 전략이다. 이 때문에 수비군은 내해(內海)쪽 성벽도 지키기 위해 가뜩이나 모자란 병력을 나누어야 했고, 결국 동 로마의 '콘스탄티노플'은 술탄의 오스만투르크제국의 수도인 '이스탄불'로 그 이름이 바뀌게 된다.

두 번째 보스포르스-브릿지가 보이는 곳에서 뱃머리를 돌려 골든-혼으로 돌아올 때쯤엔 내리든 비도 그치고 하늘이 말끔히 개였는데, 낙조에 젖어 붉게 물들어진 회교 첨탑과 그 그림자 사이로 문득 '콘스탄티노플'의 마지막 황제 콘스탄틴 Ⅱ세의 통곡소리가 들리는 듯 느껴진다.

●향료시장(이집션바자르)

이 시장의 분위기는 '그랜드바자르'보다는 훨씬 더 동양적이다. 그래서인지 시장 내부보다 외부가 더 흥미를 준다. 필자도 이곳이 터어키의 마지막 여정이라는 아쉬움에 안으로 들어가 "알라의 눈"이며 터어키석으로 만든 "신축 팔찌" 등, 이곳의 토산품을 많이 사게 되었는데, '그랜드바자르' 와는 달리 영어를 전혀 못하는 상인도 많아 가격을 흥정하지 못하여 그냥 나오기도 하였다. 가격을 유로화나 달러가 아닌 '터어키리라' 단위로 외쳐대 도무지 알아듣지를 못하였는데 사정을 알고 주변에 있던 다른 상인이 통역을 해서야 겨우 물건을 샀다. 이곳에는 많은 종류의 향료와 약재 외에도 치즈, 건어물, 잼, 콩, 터어키전통과자, 천연목욕 스폰지, 동향의 향수도 있다. 비잔틴시대에는 제노아와 베니스에서 온 상인들로 붐볐는데, 후에 이집트에서 가져온 여러 가지 향료의 교역장소가 되어 이곳을 "이집션바자르"라고 부르게 되었다고 한다. 바로 옆에는 뉴 모스크인 예니자미사원이 있는데, 이 시장건물은 이 뉴-모스크의 복합건물 관리비를 마련하기 위하여 1660년에 지어졌단다. 이곳은 늘 상인들과 여행객, 그기에 순례 객까지 더하여 흥청거린다. 뉴-모스크 앞 계단에는 수많은 검은 비둘기가 모여 진을 치듯 여행객들이 던져주는 옥수수를 받아먹고 있었다. 또한 광장에는 많은 노점상들이 물건을 들고 다니며 호객행위를 하였는데, 필자는 "람세스정"이 들고 있는 대형 소피아성당 걸개그림을 보고는 그만 사고 말았는데....(남은 여정동안 그걸 들고 다니느라 정말 죽을 고생을 다했다.) 그러나 그 와중에서도 톡톡 튀는 분은 언제나 있는 법, 윤 선생은 서울에서 가져온 팩소주 한 개로 미제 '지프-라이타'와 교환하는 상술을 보였는데,

이를 계기로 뒤에 '윤선생'은 '술탄-윤'이라는 닉네임을 얻는다.

●밸리댄스를 하다.

저녁 8시30분 호텔을 출발하여 9시경에 오리엔트하우스에 도착했다. 터어키의 명물이란 '밸리댄스' 를 본다면서, 그러나 이번에는 일행전체가 동참하는 것이 아니라 옵션으로 주어진 선택관광이라 해서 27명중 노장층인 16명 정도가 참여를 하게 되었다. 그런데, 막상 가이드가 안내한 무대 앞에 자리를 하고 보니 어째 이상했다. 들어온 문은 틀렸지만 분명 어제 점심을 먹었든 장소가 아닌가. 1인당 65달러나 줬는데, 기대한바보다 너무 초라하게만 느껴졌다. '디너-쇼'도 아니고 포도주 한잔과 약간의 야채 사라다가 안주를 대신하였는데 터어키 물가를 염두에 둔다면 엄청 바가지를 쓰고 말았다는 표현이 맞을 것 같다.(뒤에 안일이지만 남은 몇 명이 개별로 밸리댄스장으로 찾아갔는데 직접 차로 모셔가고 디너포함 35불이었다니...) 그러나 이 또한 단체관광의 폐해라 제쳐두고 ....

가이드의 배려(?)로 무대 앞 테이블에 태극기가 자리를 하고 있었고 이스라엘, 미국, 싱가폴, 불가리아 또 다른 몇 개국 국기가 놓여 있었다. 전체 150여석 규모의 반 정도를 이스라엘관광객이차지하고 다음 각 국별 두세 테이블로 자리를 해놓았다. 막이 오르자 사회자가 무대로 뛰어나와 인사를 하는데, 웬걸 바로 "아리랑"을 불러 제친다. 이어서 "서울의 찬가" "이별" 까지... 정신이 혼미해진다. 얼마나 많이, 그리고 자주 불렀는지 한국가수보다 더 잘한다. 이국에서 오랜만에 우리노래를 들으니 너무 황홀해서 모두 손뼉을 치면서 따라 부르는데, 사회자가 아예 마이크를 객석으로 넘겨준다. '피라미드박'이며 '람세스정'은 그만 일어나서 열창을 해댄다. 그렇게 오프닝으로 각 국의 노래를 한 두 곡 불러주니 객석에선 모두 좋아 라고 난리들이다. 몇몇은 자기나라 노래가 나오자 무대로 뛰어올라 춤을 춰 된다. 음악에 대한 신바람은 우리민족들에게만 있는게 아닌 모양이었다. 이어 각 국 미녀들의 댄스경연대회가 즉석에서 열려지고, 우리대한민국의 대표로 참가한 '최 선생'은 서구의 쭉쭉빵빵 미녀에 비해 열악(?)한 체격조건임에도 불구하고 열연을 하여 최우수상인 금메달을 차지해 아름다운 대한민국의 여인상을 만천하에 드높이는 국위선양을 하기도 했다. 이어서 밸리 댄스가 나와 배꼽을 흔들어댄다. "팁을 줘야 서울사람을 좋아하고 노래도 먼저 불러준다."는 가이드의 말이 생각났는지 '람세스정'이 벌떡 일어나 댄스의 브레지어에 1달러(?)짜리 몇 장을 꽂아 주고 내려온다. 한참을 지났을까. 마지막스테이지에 또 한 명의 밸리댄스가 나오자 필자도 그만 팁을 주는 누를 범하게 되었는데, 그녀가 아예 무대 위로 나오란다. 여자에 대해서는 부끄러움 1개만 해도 9단이나 되는 필자인지라 어쩔 줄 몰라 망설이다 떠밀리다 시피 주변의 힘에 의해 무대로 올라섰다. 같이 밸리댄스를 해보잔다. 어설프게 손을 모아 쥐고 허리를 흔들어 보지만... 암튼 주변 지인들까지도 순진하기 짝이 없다고 하는 필자는 그만 이곳 터어키에서 크게 망가지는데, 밸리댄스의 볼에 키스도 하고 비록 두꺼운 철갑(?)같은 재질로 만든 브레지어 위로이지만 가슴도 만져보았으니... (팁을 많이 주지도 않았는데....)

일행이 오리엔트 하우스를 나온 시간은 밤 11시가 넘은 뒤였다.

호텔에 당도하니 11시30분 오늘이 이곳 터어키의 아니 이스탄불의 마지막 밤인가 보다. 잠자리에 들어 가만히 그 옛날 이곳 비잔티움. 콘스탄티노플, 이스탄불을 거쳐간 수많은 영웅호걸들을 생각해본다. 혹 꿈에서라도....

신들의 제왕 제우스. 바다의 신 포세이돈. 사랑의신 에로스의 신화와 '아크로폴리스'의 철인 소크라테스. 플라톤. 아리스토텔레스가 공존했던 그리스 아테네 (1)

10월25일 토요일

아침 10시05분 터어키 공항을 출발한 일행이 그리스 아테네 공항에 도착한 시각은 11시25분이었다. '그리스' 하면 현란하기까지 한 신(神)들의 이야기와 찬란한 고대문명이 있던 유럽의 문화발상지로 필자도 어릴 때부터 "플루타르크영웅전"이나 "그리스, 로마신화"를 통하여 수많은 신과 영웅들이 하늘과 땅과 바다에서 할거하던 이야기를 들으면서 자랐다. 그러나 막상 비행기 안에서 지중해 상공을 통하여 내려다본 그리스의 첫인상은 기대한 만큼 그리 황홀하지만은 않아 보였다. 첫눈에 들어온 벌거숭이 민둥산들은 국토전체가 매우 척박하다는 느낌을 가지게 하였고 간혹 푸른 점이 찍힌 것처럼 보인 주변 평야 또한 늦가을이라는 계절을 감안 하드라도 황량하기 그지없어 보였다.

공항에 내린 일행이 가이드를 따라 버스를 타고 아테네 시내를 들어가면서 조금 전 하늘에서 본 푸른 점의 정체를 알 수 있었는데, 그것은 밭에 심어진 크기가 5~6미터 정도 되는 상록수과의 나무였다. 모두 도로주변에 펼쳐진 평야 곳곳에 줄을 맞춰 심어져있었는데 우리나라의 사과밭 형상과 매우 비슷하였다. 그러나 심어진 나무들 사이의 간격이 매우 넓어 사과밭의 4~5배는 족히 되어 보인다. 가이드의 말인 즉 올리브기름을 짜는 올리브나무라고 한다. 올리브기름은 이곳 그리스의 주요 수출 품목이라 면서도 구입은 하지 말라는데, 이유인즉 일반 여행객들이 개인적으로 가져가는 것을 공항에서 엄격히 통제를 한단다.(비행기에 싣지 못하게 되어 있다면서...)

그리스의 공식 명칭은 '그리스 민주공화국'이다. 국토는 우리나라처럼 3면이 바다로 된 반도와 약 2000개의 크고 작은 섬으로 되어있고 수도는 아테네이며 132,000㎦의 면적에 우리 서울 인구정도인 약1,100만명의 인구를 가지고 있다. 현대헬라어라는 국어를 사용하며 종교는 전체인구의 98%가 그리스정교도이고 1.8%정도가 이슬람교도이다.

먼저 문화만큼이나 화려한(?)그리스의 역사를 한번 뒤돌아본다. 그 옛날 찬란했던 그리스문화는 헬레니즘시대를 통하여 세계적으로 전파되어 계속 이어졌지만 기원전27년부터는 로마의 지배를 받게 된다. 그 후 로마가 동서로 분열되면서 동 로마인 비잔틴제국에 속하였고 다시 강력한 이슬람제국인 오스만투르크의 지배(1453년)를 받게 된다. 1821년 그리스는 쇠약해진 오스만투르크에게 저항, 독립전쟁을 일으키나 성공하지 못하고 수많은 국민들이 오스만투르크에게 목숨을 잃었다. 그 결과 유럽 여러나라의 관심을 얻게되었고 결국 지중해를 노린 러시아, 영국, 프랑스의 힘을 빌어 1829년에 독립을 하게 된다. 그러나 터어키로 국명을 바꾼 오스만투르크와의 끊임없는 국경분쟁과 수많은 내전을 겪은 뒤 1963년에야 지금의 그리스공화국으로 태어난다

아테네 시내로 가는 전세 버스는 대형 리무진이었데, 기사가

자칭 '김국진'이라며 소개를 한다. 유창한 한국말로 반갑다면서 인사를 하면서 앞으로 '김국진'으로 불러달란다. 그러고 보니 키만 빼면 영락없는 코메디언 김국진이다. 아마 많은 한국관광객들이 김국진과 닮았다며 놀려된 것이 그만 아예 김국진이라고 먼저 선수를 치게 되었는가 보다. 김국진이 모는 버스는 근30여분이 지나 시내로 들어서게 되었는데, 옆에 앉은 '우선생'이 가로수가 "뽕나무"라고 한다. 필자가 오면서 이미 '올리브나무'나 '종려나무'가 가로수인 것을 확인한바있어 "그럴리가?" 하면서 반문하였는데, 가이드가 '뽕나무'로 된 가로수도 있단다. 하지만 오디는 열리지 않는다니... 아테네 시엔 "2004년 하계 올림픽"을 위한 준비로 곳곳에서 도로공사며 건축공사를 하는 것이 눈에 띄었는데 가이드의 설명으론 우리나라 사람이 1달이면 끝낼 일을 1년도 더 넘게 하고 있다며 이 나라의 게으르고 느려빠진 국민성을 이야기한다. 지금 하고 있는 아테네 올림픽 메인스타디움까지 연결하는 지하철공사에는 우리나라 인력이 일부 투입되어있고 차량도 우리나라에서 납품하게 되어 있단다. 그러나 이렇게 해가지고 2004년9월까지 준공이 될지 심히 우려가 된단다.

이곳 아테네는 2,500여년 전 고대 그리스 도시국가의 맹주로서 번영을 누렸던 곳으로 지금도 고대의 유적모습은 그대로 간직하면서도 메인스트리트인 파네피스티미우 거리에 있는 근대적인 고층 빌딩과 곳곳에 있는 중세의 비잔틴 건물들이 서로 공존하며 고대와 중세 그리고 현대까지, 아주 절묘한 조화를 이루고 있다. 그리스신화에 의하면 지혜의 여신 아테나와 바다의 신 포세이돈이 이 도시의 수호신 자리를 놓고 경쟁을 벌여 아테나는 시민들에게 올리브를 주겠다고 했고 포세이돈은 물을 주겠다고 했는데, 시민들 투표로 여신 아테나가 승리를 하여 도시이름을 아테네로 붙인 것이란다.

일행은 아테네 식당에서 '나선생'이 그렇게 싫어하는 현지식을 배불리 먹고 신화의 고향 아크로폴리스를 찾았다.

■아크로폴리스

가이드가 이상한 이야기를 했다. 관광청에서 파업을 했단다. 관람을 하지 못할 수도 있다면서... 이곳도 현지가이드를 동반해야만 유적관람이 가능한데, 현지가이드들과 관광청에서 연대 파업을 하여 문제가 생겼단다. 아크로폴리스 언덕이 보이는 곳 밑에서 버스에 내린 일행은 가이드의 눈치를 살피며 우왕좌왕하고 있는데 뒤따라온 외국인가이드가 그냥 들어가란다. 방금 연락을 받았는데, 파업이 풀렸다고 한다. 휴~. 하마터면 이곳까지 와서 파르테논신전도 못보고 갈뻔 했네....

아크로폴리스(높은 곳에 위치한 도시라는 뜻)는 아테네 한복판에 솟아 있는 언덕으로 아테네의 상징적인 유적지이자 서양세계의 가장 중요한 고대 기념물이다. 파르테논신전을 비롯하여 에렉티온신전, 나이키신전 등 수많은 신전들이 2,500여년의 역사를 간직한 채 말 없이 서 있다. 고대 그리스 시대에는 올림포스의 신들에게 제사 지내던 성역으로, 지도층 인사들조차도 출입을 제한하였던 성스러운 곳이란다.

이곳 아크로폴리스에 세워진 당초 건물들은 모두 살라미스해전(BC480)의 전야에 페르시아인들에 의해 재로 변해 버렸다. 지금 있는 건물들은 페리클레스가 재건하였는데, 다시 만들어진 신전의 도시는 한때 그리스문화의 절정을 이루기도 하였다. 그러나 아크로폴리스는 그후에도 수세기간에 걸친 숫한 재난을 겪어야 했다. 외국의 점령 기간 동안의 파괴행위, 외국 고고학자들의 절도행위, 독립에 따른 부적절한 보수, 방문객들의 낙서, 지진 등. 특히 1687년의 이탈리아 베네치아의 터키 공격은 최악이었다. 이때 아크로폴리스가 폭발되어 전 건물이 소실되었다. 터키로부터 그리스의 독립 이후 아크로폴리스 복원작업이 신생 그리스정부의 첫 번째 과제로 시작되어 지금까지도 복원작업이 계속되고 있다. 그러나 최근 위협은 전쟁으로 인한 것이 아니라 산업화와 교통 오염에 따른 산성비가 그것으로, 아크로폴리스를 더욱 부식시켜가고 있다.

필자가 아크로폴리스의 언덕을 오르면서 주변에 있는 많은 개들을 보았는데, 하나같이 큰길에 길게 누워 눈을 감고 있다. 자고 있는지는 몰라도 왜 큰길가에 누워 있는지... 게으르고 나태한... 개도 그 나라 국민성을 닮아가나?

■파르테논신전

그리스에 온 관광객이 반드시 들르는 아크로폴리스 최대의 신전이다. 파르테논이란 '처녀의 집'이라는 뜻이라고 한다. 아테네시의 수호신인 아테나를 모신 곳으로, 아크로폴리스에서 가장 높은 곳에 지어졌다. 이 신전은 두 가지 목적으로 지어졌다고 한다. 하나는 페리클레스에 의해 아테네의 수호신 아테나를 모시기 위한 것이고, 또 하나는 델로스로부터 가져온 조공품들을 보관하기 위한 것이었다고 한다.

이 신전은 조각가 페이디아스(Pheidias)의 감독하에 익티누스(Ictinus)와 칼리크라테스(Callicrates)에 의해 디자인되었다. BC447년에 건조되기 시작하여 BC438년에 완성되었다. 이 신전은 가로31미터, 세로 70미터, 기둥 높이10미터로 되어있다. 직경이2미터나 되는 이 신전의 기둥은 가운데가 불뚝한 배흘림이며 표면은 20여개의 홈이 파여 곡선미를 더해준다.

또 그리스 건축물 중에서 지붕을 포함해서 대리석으로만 지어진 유일한 건물이란다. 이 신전은 마치 그리스의 역사처럼 갖은 변화와 수난을 겪었다. 하지만 5세기까지는 기독교사원으로 이용되어 원형을 그나마 유지하고있었지만 7세기에 이르러서는 실내일부가 개조되었고, 1458년엔 아테네를 점령한 오스만투르크에 의해 남서쪽에 미나레트(첨탑)까지 세워져 모스크나 하렘(후궁)으로 까지 쓰이기도 했다. 그러다 1687년 오스만투르크와 전쟁을 벌이던 베네치아군이 쏘아 올린 대포알이 이곳에 저장되어 있던 화약에 명중되어 신전은 그만 결정적인 손상을 입는다. 지붕은 완전히 날아가고 내부공간과 수많은 기둥이 한순간에 사라져 버린 것이다. 그러나 수난은 이것만으로 그치지 않았다. 오스만투르크의 허락을 받은 영국귀족 토마스 엘진경은 신전을 철거하여 대영박물관에 팔아먹기까지 하였다. 물론 아직도 많은 수가 아테네에 있긴 하지만 유명한 조각품들 거의가 대영박물관에 있다. 마치 우리나라의 중요문화제가 일본이나 프랑스 미국 등에 있는 것처럼, 동서를 막론하고 점령자들이란 모두 도둑놈(?)들인가...

처음 파르테논신전의 천장은 파란색으로 칠해져 있었으며, 별모양의 금박장식이 되어 있었다고 한다. 또 이 신전이 지어질 당시엔 조각상도 있었다. 신전의 중앙에 있었던 아테나상(Athena of the City)으로, 페이디아스에 의해 디자인되었으며, BC432년에 완성되었는데, BC426년에 지금의 이스탄불인 콘스탄틴노플로 옮겨졌는데, 여기에서 그만 사라져버렸다고 한다. 로만 카피(Roman Copy)된 상(象)만 현재 국립고고학박물관에 소장되어 있다고 한다. 파르테논신전을 현장에서 얼핏 보면 매우 부자연스러운 느낌을 준다. 바닥 중앙이 약간 솟아 있고 기둥과 기둥 사이의 간격도 일정하지 않다. 그러나 이것은 당시의 기술자들이 멀리서 볼 경우를 대비한 사람 눈의 착시현상까지 계산하여 설계, 축조한 것이라고 한다. 이 또 한 우리나라신라시대의 석공들도 탑을 쌓을 때 사용하던 기술인데,(시대상으로 보아 어째 그리스가 앞서 있는 것 같으니... 찜찜타.) 암튼 놀랄 수밖에 없다.

현재모습은 1687년 베네치아 군의 포격으로 파괴된 것을 후에 부분적으로 복원한 것이다. 지금도 신전복원공사가 한창인데 곳곳에 철제 비계가 매여 있어 다소 분위기는 산만하였지만 그래도 그 장중하고 화려한 모습은 느끼기엔 조금도 부족함이 없어 보인다.

■.에릭티온신전

에릭티온신전은 파르테논신전 북쪽에 세워진 이오니아 양식의 작은 신전이다. 파르테논신전이 아크로폴리스에서 가장 인상적인 기념물이긴 하나 신전이라기보다 전시기념물에 가까운 반면 이곳 아렉티온 신전이야말로 아크로폴리스에서 진정한 신전 역할을 한 곳이란다. 이 신전은 아크로폴리스에서 가장 신성시되는 곳에 세워졌고, 바다의 신 포세이돈이 그의 삼지창을 내던져 꽂힌 곳이며, 지혜의 신 아테나가 올리브나무를 심은 곳 또한 이곳이다. 따라서 이 신전에는 이들 신들의 전설을 본뜬 조각상들이 있다.

이 신전은 아테네의 신화 중에 나오는 왕인 에릭토니우스(Erichthonius)의 이름을 따 붙인 신전이다. 따라서 아테나, 포세이돈, 에릭토니우스를 제사지내왔다. 2개의 신실(神室)로 구성되어 있는데, 하나는 아테나신실, 또하나는 포세이돈신실이다. 이 신전은 아름다운 여인상기둥(女像柱)들로 유명하다.

원래 이 신전은 페리클레스가 아크로폴리스를 위하여 건립할 계획을 세웠으나 펠레폰네소스전쟁으로 그의 생전에 이룩되지 못하고, 그가 죽은지 8년 후인 BC421년에 건설되기 시작하여 BC406년경에 완성된 것으로 전해진다

■디오니소스극장

아크로폴리스 남동쪽 비탈에 있는 반원형의 극장. 이 극장은 처음에는 BC6세기 무렵 참주 페이시스트라토스에 의해 디오니소스 훼스티발이 개최된 이래 목조로 세워졌었다고 한다. 이후 BC5세기 황금시대 동안에 매해 훼스티발이 이곳에서 열렸고, 정치인들이 공연의 스폰서 역할을 했다고 한다. 극장은 BC342~326년 사이에 리쿠르구스(Lycurgus)에 의해 다시 돌과 대리석으로 재건축되었다. 이후 로마시대에도 극장은 공연은 물론 국가경사나 의식에 사용되었다. 관객석 맨 앞줄에는 귀족석까지 마련되어 있다. 무대 뒤쪽 한 층 높은 곳은 배우들이 연기하던 곳인데, 그 밑에는 술의 신 디오니소스의 일생을 묘사한 뛰어난 조각이 남아 있다.

■소크라테스의 감옥

아크로폴리스언덕을 조금 내려와 가이드를 따라 간 곳은 깎여나간 암석 한쪽 면이 가로세로 4미터정도 사각형으로 패어져 쇠창살이 박혀져있는 바위감옥이었다. 이곳에 그리스 대 철학자 소크라테스가 죽기 전까지 갇혀있었단다.

"너 자신을 알라."

이 것은 소크라테스가 한 말로 잘 기억되고 있다. 그러나 이 말의 연원을 거슬러 올라가면 아테네의 입법자 솔론의 말이라고도 하고 혹은 피타고라스 이전에 쓰인 "너의 본분을 알라" 라는 말에서 유래가 되었다는 설도 있다.

이와 유사한 "나는 내가 무지하다는 이외에는 아무것도 모른다." 라는 말도 소크라테스가 했다는데, 아무튼 소크라테스는 당시 그리스 궤변파 소피스트들의 미움을 받아 민심을 현혹시키는 자라고 고발되어 사형을 선고 받게 된다.

"이별의 순간이 왔다. 서로가 제 각자의 길로 가자. 나는 죽음으로 제군은 삶의 길로, 어느 것이 좋은가는 신만이 알고 있다." 법정에서 자기의 주장과 사상을 거침없이 변명하던 그는 마지막으로 이렇게 말하며 독주를 들고 태연하게 죽음으로 향한다. 그때 주위에서 슬퍼하는 친구와 제자들을 보고 "왜 우는가. 여자라면 이런 경우 우는 법이다. 그래서 나는 여자는 이 자리를 물러가게 했다. 그러나 남자는 죽음에 부딪혀도 평정을 잃지 않는 걸로 안다. 제발 조용히 하길 바란다." 독기가 몸에 돌자 소크라테스는 침대에 몸을 눕혔는데, 문득 생각난 듯이 제자 중 한사람에게 말한다. "크리트. 내가 아스클레피오스(의술의 신)에게 닭 한 마리를 바치기로 했었는데, 자네가 대신 바쳐 주게나."

죽음 앞에서도 평상심을 잃지 않은 대 철인의 최후순간이 눈앞에 아른거리는 것만 같다.

감옥주변에는 소나무가 몇 그루 있었는데, 나무 가지가 새카매지도록 많은 솔방울들을 메 달고 있다. 소나무는 죽을 때가 되면 후손을 남기기 위하여 솔방울을 많이 만든 다는데... 정말 이곳 아크로폴리스가 있는 아테네엔 산성비가 많이 내리는가 보다.

아크로폴리스를 나온 일행은 다시 버스를 타고 건물은 이미 허물어져 잔해마저 없는 빈 공터에 몇 개의 기둥만 훌쭉하니 서 있는 올림피아제우스신전의 잔해를 돌아보고 신타그마 광장에서 조금 떨어진 올림픽 스타디움을 찾았다. 아직 공사 중이라 철문이 굳게 닫혀 있어 버스에 내리지도 않은 채로 창문을 통하여 내다본다. 1896년 제1회 국제올림픽경기가 열렸던 경기장이란다. 잠시 후 시내를 돌아다니다 신타그마광장 동쪽 아말리아스 거리에 위치한 국회의사당 광장에 도착한 일행은 버스에서 내려 정면벽면에 새겨져 있는 무명용사의 부조를 구경한다. 이 부조는 그리스가 독립하기까지 오스만트루크제국에 항전하다 희생된 용사를 기리기 위하여 세운 것이란다. 그 앞에는 그리스중세전통의상을 입은 의장병 두 명이 서있었는데, 많은 여행객들이 같이 서서 기념촬영을 하느라고 부산을 뜬다.

■쇼걸을 만나다.

당초부터 이곳 아테네 체류 일정은 오늘 하루뿐으로 내일아침은 일찍 항구로 나가 에게해를 유람선을 타고 몇 개의 섬을 관광한 후 돌아와 저녁에 공항으로 나가 밤12시에 카이로로 가는 비행기를 타게 되어있었다. 결국 오늘밤이 아테네의 마지막 밤이라는데, 다니는 곳이 모두 회교국들이라 잔뜩 밤 문화에 굶주려 있던 일행들은 오늘도 새벽부터 공항을 뛰어다녀 온몸에 피로가 가득함에도 불구하고 유럽인 그리스의 밤 공기를 마셔야겠다며 저녁을 먹고 호텔도착 즉시 모두 삼삼오오 무리를 지어 거리로 뛰쳐나간다. 필자도 무척 피곤했지만 룸메이트 '이 선생'의 꼬드김에 못이겨 '람세스정' '술탈윤'과 4명이 한 조를 이루어 아테네 밤거리를 방황하게 되었다.

"라나무스꾸리를 볼 수 있나요?" "지금 파리에 살고 있답니다."

우리나라의 라이브카페 생각이 나 혹 유명 호텔 나이트 같은 곳에 가면 볼 수 있을까 해서 그리스의 유명한 샹송가수인 '라나무스꾸리'를 물어보았더니 이곳에서 살고 있지 않단다. 하면서 CD는 구할 수 있단다.

일행이 정한 숙소는 프레지던트호텔로 주변엔 마땅한 곳이 없어 일단 택시로 유흥가를 찾아가자며 차를 세웠는데, 기사가 영어를 못한다. 해서 무작정 힐튼호텔만 외쳤는데(힐튼호텔주변이 좋다고

프레지던트 호텔 후론트에서 귀뜸을 해 주었음).... 한참 후 힐튼호텔에 내린 일행은 다시 다른 택시를 타야만 했는데, 왜냐면 이곳에도 놀만한 곳을 찾을 수가 없었기 때문이었다.

이번에 탄 택시기사는 영어를 아주 잘했다. 우리가 하는 엉터리 영어도 잘 알아들었다. 해서 라이브쇼를 한다는 곳을 안내해주었다.

넓은 간선도로임에도 가로등 간격이 멀어서인진 모르지만 그리 밝지 않은 거리에 '리도 파레스 라이브쇼'라는 네온간판이 붉게 빛나 주변거리를 환하게 밝히고 있었다.

외국경험이 많은 '술탄윤'이 앞장서면서 문을 밀고 들어간다. 뒤따라가면서 필자는 혹 이곳이 '섹스쇼'를 하는 곳은 아닌가하는 의아심를 가진 한편 바램(?)도 있었지만, 그러나 막상 들어가 보니 각종 현란한 색조를 띤 조명이 스치는 무대에는 밀랍 같은 여자가 상반신을 들어내고 세로로 세워진 철봉을 잡고 빙글빙글 돌면서 춤을 추고 있었다. 몇 년 전 "쇼걸"이라는 영화에서 본 한 장면이 연출되고 있었다. '폴베호벤' 이 감독한 이 영화는 신예 '엘리자베스 버클리'가 주연한 라스베가스 밤무대 댄스들의 애환을 담은 이야기였는데... 전체넓이가 100여평은 족히 넘어 보이는 홀에는 100%전부 남자들만 모여 앉아 있었는데, 우리가 테이블에 앉자 지배인이 어디서 왔냐고 묻더니 서울에서 온 여자도 있다며 데리고 와서 우리테이블에 앉혀준다. 묘한 기분... 이곳에 온지 4년 정도 되었다는 그녀는 이곳에는 약 150여명이나 되는 출신국가가 서로 다른 댄스들이 있다고 했다. 아테네가 지중해의 유명한 항구도시이기 때문에 세계 각국의 사람들이 다 모여들고 그러다 보니 댄스들도 국제적이 되었단다. 그러나 그리스도정교도들이 많아 매춘이나 '라이브 섹스쇼' 같은 심한 공연은 하지 못하나 주변이 회교국가들에 둘러싸인 유럽이란 특수한 지정학적인 관계이다 보니 그나마 이 정도의 밤 문화가 형성되었다고 본단다. 조금 있으니 브라질 상파울로에서 왔다는 제법 많이 뚱뚱한 댄스가 우리 테이블로 왔다. '람세스정'이 원했다며... "아니 내가 언제 브라질 아가씨를 만나보겠어?" 이태리출신 댄스를 옆에 앉게 한 필자가 브라질이 별로 라고 하자 '람세스정'이 한 말이다. 눈치 빠른 '술탄윤'과 '이선생'은 벌써 불란스댄스와 러시아댄스를 데리고 나가 무대 뒤에서 춤을 추고 있었다. 이곳에는 술 대신 음료를 팔고 있었는데, 무조건 한잔에 10유로다. 또 댄스들과 같이 춤 한번을 춰도 10유로를 받는다.

근 밤 12시가 되었어야 우리일행은 숙소인 프레지던트호텔에 도착했는데, '술탄윤'이 택시 기사와 시비가 붙었다. 택시비로 20유로나 줬는데도 그는 받지 않았다며 때를 쓴다. 한참을 실랑한 후 경찰을 부르겠다고 해서야 겨우 물리칠 수 있었는데... 아마 이곳도 외국 여행객들에겐, 특히 동양인에겐 만만찮은 곳인 것만은 확실하다. 허나 이해는 된다. 우리나라도 20여년 전엔 외국인이 김포공항에서 아침에 택시를 타더라도 저녁 무렵에야 워커힐에 도착 할 수 있다는 이야기를 종종 들을 수 있었으니 말이다.

잔잔한 미소를 머금은 채 금빛 찬란한 왕관을 쓰고 한껏 그 자태를 뽐내는

– 그리스 에게해(에기나. 포로스. 이드라섬) 2

10월 26일 일요일이다. 아침 일찍 식사를 끝내란다. 어젯밤 과로한 피로를 채 풀지도 못하고 오전 7시경 호텔 앞에 도착한 버스에 올랐다. 오늘은 에게해 관광 후 바로 이집트로 출발해야된다며 짐도 전부 가지고 나오란다.

김국진이는 아침부터 깔깔대며 유창한 한국말로 인사를 해된다. 한 30여분을 걸려 아테네 항구에 도착했다. 이곳 바다도 파도 한 점 없는 잔잔한 물결로 터어키의 보스포르스해협과같이 역시 호수같이 느껴진다. 부두엔 요트, 유람선, 화물선 등 크고 작은 배들이 물샐틈없이 정박하고 있었는데, 과연 세계적인 선박 왕 '오나시스'가 살던 곳이라서 인지 항구분위기부터 뭔가 다르게 느껴진다. 일행은 여행 백을 김국진의 버스에 남겨둔 채 간단한 소지품만 들고 유람선'레니코스호'에 올랐다.

갑판 입구에는 남녀 승무원이 중세 그리스전통복장을 하고 서서 정겹게 웃으면서 우리를 반갑게 맞아 준다. 그들은 여행객을 안내하며 팔짱을 끼고 같이 사진을 찍잔다. 아마 여기도 돌아갈 때 사진을 뽑아서 판매를 하는가 보다.

필자 일행이 탄 유람선 '레니코스'호는 우리 한강유람선의 두 배정도 되는 크기로 선실은 3층으로 되어있었다. 특징이라면 각 층마다 각기 다르게 무대를 꾸며 놓았는데, 가이드는 섬에 도착할 때까지 악단들이 나와 음악 연주도 해주고 같이 춤도 추고한단다. 또 오늘은 점심을 이 배 선실에서 먹는단다. 하면서 오늘도 빠뜨리지 않은 멘트 하나 "각층 선실 코너엔 좋은 기념품이 많이 준비되어 있습니다. 둘러보시고 많이들 구입해가세요."

당초 오늘 일정은 에게해에 있는 3개의 섬을 관광하기로 한 것인데... 어째 출발 때부터 분위기가 심상치 않다.(아니나 다를까 새벽부터 잠도 부족한 상태에서 분산을 떠는 득에 배를 타자마자 눈을 감으니 섬 관광이 아니라 선상 취침유람이 되고 말았다.)

■에게해

그 옛날 신들이 이 세상을 좌지우지하던 때 이곳 아테네최고의 화가이며 조각가인 '다이달로스'는 조카를 살해한 죄로 아테네에서 추방되어 '크레타섬'으로 건너가게 된다. 이에 '크레타섬의왕'인 '미노스'는 그를 크게 환영하였는데, 이에 '다이달로스'는 고마움의 표시로 자신의 훌륭한 조각솜씨를 발휘하여 암소를 하나 만들어 바친다.

당시 공교롭게도 바다의 신 '포세이돈'또한 '미노스왕'에게 살아있는 잘생긴 황소 한 마리를 선물하였는데, '미노스왕'의 왕비인 '파시파에'는 이 황소에게 심한 욕정을 느끼고 있었다. 어느날 왕비는 자신의 욕정을 채우기 위해 '다이달로스'가 만든 인공암소의 속으로 들어가서는 황소를 유혹하게 된다. '포세이돈'의 황소는 그 암소가 진짜인줄 알고 '파시파에'와 교미를 했는데 그 결과 왕비는 몸은 사람이지만 머리는 소인 '미노타우로스'라는 괴물을 낳게 되었다. '미노스왕'은 이 괴물을 부끄럽게 여겨 '다이달로스'에게 '라비린토스'라는 안에 들어간 사람은 두 번 다시 밖으로 나올 수 없는 미궁을 만들게 하여 '미노타우로스'를 그 안에 가두어버린다. '미노타우로스'는 그곳에 갇혀서 사람의 고기를 먹고살았다. 당시 '미노스'와의 전쟁에서 패배한 아테네인들은 해마다 일곱 명의 소년과 일곱 명의 소녀를 공물로 '미노스왕'에게 바치고 있었는데, 이들 소년소녀들은 모두 '미노타우로스'의 먹이가 되기 위해 한사람씩 '라비린토스'에 보내지고 있었다.

그 즈음 아테네왕 '아이게우스'의 아들인 왕자 '테세우스'는 이에 분개하여 화근을 뽑고자 스스로 제물이 되어 크레타섬으로 건너간다. '테세우스'가 크레타섬에 도착하자 그를 본 미노스왕의 딸 '아리아드네'는 첫눈에 왕자에게 반하여 그만 사랑에 빠져 버린다. 그녀는 '테세우스'가 '라비린토스'에 들어 갈 즈음 실꾸리를 한 개 내준다. 결국 '테세우스'는 괴물을 죽이고 실끈을 따라 미궁을 무사히 빠져나왔다. 그 후 '테세우스'와 '아리아드네'는 사랑의 열매를 맺지만 그 시간은 너무 짧았다. 그녀는 그에게 순정을 바쳤으나 조국을 생각한 '태세우스'는 그녀가 잠자고 있는 틈에 그만 도망을 쳐버린다. 하지만 그녀의 뱃속에는 이미 '테세우스'의 아기가 잉태되고.... 그 후의 '아리아드네'의 운명에 대해서는 난산으로 죽었다고도 하고 비관 끝에 자살하려다 술과 도취, 해방의 신인 '디오니소스'에게 구출되어 그의 아내가 되었다고도 한다.

한편 아테네로 돌아가든 '테세우스'는 그가 '미노타우로스'를 죽이겠다며 아테네를 떠날 때 부왕에게 "괴물을 토벌하고 무사히 돌아올 때에는 배에 흰 기를 달겠습니다." 라고 약속을 했는데 막상 개선할 때는 그 약속을 깜박 잊어버리고 만다. 아들을 보내고 수개월을 해안가에서 기다린 부왕은 돌아오는 아들의 배를 발견하는데... 그러나 배에는 백기가 보이지를 않았다. 너무나 실망한 부왕은 그만 아들이 괴물에게 잡아먹힌 줄 알고 비탄에 빠진 나머지 그대로 바다로 뛰어들어 죽고 만다. 그 바다가 바로 이곳 에게해란다. '에게해'란 이름은 당시 죽은 부왕인 '아이게우스'의 이름을 딴 것이라고 한다. 필자는 음미해 본다. '아이게우스'에서 '에게우스'로 다시 '에게'로...

유람선 '레니코스호'는 어느새 '살로니크만'의 중앙으로 접어들고 있었다. 멀리 2004년 하계 아테네 올림픽이 열릴 메인스타디움이 보인다.

"우리 만남은 우연이 아니야. ..."

일행은 유람선의 2층 선실을 배정 받았는데, 족히 150여명은 들어앉을 만한 크기다. 선실은 우리일행을 포함한 한국여행객들로 넘쳐났고 해서인지 밴드가 처음부터 한국음악을 연주해준다. 모두 흥겹게 밴드에 맞춰 노래를 부른다. 필자는 눈을 감고 반쯤은 자고 있었지만 어쨌거나 기분은 좋다. 이역만리 머나먼 이국 땅 지중해 선상에서 목청껏 외쳐되는 우리나라노래를 들을 수 있다는 것이....

■포로스섬

당초 계획은 아테네앞 '살로니크만'에 '에기나섬'을 먼저 들린 후 '포로스섬'과 '이드라섬'을 갔다오는 것으로 되어있었다. 허나 당일 '에기나섬'에 너무 많은 관광객이 몰린 관계로 우리 배는 '포로스섬'을 먼저 가고 다시 '이드라섬'을 본 후 돌아오는 길에 '에기나섬'을 보기로 했다.

선창에서 바라본 '살로니크만'은 꼭 우리나라 남해 한려수도와 같았다. 조금 차이가난다면 파도는 남해보다 더 낮았으나 중간중간 아기공룡 '둘리'가 머리를 물 밖으로 내밀고있는 형상을 한 무인도와 유인도의 수가 남해보다는 훨씬더 많은 것 정도... 또 하나 필자가 처음 하늘에서 내려다 본 그리스 본토와 같이 나무가 많이 없는 섬 또한 척박하게만 느껴진다.

여기서 혹 참고가 될까 하여 한마디 첨언을 해본다. 흔히 여행사에서"그리스의 여행일정엔 '에게해 크루즈'가 있습니다." 라고 한 안내문구. 필자도 처음 이 말을 듣고 며칠을 황홀하게 보냈다. 어린 시절 "폴모리아 악단"의 '에게해의 진주'를 듣던 생각을 하면서... 세계지도를 꺼내 에게해를 찾아본다. 그러나 지도상 에게해 어느 곳에도 '에기나'나 '이드라'섬은 없었다. 한참을 들여보다 그리스 앞 지중해에 있는 '크레타'라는 섬을 찾았는데, 그곳이 에게해란 사실을 알고는.... 해서 '에게해크루즈'는 아마 '오나시스'의 별장이 있고 영국의 '찰스황태자'나 '모로코왕비' 같은 세계적인 유명인사나 대부호들이 여름철 휴양지로 찾아가는 지상천국이라는 '크레타섬' 이거나 아니면 그 근방에 있는 작은 섬이라도 될 것이라는 생각을 했다. 정말 필자는 그리스에 도착할 때까지도 그 섬에 대한 정보는 전무했고, 현지에 와서야 그 섬은 지중해 에게해의 유명한 섬이 아니라 아테네 바로 앞에 위치한 '살로니크만'에 있는 조그마한 섬이라는 사실을 알았다. 그 것도 아테네시내 여행을 마치고 호텔에 들어 객실에 비치된 관광안내잡지를 뒤적이다 말이다. 그리고 필자가 기대한 '크레타섬'에 가려면 배를 타고 하루는 족히 가야 되는 먼 곳에 있다는 것과 우리와 같이 패키지로 구성된 여행을 할 경우 그런 곳까지는 갈 수가 없다는 것도 다음날 가이드로부터 들을 수 있었다.

배에 오른 뒤부터 줄 곳 반쯤은 눈을 감고 선실 벽에 기대앉아 머리를 꾸벅거리는데 가이드의 안내멘트가 들려온다. '포로스섬'에 도착했단다. 아침10시25분이다. 1시간 후인 11시25분에 출발한단다. 그런데 참 웃긴다. 왜냐면 내리고 난 뒤 시간을 보니 근30여분이 지나갔다. 500여명이나 되는 여행객들이 좁은 선착장을 통해 내리다 보니... 즉 내리고 타는 시간만 1시간이 걸린다. 다시 역으로 말한다면 맨 마지막 내린 사람은 내린 즉시 다시 배를 타야한다는 것인데, 거두절미하고 이 섬엔 구경 할 것이 없다는 것과 같은 뜻이다. 하지만 필자는 조그만 포로스섬에서 선착장으로 마중 나온 고양이때를 아직도 기억하고 있다. 좁은 섬이라 먹이가 부족하다보니 여행객들이 몰려오는 이곳 선착장에 떼를 지어 살고 있는 모양이었다. 조그만 섬이지만 전시엔 아주 중요한 요충지였던 모양으로 독립전쟁당시 전사한 장군동상과 박물관이 있었고 주변에는 대포들도 전시되어있었다. 잠시 뒤 돌아올 때 보니 고양이들이 여행객이 주는 음식을 많이 먹었는지 지그시 두 눈을 감고 배를 하늘로 드러내어 길게 누워 있었다.

"그놈들, 올 때는 반갑게 선착장까지 마중 해주더니..."

■이드라섬

선상에서 점심을 먹고 13시경에 '이드라섬'에 도착했다. 가이드가 가장 우아한 섬이라고 소개를 했는데, 배에서 둘러본 주변은 아주 독특하게 지어진 주택들이 산비탈을 꽉 메우고 있었다. 말 그대로 언덕 위의 하얀 집으로 모두 회색 빛 돌로 벽을 쌓고 회를 발라 지은 것으로 보인다. 아마 바닷가라서 바람이 많아 자연 발생된 건축양식인가보다. 이곳은 수상레저가 발달되어 그 계통으로는 세계적으로도 유명한 섬이란다. 깨끗하고 고요한 해수면 탓으로 매년 4월이면 국제적인 규모의 요트대회나 젯트-스키대회가 열린다고 한다. 선착장부근엔 수많은 요트들이 정박

되어 있었다. '알랑드롱'이 영화 "태양은가득히"에서 바람을 가르며 멋지게 몰아가던 요트와 같은 것들이...

이 섬에도 집이 참 예쁘다. 하얀색이 짙은 남청색 바다와 무척 잘 조화를 이룬다. 한 폭의 수채화를 보는 것 같다. 호숫가 오솔길처럼 예쁘게 꾸며진 보행자 거리를 따라가 보니 민예품을 만들어 파는 가게가 즐비하게 늘어서 있다. 보석과 수공예품들이 잘 정돈되어 여행객들의 구미를 끌고 있다. 필자도 가게에 들러 기념품으로 이곳항구를 상징하는 모형을 앙증맞게 흙으로 빚은 걸개를 하나 구입하곤 다시 배로 올랐다. 출발시간은 14시 10분. 이곳에서도 역시 체류시간은 1시간 10분간뿐이다. 가이드가 말한다. "이곳에서 배를 놓치면 개인적으로 찾아오셔야 됩니다." 배는 여행객을 기다려주지 않는단다. 그러면서 또 겁을 준다. 며칠 전 온 팀에서 1명이 배를 놓쳤는데, 어쩔 수 없이 요트를 전세 내어 뒤 따라 왔더라 고하면서...

■에기나섬

배는 '이드라섬'을 출발한다. 가이드가 이곳에서 '에기나섬'까지는 2시간이 좀더 걸린단다. 그러나 선상에서 배우들이 공연을 하기 때문에 전혀 지루한 감을 느낄 수 없단다. 하면서 이번엔 올 때완 달리 3층 선실로 모이란다. 3층도 2층과 별로 다르지는 않았다. 선수 쪽 두 평 남짓한 원형 무대에선 2층에서처럼 두세 명의 밴드가 기타와 전자 올겐을 두드리며 한국 음악을 연주하고 있었다. "최진희의 사랑의 미로"가 잔잔히 깔린다. 어느 정도 장내가 정돈되자 그리스전통의상을 한 배우들이 무대에 올라 전통 춤인 '네오폴리'를 춰댄다. 까다로운 발놀림과 격렬한 몸놀림을 필요로 하는 춤이었는데, 가이드는 이곳 지중해연안 나라의 춤들이 바다의 잔잔한 파도와는 달리 이와 같이 매우 격렬하단다. 스페인의 '플라멩고'나 터어키의 '호론 춤'이…

한창 분위기가 타오르자 무희들이 관광객들을 무대로 불러낸다. 우리일행 중 '술탄윤'은 한국대표로 외국여인 1명과 중앙무대를 누비며 디스코 경연을 하기도 했다. 아니나 다를까 가이드의 말처럼 두 시간 여가 지루하지 않게 오후4시경이 되어 '에기나섬'에 도착했다. 여기에선 두시간정도 관광 시간을 준단다.

'에기나섬'은 이곳 '살로니카만'에서는 가장 큰 섬이다. 섬의 규모에 맞게 고고학적으로도 매우 비중 있는 유적도 몇 있다. 정교회의 성인으로 추대된 '성 넥타리오스성당'이나 15세기 도리아 양식으로 언덕 위에 장엄하게 지어진 '아파이아신전'하며… 다른 섬에서와는 달리 이 곳에서는 배에서 내리자마자 두 분류로 팀들이 나누어지는데, 그것은 버스를 타고 '아파이아신전'을 찾아가는 팀과 섬 주위를 돌면서 산책을 하는 팀이다. 필자도 망설임 끝에 가이드가 살짝 귀 뜸 하며 권하는 산책 팀으로 남았는데, 한동안 주변을 어슬렁거리다 우리의 포장마차와 같은 비닐천막으로 둘러쳐진 노천 카페에 들러 문어를 잘게 썰어 구운 것을 안주로 그리스의 토속주라는 '우조'를 한잔 진하게 삼켜 보았다. 묘한 향이 배어나는 그 술은 술을 별로 즐기지 않는 필자에게도 꽤나 감칠맛이 있었다.

얼큰한 기분으로 다시 거리를 다녀본다. 가로수로 심어진 종려나무는 수령이 몇 십 년은 되어 보인다. 다른 섬과는 달리 이 곳엔 버스나 승용차도 많이 보인다. 마차도 몇 대가 있었는데, 단지 관광용만은 아닌 것으로 보였다. 선착장에 오니 벌써 해가 바닷 속으로 숨어들려 한다. 일행들이 붉게 물든 바다를 배경으로 기념촬영을 하고 있으니 얼굴이 험상궂어 뱃사람처럼 보이는 현지인 한 명이 다가와 "대~한~민~국~"을 외치며 같이 기념촬영을 하잔다. 어쩐 일인가 하고 보니 필자의 룸메이트인 '이 선생'

이 입고 있던 '붉은 악마' 티-셔츠를 보고 한국인 인줄 알았단다. 역시 월드컵의 위력이 대단함을 다시 한 번 실감해 본다.

그런데 이상한 일이 일어났다. 이 섬에서만은 배가 사람을 기다려준단다. 배에 올라 한참을 기다려도 아니 이미 출발시간이 지났는데도 배는 떠날 기척도 보이지 않는다. 알고 보니 '아파이아신전'에 간 팀들의 버스가 아직 도착하지 않았단다. 이곳도 사람 사는 곳은 분명한 모양이다. 배와 버스가 서로 연계된 관광 프로그램을 운영하다보니 때론...

한참 후 배는 '에기나섬' 선착장을 미끄러져 나와 아침에 출발했던 아테네항구로 향한다. 필자는 선상 고물로 나와 '에기나섬'을 아쉬워하며 넋을 잃고 바라보는데, 언제 왔는지 어젯밤 '아테네'시내에서 같이 쇼결과 어울렸든 모 선생이 한마디 건넨다. " '파라오 리' 저거보이요? ...후후후" 하면서 헛웃음을 짓는다. 뭔가 바람에 날린 듯하여 그것이 뭐냐고 필자가 물어도 그냥 말없이 빙그레 웃음을 보이든 선생이 한참 만에 뱉은 말... 필자도 그만 실소(?)를 자아내고 말았다. 선생이 바람에 날려 보낸 것은 '콘돔'이란다. 에게해가 그의 '콘돔'을 집어 삼켰단다. 하면서 ...혹 오늘인가 내일인가하면서 사용처를 기다렸는데, 이제 다시 회교국인 이집트로 간다니 더 이상 기대치가 없단다. 그러면서 한마디 더 덧붙인다. 그것은 자기부인이 준비해준 것이라며....

다시 한 번 에기나 섬을 둘러본다. 살아생전 언제 또 이곳에 올 기회가 있으려나 하면서...

선미에 스크루의 흰 포말을 가득 뒤집어 쓴 '레니코스호'가 놀란 듯 꽥꽥! 거리며 소리를 질러대는 것과는 달리 에게해는 잔잔한 미소를 머금은 채 멀리 수평선으로 금빛 찬란한 왕관을 쓰고 한껏 그 자태를 뽐내고 있었다.

인류문명의 발상지이자 아직도 창세의 수호신이 은둔하고 있는 이집트(1)

03.10.20 필자일행을 태운 대한항공747대형점보 여객기는 인천공항을 21:30분에 이륙하였다. 그토록 가고팠던 신비의 나라 이집트 카이로를 향하여... 필자는 전과 달리 이번 이집트 여행을 앞두고는 한동안 가슴 한편을 바늘에 찔린 듯한 통증에 시달리며 지냈다. 세계7대불가사이의 하나라는 거대한 '피라미드' 며 히브리민족을 이집트에서 탈출케 한 모세를 갈라진 홍해에서 닭 쫓던 개 지붕 쳐다보듯 했을 '람세스 2세', 그리고 세기의 미녀 '크레오파트라'와 '안토니우스'가 질펀한 사랑노름을 하고 난 뒤 땀에 흠뻑 젖은 육신을 담갔을 나일강을 생각하면서 말이다. 기내에 앉아서도 갖은 상념으로 눈을 붙이지 못하고 몸을 뒤척이든 중 언제 그만 깜박 잠이 들었는지, 안전벨트를 매라는 안내방송에 두 눈을 떠본다. 벌써 중간기착지인 듀바이 공항이란다. 07시 50분이다. 그동안 10여 시간을 날아 왔다. 그러나 현지시간으로는 아직 02시 50분, 벌써 시차가 5시간이나 발생했다. 가만히 생각해보니 시차로 생긴 그 5시간은 꼭 어디에다 흘려버린 것만 같았다.

'듀바이'는 '사우디아라비아'가 있는 아라비아반도 동쪽 끝에 위치한 '아랍에미레이트'의 수도 '아부다비' 주변에 있는 제법 규모가 큰 국제공항이다. 일행은 이곳에서 05시10분까지 약 2시간

여의 자유시간을 가지게 되었다. 필자는 면세점을 둘러보면서 화려한 상품들과 깨끗한 환경에 놀라 약간은 이외라는 생각을 가졌는데, 같이 있든 '우선생'이 이곳은 산유국이라 우리나라보다 더 잘산다고 귀뜸을 해준다. 그러고 보니 인천공항 면세점에서도 볼 수 없었든 유명 상표를 단 상품들이 수두룩하였다.

03.10.21 현지시각 07:40. 비행기는 홍해의 상공에 있었다. 구름사이를 오르내리는데 창 밖으로 훤히 날이 밝아오고 푸른 홍해가 보인다. 푸른 홍해라... 홍해는 붉어야 되는 것 아닌가? 그런데 정말 창에서 붉은 빛이 들어온다. 혹시... 하고 고개를 돌려보는데, 의구심은 곧 풀어진다. 그것은 바다가 아니라 붉은 뭍의 색깔이 태양 빛에 밝게 빛나고 있었다. 사막, 온통 사막으로 덮여 있다. 이곳이 이집트상공이란다. 다시 시계를 돌려본다. 이집트 카이로 공항도착 06시40분, 서울과 시차 8시간이다.

"1달라!"

일행들과 같이 입국수속을 끝내곤 화장실을 찾게되었는데, 국제공항화장실이라고 하나 별로 유쾌하지가 않았다. 공항대합실 자체가 냉방이 되지 않은 탓에 후텁지근하고 텁텁한 기운이 가득 화장실에 배어있었다. 그런데... 왠 서비스 맨 까지? 순박하게 보이는 40대의 한 아랍인이 거무틱틱한 손으로 하얀 화장지를 받쳐들고 화장실정문에서 대기하고 있지 않는가. 이곳은 이렇게도 외국사람들에게 친절한가? "이집트, 세계적인 친절 국가이구만" 하지만 그런 기쁜 생각은 잠시뿐이었다. 세면대에서 손을 씻고 휴지를 받아 물기를 훔치고 나오는데, 쾡 한 두 눈으로 쳐다보는 아랍인 특유의 무표정한 얼굴로 '1달라'를 요구한다. 마치 우리나라 나이트클럽 화장실에서 어린 종업원들이 사구려 향수를 뿌려 주고 팁을 요구하는 것처럼... 하지만 이건 좀 비싼 것 같다. 화장실 한번 가는데 1200원이라면... 아무튼 이것을 시작으로 하여 필자를 포함한 우리일행은 이집트의 '1달라'문화를 처음 알게 되었고 또한 10여일 뒤 이곳을 떠날 때까지 계속 '1달러'를 접하면서 지낼 수밖에 없었다(차후엔 5~6명이 함께 그룹을 지어 화장실을 이용하곤 한 가족이라며 1달러만 내는 절약정신(?)을 발휘하는 슬기로움도 배웠다).

30여분이 지나도 버스가 출발을 하지 않는다. 공항을 나와 대형관광버스에 올라앉았건만 버스는 옴쭉 달싹할 생각도 하지 않는다. 또 조급해진다.

"제네들은 바쁜 것이 없습니다." 공항에서 만난 한국인 현지가이드는 늘상 벌어지는 일이라는 표정을 지으며 설명을 해 주는데, 허나 때론 군인들이 관광버스를 호텔까지 선도를 해 줄 때도 있단다. 그러면서 이집트는 1981년부터 지금까지도 비상계엄하에 있다고 한다. 해서 군인들이 관광객까지도 공항에서 통제를 한다는데, 특히 요사이는 미국과 이라크전쟁으로 인하여 세계 최대 회교국의 하나인 이곳 이집트에도 반미감정이 고조되어 있고 특히 한동안 잠잠하던 아랍계 최대 이슬람원리주의 테러단체인 '자마아 이슬라마야'(97년11월 룩소에서 관광객에게 총기난사 58명 사살)가 활동을 시작하여 관광객에 대한 입국심사까지 더 까다로워지고 있단다. 한 참 만에야 버스가 움직인다.

공항을 벗어나자 먼저 카이로시가지가 눈에 들어온다. 그런데 생각과는 너무 다른 풍광에 이상하게 까지 보인다. 아니 이상하게 느껴진다는 표현이 맞겠다. 하늘엔 구름 한 점 없다. 모든 건물엔 뿌연 먼지가 몇 십 년 한곳에 앉아 놀고 있고 외벽은 대개가 짓다 만 것처럼 마감처리가 돼있지 않다. 가이드가 이곳에는 집을 평생동안 짓는단다. 1층 짓고 들어가고 다시 돈 모아2층 짓고... 카이로 연간 강수량도 채 20밀리라가 못된단다. 허나 날씨 하나는 우리나라의 가을날과 같이 맑고 높아 사진촬영 하기는 세계 제1이라며 자랑을 한다. 그러고 보니 주변에는 수도 없이 많은 무슬림 사원인 모스크의 마천루 같은 높고 뾰족한 첨탑이 시샘하듯 푸른 하늘을 한 것 찔러 제키고 있다.

우리 버스는 모두 두 명의 현지가이드를 태우고 있었는데 한 명은 우리나라사람이고 또 한 명은 20대 초반의 아랍여인이었다. 이곳에서는 이집트인이 같이 동행을 해야 관광지에서 우리나라 가이드가 활동을 할 수가 있다는데. 이것은 생활이 어려운 내국인들에게 한 명이라도 더 취업을 할 수 있도록 하게 한 이집트 관광청의 방침이라고 한다. 해서 영어도 제대로 못한 현지 인 가이드는 왼 종일 내내 차 앞자리에 앉아 노닥거리며 시간만 때우고는 일당을 받아간단다.

버스는 혼잡한 도로를 잘도 달려간다. 차선도 표시되지 않은 도로를 각종차량들과 우마차가 도로를 횡단하고있는 보행인들과 함께 뒤엉켜 굴러가고 있었다. 가로등은 많이 보였으나 차량을 위한 신호등은 없었다. 그냥 운전기사들이 요령 것 '인샬라'를 외치며 밀어 부친단다. 이곳은 차량우선의 문화로 보행자도 신호등 없이 차도를 건너가야 된다니... 정말 달리는 버스 안에서도 10차선이 넘는 차도 중간 중간엔 도로를 횡단하다 서있는 보행인들이 좌우를 쳐다보며 지나가는 차량의 눈치를 보고 있는 것이 보인다. 가이드가 차선이 있는 곳은 무바라크대통령궁앞 정도라고 한다.

또 한 가지 놀라운 광경, 온통 한국차량 일색으로 덮인 거리도 있었다. 그것도 우리나라 70년대와 80년대 초의 '포니1'이나 '포니 2' '브리샤' '르망' '액셀'같은, 거의가 다 낡은 폐차 직전의 중고차들이다. 간혹은 '엑센트' 같은 신차종도 보이나 구형 중고

차들이 이곳 카이로시 전체를 누비고 다닌다고 해야겠다. 이곳 사람들은 차는 타고만 다니지 세차나 수리는 하지를 않는단다. (어쩌 필자와 같네, 필자도 아랍 피가 좀 섞였나.) 그러고 보니 '차도르'를 쓴 예쁜 눈을 가진(눈만 봐서)젊은 여자가 우리버스 옆을 지나며 쳐다 보는데, 앞 범퍼가 떨어져 덜렁거리는 '브리샤'를 몰고 있다. 이곳엔 신차의 등록비가 무척 비싸 국민 거의가 중고차를 가지고 있단다. 보유세는 전혀 없는 관계로...

이집트 의 공식명칭은 이집트아랍공화국(Arab Republic of Egypt)이다. 아프리카대륙 북동쪽 끝, 북위 22~32°에 위치하고있고 면적은 우리나라 다섯 배정도인 약 100만 ㎢ 에 인구는 7000만 정도이다. 수도는 카이로이며 아라비아어를 사용하고 종교는 이슬람교가 92%정도이며 나머지가 기독교를 믿고 있다. 통화는 이집트파운드(￡E)를 사용하나 여행객들은 달러만으로도 불편함이 전혀 없다. 실례로 우리나라 벼룩시장 같은 곳에서도 '달라'를 사용할 수 있었는데, 아마 년 간 5000만 명이나 되는 엄청난 관광객을 유치하여 그 수입으로 온 국민이 생활하고 있다고 해도 과언이 아닌 이집트이고 보면 오히려 '달라'를 주된 통화로 보아도 무리가 되지 않겠다.

이집트는 태초의 인류문명 발상지의 한곳이었던 만큼 그 역사 또한 유구하다. 해서 너무 광대하다보니 범인들은 이해하기조차도 어렵다. 허나 그 나라의 역사를 모르고는 문화를 이해할 순 없는 법. 잠시 겉이나마 훑어보고 지나가자.

지금도 혹자들은 이집트를 잃어버린 대륙 아틀란티스의 후예들이 건너와 인류최고의 문명을 남긴 곳이라는 주장을 펴기도 하지만(필자도 많은 관점에서 같은 생각을 가지고 있음) 이점에 대해서는 뒤에 별도로 거론하기로 하고 우선 이집트의 역사를 연대기 순으로 한번 나열해본다.

이곳역사는 BC 5000경부터 시작된다. 이때 이미 상하이집트엔 금석병용문화와 농경문화가 나타나고 있다. 우리나라의 역사가 반만년이라는데, 이곳은 그보다 2000년이 앞선다. 아틀란티스론자들은 이보다 3000년을 더 앞선 1만500년으로 보고 있기도 하지만...

그 뒤 BC 3000경 초기왕조시대라고 부르는 제1왕조와 제2왕조가 들어선다. 메네스(나르메르)상 이집트왕이 상·하 이집트를 통일하고 세운 왕조국가이다.

BC2700경 고왕국시대라고 부르는 제3왕조를 사나크트왕이 세우고 조세르왕이 최초의 피라미드를 건조한다. BC2600경 스네프루왕이 제 4 왕조를 세우고 이때부터 대형피라미드가 건조되고 쿠푸·카프레·멘카우레왕이 기자에 피라미드 건조했다.

이후 BC2200까지를 고 왕국시대라고 하고 제1중간기를 거쳐 BC2160 세워진 제11왕조부터 제13왕조까지를 중 왕국시대라고 한다. 이제13왕조 마지막 왕(BC1785)켄지엘이 이집트 최후의 피라미드를 건조한 것으로 되어있다. BC1750년 제2중간기를 거쳐 이 민족인 '힉소스'가 제15~16왕조의 왕이 되었다. BC1580경 아메스 1세가 '힉소스'를 몰아내고 제18왕조를 세우고 이때부터 아멘신(神)이 왕가 및 국가의 최고신이 된다. BC1520경의 투트모세 1세가 지금의 왕가의 계곡 최초 피장자이다. 이 왕조 때 유명한 황금마스크의 주인공인 투탕카문왕이 제임했던 시기이다(BC1357). BC1310경 이때 우리들도 잘 알고있는 '람세스'가 나타난다. 람세스1세는 타니스를 수도로 제19왕조를 세운다. 그리고 BC1290경엔 60여년간을 집권하며 온 이집트에 수많은 석상을 남긴 '람세스 2세'가 즉위한다. BC1080경 제20왕조로 신 왕국시대가 끝나고 후기왕조시대인 제21왕조가 시작되고 다시 BC750경엔 이민족인 누비아 나파타왕국의 피안킨왕이 이집트를 공략하고 제25왕조를 세운다. BC 671경엔 아시리아의 왕 에사르하돈이 멤피스에서 누비아인의 왕 타하르카를 몰아내고 BC 663엔 프사메티코스 1세가 사이스에 제26왕조를 세우고 전(全) 이집트 통일한다. 그러다 BC525년엔 다시 이민족인 페르시아왕 캄비세스 2세가 이집트를 정복하고 제27왕조를 세운다. 그 후 이집트인이 이민족을 몰아내고 제29.30왕조를 세웠다. 이것이 파라오시대의 마지막 왕조이다.

이후 그 유명한 클레오파트라가 나오는 프톨레마이오스왕조시대가 나타난다. BC341년 페르시아에 이어 BC332년엔 마케도니아의 '알랙산드대왕'이 이집트를 정복한다. '알랙산드대왕'이 죽은 뒤 부장신분으로 집정에 참여했던 프톨레마이오스1세는 본국으로 돌아가지 않고 지금의 알랙산드리아에 프롤레마이오스왕조를 세운다. 그러나 마지막여왕 '클레오파트라'가 로마와의 싸움에서 패하여 죽자 BC30년부터는 로마제국점령시대로 들어간다. 다시395년 로마제국이 동서로 분열되자 이번에는 동로마제국인 비잔틴제국의 통치를 받게되고... 이때 황제인 '유스티니아누스대제'가 신전 폐쇄를 명하여 파라오시대의 모든 문화전통이 사라지게된다.

그 후 이집트는 중요한 문화의 반향을 시작하게되는데 바로 지금의 이슬람문화가 그것이다. 641년엔 아랍인 '아므로 빈알라스'가 이집트를 정복하여 통치를 하게된다. 이후 옴마아드왕조와 아바스왕조를 거치면서 급급히 이슬람화 되었고 868년엔 '빈툴룬'이 반독립왕조인 툴론왕조를, 877년엔 다시 현재의 이집트의 근간을 이룬 독립왕조국가를 건설한다. 그러나 이후 다시 1517년 터어키의 전신인 오스만의 지배 하에 들었고 1798년엔 이집트를 원정한 나폴레옹의 지배를 받게된다. 나폴레옹이 퇴각한 뒤 '메메트알리' 일족이 이집트의 총독을 세습하여 오던 중 그가 죽자 '사이드'와'이스마일'이라는 지도자가 나타나 이집트를 자유주의적인 경제체제를 도입 근대화 정책을 펼쳤으나 제정이 파탄되고 1879년엔 영국의 식민지로 떨어진다. 그 후 40여년 뒤 1919년 제1차세계대전이 끝난 뒤 '자글룰'이 이끈 반영민족독립운동 끝에 1922년 영국으로부터 명목상의 독립을 한다.

1952년 나세르가 자유장교단을 이끌고 혁명을 일으킨다. 이집트공화국을 선포하고 대통령이 된다. 1970년 나세르가 죽고 사다트가 대통령이 되고 1981년엔 사다트가 암살을 당하자 당시 화장실에 가는 바람에 총격을 면해 살아난 부통령이었든 무바르크가 대통령이 되었고 1999년4선에 당선 현재까지 대통령직에 있다. 이집트역사 간단하게 한번 줄여보았지만 정말 대단하다.

요리조리 몰아되는 조리운전에 한참을 몸을 흔들다(이곳 버스 기사들의 운전실력은 세계최고다.-현지가이드 왈)당도한곳은 카이로 외각에 있는 '용궁'이라는 간판을 단, 언뜻 보기엔 어설픈 중국집 같은 한 한식집이었다. 의외로 주인이 한국인이었다. 식탁에 앉자 40세쯤 되어 보이는 한국인 아주머니가 나와 찬 시중을 들기에 애기를 부쳐보니 중국연변에서 왔단다. 손님이 많으냐고 물었더니 요즘 이집트를 찾는 한국인 관광객이 많아 제법 바쁜 편이란다. 이 집엔 이 아주머니를 포함하여 세 명의 종업원이 있었는데, 두 명은 현지 아랍인이었다. 둘은 이곳에 근무한지 오래되었는지 제법 우리말도 잘 알아듣는다. 이곳 사장은 50은 족히 넘게 보였는데 부인은 30대의 이집트여자다. 가이드는 서로종족이 다르다보니 나이를 잘 가늠하지 못한다며 우리도 30대라고 하면 다들 그렇게 곧이듣고 만단다. 그 소리를 옆에서 가만히 듣고 있든 여자 좋아하는 '람세스정' 한마디 하는데, 서울

가서 정리하고 다시 오겠다나 뭐라나...

음식이 채나오기도 전에 모두들 정신없이 주워 삼킨다. 장시간동안 잠까지 설쳐가며 먹은 둥 만 둥한 기내식 탓인지 일행 중 몇몇은 벌써 집 생각이 난다고 투덜거리기까지 했는데... 하지만 진한 향료 냄새에 약간 비위는 상했지만 김치며 배추 국을 곁들인 아침밥을 양껏 들고나더니 모두들 이제는 살만하단다.

09시05분. 용궁식당을 출발한 버스는 다시 차선 없는 도로를 무한 질주한다. 얼마가지 않아 멀리, 꿈에도 그리든 기자의 피라미드가 눈앞에 나타났다.

■기자의 피라미드

버스는 제1피라미드 밑 주차장에서 우리를 내려놓았다. 필자도 그랬지만 모두 입을 다물지 못한다. 가까이 갈수록 더욱 신비롭게 느껴진다. 필자의 경우 오래 전부터 이곳 기자의 피라미드와 스핑크스에 대하여 많은 자료를 준비했던 터라 더욱 환상적이기까지 했다. 이곳 현지가이드는 피라미드에 대하여 일반적인 설명을 해준다. 제 4 왕조 쿠푸왕이 제1피라미드를 건설하였으며, 조형(造形) · 천문학 · 기하학 · 건축 등이 최고 수준이고 높이 146.73m(현재약 137미터), 밑변 230m, 경사면 각도 51°52′으로 밑변은 동서남북 기본방위와 일치시켜 쌓아졌다. 평균 2.5t의 석회암을 230만 개를 쌓아올린 것으로 각 방향의 오차는 5°30′이내의 매우 정교한 세계 최대의 석조건물이다. 그리고 입구로 들어가면 암반 밑에 설치된 미완성으로 남아 있는 지하방이나 왕비의 방, 왕의 방이 있다. 특이한 것은 왕의 방의 경우(5.2m×10.45m, 높이 5.8m)천장에 사용한 9장의 화강암이 각각 50t의 무게를 가진 엄청난 것이라는 것이다. 제 2 피라미드는 카프레왕이 세운 것으로 밑변 216m, 높이 143.5m, 경사면 각도 53°7′으로서 경사면각도가 크고 피라미드의 터가 대피라미드 장소보다 높아 겉보기에는 대피라미드보다 높다. 제 2 피라미드는 정상부에 외장석재의 일부를 지금도 간직하고 있다. 제3피라미드는 멘카우라왕이 만들었고 높이65미터에 한 변의 밑변은108미터이다.

이것은 이집트의 공식자료나 가이드들이 하는 일반적인 피라미드에 대한 내용이다.

그러나 아직도 유일하게 세계7대 불가사이에서 벗어나지 못하고 있는 이곳 기자의 피라미드에 대하여 연구된 각종 자료를 보면 아마 모두가 더욱 신비에 빠져볼 수가 있을 것이다. 해서 필자는 신화 아닌 현대의 과학자들이 신화의 세계를 찾아 나서 그들이 밝혀낸 피라미드의 신비를 몇 가지 안내하고자한다.

먼저 결론적으로 말하면 피라미드는 위에서 말한 제4왕조시대에 만들어진 것이 아니라는 것이다. 제4왕조는 BC2600년경에 있었던 왕조이다. 지금부터 약 4600년 전... 피라미드의 시편으로 방사선동위원소 연대 측정을 하여본바 그 당시보다 400여 전에 이미 피라미드가 존재했었다고 하는가 하면, 또 다른 학자들은 그 시대는 세계 어디에도 그러한 구조물을 만들만한 문화를 가진 민족은 존재하지 않았다면서 몇 가지 조사내용을 증거로 제시하였는데 그중 피라미드의 축조상의 정밀도는(경사각. 방위) 현대의 측량기술자도 어려워 할 정도의 정밀한 계측이 전제되어 시공되었다는 것과 내부에 설치된 구조물 또한 현대의 발달된 정밀 기계를 이용하더라도 축조키 어려운 '내부의 방과 통로의 시공성'을 지적한다. 또한 1837년엔 왕의방 남족 갱도에서 원래는 금으로 입혀진 철판을 발견하였는데 이 시대 때는 철문화가 없었다니... 해서 피라미드는 현세에서 주장하는 파라오들의 무덤이 아니라 그이전 문화인인 (일설로 사라진 대륙 아틀란티스에서 건너온 사람들이 건립했다고도 함) 고도의 문화를 가진 어떤 종족이 지금으로부터 1만500전에 하늘에 있는 오리온 성좌를 지상에 옮겨놓은 형상(오리온의 세 개의별과 좌측에 있는 은하수모양이 세 개의 피라미드와 좌측에 흐르는 나일강의 모습이 유사함)으로 만든 신전(단순하게 신을 모신 것이 아니라 지상의 인간과 천상의 신이 서로 교감(?)하는 장소)이라는 것이다. 또한 피라미드 앞에 앉아 있는 스핑크스도 1만500전 춘분 날 동트기 전 하늘에 나타나는 사자자리의 사자를 형상화해 놓은 것이란다.

이밖에도 피라미드에 대한 연구는 지금까지도 끊임없이 진행되고 있으나 아직도 불가사이로 남아있다.

필자도 일행들과 같이 제1피라미드에 다가가 이리 밟고 저리 만지고 또 올라보며 두드려보기도 한다. 허나 왜이리 크게 만들었는지 정확하게 무엇을 위한 것이었는지... 제법 많은 정보를 입력해갔음에도 현장에 와보니 전혀 결부가 안 된다. 그냥 커다란 돌무더기로밖엔 느껴지지 않으니... 아는 만큼 보인다는데... 그러나 피라미드를 보고 한가지 다 같이 한 것은, "아~ 크긴 크다." 면서 입을 크게 벌렸다 는 것이다.

숲 속에서는 나무만 보이는 법이라며 가이드가 3개의 피라미드가 모두 잘 보이는 위치인 서쪽 사막으로 이동하잔다. 다시 버스를 타고 이동하였는데, 정말 이곳에서 보니 카이로시가지는 피라미드에 가려 전혀 보이지 않았고, 좌우의 붉은 사막과 어우러진 거대한 피라미드는 태고의 신비를 그대로 자아내고 있어 그 장엄함에 다시 한번 우리일행은 입으로 모래알을 씹어야만 되었다.

두 번째의 '1달라' 사건, 현지인들이 관광객에게 낙타를 태워

준다. 무조건 '1달라'이다. 필자도 '1달라'를 내고 낙타 위에서 폼을 재었는데, 곁에 있든 일행이 둘이서 같이 타도 1달러면 될 것 같아 같이 올라앉으려는데, 눈이 새카만 10살 정도 되는 꼬마 낙타주인, 무조건 1인당 '1달라'를 외친다.

■스핑크스

이집트여행 첫날부터 태고의 신비 속으로 푹 빠진 일행은 피라미드를 돌아 나와 스핑크스를 찾아 나선다. 가는 길에 제1피라미드 옆에 세워진 가설무대 잔재를 볼 수 있었다. 몇 년 전 이곳에서 베르디의 오페라 '아이다'가 공연되었단다. 헌데 그때 설치된 무대시설이 아직 철거중이란다. 하면서 가이드가 한마디 첨언한다. "이곳은 바쁜 것이 없는 곳이다."라며...

필자는 어릴 적 "아침에는 4발로 걷고 낮에는 2발로 걷고 저녁에는 3발로 걷는 것이 무엇이냐."고 물어보며 사람을 잡아먹었다던 '스핑크스'의 이야기를 들었는데... 그 기억 속에 숨어있는 스핑크스를 쫓아내며 이곳 스핑크스신전에서 경외서럽게 그를 쳐다본다. 그는 구름 한 점 없는 푸른 하늘을 등지고 엄숙히 앉아있다. 비록 지금은 뭉개어져 형체도 잘 느껴지지 않은 희미한 얼굴표정이지만 강렬한 태양광이 음영을 불어넣어 꼭 무슨 말인가를 하는 것만 같아 보인다. 혹 우리일행에게 '멀리서 오셔셔 반갑다."고 하는 말인데도 고대 이집트의 신들이 사용하는 말이라 알아듣지 못하는지도...

사자의 몸과 사람의 머리를 한 길이75미터 폭 11.6미터 높이 20미터 거대한 스핑크스는 피라미드와는 달리 이곳 기자의 기반암인 돌출 된 석회암을 이용 조각하여 만든 것이다.

그 후 스핑크스는 이곳에서 지금까지 수 천년에 걸쳐 모래이불을 덮고 추위를 견디며 지냈다. 그러나 인간은 피라미드를 헤집었던 것처럼 스핑크스의 모래이불도 그냥 두지 못하고 모두 7번이나 걷어내었는데, 그 바람에 스핑크스는 몸살이 나기도 했단다. 그러면 그는 다시 바람을 일으켜 모래이불을 뒤집어쓰곤 했는데... 정말 19세기 초에 촬영한 사진엔 얼굴만 덜렁하게 모래 밖으로 내놓고 있는 스핑크스사진을 볼 수가 있다. 인간들의 잔학 행위는 이것뿐이 아니었다. 나폴레옹은 얼굴에 상처까지 낸다. 그것도 대포로... 옛날 나폴레옹이 이집트를 침략했을 때 사막에 사람얼굴이 있기에 대포의 사격 표적으로 사용하였다니... 지금세계 제1의 문화국가라고 자랑하는 프랑스의 선조들이 말이다.

스핑크스 발 앞에 있는 스핑크스신전을 둘러보고 나오는데 '피라미드박'이 '사자의 서(死者의書)'를 포함하여 갖가지 문양이 새겨진 파피루스 꾸러미 한 묶음 들고 나타났다. 얼마 줬냐고 하였더니 1장에 무조건 1달라란다. 직장동료들 선물로 준비를 했다기에 필자도 관심을 보였더니 옆에 있든 가이드가 그것은 가짜라고 일러준다. 허나 얼마 뒤 필자도 그와 같은 파피루스를 몇십불 어치나 사게 되었는데, 이유인즉 정작 파피루스 공장에 가 보니 그곳에서 만든 파피루스와 별 차이가 없었다는 것을 알았기 때문이었다.

인류문명의 발상지이자 아직도 창세의 수호신이 은둔하고 있는 이집트(2)

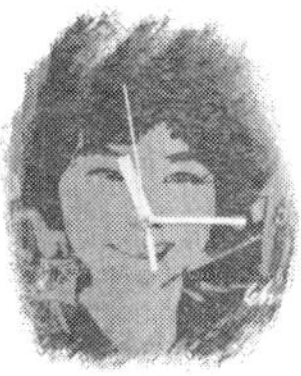

■파피루스공장

"페이퍼"는 종이라는 뜻이다. 바로 영어로 쓰고 있는 그 종이의 어원이 된 것이 바로 고대 이집트의 <파피루스(papyrus)>이다.

일행은 피라미드와 스핑크스를 관람한 후 인근에 있는 파피루스공장을 찾게 되었는데, 늘 상 경험하는 일이지만 이곳도 기대했던 파피루스 종이를 만드는 공장이 아니라 파피루스종이에 그림을 그려 팔고 있는 그림 가게였다. 그러나 가이드는 직접 파피루스를 만들어볼 수 있는 체험을 해본다나 어쩐다나... 근 50여 평이나 되어 보이는 제법 큰 공간엔 갖가지 그림들이 액자로 전시되어 있었는데, 값도 만만찮다. 한 바퀴 돌아보는데, 귀퉁이에 파피루스와 망치. 눌림 돌. 등이 구비된 체험공간을 만들어놓아 망치로 잘게 편 파피루스를 두들겨 패 보기도 하였는데... 가이드의 말이 거짓은 아닌가(?)보다.

기념으로 중왕국시대의 여왕인 핫셉슈터상이 그려진 파피루스를 하나 구입했다. 가이드는 화가가 하나하나 그림을 직접 그리다보니 값이 좀 비싸단다. 그러나 필자는 뒤에 시장에서 아주 싸게 많은 파피루스를 선물용으로 구입하였는데 앞에서도 밝혔듯이 그 차이가 가격차만큼이나 나지 않아 보였기 때문이었다.

시중에서 싸게 만들어지는 것은 대량생산을 위하여 우리의 판화와 같이 인쇄를 한 것으로 문양이나 색상면에서 매우 흡사하여 전문가가 아니면 그 차이를 모를 정도였기에...

파피루스는 벼목 사초과로 여러해살이풀이다. 모양은 우리나라의 왕골과 똑 같았다. 온실에서 재배되는 큰 수초로 큰 뿌리줄기를 따라 높이 2m에 달하는 줄기가 줄지어 자란다. 고대 이집트에서는 나일강 유역의 파피루스 줄기를 채취하여 껍질을 벗기고 흰 속을 가늘게 찢어, 그 관다발을 엮어 건조시키고 다시 문질러 매끄럽게 한 후 가로·세로로 늘어놓고 압축시켜 파피루스종이를 만들었다. 당시 지중해 지방에서는 유일한 종이였으며 섬유로 천을 만들기도 하고, 줄기를 많이 모아 배를 만들기도 하였다. 또한 파피루스는 모양이 아름다워 관상식물로도 재배되고 있다. 실제로 필자가 카이로에 있는 고고학 박물관을 찾았을 때 광장 분수대 앞 정원에 심어진 파피루스를 볼 수가 있었다.

■이집트고고학박물관

기자를 출발하여 다시 카이로 시내로 돌아온 시간은 오후 1시경, 한식을 점심으로 한다며 가이드를 따라 들어간 곳은 시내 중심가에 있는 약간은 고급스러워 보이는 레스토랑이었다. 역시 한국인부부가 운영하였는데 한정식이라고 나온 음식이 너무 느끼하여 역하기까지 하였다. 배추 같은 채소류와 양념을 이곳 현지 산을 이용하다보니 진한 향이 많이 나서 그렇다는 주인 말에 힘들겠다고 위로(?)의 말을 전하니 웃으면서 전혀 아니란다. 돈도 잘 벌고 주위에서도 잘 대해준다고 하면서... 아마 이곳은 미국이나 유럽과는 다른가보다.

이집트문명을 이해하려면 현지에 있는 유적도 중요하지만 고대이집트를 한눈에 볼 수 있는 이집트고고학박물관을 먼저 찾아야한단다. 점심식사 후 일행은 버스를 타고 박물관에 도착했다. 기사는 버스를 세워둘 장소가 없다며 가이드와 만날 시간을 정하고는 어디론가 가버린다. 가이드가 주차장공사를 벌써 3년도 넘게 하고있다면서 게을러빠진 무바라크 정부를 나무란다. 보니 정말 박물관 앞에는 도로를 파헤친 토목 공사현장이 있었는데 인부들은 보이질 않는다. 아마 점심시간이라 쉬고 있겠지...

정문에서 다시 철저한 보안검사를 통과하고(비디오는 반입금지품목. 카메라는 후레쉬를 못 터트림) 광장에 들어서니 겉보기엔 별로다 싶다. 그러나 정작 안으로 들어서고 보니 비록 모든 유물은 유리 상자 안에 갇혀있었지만 그 후끈하게 내비치는 열기는 굳이 많은 관람객의 탓으로 돌리기엔 부족한 다른 뭔가를 느낄 수 있었다. 수년 전 서울삼성동 코엑스에서 투당카문의 황금마스크를 포함하여 미이라, 파라오 석상 등 이집트유물을 가져다 전시한 '이집트유물전시회'가 열려 관람한 적이 있었는데 그땐 단지 크게 감명은 받았지만 이곳에서처럼 보이지 않은 이상한 기운은 느끼지 못했는데...

1층은 고왕국시대 유물관이다. 피라미드를 만들었다는 쿠푸왕의조각상. 그의 어머니가 사용하였다는 모기장의 뼈대, 쿠푸왕의 장신구를 만들었다는 장인의 미이라. 미이라를 만들 때 사용한 수술대... 온통 미이라들의 방이다. 한 바퀴 돌아 2층으로 올라간다. 이곳은 거의 전관을 제18왕조의 파라오인 투탕카문의 유물로 채워져 있다. 그 유명한 황금마스크며 황금마차, 황금 손가락싸게, 황금샌달, 그리고 속옷이며 심지어 염소내장으로 만들었다는 콘돔도 있다.

'하워드-카트' 라는 영국의 이집트고고학자가 있었다. 수십년을 룩소에서 기거하면서 오직 투탕카문의 무덤을 찾기 위해 혼신을 바친 끝에 1922년 결국 도굴되지 않은 투탕카문의 무덤을 발견하게 된다. 수많은 보물이 태고적 모습을 그대로 간직한 채... 지금 이집트 룩소엔 무려 63개가 넘는 파라오의 무덤이 파헤쳐 져 세계에서 수많은 관광객이 드나들며 관람하고 있다. 그런데 그 속에서 발굴된 수많은 부장품들은 모두 이집트를 벗어나 영국이나 프랑스 미국의 국립박물관이나 대학박물관에 들어가 있다. 어린왕 이었던 투탕카문의 1개 무덤에서 발굴된 유물이 이렇게 많을진데... 그 유례를 알고 보니 이 또한 약소민족의 수난사였다. 19세기부터 가난한 원주민들이 고대 파라오의 무덤을 도굴하여 부장품을 내다 팔아 생활을 해왔단다. 그러나 대규모발굴이 시작된 것은 영국이 이집트를 식민지화한 1879년부터이다. 이때 영국은 이집트와 유물발굴조약을 맺으면서 발굴 부장품 중 얼마를 발굴자가 가져갈 수 있고 또 부장품을 팔아 발굴경비로 대체토록 할 수 있도록 하여 대다수의 발굴유물이 국외로 반출되었다. 그러나 투탕카문 발견당시 이집트는 부분적이지만 독립을 하게 되어 발굴 품을 해외로 반출하는 것을 막을 수 있었다.

당시 무덤 발굴자들은 호된 보복을 당한다. 하워드-카트에게 발굴 자금을 댄 '헨리조지 스탠호프 카나번백작'은 투탕카문의 무덤이 발굴된 얼마 뒤 59세의 나이로 폐렴에 걸려 8일만에 세상을 떠난다. 여러 신문들은 "파라오의 저주를 받았다"고 대서특필을 했다. 그 후에도 몇 년 동안 모두 22명이나 되는 무덤발굴 관련자들이 원인도 모른 채 이 세상을 떠났다.

...지하묘지에 있는 내 무덤을 파괴 하는자 빛으로부터 증오를 받으리라. 그자는 오시리스 제단 위에 놓인 물을 받지 못할 것이며 저 세상에서 목말라 죽을 것이고 자기재산을 자식들에게

전하지 못하리라.... 고관 '우루스'의 무시무시한 경고를 무시한 결과란다.

1939년 '하워드-카트'도 죽는다. 66세의 나이로... 3월의 찬 비가 내린 그의 장례식장엔 아무도 없었다. 우루스의 경구처럼 그가 남긴 재산을 물려줄 자식은 어디에도 없었다.

"노 플레쉬. 노 플레쉬."

여기저기에서 섬광이 번쩍이자 박물관 직원들이 외쳐되는 소리다. 필자도 관람객 속에 숨어서 몇 컷을 잡긴 잡았는데 현상을 하고 보니 간섭이 많았는지 영상이 너무 어둡게 되었다. 일행과 뒤 처져 석관들만 모아둔 한갓진 곳을 둘러보고 있는데 아랍여인이 마루에 앉아서 그림을 그리고 있었다. 누가 말하길 카이로 여대생인데 이곳에서 유물문양을 그리고 있단다. 그러고 보니 박물관2층 여기저기에서 스케치북에 그림을 그리고 있는 학생들이 있었다.

■향수가게

글쎄 이것을 향수라고 해야 할지... 그러나 엄연히 향수로 불려지고 있었다. 허나 필자는 향수보다는 향료라고 부르는 것이 더 나아 보인다. 이집트의 향료는 옛부터 유명했단다. 며칠 뒤 터어키에서 "이집션 바자르"라는 이집트 향료전문 시장을 찾아보곤 그 명성이 헛된 것이 아니란 걸 알았지만 말이다. 필자가 '투탕카문'에 푹 빠져 일행의 꼬리를 뜯어버린 줄도 모르고 돌아다니다 이집트고고학 박물관을 나온 시간은 오후5시경, 벌써 버스는 일행을 태우고 필자를 기다린지 십여 분은 지난 모양이었다. 그때나마 황급히 뛰어가서 버스에 올랐는데, 분위기가 심상찮다. 죄송하다고 연거푸 사과를 했음에도 차는 움직이지 않고... 그러고 보니 아직 버스를 타지 않은 사람이 필자뿐이 아닌 모양이다. ‘람세스 정’이 아직 오지 않았다. 필자가 뒤에 ‘람세스정’이라 칭한 ‘정선생’은 사진작가다. 이번 여행도 전시회 준비를 한다며 동참하였단다. 늘 카메라 몇 대를 목에 걸고 이리저리 피사체를 쫓아다니는데, 그러다 보니 종종 약속시간을 어겨 일행들에게 눈총을 받기도 했다.

숙소로 돌아가는 길에 향수가게에 가보기로 했다. 필자의 요청으로 당초 일정엔 없었지만 가이드는 흔쾌히(?) 가게로 데려다주었다. 향수가게임에도 진열대는 보이질 않고 안내된 곳은 3평정도 되는 응접실이다. 주인은 제법 능숙한 우리말로 일행을 안내하는데 보통이 아니다. 아마 수도 없이 많은 한국관광객이 왔다 간 모양이었다. 처음부터 차 한잔을 내어주며 의자에 앉으라고 권한다. 이방에도 향수는 보이지 않고 양 벽에 붙어 있는 진열장엔 주위 엔 온통 장남감 같이 채색된 조그마한 유리병만 전시되어 있었다. 동화에서 본 알라딘의 요술램프도 보인다. 모두 향수병처럼 보였는데 우리나라에서 사용되는 견고하게 만들어진 크리스탈 향수병과는 달리 떨어뜨리면 깨어질 것 같은 아주 얇은 소재의 유리로 만들어져 있었고 병마개 또한 거의 열려있는 형상이었다. 휘발성강한 향수를 밀봉되지 않은 병에 보관한다? 한동안 의구심이 풀리지 않았는데, 잠시 후 이집트 향수는 휘발성이 없는 식물성 수액으로 만들어진 것이라는 지배인의 설명을 듣고야 이해가 되었다. 향을 뿌릴 때도 일반향수들처럼 분무를 하는 것이 아니라 병 뚜껑에 달린 봉으로 수액을 찍어 피부에 직접 바른다는 것이다. 지배인이 들고 나온 향수의 종류는 34가지나 되었다. “사막의 비밀” “페르시아의 눈” “마법의 향연” “아라비안 나이트” .... 그 이름만으론 이해 할 수도 없는, 꼭 우리나라 스탠드바에서 내오는 칵테일 을 방불케 한다. 지배인은 그것을 종류별로 모두 손등 여기저기에 발라 주며 냄새를 맡게 한다. 그러다 보니 끝에 가서는 모두가 향에 취해 뭐가 뭔지 분간을 못하게 되었는데... 거의 코가 마비 될 즈음, 가격을 보여주며 멀리서 오신 분들이기에 특별히 값을 깎아주겠단다. 파리의 '샤넬' 같은 유럽의 유명향수회사들도 원액은 모두 이곳에서 구해 간다며... 필자도 구매욕이 동하여 밤에 침대에서 묘한 효과를 낸다는 일명 '사랑의 묘약'이라고도 하는 "아라비안나이트"를 한 세트(6병) 구입하였다. 이집트로 간다니까 모 지인이 정보를 줬는데, 정작 귀국하여 주변 인사들에게 몇 개를 선물로 줬는데도 어째 효과가 없는지 아직까지도 리필을 달지 않는다.

■나일강크루즈

오후 6시30분 카이로 숙소인 '소네스타호텔'에서 간단하게 세면을 하고는 나일강을 향해 출발했다. 어린 모세가 바구니를 타고 파라오를 피해 떠내려간, 크레오파트라가 펠루카라는 돛배를 타고 흘러갔을, 그리고 '아가샤크리스티'의 그 유명한 '나일살인사건'의 현장이기도한 그 나일강에서 배를 타고 디너쇼를 겸한 나일강크루즈를 하기 위해서...

저녁 7시30분, 필자 앞엔 회색도시를 가로지르는 거대한 푸른 띠 하나가 나타났다. 바로 말로만 들었던 그 유명한 나일강이다.

나일강은 아프리카 대륙 빅토리아 호수에서 시작하는 '백 나일'과 에티오피아 산악에서 발원하는 '청 나일'이 '수단'의 '카루툼' 남방에서 합류하여 이집트로 흘러들어 곧장 지중해까지 북으로 흘러가는 6,500킬로나 되는 엄청나게 긴 강이다. 매년 아프리카 중부 고원에 내리는 봄비는 몇 달 후 이집트 나일강을 범람시키는 큰 홍수로 변하는데 특이하게도 나일강 홍수는 7월에서 10월에 걸쳐 이집트의 완만한 사막을 서서히 흘러가면서 온갖 수목이 자랄 수 있는 환경과 뭇 짐승들이 서식 할 수 있는 환경을 만들었다. 그리고 카이로 북방에선 둘로 나누어져 나일 델타란 넓은 대평원을 만들어 한때는 이곳이 세계의 곡창이라고 불려지기도 했다.

이 삼각주는 홍수가 몰고 온 아프리카 내륙 지방의 부엽토가 서서히 침전되어 자연의 퇴비가 생성된 결과인데 해마다 부엽토를 더해 가면서 이 비옥한 땅은 검은 색을 띠게 되었고 그래서 고대 이집트인들은 이곳을 검은 땅이란 뜻에서 케미(KEMI)라고 불렀다고 한다. 매년 연중행사처럼 어김없이 범람하여 수해가 아닌 수해를 안겨주는 나일강을 고대 이집트 사람들은 모든 것의 근원으로 보았고 또 숭배하였다. 고대 이집트의 계절은 3계절로 되어 있는데 이것 역시 나일강의 범람과 연관 된 것으로 홍수가 나서 델타 지역이 물에 잠겨 있는 7-10월은 농한기, 물이 빠져나간 11-2월은 농번기, 그리고 3-7월은 추수기가 바로 그것이다.

이렇게 수천 년을 해마다 범람하는 나일강은 사람들이 다스려 보겠다는 끊임없는 노력으로 19세기초 케네디 모하멧 알리(Khedive Mohammed Ali)는 이집트 알렉산드리아의 식수원으로 만들었고 카이로 북쪽에 갑문을 설치하여 많은 농토를 확보하기도 하였다. 그러나 1972년에 만든 '아스완 하이 댐'은 매년 범람하던 나일강을 인간이 힘으로 지배한 듯 보였으나 강변에 만들어진 수많은 전천후의 농토는 천혜 나일의 선물인 자연 퇴비는 영영 잃어버리고 게 되고 말았다. 요즈음은 경작을 위하여 수백만 톤의 화학비료를 쓰고 있다고 한다.

카이로는 낮보다는 어둠에 묻힌 밤이 훨씬 생기가 돈다. 아니 훨씬 화려하고 아름답다고 해야할 것이다. 선상에 앉아 강 주변을 바라보는 느낌은 낮에 본 카이로의 혼탁하고 무질서하고 지저분스럽게 까지 보이든 그런 이미지는 어디에서도 찾을 수가 없다. 강변에 자리한 '힐튼' '쉐라톤' '헤밀톤' 같은 세계유명 호텔의 잘 꾸며진 야간경관 조명이 멀리 카이로타워의 불빛과 아우러져 온통 카이로를 화려한 불야성으로 꾸며놓고 있었다.

선실에 꾸며진 무대에선 이집트인 악단이 멕시코의 세계적인 기타뮤지션 '산타나'의 '오에꼬모바'를 연주하고 있었다. 3명의 남자로 이루어진 악단인데 뮤직박스의 반주에 맞추어 제법 흥을 돋구어준다. 마침 필자가 앉은자리가 무대 옆이라 신청곡을 하나 청했더니 알아듣는 듯한 얼굴표정을 짓는다. '암, 역시 음악은 세계 공통어야!' 하며 이국 땅 한 켠에서 좋은 음악 한 곡 듣겠거니 하며... 그러나 한 곡 두 곡이 이 지나도 신청한 곡은 나오지 않는다. 매 곡이 끝 날 때마다 다음은 내가 청한 음악이 나오겠지 하며 기대를 해보았지만 한참 후 다음스테이지를 위하여 무대를 비워주기 위해 퇴장하는 그들을 보고서야 당시 그 악사가 지은 웃는 듯한 표정이 필자의 말을 알아듣고 지은 표정이 아니었음을 알아챘다.

포도주가 곁들인 현지식은 야채소스와 빵, 양고기 등으로 식단을 꾸몄는데 처음대하는 이집트음식임에도 오늘 하루 낀 여독을 씻기라도 하듯 모두들 잘도 넘겨된다. 배는 온갖 불빛이 빠져있는 나일강을 한참이나 미끄러져 간다. 나일강의 물은 지중해가 있는 북쪽의 '알랙산드리아'로 향해 흘러간다. 반면 바람은 항상 상류인 남아프리카인 남쪽으로만 분다. 이것이 나일강만의 특징이란다. 그래서 옛날부터 배를 탄 채 가만히 있으면 북으로 가고 또 남으로 가고싶다면 돛만 세우면 되었다니....

배가 처음 출발한곳을 향해 힘겹게 회전을 해된다. 무대에선 화려한 의상을 한 무희가 현란하게 이집트 민속악기 소리에 맞춰 배꼽을 흔들면서 발리댄스를 춰댄다. 그때 재미있는 사건하나가 발생했다. 댄스가 온몸을 휘 저으며 한참 춤을 추고 있는데 왠 동양인이 성큼성큼 무대위로 올라가선 지갑에서 돈을 꺼내 댄스의 브래지어 속에 푹 꽂아 준다. 관객 모두 박수를 쳐주며 환호하였는데, 조금 뒤 춤을 끝낸 댄스가 그 동양인 테이블로 찾아간다. 필자도 그녀가 그에게 감사인사를 하려는 줄 알았는데, 웬걸 돈을 되돌려주고 있지 않는가. 재삼 거절하는 그 관광객에게 한사코 댄스는 돈을 건네준다. 그런 팁은 받지 않는다면서... 아유 챙피... 허나 필자는 의문이 하나 생겼다. 아무 곳에서나 '1 달라'를 외치며 그렇게 돈에 목말라 보였든 그들이었기에...

다음은 훤칠한 키 큰 남자가 나와 몇 십분 동안이나 한곳에서 팽이처럼 돌아가는 팽이춤을 선보인다. 수 십 년전 이집트를 배경으로 한 "나를 사랑한 스파이"라는 007영화가 있었는데 그때 보았던 기억이 새로운 장면이었다.

디너쇼가 끝나자 일행들이 나일강 야경을 보겠다며 선상으로 올라가니... 이건 또 무슨 소리인가? "돌아와요 부산항에... 나일강이 떠나갈 듯 한국노래를 목청 높여 외쳐되는 한 무리가 있었으니... 바로 밸리댄스에게 팁을 줬다 망신을 당하였던 그 동양인들이었다. 그런데, 그들이 바로 우리나라 사람들이었다니... (당시엔 좀 창피했었는데, 뒤에 터어키를 가보곤 그들이 우리와 달리 터어키를 먼저 들러 온 팀이라는 생각이 들었다. 왜냐하면 며칠 뒤 우리일행도 터어키에 갔는데, 그곳 현지 가이드는 댄스에게 팁을 주란다. 그렇게 해야 우리나라 이미지가 좋아진다기에 필자도 그렇게 팁을 줬기에...)

아무튼 기분은 좋다. 조금 마셨지만 나일강의 풍요로움이 듬뿍 베인 이집트 포도주를 안주 삼아 한국노래를 같이 따라 흥얼거리며 카이로야경에 취한 기분은...

인류문명의 발상지이자 창세의 수호신이 숨어사는 이집트(3)

■2003. 10. 22

무려 8시간이라는 긴 시차를 못 이기기도 했지만 오랜만에 한 긴 여정으로 인하여 어젯밤엔 몸도 녹초가 되었는지 숙소인 '소네스타호텔'에 들어서자마자 숙면에 푹 빠지고 말았다. 그러나 늦게까지 자지는 못했는데, 일어나보니 아침 5시30분이다. 룸메이트인 이 선생은 아직 일어나지 않았기에 먼저 욕조에 들어가 샤워라도 해볼 요량이다. 일정 상 7시에 1층 레스토랑에서 호텔식으로 아침을 하게 되 있어 충분한 시간이 있었기에... 그런데, 그만 사고(?) 하나를 치고 말았는데, 출발 전 여행사에서 오리엔테이션을 할 때 이집트의 호텔문화를 이야기했다. 그중 하나가 화장실에 문턱이 없다는 것이었다. 해서 우리관광객들이 종종 목욕을 하고 나오다보면 목욕탕물이 넘쳐 신발 받이 카페트를 다 적시고 그것도모자라 방문을 타고 흘러내려 복도까지도 물이 흥건하게 되어 망신을 당한다고 했다. 과연 그말 그대로였다. 필자는 어젠 샤워만 했기에 오늘은 시간도 있고 해서 욕조에 가득 물을 받고는 첨벙거리며 들어앉았는데... 꼭이 '아르키메데스'의 예를 들지 않아도 출렁이면서 넘친 물이 화장실 바닥을 지나... 한번 생각해보시라 벌거벗은 77킬로의 180센티 거구가 이리 뛰고 저리 뛰면서 수건으로 물을 훔쳐 넣고 있는 광경을... 후에 필자 나름대로 생각해본 결과인데, 아마 이곳은 습기가 없어 전신 욕은 많이들 하지 않는 모양이었다. 정말 며칠 뒤 '룩소'에 갔을 때 땀을 많이 흘렸음에도 그늘에만 들어서면 몸에는 습기가 없어졌고 땀 냄새도 전혀 느끼지 못했다.

■재래시장(벼룩시장)

한바탕 소동을 겪은 뒤 깨어난 '이 선생'이 내 이야기를 듣더니 배를 잡고 박장대소를 한다. 필자도 같이 한참을 따라 웃다 그가 너무(?) 웃는다는 생각이 들어 쳐다보니, 자기는 어젯밤에 이미 먼저 경험을 했단다. 필자가 잠든 뒤에도 자기는 시차관계인지 잠이 오지 않아 목욕이나 한다며 물을 틀어 놓고는 TV를 보고 있었는데... 조금만 늦었으면 그도 방문을 넘어 다니며 호텔 복도의 물 청소를 할 뻔했단다.

"제팬? 차이나?" " 오, 코리아!" 호텔 옆 골목에 새벽마다 열리는 재래시장이 있다기에 나갔더니 늙은 아랍인 한명이 말을 건네 온다. 필자가 코리아라고 답을 하니 "노우스"냐고 다시 물어온다. 서울이라고 했더니 올림픽이며 월드컵이야기를 꺼낸다. 그러면서 "김일성 넘버원"을 외치며 자기는 북한을 좋아한다고 했다. 그땐 이해가 잘 되지 않았는데 현지 가이드에게 물어 보았더니 옛날 무바라크정부가 수립되었을 때 김일성이 원조를 많이 해주어 이곳사람들은 김일성을 잘 알고 있단다. 실제 이집트는 아랍사회주의국가로 북한과는 1963년 대사관계를 맺고 있다. 우리나라는 1962년 카이로에 총영사관을 설치하였다. 그들은 북한을 우리보다 더 잘사는 나라로 알고있다. 그러다 올림픽과 월드컵을 치루는 것을 보고야 남한을 제법 잘 사는 나라로 인식을 바꿔가고 있다고 했다. 허나 필자는 호텔에서 우리나라에 크게 한번 실망을 한다. 호텔객실에 비치된 "텔레폰 써어비스" 책자엔 근 140여개나되는 세계도시의 전화번호가 안내되고있었음에도 서울은 없었다. 심지어 일본의 오사카나, 홍콩, 이슬라마바드 같은 작은 도시도 있는데...

아침에 몇 시간씩 열리고 있는 이곳 재래시장(벼룩시장)은 큰 도로 중앙분리대를 점거한 노점형태로 열려지고 있었다. 1평방미터 정도 되는 규모의 좌판 위에 갖가지 물품들이 겹쳐져 놓여 있었다. 상인들은 대게가 남자들이었고 간혹 차도르를 두른 여자들도 몇 명이 있었다. 상품은 종류별로는 아주 풍부하였으나 과일이나 빵 등 음식물을 제외하곤 질이 너무 낮아 공산품의 경우 우리나라의 60년 대 정도의 수준으로 기념상품으로도 살만한 물건이 없었다. 좌판 여기저기에 예쁜 등이 있어 용도를 물었더니 다가오는 '라마단'성절에 사용할 등이라고 한다. '라마단'때 집 앞에 내어 걸어 놓는다는데, 아마 우리나라 석탄일에 사용되는 연등과 비슷한 용도로 사용되는 모양이었다. 한바퀴를 돌아 나오다 예쁘다 싶은 장난감 노리개가 있어 쳐다보았는데, '차이나' 상표가 붙어있었다. '무서운 중국' 그들은 벌써 이곳까지 상혼을 남기고 있었다.

■사카라

조식 때 계란 프라이를 3개나 먹었다. 빵이며 과일, 특히 벌꿀잼이 과식을 하게까지 만들었다. 필자의 경우 평소 아침은 늘 거르는 편인데도 이곳에 와서는 '기내식'이든 '호텔식'이든 꼭 덤벼들어 배를 채웠다. 09시. 어제의 곡예운전사가 모는 리무진버스에 올랐다. 오늘의 첫 일정인 '사카라'로 가기 위해서, 또 '람세스정'이 보이지 않는다. 조금 뒤 카메라를 두 대나 목에 걸고 나타난 '정선생'의 변 '새벽에 기자에 가서 일출사진을 찍고 오는 바람에 식사가 늦었단다.' 택시로 왕복을 했음에도 돌아 올 때는 길이 막혀 애를 먹었다며. 필자도 알았으면 같이 갔을 탠데 하면서 아쉬움을 보였지만, 아! 생각만 해도 좋다. 스핑크스가 수천년동안을 한결같이 바라보던 일출장면을 곁에서 같이 보았다는 것이... 버스가 카이로 시가지를 벗어나 한참을 달려가니 주변은 띄엄띄엄 낡은 가옥들로 채워진 시골마을로 변해간다. 여기저기 노새를 타고 마차를 끌고 가는 늙은 농부들도 많이 보인다. 차가 제방도로로 접어들기에 가이드에게 강이냐고 물었더니 이것은 자연하천이 아니고 인공적으로 만들어진 운하라고 한다. 아니 운하라기보다는 인공 수로라고 하는 것이 정확한 표현이라고 해야 겠다. 당초는 사막이었는데, 수로를 만들어 나일강물줄기를 끌어들였다고 한다. 이집트는 비가 오지 않기 때문에 전국토가 사막인 반면 물만 먹으면 순식간에 옥토로 변한다. 해서 물을 끌어 놓으면 농사를 지을 수가 있고 그러다 보니 평지는 숲이 된다. 그러나 조금만 높은 곳이면 사막이 되고 만다. 다녀보면 붉은 사막과 푸른 농토가 곧게 바로 경계를 이루고 있어 너무 해학적으로 느껴지기도 했다. 마치 세상 모든 것이 너와나, 밤과 낮, 선과 악, 이것과 저것으로 이분되어있는 그것처럼...

'사카라'로 가는 도로엔 종려나무들이 가로수로 심어져 있었다. 헌데 모두 이상한 형상을 하고 있다. 크고 작고를 불문하고 밑둥지에 하얀 분칠을 하고 멋을 내며 서 있다. 일행 중 어떤 분이 '분단장하고 우리를 마중해 준다.'고 해서 한바탕 폭소가 터져나오기도 했지만, 가이드는 석회석 가루를 칠한 것이라고 했다. 그러면 벌레가 올라가지 못한다고 하면서... 그러나 필자는 어쩨좀 수긍이 되지를 않았다. 왜냐면 우리나라의 경우엔 늦가을 나무 밑 둥지를 짚으로 둘러싸 벌레집을 만들어둔다. 그렇게 해놓으면 나무에서 살던 벌레들이 동면을 하기 위해 짚 속으로 숨어들고 이른 봄 그것을 수거하여 불로 태우면 확실한 해충을 퇴치 할 수 있는데... 그런데 이곳 벌레는 날아다니는 놈은 없고 땅에만 산다냐?

멀리 '사카라'의 계단식으로 만들어져 조금은 엉성하게까지 보이는 붉은 색의 피라미드가 눈에 들어온다. '사카라'의 피라미드는 역사적으로는 BC 2700년 고 왕국시대, 그것도 제3왕조가 멤피스에 수도를 만들고 난 뒤 이집트에서 만들어진 최초의 피라미드이다. 제제르왕이 만든 이 피라미드는 동서121미터, 남북109미터, 높이60미터의 규모이다. 또 사카라는 당시 왕이나 귀족의 무덤이 많이 만들어 졌다. 지금도 계속 파 헤쳐지고 있는 이곳은 AK자동소총을 든 군인들이 여기저기에서 경비를 하고 있었는데, 너무 더워서인지 모두 합판으로 만든 간이그늘 막에 들어가 쉬고 있어 우리가 몰려가도 쳐다볼 생각도 없어 보인다. 허나 그것도 필자의 착각, 잠시 뒤 피라미드 안으로 들어가 파라오의 석관 앞에서 기념촬영을 하려는데 그렇게 '노-프레쉬'를 외치든 감시인도 1달러에 그만 다른 방으로 가버리고, 총을 든 군인도 같이 기념촬영을 하자고 해놓고는 1달라를 내놓으란다.

처음보다 반값으로 떨어진 물건 값을 제시하며 붙잡는 상인들의 손을 뿌리치며 다시 버스에 올라탄 일행은 사막의 '사카라'를 나와 그 옛날 고 왕국의 수도 멤피스로 향하였다.

■멤피스

그냥 보기엔 시골 촌락 같았다. 노새가 수레를 끌고 양떼들이 몰려다니는... 그러나 허술하게 꾸민 매표소를 통과하여 유적지로 들어가면서 모두 "와!" 하는 탄성을 터트린다. 15미터나 되는 거대한 석상이 누워 있었다. 아니 다리부분이 파손되어 쓰러져 있다는 표현이 정확하다. 람세스 2세란다. 람세스 2세. 바로 영화'십계'에서 '율-브린느'가 분장한 역이다. 홍해에서 모세를 쫓다 혼 줄이 나는... 그러나 그는 영화에서와는 달리 희대의 대영웅이었다. 수십 명의 왕비와 백삼십 명이 넘는 자녀를 두었던 절륜한 정력의 사내, 서(西)로는 '리비아' 남(南)으로는 '누비아'를 정벌했던 세계제국의 군주, 패배한 적의 손발뿐 아니라 성기까지 잘라와 공포의 대상이 되었던 난폭한 정복자. 그런 그를 혹자는 스스로 신이 되고자 했던 인간이라고 부르기도 했다. 이곳 전시관은 옛날 프타신전이 있었던 곳을 중심으로 하여 지어졌는데, 관광지로 개발은 하였지만 고왕국시대(BC2700년-제3왕조)의 수도인 멤피스의 유물은 찾아볼 수 없고 1100여년 뒤 생긴 신 왕국시대(BC1580년-제18왕조) 3대왕인 람세스2세의 대리석상 외에는 눈 여겨 볼만한 것이 달리 없었다. 가이드가 출발 전 '멤피스'에 대하여 너무 큰 기대를 하지 말아드니 그 말이 정확히 맞아떨어진 느낌이었다. 허나 한편으로 이미 오천년이 지난 이제 와서 그때의 흔적을 찾으려는 그 자체가 무리일 것이라는 생각도 들었다.

가이드가 재미있는 말을 전한다. '람세스 2세' 석상의 어깨에 새겨진 '카르투시'를 보란다. 카르투시란 신성문자의 표기법 중에서 왕의 이름을 새길 때 두르는 타원형의 태인데, 이대리석상의 카르투시에 새겨진 왕의 이름은 '람세스 2세'가 아닌 '람세스 3세'라고 한다. '람세스 3세'가 원래의 글씨를 깎아 내고 자신의 이름을 새겨 넣었단다. 그 참... 또 '람세스 2세'와' 3세'는 전혀 관련이 없단다. 혈통도 다르고 왕조도 달리하고, 그러나 그 '람세스 3세'의 생애도' 2세'처럼 흥미롭다. 그도 '람세스 2세'처럼 수많은 정복전쟁을 일으킨다. 그러나 '람세스 2세'와는 달리 그야말로 꺼지기 전의 한번 빛나는 불꽃인냥 주변 국가를 상대로 무모한 정복놀이를 일삼다 결국에는 마지막 한 방울의 여력까지 소진하고는 그만 측근에게 암살당하고 만다.

전시관밖에는 부근에서 출토된 것인 듯한 여러 개의 석상과 도기 같은 것들이 진열되어 있었지만 필자가 보기에도 별로 고고학적인 가치는 없어 보인다. 여기에도 예외 없이 AK자동소총을 거꾸로 든 군인이 희끄무레한 세탁되지 않은 군복을 입고 순시를 하는데, 대개가 여행객과 같이 사진을 찍고는 '1달라'를 요구한다.

■카페트학교

멤피스를 돌아 나오는 길에 아주 어이없는 일이 하나 발생했다. 아니 필자의 눈엔 어이없어 보였지만 가이드는 이곳엔 이런 일들이 늘 상 벌어지는 일이란다. 도로는 수로를 중앙에 두고 양쪽으로 나있어 차량은 양방향 일방통행으로 진행되고있었는데, 잘 가고 있든 버스가 갑자기 반대차선으로 진입하더니 그냥 일차선을 겨우 넘을까 말까한 좁은 도로로 역 주행을 해버린다. 그러나 또 한가지 이상한 건, 앞에서 오는 차는 그냥 길을 비켜줄 뿐 우리 차를 보고 불쾌하다거나한 표현을 내 보이지 않는다는 사실이다. 그러다 보니 버스에탄 우리일행들이 오히려 민망해할 지경으로, 우리나라 같았으면 빵빵되고 욕을 하고... 아마 차를 가로막는 등 난리법석이 났을 것이다.

그런데 얼마가지 않아 버스는 휙 하며 옆 골목으로 들어선다. 돌아보니 수로 중간 중간에 다리가 있어 회차가 가능함에도 겨우 그 몇 백미터를 돌아가기가 싫어서...

버스는 '카페트-스쿨'이라는 간판이 붙여진 건물 앞에서 우리를 토해 놓았다. 가이드가 카페트공장이라고 했다. 하면서 한 가지 일러준다. 꼭 사고 싶다는 표정을 지으란다. 그래야만 계속해서 물건을 보여주고 설명도 해준단다.

"옆에 앉아 체험을 해보세요." 배틀 앞에 앉아 카페트를 짜고 있든 이집트여인들이 뭐라고 외쳐대 가이드에게 물었더니 옆에 앉으라는 말이라며 같이 카페트를 짜는 실습을 해보란다. 필자가 다가가 보니 모두 10살도 안되어 보이는 어린 여자아이들이 카페트를 짜고 있었다. 학교도 다니지 않는단다. 아니 이곳이 바로 학교라고 했다. '카페트학교'. 몇 년 전 유엔인권위원회에서 '카페트학교'를 아동학대사건으로까지 확대하여 국제문제로 삼기까지 하였지만 유연한 손놀림이 필요한 이 수공업의 결정체인 카페트 직조만큼은 수 천 년에 걸쳐 전수되어 내려온 것으로 부드러운 어린아이의 손 자락을 떠나서는 만들어질 수가 없다고 하니...

"1달러" 잠시 옆에 앉아 실 몇 가닥을 만져보곤 일어서려니 1달라를 내놓으란다. 아니 기념 촬영만 해도 1달라를 외친다.

벌써 시간은 오후로 접어들어 섰다. 배가 고파 온다. 눈만 좋은 구경을 하곤(사실 현지에서도 좋아 보이는 카패트는 매우 고가로 여행객이 구매하기는 어려워 보였다.) 점심은 현지식으로 한다며 부근에 있는 이집트식당으로 들어갔다.

제법 근사했다. 세련된 분위기는 아니었지만 갈대로 엮은 천장의 레스토랑분위기가 꼭 우리나라 시골에 꾸며진 관광농원처럼 치장되어 있었고 외국인들도 많이 출입을 하는지 악사 서너 명이 북과 같은 토속악기를 두드리며 음악연주도 하고 있었다. 또 입구에서는 이집트여인들이 빵을 만들어 화덕으로 직접 굽어내는 모습도 볼 수가 있는데, 필자는 무심코 넘겼지만 저녁에 호텔에서 모 인사가 "아유, 빵에 파리가 달라 붙어 우글거리는 것을 보곤 속이 역겨워 아주 혼이 났다."고 말을 하니 글쎄...

역시 '체질'이라는 소릴 들었다. 모두 처음 체험하는 이집트 토속음식인지라 한편은 긴장도 했었지만 뷔페식으로 차려진 식단은 소스며 빵, 양고기구이, 포도, 야채, 대추야자 등등 매우 푸짐하게 보였다. 몇몇 일행은 다소거부반응을 보이는 것 같기도 하였지만 필자는 현지식이 훨씬 더 맛이 있었다. 한식이라는 이상한 향료가 들어간 이집트식 한식보다는 이집트 토속음식이 훨씬 더 입맛에 맞았다. 그 중에서도 '케바브'라는 불에 구운 양고기는 몇 순배를 먹어도 물리지 않았다. 이 양고기는 필자 말고도 일행 중 좋아하는 사람들이 많았다. 특히 뒤에 '피라미드-박'이라고 불린 '박선생'은 이 '케바브'를 식후에도 별도 추가 주문까지 하여 그 맛을 음미하곤 했다.

당시 필자는 빵에 파리 때가 몰려있는 것을 보진 못했지만 식당 정문 앞에서 양 때들이 50여 마리 정도가 시궁창 같은 개울가에 들러붙어 있는 것을 보았다. 흰 긴 털들은 온통 검은 땟국으로 시커멓게 얼룩졌고 눈만 하얗게 반짝거리고 있었는데 움직일 때마다 수많은 파리 때들이 윙윙되고 있어 '양 때' 하면 쉬이 연상되는 저 푸른 초원에서 한가로이 풀을 뜯고 있는 하얀 양 때들의 평화스런 이미지는 어디에도 찾을 수가 없었다. 아마 그 파리 때들이...

■예수 피난교회

남은 생에 다시 이곳에 올 수는 없을 텐데 눈을 크게 뜨고 봐야지 하면서도 점심을 너무 많이 먹은 탓에 식곤증에 빠져 그만 의식을 잃어버렸다.

가이드가 차에서 내리라고 한다. 아마 카이로 시내 어디인 모양이었는데 깊은 잠에 빠져 방향감각까지도 잃어버린 것 같았다. 시계를 보니 오후4시가다 되어간다. 아마 1시간정도를 차에서 잔 것 같았다. 여기가 '올드카이로'에 있는 '예수 피난교회'란다. 가이드는 옛날 아기 예수가 헤롯왕을 피해 애굽에서 피난하던 중 머물렀다는 이곳에 교회를 지었다고 한다. 초기건물은 5세기에 완공되었으나 7세기경 화제로 소실되고 8세기에 재건이 시작되어 중세까지 꾸준히 재건축이 지속되었단다. 그런데 아이러니하게 지금도 보수공사를 하고 있어 제단은 칸막이로 막혀져 관광객들에겐 신비감만 더해주고 있었는데, 그 옛날 모세는 '애굽'을 탈출하여 유대민족을 해방하였는데 그 '애굽'에서 예수는 생명을 건졌다니 이 또한 역사의 아이러니가 아닐는지... 아무튼 이 건물은 아직도 초기 '콥틱교회'(이집트원주민의 기독교교회)의 본보기가 되고 있어 귀중한 기독교 문화유산으로 관리되고 있단다.

■'칸엘 칼-릴리'재래시장

'칸엘 칼-릴리'는 이집트 카이로의 최고(最古)최대시장이다. 무려 14세기부터 지금까지 그 형태 또한 변함이 없단다. 버스는 이리저리 곡예를 하듯, 심지어 후진으로 우리나라의 남대문시장 같은 곳에 진입하여 우리를 내려놓고는 휑 하니 떠나버린다. 가이드는 각자 마음대로 자유시간을 가진 후 오후 6시까지 다시 오란다. 자유쇼핑시간은 1시간30분.

오늘 필자의 쇼핑파트너는 사진작가 '람세스-정'이다. 이곳에는 다들 영어를 잘하여 우리들이 물건을 사기에는 전혀 어려움이 없었다. 여러 가지 공산품 류의 기념품을 구입했는데 그 중에서도 크리스탈로 만든 피라미드세트가 후에 이집트 면세점보다 가격이 훨씬 더 쌌다는 것을 알고는 기분이 꽤나 좋았었다. 또 이집트향수를 담는다고 마치 '알라딘'의 '마술램프'같은 향수병을 몇 개나 사기도 했다.(필자는 이것을 고이고이 기내가방으로 모셔(아주 얇은 유리로 만들어짐) 무사히 집에까지 가져왔는데 그만 거실바닥에 꺼내놓고 선물자랑을 하다 옆에 세워둔 대형 여행가방이 넘어지며 박살을 내는 귀국 축하식도 받았다.)

주변상가엔 금은세공상품이 무척 많았는데, 특히 은 세공품은 무척 정교한 편이라 몇 개나되는 목걸이를 선물로 사기도 했다. 여기서 필자가 터득한 이집트의 쇼핑의 방식(값을 깎는 방법)에 대하여 몇 가지 소개를 해본다. 처음 그들은 외국인들에겐 무조건 비싸게 값을 부른다. 그러다 상대가 물건을 살 것이라고 판단을 하면 얼마에 사겠느냐고 가격을 사는 사람에게 역으로 물어본다. 이때가 요령이다. 그냥 가만히 있으면 된다. 스스로 가격을 깎아 값을 제시하면 그것은 그 상품을 최저로 구입할 수 있는 가격이 될 수는 있어도 그 상품의 최저 가격은 아닌 것이다. 왜냐면 상대는 그 금액보다 조금 더한 값으로 재차 흥정을 하다가는 마지막에 가서는 그 금액만 달라며 상품을 건네주기 때문이다. 이때는 그들이 스스로 최저가를 부를 때까지 그냥 가만히 있으면 된다. 돌아설 때마다 가격이 다운을 한다. 결국 그들은 마지막 최저금액을 제시하게 되고 그때 돈을 지불하면 바로 최저가로 사는 것이 된다. 그러나 여기에서도 중요한 사실하나는 기억해두시길, 꼭 그 물건을 사겠다는 관심은 보여야 된다는 것이다. 그래야만 그들은 적극적인 마케팅을 펼칠 테니까 말이다. 그래서 이집트에서는 관광을 하며 일행들끼리 서로 구입한 기념품의 가격을 물어보는 것은 바보 같은 짓이라고 한다. 사람마다 산 가격이 천차만별이기 때문인 것이다.

오후 6시50분이다. 또 늦었다. 그것도 늘 늦어 한소릴 듣고 하든 '람세스-정'과 둘이서... 일행들이 모두 이상한 빨대를 하나씩 입에 물고 앉아있다. 가이드가 우리들에게도 빨대하나를 내어주며 한번씩 빨아보란다. 무턱대고 입에 넣어 힘껏 빨아 보는데, 하얀 물안개가 대롱에서 품어져 나온다. 이것이 바로 아랍인들이 즐겨 피운다는 유명한 물 담배란다. 그러고 보니 주변곳곳에 노인들이 삼삼오오 둘러앉아 물 담배를 피우고 있었다. 모양은 우리나라의 호야(석유등)와 같이 생긴 밑 둥지에 길다랗게 대롱을 달았는데, 그곳에 담배)를 넣고 밑에 불을 붙혀 생긴 증기를 몇 개나되는 긴 호스로 여러 사람들이 같이 빨아 흡입하는 것이다. 혹자들은 기억할지도 모르겠는데, 70년대 미국의 '제인폰다'가 주연한 SF영화 '바바렐라'에서 남자들을 잡아 밀폐된 유리상자에 넣고 끓여 증기를 만들고는 긴 호스로 그 증기를 빨아 피우고 있는 여자들이 나오는 장면이 있는데 바로 그 장면과 꼭 같다고 생각하면 될 것이다.

밤이 깊었다. 일행은 호텔에 들러 저녁식사를 하고는 당초 예정에도 없던 카이로타워로 나왔다. 카이로여행은 오늘이 마지막이라고 하면서... 왜냐면 우리일행은 오늘밤 자정에, 아니 정확히 03년 10월 23일 0시20분 에 숙소를 나와 02시 20분 그리스 아테네로 가야하는 여행 일정이 있기 때문이었다.

정말 카이로는 지난밤 '나일강 크루즈' 때도 느꼈지만 야경이 멋있다. '신 카이로' '구 카이로'를 불문하고 낮에 보이는 카이로의 모습은 온통 낡아빠진 듯한 건물들이 비가오지 않아 먼지가 덕지덕지 붙어있어 황폐하게까지도 느껴졌는데... 타워는 높이가 187미터나 된단다. 정상에 올라서니 카이로 전역이 한눈에 들어온다. 전망대 곳곳엔 회교국임에도 젊은 청춘남녀의 열기는 막을 수 없었던지 차도르를 벗어 던진 예쁜 아랍여인들이 애인 품에 안겨 호수 같은 특유의 깊은 눈망울을 깜박대며 행복해하고 있었다. 필자가 사진을 찍겠다고 카메라로 포즈를 취하자 예상과 달리 완강한 반대 표시를 해 보인다.

"몇 년 전 엘리베이트가 떨어져 관광객 10여명이 죽었지요." 일행 모두가 타워를 내려온 뒤 가이드가 한 말이다. 조금전 엘리베이트를 탈 때 한꺼번에 몰려든 일행들에게 관리인들이 엄격히 승객 통제를 하던 분위기가 심상찮다는 기분은 들었지만... 해서 외국 관광객들은 이곳에 잘 오지 않는단다. 아니 가이드들이 아예 이곳을 여행코스에 넣지를 않는다고 했다. 하지만 광장에 모인 일행은 그래도 기분이 좋다며 아랍인 부부가 데리고 온 어린애를 인형 같다며 부둥켜안고 기념촬영에 열을 올린다.

인류문명의 발상지이자 창세의 수호신이 숨어사는 이집트(4)

■멤논거상

필자뿐이 아니라 모두 죽을 맛이다. 일행이 일정 상 다시 이집트 '룩소'에 도착한 시간은 03년 10월27일 월요일 06시10분이었다. 그리스 '아테네'의 '프레지던트 호텔'을 나온 것이 새벽0시20분. 아테네공항을 02시20분에 출발하여 이집트 '카이로'에 도착한시간은 03시45분. 다시 05시30분에 '카이로'공항 출발, 06시10분에 '룩소' 도착. 다들 비몽사몽간에 이곳 '룩소' 까지 오게 되었다. 그나마 짐은 '카이로'공항으로 마중 나온 이집트인 현지가이드가 숙소인 카이로 '소네스타호텔'에 보관을 해주어 한결 편했지만 말이다. '룩소호텔'에서 먹은 아침 식사는 맛깔(?)나는 호텔식 임에도 불구하고 갈수록 왕성한 식성을 보였던 필자도 몇 숫깔 들지를 못했으니...

'룩소'는 '카이로'에서 남으로 676킬로 떨어진 곳으로 비행기로 약 40분이 걸린다. 세계에서 가장 오래된 유적들이 수도 없이 산재되어있어 고대 그리스의 시인 '호머'는 '일리아드'에서 이곳을 "백개의 문이 있는 테베"라고 읊어 그 화려하고 웅장함을 노래하기도 했다. 신왕조(BC1567~1085)시대 때는 이곳이 이집트의 수도이기도 했다. 당시의 이름은 '웨세트'라 하였으나 후에 '테베'로 이름을 바꾸었고 다시 '알-욱수르'라고 불리어졌는데 이는

"궁전의 도시"라는 뜻이란다. 공항에서 버스로 한참을 달렸다. 그나마 도로는 포장되었으나 그 옛날의 영광은 어디에서도 찾을 수가 없었고 간간이 외국관광객을 태운 대형리무진버스가 노새나 마차를 타고 가는 농부들에게 매연을 뿌리고는 달아난다. 이제 곧 "멤논의 거상"이 나타난단다. 필자는 언젠가 '투탕카문의 무덤'을 발굴한 '카터'경이 1900연대 초 나귀를 타고 이 길을 가면서 주변장면을 기록해 놓은 것을 본적이 있었다. "... 돛배는 나일강을 가르기 시작했다. 농부들과 가축들을 실은 나룻배를 추월한 돛배는 나일강의 조류를 타고 흐르더니 순식간에 반대편 강둑에 도착했다. 나는 그 순간이 그렇게 행복하였다. 수 천년간을 되풀이해온 의식, 하얀 돛에 스치는 바람소리는 바로 신의 전언처럼 들렸다. ... 마침 장이 서있어 주변은 온통 활기에 넘쳤다. 사람들은 밀, 귀리, 잠두콩, 닭, 옷감 따위를 팔았다. 모래위에 기이한 형상을 그리고 있는 어느 점쟁이 주위엔 많은 구경꾼들이 몰려있었다. ... 도중에 밀, 개자리, 토끼풀, 층층이부채꽃, 목화 따위가 자라나는 전원이 펼쳐졌다. 나귀몰이꾼이 '멤논의 거상'앞에 멈춰 선다. 나란히 늘어선 두 거상은 상당히 파손된 상태였다. 그때 나귀몰이꾼이 중얼거렸다. 『정말 모를 일이야. 저곳에서 무시무시한 유령들이 이따금씩 노래를 하곤 하니...』 해서 내가 『로마인들이 거상을 고친 후에는 노래가 그쳤다던데?』 라고 반문을 하였더니 『천만에요. 그건 요즈음사람들이 귀가 무디어져 그런거요.』 라고 그들이 말한다. ..." 당시 '카터'경이 이 길을 밟고 가면서 나귀몰이꾼과 나눈 이야기... 그로부터 근 100여년이 지난 지금, 필자의 눈앞에 나타난 '멤논의 거상'과 그 주변의 풍광은 좁은 아스팔트 포장도로가 생긴 것을 제외하곤 그때와 별반 달라져 있지 않다고 보여져 가슴한구석을 쿵쾅거리게 만든다.

이곳은 원래 제18왕조인 '아멘호텝3세'의 신전이 있었던 자리이다. 그러나 이제는 모두 허물어져 2개의 거상만 덩그러니 서 있다. 거상은 높이가 19.5미터인데 그중 하나를 '멤논의 거상'이라 부른다. 이 거상이 '멤논의 거상'이라 불리게된 것은 옛날 그리스인들이 이곳을 지나다 거상 하나가 이상한 신음소리를 내기에 쳐다보게 되었는데, 그 모습이 '멤논'과 너무 닮아 보여 그것을 '멤논왕'이 그의 어머니 '이오스'에게 인사하는 소리라고 생각하게 되었고 그때부터 그 거상을 '멤논의 거상'이라 부르게 되었다. '멤논'은 그리스신화에 나오는 '이오스'와 '티토노스'사이에 태어난 아들로 '에디오피아왕'이 되어 '트로이'전쟁 때 '트로이'왕 '프리아모스'를 도우러갔다가 그리스 군 '아킬레스'에게 죽임을 당한 인물이다. 예로부터 이곳 신전에서는 바람이 부는 날이면 음악소리가 났다고 전해지며 이집트인들은 이 소리를 신이 말하는 소리라고 믿었다. 이 소리를 듣기 위해 서기130년경엔 로마의 '하드리안 황제'를 포함해서 많은 방문자들이 오곤 했었는데, 199년 로마인들이 이 신전을 수리한 후부터는 소리가 들리지 않았다고 한다. 필자는 '멤논'의 형상이 궁금하여 거상얼굴 여기저기를 쳐다보았지만 머리형체만 남았지 얼굴은 전체가 파괴되어 그 형태를 가늠할 수조차 없을 정도다. 한참동안이나 주변을 서성거리다 거상 앞에 붙어선 필자는 가만히 한쪽 귀를 모아본다. 100년 전 나귀몰이꾼들이 이곳에 온 이방인 '카터경'에게 인간의 귀가 무뎌져 소리를 듣지 못한다기에 행여 내 예민한 귀에는 혹 그 소리가 들리려나 하고...

■합세슈트장제전.

이곳 '룩소'는 너무 덥다. 하늘은 높고 푸르렀으나 햇빛이 너무 강렬하여 나다니기조차 어렵다. 일행이 '멤논의 거상'을 지나 '합세슈트장제전'에 도착한시간은 오전 10시 40분 경, 아직 아침

나절 같은데도 햇볕에만 나오면 더위에 짜증이날정도다. 특히 오늘 일정이 한밤중부터 시작되는 바람에 잠을 설쳐 더욱... '합세슈트장제전'은 버스에서 내려 10여분이나 걸어야되었다. 뒷배경이 된 거대한 붉은 바위산, 그곳에 웅장한 기둥과 거대한 계단들이 들어앉아 신전은 온통 붉은 색으로 치장된 듯 보인다. '합세슈트'는 여왕이다. 그녀는 신왕국시대의 위대한 정복자 '투트모스1세'의 딸이었다. '투트모스1세'는 후궁들로부터 두 아들을 두게 되었는데 그들이 '투트모스2세'와' 3세'이다. '투트모스1세'가 죽자 서자인 '투트모스2세'가 왕위에 올랐고 그는 정당성을 얻기 위하여 황후가 낳은 '합세슈트'와 결혼을 한다. 그러나 '투트모스2세'가 왕위에 오른지 얼마 되지 않아 죽어버리자 어린 '투트모스3세'가 다시 왕위를 계승하게 된다. 그때 '합세슈트'는 다시 어린'투트모스3세'와 혼인을 하고는 섭정이 되어 대신 나라를 다스리다 결국 스스로 '파라오'가 되고 만다. 이 신전은 여왕의 시아버지 '투트모스1세'의 부활과 그녀 자신의 부활을 기리며 건립된 것인데, 그녀는 재임 시 행정쇄신, 상업장려, 힘있는 외교 등으로 이집트를 주변국에 알리는데도 많은 공헌을 했다. 이와 같은 그녀에 대한 이야기는 이곳 장제전 벽화에 모두 기록되어 있다. 혹자는 그녀를 동양의 유명한 여 황제인 중국의 '측천무후'와 비교하기도 하는데 신전 안 벽화에 나타난 그녀는 남자 왕처럼 정장을 하고 수염까지 달고 있어 여자이지만 강한 파라오의 이미지를 강조했다는 것을 알 수 있다. 그녀에게 왕권을 빼앗긴 '투트모스3세'는 20년이나 기다린 뒤 여왕이 죽고 난 뒤 왕위에 올랐는데 그는 분풀이라도 하듯이 여왕의 조각상이나 이름이 새겨진 것들을 닥치는 대로 깎아 내고 파괴했다고 한다. 이곳은 이집트에서 현존하는 가장 큰 제전중의 하나인데, 15~16세기 때는 그리스 정교도들이 교회로도 사용하였다고 한다.

돌아 나오면서 보니 여기저기 발굴된 유물들이 널려있었는데 가이드의 말이 주변엔 아직도 많은 발굴되지 않은 귀족들의 무덤이 있어 고고학자들이 발굴을 하고 있단다. 주로 겨울철에 한다는데 그때에도 서늘한 새벽이나 저녁쯤에 작업을 한단다. 주변엔 그 옛날 '카터'경이 했던 것처럼 나귀가 바위산비탈을 넘어질 듯하면서 등에 무언가를 싣고 내려오는 것이 보인다.

■왕가의 계곡

왕가의 계곡은 죽은 왕들이 죽지 않고 살아가는 곳이다. '룩소'는 신 왕국시대에 수도로 번영을 누렸던 곳이다. '나일강'은 '룩소'를 동서로 나누었다. 파라오들은 해가 뜨는 동쪽은 신성을, 해가 지는 서쪽은 저승을 상징, 동쪽엔 '카르낙신전'과 '룩소신전'을 지었고 서쪽은 묘지를 만들었다. 해서 나일강 동쪽은 신의 도시로, 서쪽은 사자의 도시로 만들어졌다. 이곳 왕가의 계곡엔 현재까지 모두 64기의 파라오의 무덤이 있는 것으로 확인이 되었는데, 1922년 '하워드-카트'가 최종적으로 발굴한 '투탕카문왕'의 무덤을 마지막으로 더 이상 발굴이 되지 않고 있다. 아니 발굴을 하지 못하고 있다 해야 할 것이다.(왜냐면 그 옛날 식민지시절 침략자들이 행한 무지막지한 발굴 의지를 흉내 내지 못하는 것도 하나의 이유가 되겠지만 지금의 이집트정부 경재력으론 천문학적으로 소요되는 발굴경비를 감당하지 못하겠기에 말이다.)

버스가 왕가의 계곡 입구 훨씬 앞에서 스톱한다. 여기서부터는 모두 내려 걷거나 아니면 레일이 없는 꼬마기차를 타고 가란다. 왕가의 계곡까진 1킬로는 족히 되어 보였는데 꼬마기차를 타고 보니 이해가 되었다. 비록 돈을 받긴 했지만 우리나라 과천의 서울대공원처럼 많은 관람객들 때문에 주차장관계상 어쩔 수 없다고 보아야겠다. 세워둔 차량이(모두 대형 리무진버스) 얼마나 많은지 세계 각국에서 오는 관광객이 년 간 5000만이나 된다던 말이 실감났다. 어렵게 또 표를 산다. 아마 무덤한곳을 들어갈 때마다 매표를 해야 하는 모양이다. 가이드가 그중 한곳만 보자고 한다. 내심 '투탕카문'무덤을 보고 싶어 했지만 그곳은 개방을 하지 않는단다. '람세스2세'는? 했는데도 역시 미 개방... 해서 가이드가 안내하는 '람세스6세'의 무덤으로 들어갔다. ...대단했다. 필자는 잠시 말을 잊었다. 높이 2.5미터정도, 넓이 3미터정도로 길다란 복도처럼 만들어진, 그러면서 밑으로 내려가면서 뚫어진 터널... 벽 천장 할 것 없이 쇄기문자로 된 벽화가 새겨져있고... 한참을 지나니 왕의 관이 놓여 있던 방이 나타난다. 방엔 온통 푸른빛이 가득하다. 가이드가 이곳의 묘지들이 모두 이와 비슷하단다. 여기 무덤은 연대 상으로 볼 때는 피라미드시대 다음인 BC1600년에서 BC1200여 년경에 만들어졌단다. 부활을 믿은 파라오들이 도굴을 방지하기 위하여 바위산에 암굴을 뚫어 만들었는데, 최초로 이곳에 안장된 파라오는 '합세슈트여왕'의 아버지인 '투트모스1세' 라고 한다.

필자는 무덤을 나오면서 또 한가지의문을 가져본다. 왜 모두 굴을 밑으로 내려가면서 팠을까? 지금까지도 그에 따른 명쾌한 설명을 듣거나 해석이 된 자료를 본적이 없지만, 나름대로 추측해 보건대 첫째 비가오지 않으니 지하수가 없어 밑으로 내려가면서 굴착이 가능했을 것이며, 둘째 통로 및 방을 완성한 후 벽화를 그릴 경우 필요한 자재를 용이하게 반입할 수가 있을 것이며(벽화는 암벽에 석회반죽을 비벼 붙여 석회 벽을 만들어 벽화를 그림) 셋째 왕의 방에 놓여있는 어마어마한 무게를 가진 거대한 석관을 볼 때 아마 이것을 쉽게 들여놓기 위해서 밑으로 내려가면서 터널을 만든 것이 아닌가하고 생각해본다.

필자는 이곳 왕가의 계곡을 나오면서 기념품으로 어린이 머리통 만한 '투탕카문'의 황금마스크석상을 하나 샀다. 처음 상인이 요구하는 값의 10분의1을 주고... 그러다 그만 버스를 또 몇 분간이나 출발을 못하게 하는 실수를...

■카르낙신전

일행은 다시 나일강을 건넜다. 생명이 약동하는 동쪽으로... 그러고 보면 '룩소' 동쪽은 서쪽에 비해 면적도 훨씬 넓고 푸른 초원도 많아 무척 풍요롭게 보이기도 했다. 상점이나 큰 호텔도 모두 이곳에 있다. 왕가의 계곡을 출발한지 30분쯤 후 '카르낙신전' 입구에 도착했는데 필자는 버스에서 내리자마자 아주 황당한 일을 하나 겪게 된다. 이곳에도 더운 날씨 탓인지 개들이 여기저기서 늘어져 자고 있는 것이 보인다. 며칠 전 아테네 '파르테논신전'부근에서 보았던 것처럼. 그것을 본 룸메이트 이 선생이 며칠 굶주렸다는 듯이 군침을 삼키더니 그중 한 마리를 냅다 발로 한방 걷어찼는데... 그러나 놀라는 건 개가 아니라 이를 지켜본 이집트인. 지금도 그 표정이 뇌리에 선명하게 각인되어있다. 도저히 이해할 수 없다는 듯 두 눈을 휘둥그레 뜨고 보든... 곁에 있든 우리들 또한 이 선생의 예기치 못한 돌출행동에 무안해하며 황급히 자리를 뜨긴 했지만... 한참 뒤 옆에서 누가 말한다. "아마 우리를 차이나로 봤을 거야." "...크크크..."

이 신전은 '아몬 대 신전'으로 이집트최대의 규모를 자랑한다. '아몬 신'은 원래 '테베'의 수호신이었는데, 중왕국시대 '테베'가 수도로 발전함에 따라 태양신 '라' 와 결합하여 국가 최고의 신이 된다. '아몬신'은 양의 머리를 한 신으로 그려지기도 한다. 해서 입구에 들어서면 양 머리를 한 스핑크스 수 십 개가 좌우로 도열해 있는 것이 보인다. 그곳을 통과해 들어가면 이 신전의 중심회랑(?)이 나오는데, 가이드의 설명을 들어도 이해가 잘되질 않는다. 일반신전들이 넓은 기도공간을 확보하기 위하여 가능한 기둥을 없애는 것과는 달리 이곳은 어떤 이유에선지 그냥 굵고 높은 기둥들로 가득 차 있다. 높이는 15미터와 23미터 두 종류로 되어있고 굵기는 족히 장정 5사람은 둘러야 겨우 안을만한 것으로... 그런 기둥이 무려 134개나 된다. 그것도 촘촘히... 가이드는 "지금은 지붕이 없어졌지만 2단으로 된 처마에서 태양 빛이 두 번에 걸쳐 반사되어 회랑을 밝히도록 설계되었다." 고 한다. 단지 수많은 기둥에 쓰여 진 상형문자를 보관하고 읽기 위하여 이런 특이한 구조를 만들었단 말인가?... 의구심은 풀리지 않았지만 살아있는 '이집트의 역사서'라는 별명에서 보듯 이곳의 특이한 신전의 구조 때문에 기둥에 새겨진 상형문자가 잘 보존된 것은 아닐까 하는 추측을 해본다. 회랑을 벗어나니 이곳에도 거대한 '람세스 2세'의 거상이 보인다. '람세스2세'는 앞에서도 언급되었지만 제위시절 이집트 곳곳에 그의 흔적을 수도 없이 많이 남겼다. '람세스2세'의 거상 옆으로 멋진 '오벨리스크'가 자태를 뽐내고 있다. '오벨리스크'란 그리스인들이 '사냥창' 또는 '작은 쇠꼬챙이' 와 같아 보인다고 붙인 이름이다. 당초 신전 입구 양쪽에 세워져 태양을 상징했다고 하는데 당초의 이름은 전해지지 않는단다. 일설에는 이 '오벨리스크' 꼭대기에 있는 부분이 피라미드와 형상이 똑같고 의미 또한 피라미드와 같다고 한다. 이곳에 처음 세워진 '오벨리스크'는 모두 4개였는데 지금은 3개만 남아있다. 그중 한 개를 그리스인들이 끌어내어('비잔틴제국시대' 때) 지금의 터어키 이스탄불로 가져가 '블루모스크' 앞 '히포드롬'에 세웠기 때문이다.

... 잠이 온다. 배도 고프고... 벌써 13시가 다 되어간다. 일행이 '카르낙 신전'을 돌아 나오는데 이건 또 웬 풍경? 염소가 쓰레기통을 뒤지고 있다. 마치 집 나온 개나 고양이들이 하는 것처럼...

■나일강요트(펠루카)

"어기~ 여차. 어기~ 여차."

"부딪치는 파도 소리에 단잠을 깨보니
들려오는 노 젓는 소리가 처량도 하구나
에야누 야누우 야. 에야누 야누우 어기 엿차 뱃놀이 가잔다."

뱃노래가락이 온 나일강을 뒤덮었다.

'카르낙 신전'을 나온 뒤 일행은 내려오는 눈꺼풀을 손으로 걷어가며 '룩소호텔'에 들어 점심을 먹었다. 배는 고픈 것 같은데 입맛은 영 별로다. 그렇게 먹은 둥 만 둥 식사를 마칠 때쯤 가이드가 일정에도 없던 대낮 호텔 투숙을 명한다. 객실을 몇 시간 대실 했다며 잠을 자고 나오란다. 아니 이곳에도 러브호텔(?)이 있나? 대낮 대실이라니... 암튼 너무나 반가운 처사에 서로 먼저 키를 받겠다며 엉키는 바람에 필자의 경우 당초 배정된 6층 객실을 다른 일행에게 선점 당하고는 재차 후론트로 내려가는 수고를 하기도 했다. 허나 땀을 훔치고 침대에 몸을 던지니 얼마나 좋았든지(?) 그만 이곳이 이집트라는 사실을, 아니 세상을 오랫동안 잊고 말았다.

모닝콜? 아련하게 전화벨소리가 울린다. 이 선생이 일어나고 있는 모양이다. 잠시 뒤 필자도 겨우 눈을 걷고 후론트로 내려갔다. 벌써 저녁이 다되어간다. 대략 4시간은 잔 것 같았다. 몸도 좀 개운해 진 것 같고, 이번에는 나일강에서 '펠루카'를 타본단다. '펠루카'는 요트와 비슷한 돛단배다. 모두 두 명이 앞뒤에 앉아 배를 모는데, 앞서도 언급했지만 나일강의 바람은 늘상 남으로 불어 키잡이는 선미에 앉고 바람잡이(?)가 선수에서 돛 줄을 이리저리, 그야말로 바람을 잡고 있었다. 우리 일행은 모두 두 대의 '펠루카'에 14명씩 나눠 탔는데 일행 중 누가 그냥 바람만 맞을 것이 아니라 낙조를 보며 한 명씩 돌아가며 노래를 해보자고 제의한다.

노래에 취해 붉게 물든 나일강이 태양신 '라'를 삼킬 무렵 '펠루카'는 아랫배를 실룩되며 선착장에다 우리를 토해내 놓았다.

■룩소신전

약간은 덜 깬 듯한 잠을 나일강바람에 말끔히 날린 일행은 오후7시가 넘어 주변이 어둠에 묻히자 이곳에서 유일하게 야간개장을 하는 '룩소신전'으로 향했다. 이 신전은 원래 '카르낙신전'의 부속신전으로 건립되었단다. 고대 '테베'에는 이와 같은 많은 제전이 있었는데 대부분은 '아멘호텝3세'와 '람세스2세'에 의해 세워졌다.(제1탑 문 앞에 그의 좌상과 입상이 세워져 있다) 이와 같은 제전은 통치자인 파라오가 그의 백성들과 서로 친목(?)을 도모하는 장소로 사용되었다고 한다. 제20왕조 람세스3세 때는 27일간이나 제전행사를 치러 그의 백성들에게 11,000조각의 빵. 85개의 케이크. 385동이의 맥주를 하사하였다고 한다.

신전 안으로 들어서니 굵은 기둥 아래위에서 특수조명등이 배흘림기둥을 핥아가며 교묘한 음영을 엮어내어 멋진, 정말 환상적인 실루엣을 만들어내고 있었다. 낮에 태양 빛으로 본 '카르낙신전'의 웅장한 맛과는 또 다른, 당장 하늘에서 신이 하강이라도 할 것 같은... 다소 무서움까지도 더는 경외심이 엄습해온다.

신전을 나와 스핑크스가 세워진 참배의 길을 지나니 정면에 '오벨리스크'가 나타난다. 이곳에도 당초에는 2개의 오벨리스크가 좌우로 서있었단다. 그러나 현재는 왼쪽 것 만 남아있는데... 가이드가 오른쪽 것은 지중해를 건너가 지금 파리의 콩코드광장에서서 파리시민을 지켜보고 있다고 한다.

어두운 밤. 필자는 먼 이국의 하늘아래. 이번 여행의 마지막 일정이기도한 이곳 '룩소신전'의 굵고 둥근 기둥에 기대어 서서 다시 한 번 생각해 본다. 세계에서 가장먼저 문명이 발생한 곳. 그러나 그 훌륭한 고대문명을 만들었던 그들은 어디론가 사라져 버리고 지금은 자기조상들이 모시던 신과는 전혀 상관없는 신을 모시며 살아가는 곳 이곳 이집트를...

그때 문득 스치는 며칠 전 '기자'에서 본 피라미드를 지키는 스핑크스가 짓고 있는 알 듯 모를 듯한 미소, 혹 그 스핑크스의 미소가 이 이집트의 사람들을 비웃고 있는 것은 아닐는지...

그 날 밤늦게 '룩소호텔'에서 저녁식사를 하고 밤11시15분 '룩소공항'을 출발, 다음날인 10월28일 새벽0시35분 카이로공항에 도착했다. 그리고 숙소인 '소네스타 호텔'에 들어온 시간은 01시 30분, 잔둥 만둥 다시 06시에 기상. 조식 후 09시 호텔출발. 11시30분 '카이로'발 '인천'행 대한항공을 타고는 다음날10. 29일 현지도착 시각인 05시가 될 때까지... 필자는 기내의자에 머리를 쓰러뜨리고는 끝내 일어나지 않았다.

관음진신의 상주처 강원도 양양 오봉산 낙산사의 '발우공양'

"아니 제가 제일 늦은 사람입니까?"

오늘 행사의 첫 시작(?)은 님께서 이 말(?)을 시작(?)하면서 부터 시작(?)되었다. 김재룡선생. 자칭 "재롱 떠는 김" 이라는 소개로 수인사를 대신하는 님은 50 중반이 다 되었음에도 얼굴엔 늘 홍조를 띄우며 주변사람들에게 끝없이 담소를 뱉어내어 즐거움을 주시는 분이다. 그러나 오늘 또 님은 일행을 30분이나 버스 안에서 기다리게 한 원죄(?)를 범하고 말았으니... "... 죄송하고요. 벌칙으로 오늘 점심은 제가 책임지겠습니다." 아무튼 님께서 가는 길에 점심을 사겠다는 사과성명을 듣고서야 버스가 바퀴를 움직인다.

04. 3.13.(토요일)

09:00.

버스는 당초 예정보다 30분이 지나서야 강원도 양양에 있는 낙산사를 향하여 출발했다. 버스 안에 계신 분들은 03년3월 필자가 전근 온 서울시 구로에 있는 직장에서 뜻을 같이하는 몇몇 명이 모여 결성하여 발족한 '불심회'라는 직장 동호회의 회원님들이다.

1시간 후 버스는 영동고속도로에 들어선다. 감회가 새롭다. 본회가 아직은 12개월밖에 안 되는 갓난아이지만 필자 입장에서는 12살짜리 보다 더 대견하게 보인다. 본 '불심회'를 결성하면서 많은 우여곡절을 겪기도 했다. 필자는 02년 4월에 이곳 구로에 왔다. 10여년 전에도 이곳에서 몇 년을 있다가 간 적이 있었지만 지금도 그때와 같이 기독교나 카톨릭 같은 타종교의 동호회는 있어도 불교에 관련된 동호회는 없었다. 해서 늘 마음한구석에 아쉬움을 가지고 있었는데, 02년 6월경인가 우연찮게 회식자리에서 현재 본회 회장님이시기도 한 조정호님을 만나 깊은 신심을 확인하게 되었다. 그것을 계기로... 의기투합, 조만간 불교동호회를 결성하기로 하곤 준비에 들어갔는데... 하지만 꼭 10개월이 걸렸다. ...불교인들의 밖으로 들어 내지 않은 특성도 크게 한 몫한 탓에... 어쨌든 불교신자를 찾긴 찾아야 되는데... 필자는 개별적으로 지인을 찾아다니며 종교관계를 묻고... 당시 쓴웃음 이 흘려진 한가지 일. 구내식당에서 점심을 하고 나오는데 팔에 단주를 차고 있는 여직원이 있었다. 해서 백번 불교신도라고 생각하곤 다짜고짜 소속과 이름을 물었더니... 뭐, 자기는 불교신도가 아니란다. 단주는 주변 친구가 절에 갔다 오며 선물로 줘서 차고 다닌다며... 허허... 그런데 이적이 나타났다. 그렇게 아름 아름이 개별적으로 동호인을 찾아다닌 지 꼭 10여 개월 만에 말이다.

당시 필자는 다른 방편으로 매주월요일마다 우리직장 동호회의 홈페이지 자유게시판에 성철 큰스님의 법문을 올렸다. 법문 말미에 불교에 관심 있으신 분과 연락을 하고 싶다면서... 그러나 처음엔 그 누구도 관심을 보여주지 않았는데 그 회수가 20여회가 넘어서고 30회가 넘어서면서 어찌된 영문인지 그때까지 모습을 보이지 않든 불자님들이 여기저기에서 고개를 들고 나타나시지를 않는가. 그러더니 삽시간에 50여명이 넘게 모여졌다. 또 운이 좋아 현 낙산사 총무스님이신 적산스님과 인연이 닿았고,

흔쾌히 본회의 지도법사를 맡아주시어 바로 창립법회를 강원도 양양의 낙산사에서 봉행토록 하여 지난 03년 3월 16일 낙산사 대웅전에서 본회의 창립을 만방에 알리게 되었다. 물론 본회의 창립을 위하여 고문이신 이선기님. 회장이신 조정호님. 운영위원장이신 윤 병구님. 운영위원이신 김영주님. 최정숙님. 김학순님 성상환님. 우학수님 그리고 간사이신 이석근님 이경희님 같은 많은 분들이 도움을 주셨지만, 필자는 다른 한편 당시 성철 큰스님의 법문이 원력을 보인 결실이지 않았나 하는 생각을 가만히 해본다.

지난해엔 본회의 창립법회임에도 60여명이 넘은 많은 회원님들이 참여를 하여 버스를 두 대나 준비하는 성황을 이루었다.

그러나 올해는 지난해와 달리 신심이 출중하신 회원님들이 소수 정예화 되어(1년 동안 매월1회 법회개최) 동참한 관계로 총 35명이 전세버스한대로 창립1주년기념법회를 위해 낙산사로 향하게된 것이다.

차는 원주를 지나 횡성을 지나고 있다. 시간은 11시30분. 소사휴계소에 도착했다. 그러나 간단한 화장실 용무만 보게 하곤 바로 차를 출발시켰다. 순수한 심성을 자랑하는 김재룡회원님이 회원님들에게 아침에 약속한 점심을 사겠다고 청을 하였음에도 불구하고 적산스님과 약속한 13:00까지는 낙산사에 도착해야 되겠기에 미리 준비한 김밥으로 차내에서 점심을 때우게 하면서까지...

13:00.

정확하게 차는 낙산사 홍예문을 앞에 두고 푸루루~ 하며 큰 한숨을 몰아쉰다. 3월초의 강원도 바닷가는 아직 겨울이란 놈이

제집으로 가지 않았는지 여기저기에서 냄새를 풍기는데, 차에서 내리니 제법 한기까지도 느껴진다.

"멀리서 오시느라 고생 많았습니다."

이번에도 본회의 지도법사이신 적산스님께서 우리들에게 보여주신 환대는 유별나다. 홍예문앞가지 친히 나오시어 늘 여유가 넘쳐흐르는 은은한 미소를 띠며 합장하고 계신 그 모습이 3월의 가시 같은 햇살에 혹 다칠세라 피하고도 싶을 것 같건만 오히려 광배 만냥 빛 바램을 하시어 한결 더 아름답게 보인다. 일행은 적산스님을 따라 대웅전으로 향하였는데 본회 총무를 맡고 있는 필자와 신정범님을 포함한 몇 명은 법회준비를 위해서 같이 나오신 고경스님과 같이 교학관으로 내려갔다. 낙산사 같은 비구사찰에 왠 비구니스님? 처음 인사를 나누며 고경스님이 비구니스님인 것을 알고는 냅다 질문을 던졌더니 "이상하죠? 「템플-스테이」를 위하여 특별히 와 있답니다." 뱅긋이 웃으시며 아주 청아한 음색을 들어낸다. 하면서 오늘 법회 후 바로 「템플-스테이」를 하도록 프로그램을 준비했다고 안내를 해주신다.

14:00

"...이 세상에 33상으로 현신 하시는 관세음보살님이 늘 이 사바세계에서 어려움에 빠진 우리중생들을 구원코자 천수천안으로 귀 기울이고 있는바 오늘 이 자리에 오신 여러분들은 이곳 유서 깊은 관음도량에서 일심으로 염원하여 관세음보살님의 가피를 받아 갈 수 있도록 정진하여 주시기 바랍니다."

큰 법당을 참배하고 온 일행은 교육관에서 수련복으로 갈아입은 후 법회를 시작했다. 먼저 우리 불심회를 위하여 많은 도움을 주신 지도법사이신 적산스님께 조정호회장님이 미리 준비해간 감사패를 올렸다. 겸해서 85명의 회원님중에서 『본회발전기여 베스트5』에 선정되신, 그동안 한번도 빠지지 않으시고 참석해주신 부부회원이시기도 한 임익상회원님. 늘 법회준비로 힘들어 머리까지 뽑아 부처님께 공양한 신정범회원님. 환한 미소와 달콤하기까지 한 미성을 뿜으며 발원문을 봉독하여 부처님까지 미소를 자아내게 하신 조일수회원님. 작년 창립법회 때 동참하여 회원부부가 된 낙산사커플 이홍규회원님. 그리고 객원회원이면서도 본회를 위하여 많은 노력을 해주신 김명자회원님에게도 본회 발전을 위하여 노력하신 공로를 기려 감사패를 드리고... 오늘은 특별히 낙산사 주지이신 설웅스님께서 바쁜 중에도 본회의 창립1주년 기념법회에 친히 동참하시어 관세음보살님에 대한 법문을 주셨다.

16:00
'사홍서원'에 이어 '산회가'를 끝으로 법회를 마치자 바로 숨돌릴 사이도 없이 고경스님이 집전 하시는 '템플-스테이'에 들어갔다.(지금 밝히지만 작년 창립법회 때 일부회원들이 느슨한 스케줄을 틈타 다소 불미스런 일들을 하여 일반 신도님들에게 질타를 받은 일이 있어 이번차에는 다소 힘이 좀 들더라도 아주 타이트하게 프로그램을 짜주도록 미리 사찰측에 부탁하였다.)

"낙산사는 설악산의 준수한 줄기가 대청봉에서 관모봉을 거쳐 양양 쪽 동해로 흘러내리다가 위쪽으로 뻗어 오른 오봉산 품에 자리잡고 있습니다. 위쪽으로는 금강산의 수려한 절경을 건너다보고, 아래로는 오대산의 장중한 자락들을 손짓해 부르며 그 가운데 설악산 줄기를 이어받아 바닷가에 자리하여 관동 삼대명산 모두를 그 자리로 하고 있습니다...."

사찰 측에서 마련한 '템플-스테이'에는 먼저 '다도(茶道)'를 직접 경험하는 시간이 있었고 이어서 '사찰견학'. 저녁엔 공양을 '발우공양'으로 하고 저녁예불에 참여하기 전 '범종치기'. 저녁예불시 '108배'. 그리고 '참선'. 후 취침. 다음날 '새벽예불'. 역시 아침공양을 '발우공양'. 이렇게 프로그램 상으론 별로 특이하진 않아 보였는데... 막상...

법회를 마친 일행은 교육관2층에 있는 다실로 이동하여 삼삼오오 찻상 주변에 둘러앉아 고경스님이 배워 주는데로 직접 다관을 들고 찻물을 준비한다. 먼저 준비된 팀들부터 한잔씩 돌려마시는데 벌써 여기저기서 난리가 났다. 모 회원은 차 한 잔에 새벽부터 일어나 차에 치여 온 여독이 몽땅 달아났다며 호들갑을 뜬다. 잠시 후 필자도 차 맛을 한번 음미해 보는데... 맛으로 보아 차는 우리나라 보성이나 지리산, 한라산 등에서 나오는 일반 설록차가 분명한데도 낙산사 물맛이 좋아서인지 그 맛이 감미롭고 상쾌하여 내리 연거푸 몇 잔을 들이킨다. '용재총화'라는 고전에 차 맛을 보고 두 가지 물을 타서 끓인 것을 알았다는 '이행'이라는 사람은 충주의 달천수를 제1로, 금강산에서 시작되어 한강가운데로 흐르는 우중수를 제2로, 속리산의 삼타수를 제3으로 삼았다는데, 지금 그 '이행'이 이곳 낙산사에서 이 차 맛을 봤더라면 아마 이곳 낙산사의 감로수야 말로 특1이라고 읊지나 않았을지.

경내로 나와 사찰견학을 하면서 '고경스님'은 낙산사에 대하여 아주 세세한 것까지 설명을 마다 않는다.

이곳 낙산사가 있는 오봉산은 달리 낙가산 이라고도 하는데 낙산사라는 이름도 낙가산과 같은 유래에서 이름 지어졌다. 낙산사는 삼국유사나 동국여지승람, 그리고 낙산사의 기록에도 신라시대 의상대사에 의해 창건되었다고 적고 있다. 그러나 재미있게도 동시대의 대 명승으로 의상대사와 크게 대비되기도 하는 원효대사와 관련된 이야기도 이곳 낙산사에 같이 전해져 내려온다.

의상은 당나라에서 공부하고 신라에 돌아 온 뒤 온 나라를 돌아다니며 그의 새로운 뜻을 펼 마땅한 땅을 찾다가 지금의 양양지방에 이르렀다. 이곳 해변에 있는 석굴에 관음보살의 진신이 살고 있다고 들었기 때문이다. 의상은 백자나 됨직한 깎아지른 절벽에 생긴 굴 앞 바위 위에 앉아 7일 동안 관음진신 뵙기를 지성스럽게 간구 하였다. 그러나 뵙지를 못하자 정진하던 자리에서 그대로 바닷속으로 몸을 던지는데, 그때 하늘의 호신들이 그를 받아내어 굴속으로 인도해간다. 하지만 의상은 그곳에서도 관음진신을 보지 못하자 다시 정진을 한다. 관음이 그 모습을 보고 감복하여 진신은 드러내 보이지 않았지만 수정염주 한 꾸러미를 의상에게 내준다. 이에 그는 환희심에 넘쳐 수정염주를 받들고 물러 나오는데 이 모습을 보고 감복한 '동해의 용'도 여의보주 한 알을 가져다 바친다. 석굴에서 나온 의상은 다시 7일을 정진하여 마침내 관음진신을 친견 할 수 있었는데, 관음은 그때 의상에게 굴 위 산꼭대기에 쌍죽이 솟아 날것이니 그곳에다 절을 지르라고 일러준다. 바로 그 대나무가 솟아난 곳이 지금 낙산사의 금당이 자리한 곳이다. 의상이 절 이름을 낙산사라고 지은 것은 관음이 원래 남쪽 바다에 있는 '보디낙가산'에 계시는바 이곳에 관음이 사시는 곳이라 하여 낙가산이라는 이름을 오봉산에 덧붙이고 절 이름도 낙산사라 지은 것이다. 그러나 가람은 원나라침공, 임진왜란, 병자호란 등 큰 외침 때마다 소실과 복원을 거듭하다 다시 6.25때 소실된 것을 복원한 것이 지금의 가람이다. 금당엔 경봉스님이 쓰신 '원통보전'이라는 편액이 달려 있다.

원효도 의상의 뒤를 이어 관음을 친견하겠다고 이곳에 찾아든다. 양양부근에 다 왔을 즈음 흰 옷 입은 여자가 논에서 벼를 베고 있어 희롱 삼아 벼를 달라고 하였더니 그 여자로부터 '벼가 아직 익지 않았다.'는 냉담한 소리만 듣는다. 다시 길을 재촉하다가 개울의 다리 밑에 이르니 한 여인이 빨래를 하고 있기에 물 한잔을 달라고 청하였다. 그러자 그 여인이 빨래하던 더러운 물을 한바가지 떠주는 것이 아닌가. 원효는 그물을 쏟아버리고 냇물을 다시 떠서 마셨다. 그때 들 한가운데 서있는 소나무에서 파랑새 한 마리가 푸드득 날아오르며 "휴제호 화상아!(아이구 이 젖먹이 화상아)" 하고는 숨어버렸는데, 그 파랑새가 떠난 자리에 신발 한 짝이 벗겨져 있었다. 다시 낙산에 이르고 보니 관음상 자리 밑에 그 신발의 다른 짝 하나가 떨어져 있는 것이 아닌가. 그제 서야 원효는 벼를 베던 여자며, 빨래하던 여자, 그리고 파랑새가 모두 관음이 변신하여 나타난 것임을 깨달았다. 원효는 의상이 수정염주와 여의주를 얻었다는 그 굴에도 들어가려 했지만 풍랑이 크게 일어 들어가지 못한다. 결국 원효는 의상과 달리 관음을 끝내 친견하지 못하고 만다.

후세사람들은 이것을 두고 당시의 시대상에서 두 사람의 차이점을 찾고 있다. 먼저 신분상으로 의상은 신라 진골 귀족출신이다. 당나라에서 화엄사상을 공부하던 중 그들의 신라침공계획을 눈치 채고는 이를 문무왕에게 알리러 급히 귀국을 한 애국승 이기도하고, 후에 화엄종파의 큰 재목이 되어 이 땅에 화엄10찰을 세우고 수많은 제자를 길러내었으며 호국신앙을 내세워 신라왕실의 절대적인 지지를 받았다. 이와는 달리 원효는 육두품출신에 당나라 유학길도 포기하고 '모든 것이 마음에 달렸다'(의상과 당나라로 가다 동굴에서 잠을 자다 목이 말라 아주 맛있게 먹은 물이 아침에 보니 해골에 고인 더러운 물이었다는 것을 알고는 당나라유학을 포기함)는 깨달음을 얻는다. 나이 들어서는 걸인 차림으로 '무애가(無碍歌)'를 부르고 다닐 정도로 속세에 연연하지 않았으며 개인적 실천과 깨달음을 더 중요하게 여겼다. 또 그는 불교사상의 체계를 보다 더 많은 사람들에게 이해시키기 위하여 수많은 저작을 남기기도 하였다. 당시 신라는 통일전쟁을 끝내고 이제 막 새로운 국가체제를 갖추어 나갈 무렵으로 신라 입장에서 보면 '원효' 같은 자율성보다는 질서체제를 옹호하는 '의상'의 이념이 더욱 요긴한 시절이라 '원효'에게 향하는 민심을 '의상'에게로 돌릴 필요가 있었다고 한다. 따라서 의상의 법력이 원효보다 우위임을 입증하고 반대로 원효가 의상에 미치지 못하는 하수임을 증명할 수 있는 이야기꺼리가 필요했던 것이라며... 아무튼 두 큰스님은 같은 시대에 태어나서 정치와 사상의 동반자적인 관계였지만 '의상'이 영광을 얻은 반면에...

계속해서 고경스님은 보물제479호인 '7층석탑'이며 오늘 저녁 직접 우리들이 울려볼 '범종각', 강원도 유형문화재로 지정된 '별꽃담장', 높이가 16미터나 되는 단일구조로는 동양최대인 '해수관음상', 관동팔경의 하나로 일출경 제1인 '의상대', 의상대사가 수정염주를 받았다는 관음굴 위에 세워진 '홍련암'을 안내하며 그 유래를 들려주는데 가날픈 음색이 예쁘장한 미소에 곧잘 묻혀버려 뒤에 서 있는 회원님들이 늘 상 '뭐요? 뭐요?' 하면서 재설명을 강요(?)한다.

17:30

다도체험과 사찰견학을 마치고 다시 교육관1층에 모여 저녁공양을 준비하였는데 고경스님께서 오늘저녁과 내일 아침공양은 모두 '발우공양'으로 하시겠단다. 모두 간단히 그 절차에 대하여 설명을 듣고 '발우공양'을 하게 되었는데, '고경스님'께서 마지막 나오는 '천수(天水)'(청수(淸水)라고도 함)통을 보시고서 하신 말씀, “내일아침에도 이렇게 하시면 여러분들이 모두 저 청수를 마셔야 됩니다.” 설마...

19:00

저녁공양 후 잠시 휴식시간을 가지고 난 뒤 저녁예불에 맞춰 범종을 직접 쳐보는 영광을 누렸다. (필자의 경우 다른 불자모임에 동참해 경주석굴암 일주문 앞에 있는 범종을 기념으로 타종해 본적은 있지만 이곳에서처럼 저녁예불에 맞춰 33번치는 타종행사에 직접참여 해 보기는 처음으로 정말 좋은 경험이었다. 그것도 1496년 조선시대 예종이 세조의 뜻을 받들어 만들었다는 보물 제476호인 귀한 물건을...) 일행이 돌아가면서 4~5명씩 한 조가 되어 마주보고 서서 각 세 번 씩 타종하였는데 칠 때마다 소리의 높낮이와 장단이 달리 들린다. 고경스님으로부터 먼저 요령을 배웠는데도 소리가 한결같지를 않으니 늘 이 종소리를 듣고 지낸 주변만물이 혹 오늘 이 종소리를 듣고는 경기나 하지 않을까 염려가 되었다.(또 한편 훗날 이 범종도 피로가 겹쳐 타종을 못하게 되었을 때 혹 오늘 우리들이 마구잡이로 타종한 것이 그 원인이 될 것도 같다는 생각이 들어, 귀한 문화유산을 사찰측에서 소홀히 관리하지는 않는가 하는 노파심도 들었다.) 아무튼 타종체험을 마치고는 바로 원통보전에 들어 저녁예불을 끝내고 108배를 하고는 별도 개별 기도시간도 가졌다. 일부는 홍련암에서 철야정진을 하겠단다. 잠시 후 다시 교육관 1층에 모인 회원들은 고경스님과 참선을 공부하였는데 이때 30대로만 보이는 고경스님이 40중반이라는 속가나이를 가졌다는 것과 출가를 하고 싶어 학교에서 공부도 하지 않고 가출을 하였다는 신상이야기도 들을 수 있었다. 또 고향이 경상도상주라는 사실도... 죽비가 날지 않은 화기애애한(?) 짧지 않은 참선시간이 끝난 시간은 21:00. 다들 경직된 몸을 흔들어 대더니 내일 새벽예불에는 꼭 참석해야한다며 미리 배정 받은 요사채를 향해 흩어진다.

04.3.14.일요일
05:30

새벽세시에 들려오는 도량석 소리에 기상하여 대충 세면을 마치고는 역시 원통보전에 들어 새벽예불에 참석한 일행은 05:30분에 다시 교학관 1층에 모여 앉았다. 아침 발우공양을 위해서다. 모두 방 가운데를 기준으로 하고 선반에서 발우를 내려 자기 몸 한 뼘 반쯤 앞에 놓고 앉았다. 형식은 오른쪽에 있는 회원은 왼쪽으로 몸을 돌려 발우를 올리고 내리며 왼쪽에 있는 회원은 오른쪽으로 몸을 돌려서 마치 톱니바퀴가 맞물려 도는 것처럼 몸을 움직여야 된단다. 잠시 후 고경스님이 죽비를 한번 친다. 회원님들은 일제히 합장하고 '회발게(回鉢偈)'를 외운다. '부처님은 가리바에 탄생하시고, 마갈타나라에서 성불하시어, 바라나시에서 설법하시고, 구시라 쌍림에서 열반 드셨네,' '회발게'는 공양을 들기 전에 부처님을 상기하는 절차라고 한다. 다음은 '전발게(展鉢偈)'를 염송 하고 각자 앞에 놓인 발우를 펴놓는다. '부처님의 거룩한 발우, 내 이제 받들어 펴오니, 원컨대 모든 중생이, 삼륜이 공한 뜻 얻어 지이다.' 다시 '십념(十念)'을 외운다.'청정법신 비로자나불 원만보신 노사나불, 천백억화신 석가모니불 구품도사 아미타불, 당래하생 미륵존불 시방삼세 일체제불, 시방삼세 일체존법 대성문수사리보살, 대행보현보살 대비관새음보살 대원본존 지장보살 제존보살 마하살.' 이때 고경스님이 다시 죽비를 한번 치니 회원 몇 분이 가운데 가져다 놓은 천수통과 밥을 담은 공양기 국을 담은 국그릇 반찬을 담은 찬기를 들고 좌우로 돌면서 음식을 나누는데, 가장 큰 발우인 '어시발우'는 밥, '보시발우'는 국, '연각발우'에는 찬을 담아놓는다. 이때 공양물을 받기 전 천수를 먼저 '어시발우'에 받아 큰 순서대로 천수를 옮겨 담아 물을 적신 뒤 마지막으로 '성문발우'에 담아둔다. 이제 공양이 시작되는데 다시 '봉발게(奉鉢偈)'와 '오관게(五觀偈)'를 먼저 염송 한다. '음식 받을 때에는 마땅히 바라노라, 모든 중생이 음식으로 인하여 법회선열로 가득 차기를.' '온갖 정성 두루 쌓인 이 공양을, 부족한 덕행으로 감히 받누나, 탐심을 여의어서 허물을 막고, 육신을 지탱하는 약을 삼으며, 도업을 이루고자 이제 먹노라.' 이제 비로소 공양을 시작한다. 공양을 할 때는 소리를 내지 않아야 된다.

공양이 끝나갈 무렵 죽비 소리가 두 번 들리고 숭늉이 돈다. 다시 한 번 더 죽비를 치면 찬상을 '발우'로 물리고 천수물을 이용하여 '발우'를 깨끗이 씻는다. 다시 죽비를 한번 더치면 퇴수통에 천수를 거두고 '절수게(絶水偈)'를 외운 뒤 '발우'를 닦고, '발우'를 펼 때의 역순으로 '발우'를 거둔다. '내가 발우를 닦은 이 천수는, 하늘의 감로수 맛과 같으므로, 이를 아귀들에게 보시하니, 모두다 마시고 만복 할 지어다.' 이렇게 '발우'를 거두고 나면 죽비 한번에 합장하고 밥 먹은 힘으로 중생제도에 나서겠다는 뜻이 담겨있는 '식필게(食畢偈)'를 외운다. '공양 들어 몸의 힘이 가득히 차니, 그 위엄 시방삼세 영웅이로다. 인과가 생각 중에 있지 않으니, 중생모두 신통을 얻어지이다.' 이 '식필게'를 끝으로 사실상 '발우공양'은 다 끝이 나는데...

"여러분 저를 보고 같이 따라하세요." 고경스님이 언성을 높이며 앞에 놓은 큰 천수통에 '연각발우'를 푹 담궈 천수를 한 그릇을 가득 떠내 벌컥벌컥 마셔버린다. ...허허허... 필자는 그만 깜짝 놀라고 말았다. 말이 좋아 천수(청수)지 그야말로 속가에서 이야기하는 설거지 한 구정물이 아닌가. 그 구정물을 고경스님은 얼굴하나 찌푸리지 않고 그냥 마셔버린 것이다. 그러면서 "이물은 원래 아귀에게 공양하는 것이랍니다. 그러나 이렇게 더럽게 온갖 찌꺼기가 남겨진 천수는 목구멍이 좁은 아귀가 먹으면 죽고 말지요. 그래서 어쩔 수 없이 우리들이 같이 나누어 먹어야 된답니다.” 즉 청수가 탁수가 되었으니 결자해지 하라는 말인데... 모두는 어쩔 수 없이 다시 ‘발우’를 풀어내어 천수통에서 천수를 한 ‘발우’ 가득 담아 손에 들고는... 서로 눈치만 보고 있다. 필자의 경우 맡은 직책도 있고 해서 먼저 마셔 보려고 입에 가져갔는데... ‘우-욱’, 곧 비명소리가 입 밖으로 튀어나올 것 같다. 고춧가루며 김치찌꺼기 불어터진 밥알 등, 눈에 보이는 것은 눈을 꽉 감으면 되었지만, 코로 들이닥친 역겨운 냄새는 얼마나 참기 힘들었든지...

알고 보니 ‘발우’를 씻을 때 모두 천수에 손을 집어넣고, 깨끗하게 한다고, 아주 큰 맘 먹고 집에서처럼 설거지를 했던 모양이었다. 그러다 보니 특히, 여성회원님들이 아침에 화장을 한다고 손에 바른 스킨이며 로션이 천수에 녹아내려...

그럼에도 모두들 아무 말 없이 고경스님을 따라 막걸리 마시듯 그렇게 청수를 한잔씩 돌려가며 거나하게 먹어 제친다. 그렇게 몇 순배를 하고 나니, 어쩐다? 아귀들이 먹을 천수가 한 방울도 남아있지를 않네.

이날도 우리 김재룡님은 좌중을 폭소의 도가니로 만들었다. 밤을 설쳤다며(지난밤 요사체엔 보이지 않아 홍련암에서 철야기도를 한 줄 알았더니 뭐 그 와중에도 속초 대포항까지 가서 요즈음 바닷고기들은 어떻게 살고 있는지 확인을 하고 왔단다.-소문에) 거의 ‘발우공양’이 끝나갈 때 즈음 나타났다. 해서 공양도 늦게 마치게 되어 그만 천수통을 맡게 되었는데... 고경스님이 천수통을 저어가면서 마시는 시범을 보였음에도 불구하고 돌아가면서 '발우'로 천수를 떠내면서 윗물(좀 맑은 물)만 가져가는 바람에(사실 필자도 그랬지만) 마지막에 돌아온 자기 몫은 온통 바닥에 찌꺼기만 가득 남아 아귀도 못 먹는다는 천수만 남았으니… 님도 딱한 듯 그걸 회원들 앞에 들고 다니면서 같이 나누어 마시잔다. 조정호 회장님이 한 '발우' 더 마셔주셨지만… 앞에 가면 모두들 모른 척 외면을 하는 것이 얼마나 우스운지… "아, 스님을 봐서 안 먹을 수는 없고, 그냥 눈을 꽉 감고… 량이 너무 많아 같이 나눠 마시자고 부탁을 하는데도 외면할 땐, 좀 야속하다는 생각도 들었지만 다른 한편 우리회원들의 업장을 내가 소멸해준다는, 이 또한 보시라는 마음이 들어 기분이 나쁘지만은 않았다." 돌아오는 버스 안에서 님은 약간은 상기된 듯한 표정으로 당시의 심정을 그렇게 표현했다.

12:00

곡절 많은 '발우공양'을 06:30에 마친 회원들은 출발시간인 09시까지 자유시간을 가졌다. 필자는 의상대에 가서 붉은 화염을 거칠게 뱉어내며 솟아오르는 황용을 맞으며 관동제1경을 제삼 확인했고 홍련암에 들러 바닥에 뚫어진 구멍으로 관음굴을 내려다보며 그 옛날 의상대사가 했을법한 고뇌를 한번 되새겨보기도 했다. 여기저기 기념촬영을 하고는 09시 다시 교학관에 모여 수련복을 반납하고 지도법사님이신 적산스님과 본회수련회를 이끌어주신 고경스님을 모시고 담소를 나눴다. 좋은 사찰경험을 하게 해주신 두 분께 다시 한번 감사의 마음 전하고 돌아서려는데, 적산스님께서 두툼한 봉투를 하나 내주신다. 주지스님이신 설웅스님께서 본회의 발전을 위하여 내리신다는 금일봉이란다. "스님 고맙습니다. 저희들 신행생활 열심히 하겠습니다." 이 기회를 빌어 새삼 낙산사 설웅주지스님과 적산총무스님, 고경스님께 고마움 표한다.

옛날 경주 '세달사'라는 절에 '조신'이라는 승려가 있었다. 어느 해 '조신'은 이곳 '낙산사'로 오게 되었는데, 마침 불공을 드리러 온 군수의 딸을 보고는 첫눈에 반하게 되었다. 그는 관음상에게 그녀의 사랑을 얻게 해 달라고 매일 기도를 올린다. 그러나 '조신'이 수 년 동안 기도를 드렸음에도 군수 딸은 다른 곳에 혼처가 정해지고 말았다. 그러자 '조신'은 눈물을 흘리며 관음상을 원망하는데.... 그런데 뜻밖에 그 여인이 혼처를 버리고 그와 함께 살기 위해서 왔다고 하면서 '조신' 앞에 나타났다. '조신'은 너무나 기뻐하며 그녀를 데리고 고향으로 가서 40여 년 동안 5남매나 낳아 키우며 살았다. 그러나 가난하여 더 이상 어떻게 할 방도가 없어 10년 간이나 걸식하며 떠돌아다니게 되고, 그 와중에 큰아들이 굶어죽고 딸은 걸식하다가 개에게 물러 드러눕게 되니 할 수 없이 부부는 남은 어린아이들이나마 나누어 데리고는 사방을 정처 없이 헤매며 다니게 된다. 그러다 자기신세가 너무나 야속하여 슬피 울다가 그만 눈을 번쩍 뜨게 된다. 꿈이었다. 조신이 깨어보니 자신은 관음전 앞에 엎어져 자고 있었다. 잠시 후 정신을 차린 '조신'은 빙긋 미소를 띠며 자신을 내려다보고 있는 관음을 느낄 수가 있었다.

이광수가 쓴 꿈이라는 소설의 모티브가 된 조신설화다. 모두 세 번에 걸쳐 영화로도 만들어졌는데 신상옥감독이 만든 55년 판엔 황남. 최은희가 67년 판엔 신영균. 김혜정이 주연했고 배창호감독이 만든 것은 90년으로 안성기와 황신혜가 주연하였다. 필자는 55년 판은 보지 못했지만 나머지 두 편은 몇 번이나 봤는 기억이있다.

낙산사를 나와 설악산에 들러 신흥사를 참배하고 관광차 비선

대(일부회원은 울산바위)를 돌아 서울로 오는 차안에서 조신설화를 생각해보면서 과연 내가 지금 꾸고 있는 꿈은 언제쯤 깨어날까? 하는 의문을 가져본다. 언젠가 주변에 계신 모 스님께서 하신 말씀, "우매한 인간은 자기가 죽을 때가 되서야 한평생 꿈을 꾼 것을 안다." 했는데...

갈 때와는 달리 백두대간의 2번째 고개인 미시령을 넘어 백담사계곡에서 점심을 먹고 인제, 홍천을 경유하여 서울에 도착한 시간은 18:30 크게 늦지도 않고 딱 알맞은 시간이었다. '창립법회' 때와는 달리 참가회원님들도 크게 만족하여 '창립1주년 기념법회'는 정말 뜻 있게 잘 치루었다는 평가를 받았다.

"불심회 회원님 모두 성불하세요."

무진기행(茂鎭記行) 극락정토는 바로 벼랑 위에 있었다

극락정토는 바로 벼랑 위에 있었다. 그 해맑은 풍경소리와 낭랑한 독경소리는 천상과 속세를 이어주는 것만 같다. 또 발 아래에는 그 의미에 걸맞은 온갖 색으로 치장한 갖은 단풍이 우리일행을 맞아주고... 때맞춰 막 넘어가고 있는 붉은 햇살은 붉게 물던 주변 단풍들을 더욱 붉게 태워 극락전의 고색 찬연한 자태를 한 것 뽐내게 부추기고 있었다.

10월초 필자는 전북 무주 '적상산' 꼭대기에 있는 '안국사' 안마당에 서 있다. 해발1000미터나 되는 곳에 칼바위들이 주위를 병풍처럼 두른 이곳은 신비롭고 그윽한 또 하나의 세상이 있는 듯 하다. 이곳이 '적상산'이란 이름을 갖게 된 것도 사면이 붉은 암층 절벽으로 둘러싸이고 단풍이 물들면 여인의 치맛자락처럼 보인다고 해서이다. 일찍이 무학대사도 '국중 제일 길지'라고 점찍을 만큼 경관이 뛰어나고 요새로서의 요건도 충분히 갖추어 임진왜란 직후에는 묘향산에 보관해오던 이조 실록을 옮겨 보관했던 곳으로 5대 사고중의 하나인 '적상산사고'가 바로 이곳이다. '안국사'는 고려 충렬왕3년 (1277) '월인화상'이 창건한 것으로 본래 '적상호'자리에 있었으나 92년 댐(적상호)이 건설되면서 현재의 터로 옮겨진 것이다.

이태 전에도 이곳에 온 적이 있었다. 그때도 계절상으로 지금과 같이 9월이 막 지난 가을초입이었다. 당시 지인 중에 이곳 가까이 있는 진안에 사슴목장을 하고 계신 분이 "겨울을 넘기려면 '녹혈'를 좀 먹어야 될 거요." 하면서 한번 찾아주길 권하여 정력이 떨어진 늙수레(?) 몇이서 시간을 각출, 사슴 목장에 갔다가 돌아가는 길에 이곳까지 오게 되었는데, 그때의 사슴 약효가 다 되었는지 이번에는 우리 스스로 목장을 찾아 '녹혈' 구걸을 하고는 이곳에 다시 오게 되었다.

"~사랑은 언제나 오래 참고. 사랑은 언제나 온유하며. 사랑은 시기하지 아니하며..."

음유시인 '윤선생'이 별장안마당에 피운 모닥불 앞에 앉아 기타를 치며 사랑을 노래한다. 벌써 새벽두시를 넘겼건만 아직 음색이 흐트러지지 않은 것을 보니 정말 오늘 우리 곁에 온 사슴도 그 원기가 대단한 놈이었는가 보다.

필자는 '진안'하면 우선 '무진장'이라는 말을 떠올리게 된다. 전라북도내륙의 주변경계로 서로 손목을 잡듯이 하고 있는 '무주' '진안' '장수', 어릴 때 아무 뜻도 모르면서 무진장이라면 뭔가 '많다' '넘친다'하는 뜻으로 쓰곤 했는데, 실제로 '무진장'은 한자로'無盡藏'으로, '한이 없이 많다.'는 뜻으로 쓰이고 있어 무주. 진안. 장수. 같은 지역이름하고는 전혀 관련이 없다. 그러나 일반적으로 무진장이 지역적인 말로 해석되어 이곳 '무주''진안''장수'를 일컫기도 하는 것 또한 사실이다. 옛날엔 국회의원선거구로 3개 군을 같이 묶은 적이 있었는데 당시 국회에서 이름대신 '무진장의원'으로 불렀다는 이야기를 들은 적이 있다. 그런 한편 '애저'라는 음식도 진안에 오면 생각난다. 물론 '말의 귀'처럼 생겼다 해서 불려진 '마이산'이나, '이 처사'가 세웠다는 '탑사'같은 진안의 명물이 달리 없는 것은 아니지만 '애저'라는 아주 특별한 음식과 인연이 된 뒤부턴 그 기억이 새롭다. 언젠가(좀 오래되었지만)무주리조트에서 열린 청룡영화제 시사회에 참석한 적이 있었다.(당시 작품상을 받은 것이 전도연. 한석규 주연의 '접속'이라는 영화였음) 그때 같이 온 일행 중 맛에 대해선 타의추종을 불허할 만큼 까탈 맞기로 소문난 '박선생'이 라는 분이 계셨는데, 밤새 침이 마르도록 어찌나 '애저'자랑을 하는지 다음날 만사를 제쳐놓고 "애저 찾아 삼십리"로 진안의 마이산 탑사 입구까지 가서 '애저'와 처음 인연을 맺게 되었다. 그 후 필자는 기회만 되면 '애저'를 찾게 되어 이제는 진안하면 먼저 '애저'가 생각나게 되고 말았으니...

'애저'. 진안의 향토음식 중 제일 손꼽을 만한 것이라고 진안 사람, 아니 미식가들은 이구동성으로 외쳐된다. 식당에서 그 뜻을 물어보니 '애저'는 생후 1개월 된 새끼돼지를 일컫기도 하고 혹자는 어미돼지 뱃속에서 막 꺼낸 것이라고 말하기도 했다.(어휴 미시꺼워라) 이 새끼돼지를 가마솥에 넣고 마늘, 생강, 대추와 약간의 한약재와 같이 푹 삶은 것으로...(죽인다-같이 간 모 인사가 맛을 보고 외친 소리) 특히 '애저찜'은 워낙 살이 연해 오래 딱히 씹을 것도 없고 그대로 삼켜도 넘어갈 듯 한 부드러운 촉감이 맛과 더불어... 언젠가 다른 팀과 같이 '토말' 여행을 갔다 올라오면서 일부러 이곳에 들려 '애저'를 먹게되었는데 같이 갔던 인사들이 만날 때마다 '애저' 이야기를 한다. 그러고 보면 정말 별미는 별미인가보다. 얼마 전에도 직장동료들과 전주에 가면서 진안에 들러 '애저'를 찾았더니 늦은 봄이어서 인지 탑사 앞 식당은 문을 열지 않아 진안군청에 연락까지 해가며 다른 '애저'전문요리점을 찾아 맛을 보고 간 적이 있다.

당시 목장주인 '김선생'은 자신을 '나그네 교주'라고 소개했다. 외형상 필자보다 5~6년은 수하로 보였지만 님이 뱉어내는 야무진 억양과 강인한 눈빛에서 결코 만만한 인사가 아님을 감지할 수 있었다. 잠시 후 선생의 신상 이야기를 들으면서 더욱 이력이 남과 다름을 확인 할 수 있었는데... 이 통나무 별장도 직접 자기 손으로 지었단다. 이 집을 짓기 위하여 멀리 호주까지 유학을 가기도 했고 대학에서 신문방송학을 전공하여 젊은 시절 잡지사 기자생활도 했단다. 별장앞 마당에 모닥불을 지펴놓고 직접 잡은 사슴고기를 구워주며 먹으라고 연신 권한다. 그러면서 이런저런 이야기를 밤새 나누었다. 그러나 개성이 너무 강한(?)탓에 같이 간 '백선생'과 한 한치 양보 없는 열띤 토론 탓으로(물론 얼큰하게 오른 취기 탓도 있었겠지만) 종내는 얼굴까지 붉히게 되어 주위를 민망하게 만들고 말았으니... 그때 선생은 사슴사육과는 별도로 무슨 사업을 하고 있다고 했다. 그러면서 "이제부터는 아랫사람이 윗사람을 따르는 시대가 아니라 윗사람이 아랫사람을 공경하는 시대가 온다."라고 지론을 펴든 생각이 난다. 하지만 이 말은 얼마 뒤 필자를 말 못 할 곤경(?)으로 몰아넣고 말았으니...

"유세차 신사 구월 무술 삭 칠일 계축 삼가 천지 신명에게 고하나이다. 여기 남덕유산 자락에 자리 잡은 진안 용담댐 사슴목장에 장승을 빚어 세우고자 하여 먼저 맑은술과 음식으로 천지신명께 고 하오니 흠양 하시옵소서....."

거의 새벽까지 노닥거리다 늦게 잠자리에 든 관계로 해가 동산에 오를 때까지 눈을 감고 있는데 귓전에 망치소리며 끌 소리가 요란하다. 무슨 일인가 하고 나가 봤더니... 같이 간 '금선생'이 '장승' 즉 '천하대장군'을 만들어 세운다며 통나무를 톱과 끌로 조각을 하고 있었다. 어디다 세울건가 하고 물으니 바로 별장입구에 장승을 세우겠단다. "...허허 이럴 수가..." 필자는 집 안에는 장승을 세울 수 없다고 일행들에게 설득을 했다. 하지만 별장주인 인 '김 선생'마저 별다른 반대가 없기에 같이 동참을 하기로 하고 한가지 조건을 달았다. 장승제를 꼭 지내는 것으로... 잠시 부연설명을 하자면 이 세상에 존재하는 모든 사물은 각각의 특성과 효율이 서로 다르게 존재되어져 있다. 장승을 예로 들어 설명한다면 당초에는 버려진 통나무둥치에 불과하지만 인간이 형상화(形象化)를 하고 의인화(擬人化)를 하면 그 곳에 소위 세인들이 말하는 잡신들이 들어앉게 된다. 해서 의인화된 그 무엇을 모실 때는 그에 걸 맞는 치성을 보여야 함은 물론 그 형상을 없앨 경우도 이와 같은 것이다. 혹 성황당에 있는 고목이나 집안에 있는 고목들을 함부로 베다 살(煞)을 맞아 죽었다는 일화를 들은 적이 있을 것이다. 성황당은 마을입구나 고개에 만들어져 있어 주민들이 집을 떠나 객지로 나가면서 무사귀환을 빌었고, 또 집안에 있는 고목은 어른들이 좋은날 나무 밑에 정화수를 떠놓고 자식의 무병장수를 기도하였기에 은연중에 이런 것들이 의인화가 되어버려 함부로 베거나 대하게되면 노하여 살을 내리게 되는 것이다.

해서 필자는 장승제에 필요한 고사상을 준비시키고 축문을 만들어 장승제를 집전 하였는데, 뒷날 그 날 찍은 사진이 또 한번 일행을 긴장시킨다. 그 이야긴 뒤에 다시 하기로 하고, 그때 장승 형상은 만들어졌지만 동채를 잘 다듬지를 않아 천하대장군(天下大將軍)이라는 휘호는 별도로 한지에 써서 장승에 붙였다. 그렇게 애써 정갈한 마음을 모으고 난 뒤 '정선생'이 제주가 되어 헌작을 했다. 천지신명께 우리들이 빚은 장승을 이곳에 모시겠다며 두 손을 가지런히 모으고 깊은 례를 올렸다. 이어서 '이선생'이 '정선생'께서 지은 '덕유산의 기슭에서'라는 헌시를 낭독하고 이어 각 제군들도 개별적으로 일일이 나아가 헌작을 하였다. 그렇게 조촐하게나마 일행은 장승제를 마쳤다. 그리고는 별장입구에 땅을 파고 보무도 당당한 '천하대장군'을 모셨다. 그리고 기념촬영을 하고...

서울로 올라온 며칠 뒤 '나그네교주'께서 필자에게 연락이 왔다. 부탁드릴 말씀이 있다며... 글을 하나 써 달란다. [윗사람이 아랫사람을 공경하는 세상이 되리라] 그 날 밤 나그네 교주가 내뱉은 일갈인데 그것을 한 장 크게 써 달란다. 필자의 실력이 그 정도는 안 된다고 절대고사를 하였음에도 끝까지 억지를 부리니, 사슴 구경한 죄(?)를 벗을 수 없어 큰마음을 한번 먹어보는데, 한글로 써 달랬지만 한글보다 졸필이지만 한자로 방향전환을 하고 당시 대학에 다니고 있던 큰 딸애를 시켜 중국교수에게 자구 수정을 요청 해 본다. [아신성존장위하인지세상][我信成尊丈爲下人之世上] "나는 믿는다. 윗사람이 아랫사람을 위하는 세상이 되리라는 것을" 일차 연습을 해 본다. 허나 실패, 존장(尊丈)을 주인(主人)으로 바꿔도 같은 뜻이라는 중국교수의 말에 주인으로 바꿔보니 좀 모양이 나아 보인다. 허나 하루 종일을 투자해 최종(?) 나온 작품은 실망 투성이로 도저히 '김선생'에게 보낼 수가 없었다. 해서 다시 다짐을 받아보는데, 도대체 왜 나에게 이런 부탁을 하느냐고 물어보았다. "아닙니다. 저는 선생님의 글이면 무조건 만족합니다. 일전에 장승을 세우면서 찍은 사진이 나왔습니다. 저는 그것을 보고 깜짝 놀랐습니다. 하늘에서 빛이 내려오고 있더군요. 저는 거기에서 영감을 얻었습니다. 선생님께서 써주신 축문과 천하대장군이라는 휘호 때문에 장승이 광배를 발하는 것이라고요. 그래서 선생님에게 글을 부탁하게 된 것입니다. 마음에 안 드셔도 그냥 주십시오." 장승에서 '광배(光背)'가 나타났단다. 그런 어거지에 그만 어쩔 수 없이 졸작을 건네고... 필자의 경우 서예를 배우긴 배웠다.(벌써 25여년이 지난 옛날이야기지만) 해서 지필묵은 늘 곁에 두게 되었고 흉내지만 휘호를 종종 하기도 했다. 하지만 타인에게 휘호를 넘긴다는 생각은 해본 적이 없기에... 그때 '번쩍!'하고 필자의 뇌리를 스친 생각하나, 당시 역학에 심취해 있을 때인지라 "명색이 역학연구가라 하면서 훗날 지인들이 휘호한 점을 부탁할 때 망서려서야..." 해서 필자는 25여 년이 지난 시점에서 다시 서예공부를 해야 할 필요성을 찾게 된다.

그래서 그때부터 그동안 접어둔 붓을 다시 잡게 되었고 몇 년 뒤인 올 봄엔 회원전이지만 전시회를 열기도 했다. 그러나 이때 또 다시 문제점이 생기는데, 전시회를 찾은 지인들이 필자의 작품을 구입하겠다는 것이었다. 그 연유야 어찌 됐던 작품이 팔리게 되었는데, 필자는 기쁨도 한순간 더 큰 걱정이 앞섰다. 님들도 필자와 같겠지만 외부에서 구입한 작품을 집안에 걸었을 때 누구작품이냐고 물어 보는 자가 있다면... "이거 큰일이다." 해서 필자는 작품에 가치 부여를 하기로 했다. 당초 전시회를 하기로 할 때만 해도 달리 별다른 의미 부여를 하지 않았는데 말이다. 그러나 막상 작품이 남의 손에 넘어가니... 그래서 또 다시 공모전에 나갈 준비를 했다. 그리고 몇 달 뒤인 지난 9월 필자는 한국미술협회 모 지회에서 시행한 미술대전 서예부문에서 입선을 하게 되었다.

어찌 보면 세상은 참 묘하다. 불교에서 말하는 인연법이나 연기법을 꼭 들지 않더라도 우리일상을 멀리서 관조해보면 꼭 거미줄 마냥 정교하게 짜여진 연극의 대본을 보는 것과 같다는 생각이 든다. 결국 그때 '김선생'과의 인연으로(물론 각고의 과정은 있었지만)지금 필자는 서예의 입선작가가 될 수 있었기에 말이다.

필자는 장승사건이후 1년여가 지난 시점 '김선생'이 그곳에서 일이 어려워져 떠났다는 소식을 들었다. 그러다 몇 년이 더 지나서 다소 어렵지만 다시 그곳에서 사슴농장을 열었다는 소식도 듣게 된다. 이번에 함께 온 일행도 몇 명을 제외하곤 모두가 당시 장승사건에 연류 된 지인들로 '김선생'이 재기하였다는 소식에 축하를 하기 위하여(몇몇은 녹혈 먹으러) 불원천리를 달려온 것이다. 필자는 별장에 도착하자마자 제일먼저 장승을 찾았는데, 어디에도 보이지 않았다. '김선생'에게 물어보고 싶었지만 끝내 참고 말았는데... 혹 그때의 어려움이 장승을 잘못 건드려 '동티'를 입은 것은 아니었을까? 하는 생각을 해보았다.(물론 우려겠지만) 아무튼 지금 '김선생'에겐 어두운 모습을 어디에도 없고 옛날 그 모닥불 앞에서 '백선생'과 설전을 벌리던 활기찬 모습만 보인다.(그날 밤 치열한 설전이 있은 뒤 '백선생'은 뜻한바있어 머릴 깎고 입산하여 지금은 전라도 어느 사찰에서 수도승으로 계신다.) 필자는 '김선생'이 앞으로 더 나은 발전이 있으시길 간곡히 기원 드린다.

일행은 밤새도록 '윤선생'의 '싱어-롱' '백-코러스'를 맡은 탓에 해가 중천에 떠서야 일어나 늦은 아침식사를 하고 아쉽게 '나그네교주'와 이별하였다. 그리고 서울로 귀향하는 길에 어디라도 가서 떨어진 단풍잎이라도 직접 만져보고 가야지 어찌 만추를 그냥 외면해서야 되겠냐며 이곳 무주 적상산 '안국사'를 찾아오게 된 것이었다.

'적상산' 정상에는 '안국사' 외에도 '사고기념관' 발전(發電)을 위하여 '무주호'에서 뽑아 올린 물을 저류 하는 '적상호' 그리고

'전망대'가 있다. 이곳에 만들어진 '전망대'는 콘크리트로 만들어진 큰 원형기둥인데, 그 속엔 '적상호'와 산아래 '무주호'와 연결된 직경5.5미터 크기의 관정이 산 속으로 뚫려 있다. 95년부터 심야의 여유전력을 이용 이곳 '적상호'로 물을 퍼 올려 주간에 무주호로 다시 내려보내는데, 이때 60만 kw라는 어마어마한 전력이 생산된다고 한다. 이러한 것을 양수 발전댐이라고 한다. 전망대 아래 땅속에 건설된 발전시설은 폭21미터, 높이49미터, 길이98미터로 30평형 아파트320가구가 들어갈 만 한 대규모의 시설이라고 한다. 전망대에서 보면 산아래 무주호 건너편에 하얀 건물이 하나 보인다. 이곳은 전력 홍보관으로 전기가 만들어지는 원리와 과정을 모형으로 쉽게 설명해주는 전기박물관이다.

이곳엔 주변 이야기 거리도 많다. 산성 서문아래 거대한 바위가 두 부분으로 쪼개져있는 '장도바위'의 전설도 재미있다. 최영장군이 산성으로 오르던 길 앞을 갑자기 큰바위가 가로막자 칼로 내리쳐 길을 냈다는 것이다. 또 소설가 은희경씨가 96년 발표한 -그녀의 세 번째 남자- 는 은희경씨가 실제 이곳 '안국사'에서 4개월 여 동안 기거하며 실제 인물과 소재를 배경으로 쓴 작품이라고 한다. 남자에게 버림받고 찾아간 절(소설에서는 영추사)에서 깨달음을 얻고 돌아간다는 내용이다.

벌써 시간은 오후 5시30분을 넘기고 있었다. 일행은 넘어가는 저녁햇살로 한껏 붉게 물들어진 '적상산'을 뒤로하고 무주를 빠져 나오고 있었다. 아.... 좋......다.....

– 2002. 11

7번자락-2.

거시기(男根)의 천지(天地) 삼척 해신당(三陟 海神堂)

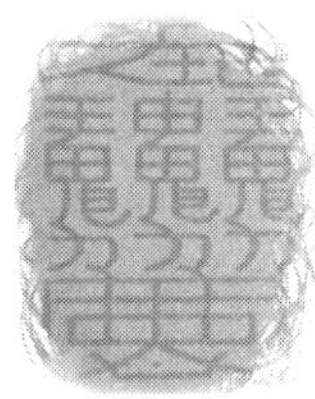

강릉 경포대에서 1박을 한 일행은 아침을 초당 순두부로 해결한다. '이 선생'이 아침은 꼭 손수 해먹어야 된다고 고집을 피우는데도 중론이 경포대에 왔으니 이곳의 명물이기도한 초당 순두부를 맛봐야겠단다. 이곳에도 원조(元祖)는 많다. 그러나 '초당동'이라는 동명까지 앞세우고있어 그냥 아무 집이나 원조로 보아도 크게 무리는 없어 보인다. 이제는 이곳 초당마을에서 매 여름마다 초당순두부축제도 하고 '원조초당순두부집'이란 곳에선 노인들에게 경노 잔치까지도 열어주고 있단다. 해서 이제는 이곳 '초당순두부'가 강릉을 대표하는 전통음식의 하나가 되었다고 한다.

초당순두부가 이렇게 되기까진 여러 가지 이유가 있지만 그 중에서도 일반 순두부완 달리 이곳 강릉에서 해풍을 맞고 자란 재래 콩만을 사용하는 것이란다. 이 재래 콩이 청정 동해의 바닷물과 어우러지며 말랑말랑한 순두부로 재탄생 되는데, 이때 만드는 이의 정성까지 듬뿍 들어가 초당순두부만의 독특한 맛을 내게 된 것이 세인들에게 관심을 끌면서 유명세를 타게 되었단다. 주인장은 "맛의 비결을 꼭 밝히라면 다른 첨가물 없이 순수한 콩으로만 맛을 낸 것이 비결이라면 비결이다."라고 한다. 그러면서 초당 순두부는 각종 성인병에도 좋은데 특히 당뇨에 좋다며 자랑을 널어놓는다.

이곳은 '홍길동전'으로 유명한 '허균'과 그 누이 '허난설헌'이 태어난 곳이기도 하다. 일설엔 이 '초당순두부'를 '허균'도 즐겨 먹었던 음식이었다고 하며 서울에서 귀한 손님이오면 접대음식으로 내놓아 그 당시에도 식도락가들로부터 인정을 받았다고 한다. 실제로 초당마을엔 강원도 문화재 제 59호로 지정된 '이광로 가옥'이 있는데 이곳이 바로 '허균'의 아버지 '허엽'의 집으로 '허균'과 '허난설헌'의 생가이다.

또 이곳에는 이 지역 문인들과 여성단체의 노력으로 만들었다는 '허균 문학비'와 '허난설헌 시비'가 아름답게 조성되어 있다.

어디든 앉았다하면 끝장을 보고야마는 일행이 이곳 경포에서 노닥거리다 강릉을 빠져나온 시간은 오전 11시. 덜 다듬어진 동해고속도로를 달려 삼척에 도착하니 얼추 12시30분은 넘어 있었다.

"옛날 아주 오랜 옛날 어느 마을에 서로 장래를 약속한 처녀 총각이 살고 있었다. 어느 해 오랜 가뭄이 들어 산천은 헐벗고 곡식은 다 말라버려 많은 백성들이 초근목피마저 구하지 못해 굶는 것을 밥 먹듯 하였다. 궁벽한 어촌인 이곳도 예외는 아니어서 마을사람들은 하루하루 살아가기도 어려운 처지였다. 그러던 어느 날 처녀는 해초라도 뜯겠다며 '애바위'까지 배를 태워 달라고 총각을 졸랐다. '애바위'는 마을에서 1㎞쯤 떨어진 앞 바다에 있는 '돌섬'인데, 이곳에는 인근에 이미 없어진 미역이며 김, 소라 같은 먹 거리들이 그나마도 남아 있었다. 그러나 파도가 심하고 또 배 없이는 갈 수도 없어 마을사람들도 선뜻 마음을 내지 못하고 있는 곳이다. 그러나 처녀는 너무나 배가 고파 위험을 감수하며 까지 총각에게 그 '돌섬'에 데려다줄 것을 부탁하게 된다. 총각은 '돌섬'에 처녀를 실어다 주며 한낮이 되면 태우러 다시 오기로 약속을 한다. '돌섬'에 내린 처녀는 여기저기 붙어있는 해초를 보고 너무나 좋아하며 일을 하였는데 어느새 한낮이 다되었다. 곧 총각이 배를 저어 나타나겠거니 하며 그때까지 하나라도 더 따야겠다며 더욱 힘을 낸다. 그런데 갑자기 바람이 거세지며 주변 파도가 점점 높아지지 않는가. 한편 마을에 있던 총각도 약속시간이 되었기 포구로 나갔는데... 웬걸, 아침까지 조용하던 바다가 풍랑으로 인하여 뒤집힐 듯 으르렁대어떻게 배를 띄울 수가 없을 지경이었다.

이제나저제나 하면서 애를 태웠지만 한낮이 지나고, 저녁이 지나고, 밤이 와도 거센 풍랑은 그치지 않고... 마을 앞 '돌섬'위엔 파도가 계속 높이 치 솟아 오르고... 그 날 이후 처녀는 '돌섬'에서 영영 보이지 않게 되고 말았다.

'애바위'란 파도 속에서 처녀가 살려 달라며 '애쓰다 죽었다.' 하여 그 '돌섬'에 붙여진 이름이다.

이 이야기는 강원도 삼척에서 울진으로 내려가다 보면 임원항을 9㎞쯤 앞둔 원덕읍 갈남 2리에 있는 신남리 '해신당'에 얽혀 있는 전설이다.

그 옛날 관동(關東)이라 불려진 7번 국도 자락을 가다 보면 곳곳에 새롭게 유명세를 타고 있는 것들이 무척 많이 있다. 조선시대 때 고성의 삼일포, 간성의 청간정, 강릉의 경포대, 양양의 의상대, 삼척의 죽서루, 울진의 망양정, 평해의 월송정, 그리고 지금은 북한에 있는 통천의 총석정,을 관동8경 이라 하여 최고로 쳤지만, 이제는 여기에 더하여 통일전망대며 화진포와 송지

호, 척산 온천단지, 정동진, 망상, 황영조공원등... 그리고 이곳 신남리에 있는 해신당도 이제는 국도7번 자락에서 빼놓을 수 없는 아주 중요한 명소가 되어있다. 해서 이제는 관동8경이 아니라 관동 수십 경이라는 말이 맞다는 생각이 든다.

필자가 이곳 '해신당'을 눈여겨본 것은 아마 10년도 족히 더 된 것 같다. 겨울바다가 좋아 곧잘 영동고속도로를 타고 7번 국도로 해서 동해를 보며 포항까지 가서 고향인 대구로 가곤 하였기에... 그때 이곳을 자주 지나쳤는데 당시엔 안내판도 제대로 세워져있지 않아 수차 지났다가 다시 되돌아 찾아갔던 기억이 난다. 그 당시 모 TV방송에서 이곳 '해신당' 이야기가 나왔다. 아마 "세상에 이런 일이..."? 라는 프로그램 같았는데 '해신당'에서 남근을 훔친 노총각이 밤이면 처녀귀신에게 시달리는...

'해신당'은 동해안에서 유일하게 남근숭배민속(男根崇拜民俗)이 보존된 곳이다. 사당안엔 나무를 깎아 남근(男根)을 만들어 매달고는 금줄을 쳐서 잡인들의 접근을 금하고 있다. '해신당'을 '해랑당'(海娘堂)이라고도 부르는데 주변에 있는 신수(神樹)인 향나무 가지에는 실물 보다 조금 더 큰 향나무와 소나무 등으로 깎은 남근이 엮어져 주렁주렁 매달려 있다.

이곳에 왜 이렇게 남근천지가 되었는가? 연유는 이렇다. 처녀가 '애바위'에서 죽은 뒤 마을에는 고기가 잡히지 않았다. 고기잡이로 생계를 꾸려 가는 마을에 고기가 잡히지 않는 것은 참으로 큰 변괴였다. 그런데 설상가상으로 바다에 나간 마을의 어부들도 큰 풍랑을 만나 집으로 돌아오지 못하는 경우도 자주 생겼다. 어부들 사이는 물론 온 마을에는 이 일련의 것들이 모두 '돌섬'에서 애쓰다 죽은 처녀 때문에 일어난 일이라는 괴담이 떠돌고 있었다. 어느 날 화가 난 한 어부가 바다를 향해 남근을 내어놓고 냅다 오줌을 갈기면서 처녀에게 욕을 하였다. 그런데 그 다음날 이상하게도 그 어부의 그물에 많은 고기가 잡혔다. 또 그 총각의 꿈에 처녀가 산발하고 나타나 "내 원혼을 달래어 달라." 라는 하소연을 하였다. 이상하게 생각한 총각은 날이 밝자 향나무로 남근을 깎아 나무에 엮어 달아 놓고 처녀의 혼을 위로하는 제사를 올렸다고 한다. 그런 이후 총각에게도 고기가 잘 잡혔다. 얼마 후 마을 어부들도 그 사실을 알고는 너도나도 남근을 깎아 나무에 매달아 놓고 처녀에게 제사를 올렸다. 그랬더니 그 날 이후론 모두에게 고기가 잘 잡혔다고 한다.

그래서 마을 사람들은 고기가 잡히지 않은 것이 '돌섬'에서 애쓰다 죽은 처녀의 원혼 때문이라 확신하고 처녀의 위령제를 지내자고 하여 '해랑당'을 짓고 실물 보다 조금 더 큰 남근을 깎아 '신목'에 매달고 치성을 올리게 되었는데 그런지가 벌써 4~5백년은 되었다고 한다. 매년 음력 정월 대보름날 올리는 '해랑당' 제사는 이제 마을의 큰 연중행사가 되었다.

몇 년전 충청도에 사는 장가 못간 노총각 한 명이 이곳 '해신당'에 나타났다. 그는 '해랑신'에게 소원을 빌면 꼭 들어 줄 것이라 믿고는 장가를 보내달라며 온 정성으로 치성을 드렸다. 그러면서 돌아가는 길에 '해랑영정' 옆에 걸어놓은 나무로 만든 남근(男根)하나를 슬쩍 가져가게 된다. 그는 그것을 부적처럼 자기 방에 몰래 숨겨놓고 '해랑신'이 도와주기만을 기다리는데...

그런데 어느 날 밤 총각이 곤히 자고 있는데 웬 처녀가 예쁘게 분단장을 하고는 문을 열고 나타났다. 마치 꿈속 같았지만 그는 너무나 기뻐 그 처녀를 얼싸안고 밤이 새도록 운우지락(雲

雨之樂)을 나누었다. 그 날 이후부턴 이러한 상황이 매일 밤 벌어졌다. 하지만 이상한 건 아침이 되어보면 그 처녀는 어디에 갔는지 흔적도 없다는 것인데... 근 1달 여를 매일 밤 처녀들과 밤을 보낸 청년은 그 몰골이 몰라보게 피폐(疲弊)해 졌다. 피골이 상접하고 눈은 퀭하여 도저히 산사람 같지가 않았다. 부모들이 크게 놀라 이름난 병원 수십 곳을 찾아가며 진찰을 하였지만 병명하나도 확실하게 알지를 못했다. 한동안을 전전긍긍하다 결국에는 청년이 그 남근을 이곳 '해신당'까지 다시 되 가져오고 난 후에야 몸을 회복할 수 있었다. 필자는 지금도 그때 방송에서 본 귀신같이 분장한 처녀가 매일 밤 번갈아 가며 총각 앞에 나타나던 장면들이 눈에 선하다. 그 방송을 본 뒤 필자는 종종 무심히 스쳐갔던 이곳에서 그런 해괴한 일이 벌어졌다는 사실을 알고는 더욱 관심을 갖게 되었다.

이제 이곳은 남근천지(男根天地)가 되어있다. '해신당'이 있는 '신목' 주변뿐이 아니라 주변 일대를 아예 남근단지(男根團地)로 꾸며 놓았다. 여기도 '거시기' 저기도'거시기'... 심지어 '해신당'을 둘러쳐 놓은 안전난간대도 그 지주(支柱) 머리가 '거시기'(男根)다. 당시도 남근이 없었던 것은 아니지만 문이 굳게 닫혀진 '해신당' 안에만 조그마한 남근이 매달려 있는 것을 유리창호를 통하여 볼 수 있었다. 그랬는데 아마 98년도인가? 이곳에서 제1회 남근축제가 열렸다. 그때 기회가 되어 필자도 동참하게 되었는데 작가들이 '거시기'들을 얼마나 리얼하게 표현되었던지 아이들과 함께 온 지인이 민망해하며 얼굴을 붉히며 어쩔 줄을 몰라 하던 기억도 난다. 이곳에 세워진 장승같은 '거시기'는 그 축제 때 처음 세워졌고 이어 매년 회수를 더해가며 더 생겨났는데 이제는 '거시기'들이 너무 많아 새로 태어날 '거시기'는 자리 잡기가 어려울 정도이다.

이것은 몇 년도 '금상' 이것은 몇 년도 '은상' 이것은 몇 년도 '대상'... 남근에 주어진 상 종류도 가지가지다. 년도별로도 다 다르고... 또 참가자들도 해가 갈수록 다양화되어 있었는데 올해에는 유럽을 포함하여 전 대륙에서 다 모였다. 거기에 따른 '거시기'의 형태도 각양각색이었는데 '남녀거시기'를 같이 달고있는 놈, 인물이 좋은지 실실 웃고있는 놈, 반대로 우는 놈, 여자 몸을 가진 놈, 여자를 즐겁게 해주려고 구슬을 박은 놈, 에이즈가 무서운지 콘돔을 뒤집어쓴 놈, 어떤 놈은 못을 온몸에 박고 있는 놈도 있다. 아프리카에서 온 놈은 '거시기'가 세카맞네... '정선생' 이것을 물끄러미 쳐다보더니 "이것을 훔쳐 가면 이번엔 외국여자들만 나오겠지?" 모두 박장대소를 해댄다.

해신당 뒤엔 2002년 삼척시에서 수 십억을 들여 '어촌민속전시관'이란 것을 만들어 놓았다. 들어가기 전엔 '어촌민속전시관'이라 해서 뭐 그저 그런 정도이겠거니 했다. 1층으로 들어가니 수족관이며 '해랑'과 '청년'이 '애바위'를 사이에 두고 애절하게 부르는 모습을 미니추어로 제작한 전시실 등이며 각종어선, 갖가지의 낚시와 어구들이 예상대로 전시되어 있었다. 그런데 관람 중 밑층에서 '까르르'하는 비명 같은 웃음소리가 자주 들려와 '왠 비명?' 하며 궁금증을 자아냈는데... 잠시 후 지하층에 내려서며 우리일행도 폭소 아닌 폭소를 터뜨리고... 4층 규모의 전시실을 돌아 나온 뒤엔 일행 모두가 서로 서로 쳐다보면서 다시 한번 큰 웃음을 터뜨린다. 하면서 한편은 얼굴을 붉힌다. 민망해하며...

역시 '어촌민속전시관'이라는 바깥이름과는 다른 이곳 '해신당'에 걸맞게 속에는 가히 일품이 들어 있었다. 전 세계에서 수집

되어온 성물(性物-거시기)로 꽉 차 있다. 지하2.3층 전시실은 '거시기'와 '거시기'가 서로 뒤범벅이 되어 있었는데 어디서 수집을 하였는지 중국과 일본 남아메리카 유럽 아프리카 오스트리아에서 온 것도 있었다. 짧게는 십 년 전부터 길게는 수 천년 전의 것들로, 세계각지에 있었고 또 그곳에서 사용했던 '거시기'며, '거시기'를 위한 것들까지...

주차장 앞에 오니 파라솔 밑에서 인심 좋아 보이는 40대의 아주머니가 생선을 연탄불에 구우며 자리를 권한다. 때맞춰 비도 오고 또 '이선생'의 식도락을 위하여 일행은 여름이 끝나지 않았음에도 불 아궁이가 있는 좌판을 가운데로 하고 주욱 둘러앉아서는 무엇이든 얼른 먹어치우겠다며 다들 손가락을 벌려 폼을 잡는다.

"이곳에는 아직 정확한 가격이 매겨진 집들은 없답니다." 주변 경관에 빠져 구운 생선도 몇 점 먹지를 못한 '박선생'이 노후에 정착을 하려면 이런 곳이 좋겠다며 주변 집 시세를 물어보니 아직은 외지에서 땅을 보러 오는 사람이 별로 없단다. 우리가 허기진 듯 생선가시까지 통째로 씹어대니 아주머니가 떡을 한 접시 내어놓으며 아직 따끈하니 먹어보란다. 조금 전 필자가 '해신당' 관리소를 나오다 지나가는 방파제공사를 하는 인부들이 고사를 지냈다고 하는 말을 들은지라 '어디 고사떡입니까?' 하며 물었더니... 허허, 글쎄... 이 떡은 고사에 사용한 떡이 아니고 남은 떡이란다. 무슨 말이냐고 다시 물었더니 고사를 준비하기 위해서 만든 떡이지만 고사에는 사용하지 않은 떡이란 말이란다. 필자가 웃으며 그런 것이 어디 있습니까. 하면서 우리는 고사지낸 떡을 더 좋아한다고 했더니 그녀도 따라 웃으면서 도시사람들은 고사떡은 귀신 떡이라며 먹지를 않아서 일부러 그렇게 말했다고 한다. 그러면서 반상 밑에서 크게 자른 떡 두 개를 더 내놓는다. 이곳에선 매년 정월보름날 외에도 시월 초오일이면 풍어제를 지낸다. 그때도 '해신당'에 남근을 깎아 매달고 제사를 지낸다. 제사 때 외지에서도 많은 사람들이 오는데 돌아 갈 때면 고사떡을 조금씩이라도 가져가려고 난리가 난단다. '해신당'에 올린 떡은 먹으면 재수가 좋다고 소문이 나서라는데 요사이는 방파제 축조 공사가 많아 고사지내는 것을 자주 볼 수가 있단다.

고사(告祀)라고 하면 필자도 자주 접하고 사는 편이다. 본업이 토목 엔지니어이다 보니 각종공사의 착공 때나 준공 때에도 고사를 종종 지낸다. 또 지인들이 창업을 하거나 이사를 할 때도 가능하면 고사를 지내도록 권유를 하는 편으로 원하면 고사축문까지도 준비해서 참석을 한다. 이렇게 지내는 고사를 일반적으로 안택고사(安宅告祀)라고 한다. 어원적으로는 터주에게 빌어 터를 편안하게 한다는 의미지만 필자는 그 의미를 조금 달리 해본다. 고사는 오히려 비는 사람의 마음을 편케 하기 위함이란 것이다. 다소 역설적이겠지만 우리가 이사를 갈 경우 다소나마 새집에 대한 막연한 불안에 싸일 때가 있다. 이럴 때 고사를 지내니 마음이 매우 편해졌다 라는 말... 내가 뭐에게 빌어서 도움을 받았다고 볼 수도 있겠지만 역으로 내가 빌었기에 별일 없겠지 라는... 즉 주체가 내가 될 수 있다는 것이다. 그렇다면 고사떡도 귀신이 먹은 '귀신떡'이 아니라 내가 나를 위하여 축원한 떡, 즉 내 염원이 서려 있는 '나의떡'이라는 것이다. 이럴 경우 '나의떡'은 염원이 담긴 '소원 떡'이 되어 모든 사람들이 골고루 나누어 먹으므로 그 염원을 공유할 수 있다는 것이다. 우리들이 흔히 제사를 끝내고 제군들이 둘러앉아 음복을 하는 것처럼 말이다.

'음복(飮福)'이 뭐냐? 바로 복을 마신다는 뜻이 아니던가.

일행은 가게아주머니가 준 '소원떡'을 구운 생선보다 더 많이 먹고는 점심 먹는 것도 잊은 채 자리를 일어선다.

- 2004. 4

민족(民族)의 세시풍속(歲時風俗)

- 풍물한가락(금호동무쇠막)

"덩~덩~ 덩~따 궁~따""더궁~덩~ 덩따 궁따"

삼채를 치다 가게 앞에서 상쇠가 냅다 소리를 내지른다.

"~ 문 여소. 문 여소. 주인장 문여소~. . ~만 인간 들어갈제 ~만 복이 들어갑니다.~"

북을 잡은 필자도 이때 상쇠의 선창에 화답하며 북채로 휘모리를 북이 찢어져라 조져된다.

정월 대보름날

'무쇠막'이라는 풍물패 깃발과 '농자천하지대본(農者天下之大本)'이라는 농기(農旗)를 앞세운 풍물패는 시내골목을 요리조리 용트림을 하며 잘도 돌아다닌다. 상쇄인 '최사부'가 어느 집 대문 앞에서 선창을 하니 일제히 화답을 하는데 그 우렁찬 소리는 온 마을을 휘감고 다시 돌아와 우리의 귀청을 후려친다.

"주인, 주인 문여소 문 안 열면 갈라요."

"거---뉘시오."

"다름이 아니라 우리는 이 강산 저 강산 이 마을 저 마을을 찾아다니며 노래 잘하고 춤 잘추고 술 잘먹는 무쇠막 풍물패들인데 이곳 금호동 최부자님이 우릴 부르시니 그냥 갈 수가 없구료. 주인어른 온갖 만복을 불러들이는 흥겨운 판을 벌이기 위해 여기에서 굿을 칠까요? 말까요?"

"굿을 치긴 치되 허술게 치지 말고 우리 집에 낀 온갖 잡 부정들이 싸그리 달아나도록 걸판진 굿판을 한판 벌려 주도록 하시오."

대문을 열고 나온 집주인이 흰 봉투에 돈을 넣어주며 안으로 들어와 한판 놀아달란다.

앞에선 상쇠가 문을 밀고 집안에 들어서며 요란한 풍물소리를 반주로 무병장수, 소원성취, 사업 발전을 기원한다.

"자 여러분 그럼 굿판을 벌려보는데, 드리세 드리세 만복을 쳐 드리세"

"덩~ 덩~ 궁딱궁~ 궁따궁따 궁따궁"

"잡귀잡신은 물알로 만복은 이리로

"궁딱궁~ 궁딱궁~ 궁따궁따 궁딱궁"

별달거리 두 장단이 힘있게 두드려 지다 다시 삼채로 가락이 변한다.

"자, 이렇게 이곳 최부자집에서 올 한해 찾아들은 왠갖 잡 부정은 싸그리 몰아내고 운수대통하게 오방지신과 사해용왕님께 만복과 건강도 함께 빌어주는 것이 어떠냐?"

'최사부'가 선창을 떠니 난장패들이 모두 난리다.

"거 좋지 흰 봉투에 돈 많이 넣는 것 봤어."

"어혀라 지신아~ 용왕지신 울려보자"

덩~ 덩~ 덩~ 덩~...

다시 다음 집을 찾아 문을 열고 들어간다.

"오늘이 뭔 날인고 하니 풍물패 중에서도 우리나라최고의 풍물패인 '무쇠막' 풍물패가 이곳 금호동에서 정월대보름을 맞이하여 깃발도 세우고 나발도 불며 한 판 걸직하게 굿판을 펼치는 날이다. 자! 이제부터 우리네 삶을 힘들게 만들고 어렵게 만드는 왠갖 잡부정을 막아내기 위해 금줄도 치고 지신도 밟아봅세..."

상쇠의 선창에 필자를 포함한 패거리들이 둘러서서 굿거리, 삼채, 휘몰이로 크게 한판 몰아친다.

몇 년 전 필자는 서울시 중구에 있는 '무쇠막' 이라는 한 풍물패를 알게 되었다. 조금은 엉뚱하였지만, 어느 해 가을 덕수궁 옆에 있는 정동극장에서 미친 듯이 두들겨 대든 '김덕수 사물놀이패'의 공연을 본 것이 그 계기가 되었다. 유독 그 날의 사물가락은 필자의 가슴을 칼로 저며 내는 듯한 통증을 느끼게 하였는데... 돌아오는 길에 동행했던 '임선생'에게 그 얘기를 했더니 그는 이미 몇 년 전부터 그런 기분을 느끼고 있었단다. 하면서 언젠 간 꼭 '사물놀이'를 배워보겠단다. '그래? 널 털털하게만 보였는데 님이 그런 감성도 가지고 있었나?' 약간은 의아심을 가지면서도 그렇게 한동안 잊고 지냈는데....

"이형, 오늘 좋은 대 같이 갑시다." 어느 날 직장이 파할 무렵 '임선생'이 넌지시 폼을 잡는다. 술을 무척 좋아하시는 님이라 혹 좋은 술집이라도 잡아두었는가 했는데 전철을 두 번이나 갈아타고 간 곳은... 금호동에 있는 풍물놀이 마당 '무쇠막'이란 곳이었다. 뒤에 안 일이지만 '무쇠막'이란 철을 녹여 그릇이나 농기구를 만드는 곳으로 이곳 금호동의 옛 속명이기도 했다는데 풍물마당에서 그 유례를 빌어 이름으로 쓰고 있단다.

"덩~따따 궁~따따~ 궁따다~ 궁딱~"

지하실로 내려가는 계단엔 경쾌한 장구소리가 방음 문을 뚫고 우리 귀를 현혹한다. 방음이 된 두꺼운 출입문을 열고 들어서니 실내엔 20여명정도 되는 회원들이 온몸으로 땀을 흘려대며 장구, 북, 꽹과리, 징을 때리는데 그 사물에서 터지는 비명소리가 가히 천지간에 있는 모든 소리가 합성되어진 것처럼 들린다. ...그날 이후 '임선생'과 필자는 풍물놀이마당 '무쇠막'에 입문하게 된다.

"풍물의 유례를 근간 사당패에서 그 뿌리를 찾는 사람도 있지만 그 역사성으로 볼 때는 반만년전인 고조선시대부터 시작되었다고 합니다." 30대 중반이 되었다는데도 처녀라서 인지 20대 후반으로 밖에 보이지 않는 예쁜 '최사부'님은 그 특유의 앙칼진 음색을 뱉어내며 풍물에 담긴 역사성을 얘기한다. 예로부터 우리민중들에게는 자연의 소리를 4개의 악기로 표현했는데 꽹과리는 뇌공(雷公), 징은 풍백(風伯), 장구는 우사(雨師), 북은 운사(雲師)를 상징한단다. 삼국유사 고조선조에는 환웅이 삼천 명의 무리를 이끌고 신단수 밑에 내려와 신시(神市)를 베풀었는데 이때 풍백, 우사, 운사를 거느리고 곡식, 수명, 질병, 형벌, 선악을 주관하고 360여 가지의 인간사를 다스리며 교화시켰다는 기록이 있는 것으로 보아 풍물의 역사성을 반만년이전인 고조선시대로 봄이 정당하단다. 또 최근세 전문 풍물꾼은 사당패에서 찾을 수 있지만 우리나라 민간에도 최근까지 북, 장고, 북, 꽹과리와 상여만은 시골 어느 마을에도 없는 곳이 없어 풍물은 근자 민간놀이의 전통으로도 이어졌다는 것을 알 수 있다고 한다. 그러면서 이 시대에 세계적으로 유명해진 사물놀이에 대하여도 이야기한다.

"원래 풍물에서 '사물놀이'라고 별도로 불려진 것은 없었습니다." 그러던 것이 1978년 사당패의 후손인 '장구신동 김덕수'에 의하여 장구, 북, 꽹과리, 징으로 어루어진 풍물이 '공간사랑'이란 곳에서 '사물놀이'란 이름으로 이 세상에 탄생되었단다.

'김덕수' 그는 언젠가 모 기자와 인터뷰에서 어린 시절의 이야기를 이렇게 털어놓았다. "추석 다음날이었죠. 아버지가 절 때때옷을 갈아 입히고 고사리 같은 손을 잡고 나셨지요. 기분이 좋았던 것 같아요. 1957년으로 제가 다섯 살 때였죠. 그 길로 엄마 곁을 떠났던 겁니다." 그것이 그가 기나긴 유랑의 길을 떠나게 된 시작이었단다. 그로부터 20여 년 후 1978년 2월28일 김수근 선생이 지은 계동 공간건물에 '공간사랑'이라는 소극장이 개장되며 "전통예술의 밤"이라는 새로운 무대가 마련된다. 그 첫날밤을 민속악회 시나위의 정기연주로 때웠는데 그 한 프로그램으로 '웃다리풍물'이라는 사물이 들어가게 되었다. 그때 '김소희' 선생이 삼배위에 '사물놀이'라 써주게 되었는데, 이것이 우리나라에서 '4물놀이'라는 단어가 처음 사용하게 된 시초가 된 것이다.

'사물놀이'란 농악 무속 탈춤 성주굿 대동제 소리 민요 등에 녹아있는 우리의 음악이요 철학이며 정신인 신 바람나는 민족가락을 한곳에 모아 집대성한 것이다. 일부학자들이 '사물놀이'를 일부 농악 리듬을 정리한 것으로 취급하는데 전혀 아니란다. '김덕수'는 우리나라의 예술은 모두 무속에서 나왔다고 해도 과언이 아니라고 한다. 무속의 무가에 청배(請拜)라 부르는 것이 있는데 그곳에 연원(淵源)을 두고 '남도무속'은 후에 '판소리'가 되었고 '경기무속'은 '경기민요', '황해도, 평안도무속'은 '서도민요'가 되었다. 흔히 우리는 판소리하면 그것이 마치 영.정조 때부터 성행하고 있었던 예술이 구한말에 가서 퇴색된 것으로 아는데 사실은 이 모든 것이 19세기말에 이르러 완성된 것이다. 이렇게 보면 '송만갑'은 판소리의 집대성자이며 완성자고 이 판소리의 리듬구조를 기악화한 산조는 전남영암의 '김창조'가 시조이다. 해서 사물놀이란 새롭게 개창된 국악예술로 보아 바로 '김덕수'를 사물놀이의 시조라고 해야할 것이다.

'김덕수'는 사당패의 후예인데 1964년 그가 12살때쯤 부산 초량에서 포장굿을 친 것이 남사당의 종언이었다고 한다.

원래 사당패란 정처 없이 떠돌아다니면서 곡예와 연예를 연회하던 무리로 처음에는 천민들 중 여자들만이 모갑 또는 꼭두쇠를 우두머리로 하여 떼지어 다니면서 술자리에서 가무를 하고 한편으로는 매음을 부업으로 삼았다. 그 후 조선 말기에 남자들만으로 구성된 사당패가 출현하였는데 이를 남사당패라고 한다. 이들은 가는 곳마다 절을 집결장소로 삼고는 절에서 내준 부적을 팔아 수입으로 생활을 하고 그 일부를 절에 바치기도 하였다.

풍물은 이런 사당패들의 전유물로 내림 되어오다 근세에 들어 민간 농악으로 발전되었다. 그 경위를 역사학적으로 고찰해 본다면 왕조가 무너지고 신분의 차이가 없어지자 토지는 귀족계급에서 일반농민에게 넘어가고 천민들의 전유물이던 풍물도 농악으로 변해 자리 매김 되어진다. 해서 삼십여년전 까지만 해도 농가에선 쉽게 이 4물을 접할 수가 있었다. 허나 아이러니 하게도 이 시대 자립경제와 위대한 민족중흥을 일으키신 '박정희대통령'의 새마을운동은 초가집과 함께 전국의 풍물도 사라져 버리게 하였고 이제 사물은 국정을 반대하는 데모대의 구호반주물로 전락이 되어 버렸단다.

먼저 '인사 굿'을 배운다. 덩~덩~ 덩~덩~ 덩~그러러 딱! 열채로 장구의 채편을 한차례 '딱' 때리며 "안녕하세요." 하고 인사하는 법부터 배운다.

계속해서 '이채'며 '삼채'를 배우고 앉은반(앉아서 사물을 치는 법)이며 선반(서서 사물을치는법)을 배운다. 조금 장구채가 손에 익숙해질 무렵 기교가 한 것 들어간 설장구를 배운다. 당시 우리기수는 14명으로 무쇠막에선 26기로 통하였다. 일주일에 두번 하루 2시간씩 해서 3개월 정도를 하여 풍물일반과정을 수료했다. 처음 시작 할 땐 20명이 넘었는데 끝날 때쯤엔 7~8명이 탈락했다. 불행히 필자를 이곳에 끌어다준 '임선생'도 그 7~8명중에 한 명이 되고 말았으니...

"이형, 해보니 나는 마음만 앞섰다는 생각이 드데요. 꼭 할 수 있으리라 했는데..."

필자가 중도 하차한 '임선생'에게 몇 번이나 같이 가자며 권한 뒤에 들은 답변이다.

풍물 배우는데도 요령이 있다? 그러나 필자의 경우엔 달리 별다른 요령은 없다고 본다. 그런데 이상한건 주변 지인들에게 수도 없이 권하여 풍물패주변까진 제법 많이 데리고 갔는데도 대개가 한 두번 참석하고는 갖은 변명을 다하며 물러앉는다. 입으로는 좋다고 하면서도... 해서 나름대로 한번 분석을 해보았는데 40대의 굳어진 팔로 장구의 '궁채' '편채'를 마음대로 주무르기란 결코 만만치가 않음을 느낀다. 정교하면서도 날렵한 속도감을 싣고는 좌우로 넘나들어야 하는 왼팔의 경우는 더욱더... 필자의 경우도 처음은 다소 생경(生硬) 서러웠지만 점차 적응이 되었는데 아마 늘 가까이 해온 음악이 한몫 한 것이리라. 또 젊은 시절 청년문화를 한답시고 통기타를 매고 다니며 팝송이나 포크송을 흥얼거린 득도 있었으리라. 아무튼 각고의 노력 끝에 사물기본과정을 수료한 필자는 '무쇠막'의 정회원이 되어 풍물패가 되는데 성공했다. 정회원이 되니 재미있는 일도 많았다. 정회원만의 행사인 경기도 가평 대성리에서 열린 '머꼬지'행사에 도 참석하게 되었다. '머꼬지'? '먹고지'? 생소한 말에 선배회원은 풍물패들이 야외에서 선반놀이를 하면서 현지에서 음식도 해 먹고 즐기는 요사이말로 봄철 화전(야유회)행사와 같은 것이라고 했다. 훗날 '머꼬지'에 대하여 국어사전을 들먹여 가면서까지 어원을 찾았지만 문헌 어디에도 그러한 단어는 보이질 않아 지금까지도 그냥 당시 그 선배회원의 말만으로 짐작해 볼뿐이다.

계곡은 시간이 지날수록 온통 하얀 눈 속으로 묻혀져 간다. '머꼬지 행사'는 필자가 생각한 것보다 더 크고 웅장(?)했다. 사람들은 그냥 현장으로 갈 수가 있었지만 장고와 북 같은 풍물장비가 문제였다. 대형 트럭이 필요할 정도다. 50여명이 참석한 행사에 사용할 장비는 장고를 비롯하여 징이며 꽹가리, 북, 소고, 상모, 깃발, 등등... 사무실에 비치되어 있을 때엔 별로 느끼지 못한 부분인데 그 규모가 생각보다 엄청 컸다. 당일 필자는 회원 한 명과 승용차로 먼저현지에 도착했었는데 날씨가 너무 좋아 저녁 무렵까지만 해도 이곳에 눈이 오리라곤 상상도 못했다. 행사는 저녁을 해먹는 것으로 해서 시작되었다. 이곳 대성리 구운천 계곡은 원래 여름철 행락객을 위하여 만들어진 계곡 산장이다. 건물은 모두 가건물로 '샌드위치판넬'로 지어져있다. 방 규모는 적게는 2~3평에서 50평이나 되는 큰 것도 있었다. 일행은 50평 짜리 방 한 개를 빌려 남녀노소를 불문하고 모두 한곳에 들어가기로 했다. 풍물패 특성상 여성회원들이 많아 야외임에도 불구하고 남자회원들은 제법 멀찌감치 주방과 떨어져도 되었다. 수년간의 전통이어서 인지 분야별 임무가 확연히 구분되어 보였고 잠시 후 특화된 주안상까지 차려지자 일부원로 회원님들은 반주(飯酒)를 겸하고는 굿거리장단에 맞춰 덩실덩실 어깨춤을 춰댄다.

“눈이 온다.” 만찬이 끝나갈 무렵 모 회원님이 마치 반가운 친구가 오기라도 하듯이 방문을 열고는 인사를 해댄다. 정말 열린 문 밖으론 흰눈이 흩날리고 마당엔 이제 막 눈이 쌓여지고 있었다. 이제부턴 남자회원들의 나설 차례란다. 마당에 불을 지펴는 것은 남자회원들의 몫이란다. 장작이며 각목들을 제재소에서 화목(火木)용으로 한 트럭이나 준비를 했단다. 올해는 이곳에서 구할 수가 없어 서울에서 운반을 해왔다니...

벌써 주변은 하얀 눈뿐이다. 겨울밤은 칠흑 같이 어두운데 화톳불에 희끗희끗 ‘눈 벌레’가 날아들어 죽어가고 있었다. 어느새 전 회원은 장구며 소고며 징과 북을 둘러메고 불 앞으로 모여든다. “갱~ 갱~ 갠지~ 개갱~” 꽹과리를 든 ‘최사부’가 삼채가락으로 내리 치며 힘껏 소리친다. “무쇠막, 풍물패 님들~ 이곳 대성리 ‘머꼬지’행사에 오신 것을 환영합니다. 그럼 지금부터 세상만사를 던져버리고 신명나게 한판 벌려봅시다. 얼슈~”

“갠지~ 갠지~ 갠지~ 개갱”

“둥~ 둥~ 둥~ 둥~”

“덩~ 덩~ 덩따 궁딱”

“징~징~징~징~”

사물이 계곡의 고요를 걷어내자 ‘최사부’를 선두로 50여명의 풍물패들은 눈발사이로 태극진을 만들며 화톳불주위를 빙빙 돌아들 간다.

그날밤 눈 속에서 시작된 ‘무쇠막’의 겨울 ‘머꼬지’행사는 다음날 새벽 무렵에야 끝이 났다. 그 다음해 봄엔 용인에 있는 모 회원님의 별장에서 행사를 하였고... 그렇게 몇 년을 풍물패에 묻혀 지낸 필자는 어느 날 뭔가가 몸 밖으로 뚝 튀어 나오는게 있는 것을 느꼈다. 그것이 정확하게 무엇인지는 아직까지도 명쾌하게 밝혀보지 않았지만 말이다...(사실 밝히고 싶지 않아서이지만)

우리나라의 세시(歲時) 풍속중 음력 정월 초사흗날부터 보름까지 행하는 민속놀이인 '지신밟기'라는 것이 있다. 지신(地神)을 진압하고 벽사(辟邪)하여 마을과 가정에 안강과 다복이 깃들기를 비는 마을행사이다. 지방마다 '마당밟기'"매귀(埋鬼)놀이'라고도 부르며 그 절차와 등장인물, 복색 등에도 다소 차이가 있다. 그러나 꽹과리·징·북·장구·쇠납 등의 기본풍물을 선두로 소고패·양반·하동(河童)·포수·머슴과 탈을 쓴 각시 등이 등장하는 것은 대동소이하다. 그 놀이 형식을 보면 당산굿을 시작으로 하여 풍물패들이 집집마다 돌아다니며 지신을 밟고 지신풀이가사를 창하며 춤과 익살과 재주를 연희(演戲)하는데 늘 선두에는 '농자천하지대본(農者天下之大本)'이라고 쓴 기를 앞세우고 그 뒤를 풍물패(농악대)와 가장행렬패들이 따른다. 그러나 요즈음은 전통예식을 정확하게 따르는 풍물놀이는 점점 찾아보기 힘드는데 그나마 이곳 '무쇠막' 풍물패는 좀 나은 편에 속한단다. 대개가 주변 정황과 적당히 얼버무려 진행하다보니 이제는 변형된 풍물놀이가 더 쉽게 우리 곁에 와 닿고있는 실정이다. 그 날의 지신밟기행사는 하루 종일 걸렸다. 주민들이 많은 호응을 해주었고 가는 곳마다 집안으로 불려들어 돈 봉투며 음식을 내와 극진하게 대접을 잘해주었다. 점심을 중국집에서 먹었는데 가게주인이 아예 다른 손님은 받지를 않고 풍물패를 위하여 각종 요리를 만들어 내놓았다. 마침 일요일이라 교회에도 갔는데 예상외로 반응이 아주 좋았다. '최사부'는 교회신자들의 성화에 못 이겨 교단 위에 올라 설교대신 노래가락을 수차례나 하는 진풍경을 연출하기도 했다. 또 학교건축을 하고 있는 공사장에서는 현장인부들이 막걸리를 들고 나와 잔을 돌리며 한패거리가 되기도 했다. 필자도 한잔 받아 마셨더니 아예 북을 한번 빌려달란다. 왕년엔 자기도 풍물깨나 때렸다며... 채잡는 솜씨가 보통은 넘어 보인다.

"매년 이렇게 행사를 하여 무쇠막 운영자금을 만든답니다." 하루 종일 상쇠노릇을 해 온몸이 파김치가 된 '최사부'에게 힘들지 않느냐고 물었더니 회원의 회비로는 회 운영이 어렵다고 했다. 그러면서 다행이 이곳 지역 분들이 풍물패를 아끼는 마음에서 물심양면으로 많은 도움을 주고 있어 그나마도 이런 행사를 매년 치를 수가 있다며 호응해주는 지역주민들이 무척 고맙단다. 그렇게도 느껴진다. 아직은 덜 개발된 이곳의 지역여건도 한몫했지만 개발이란 미명아래 많은 아파트가 점령군으로 들어오면 이곳도... 원주민이 떠나고... 인심도 떠나고... '무쇠막'도 떠나지...?

"웃~ 갱~ 갠지 갱~ 웃~ 갱~ 갠지 갱~"
"딱궁~ 궁 딱궁~ 딱궁~ 궁 딱궁"
"둥~두 둥~두 둥~두 둥~두"
"징~ 징~ 징~ 징~"
오래도록 필자의 머릿속엔 얼려지지 않은 '휘모리'의 미음(微音)이 끝나지 않고 내리 깔린다.

– 2002. 4

스키

– 겨울의 대표적인 레포츠 흰 눈보라 속에서 스트레스를 태운다

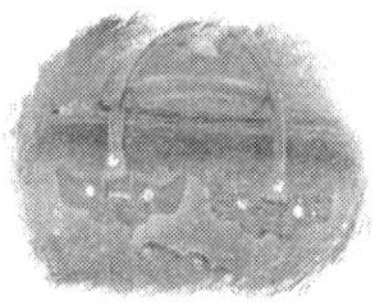

"아빠 !!!."

꼭 꿈속 같다. 아니 꿈속이었다고 하는 표현이 정확하겠다. 그렇다. 난 그 꿈속에서 막내딸의 비명 같은 외침을 들었다.

지금도 딸애는 그 일을 끔찍한 '비명사건'으로 종종 회자 하지만 그 사건은 대학3학년인 막내가 초등학생 때 있었던 일로 따지고 보면 아마 10년도 훨씬 더 된 일로 기억된다.

어느 겨울 무주에 있는 스키장에서 밤12시가 넘어 경부고속도로를 달려오는데 피곤하다며 일가족 모두가 졸기에 바쁘다. 그때 초등학생인 막내가 심하게 흔들린 차 때문에 정신이 들었는지 위험하다며 비명을 내지르니... 당시 필자는 주말이면 한번도 거르지 않고 전국의 스키장을 돌아다녔다. 가끔 힘이 들어 차를 몰고 오면서 깜빡깜빡 하기도 했는데 오늘 또 그만 깜빡 잠이 들었는지 그 무섭다는 졸음운전을 하고 말았다. 그런데 필자의 가족이 그 '비명사건'을 십 수 년이 지난 지금까지 오랜 동안을 기억하는 이유가 더 재미있다. 결코(?)필자가 졸음운전을 하여 사고를 낼 뻔한 것을 염려해서가 아니란다. '후후후'. 먼저 쓴웃음이 나온다. '너무 추위에 떨어서'란다. 그날따라 얼마나 심하게 졸음이 오든지 그래서 필자는 달리는 차의 창문을 모두 내려 버렸다. 시속120~130km로 달리는 차의 창을 열었으니... 엄동설한의 매서운 황소바람은 차창으로 들어와 곤히 자는 가족들을 모두 깨운다. 한번 생각해 보시라. 필자야 눈이 확 떠졌지만... 딸애를 포함하여 온 가족은 야간스키를 탈 때 보다 더한 보온장구를 뒤집어쓰고서도 온 얼굴은 온통 꽁꽁...

그 날 이후 늘 야간스키까지 타야 직성이 풀린다던 딸애는 오후만 되면 그만타고 집으로 가자며 성화를 부려 된다.

필자는 젊은 시절, 그러니까 우리나라에 스키문화가 그다지 활개를 치지 않았던 시절인 80년대 중반에 주변 모 못된(?) 지인의 꼬드김에 말려 스키매니아(?)가 되는 우(愚)를 범하고 만다. 왠 우(愚)냐고? ... '허허', 그 우(愚) 의 첫 번째가, 얼마 안 됐지만 가지고 다니던 용돈이 남는 꼴을 못 본다. 그리고 두 번째론 가까운 친구와 친척들의 얼굴을 통 볼 수가 없었다. 당시만 해도 서울근교엔 스키장이 많이 없었다. 천마스키장이나 서울리조트가 있었지만 슬로프가 지금처럼 좋지 않았고, 또 협소하여 초보자 때엔 그나마도 참을 만 했지만 좀 경륜이 붙으니까 영 '맛'이 없었다. 해서 시간을 좀 들이더라도 용평스키장이나 알프스스키장, 또는 무주스키장을 찾게 되었는데 당시 기름 값이 지금보다야 쌌다 치더라도 1박2일로 다니는 차량운행비하며 장비구입 비, 기타, 등 등 해서 행고(行苦)가 그렇게 만만치만은 않았다.

그렇다보니 때론 시간이 없어 지인을 못 만나고 또 가끔 시간이 날 땐 돈이 없으니... 그래서 후엔 집안행사를 아예 스키장 콘도에서 하기도 하였고 주변 지인들도 스키장으로 오게 꼬드겨서는 필자가 강사가 되어 직접 스키강습을 하기도 하였다.

"안녕하십니까."

슬로프에 서면 필자는 꼭 강사가 된 것처럼 폼을 잡는다. 필자가 처음 스키를 대한 것은 강원도 진부령에 있는 알프스리조트에서였다. 때가 스키시전이 끝나 가던 3월초라 이미 다른 서울근교 스키장은 이미 슬로프의 눈이 녹아 문을 닫기도 할 즈음이다. 당시 필자는 어쩐 영문인지 독한 무료함에 빠져 근질거린 온몸을 벅벅 피가 나도록 껄꼬 있었다. 한 지인이 이 소식을 알고는 고령(?)자들도 할 수 있다며 패러글라이딩 클럽을 소개하였는데 아주 거를듯해 보여 광주 매산리의 공수부대 훈련장까지 따라다니며 '패러글라이딩'을 배우게 되었다. 처음엔 몸집이 큰(?) 것을 핑계 삼아 몇 달을 두고 뒤뚱거렸지만 그래도 세월이 흐르자 병아리가 털이나 풀쩍이듯 제법 이력이 붙어 필자도 이제 몇 십 미터 상공은 가뿐하게 날아 올랐다. 그러고 보니 하늘에서 내려다 본 풍광이 너무 상큼하고 그 기분 또한 아주 경쾌하여 몇 해 전 타본 경비행기보다 훨씬 더 재미와 스릴을 느꼈다. 그러던 중 하루는 이곳 '최고급 활강코스'인 '200고지'에서 훈련최종 과정이기도한 '200고지점프'를 준비하게 되었다. 고지에 오른 필자는 바짝 긴장하면서도 한껏 폼을 잡고는 '패러글라이더'의 '산줄'을 당겨 '케노피'에 바람을 가득 실었다. 그리고는 떠오르는 '하네스'에 몸을 막 던져 올리려는 순간, '쿵!' 하며 바로 눈앞에서 뭐가 떨어진다.

...하늘에서 사람이 떨어진 것이다.

그 날 이후 필자는 '패러글라이더'를 두 번 다시 찾지 않았다. 기대에 대한 충격 또한 엄청 커 주변에 30이 넘어 '패러글라이더'를 하려는 지인이 있으면 밥을 사 다니면서 까지 말렸다. 그 날 필자 앞에 떨어진 사람이 동료는 아니었지만 당일 동행한 일행으로 허리가 부러져...

‘패러글라이딩’을 그만두고 또 몇 달을 궁하게 보내던 중 이번에는 ‘나선생’이 나타나 ‘스키’를 해 보잔다. 장비는 렌탈로 하고 한번 부닥쳐 보자며. 그러나 역시 스키부츠를 신고서야 이 것 또한 큰 덩치, 그리고 지금보다 더 나이 들면 배우기가 만만치 않겠다는 생각을 해본다.

“자! 여러분은 저의 30번에서 35번에 해당하는 제자들입니다.”
“이곳 알프스스키장에 오신 데 대하여 먼저 축하를 드립니다.”
필자는 스키강습을 할 때면 꼭 그 옛날 강사가 했던 말을 떠올리며 흉내를 내본다. 그러면 처음엔 모두 웃음을 짓지만 차츰 강의가 진행되고 실습까지 하게 되면 정말 전문강사가 진행하는 스키강습마냥 모두 진지하게 되는데, 어떤 땐 리조트 측에서 보고 슬로프에서 나와 달란다. 무면허강사가 일반인을 상대로 유료강습을 하고 있는 것으로 오해를 해서...

다 알다시피 스키는 눈이 쌓인 산과 들에서 하는 야외 스포츠이다. 눈에 덮인 높은 산 속에서 맑은 공기를 마시며 땀을 흘리고... ‘플레이트’라는 두 개의 발판으로 눈밭에서 흰 눈보라를 일으키며 미끄러져 스릴과 속도감을 만끽하는 한 겨울의 대표적인 레포츠이다.

역사학적으로 스키의 기원은 BC3000년경으로 올라간다. 스웨덴의 ‘듀가르덴박물관’에 보존되어있는 인류 최초의 스키로 추정되는 기원전 삼천 년 경 동물의 뼈로 만들어진 ‘눈 신’ 모양의 것으로서 눈이 많이 내리는 산악지방에서 살던 종족들이 보행, 사냥, 운반 등 교통수단으로 사용코자 고안된 것이라 여겨진다.
또 노르웨이의 신화 속에서는 스키를 타고 수렵하는 "울"이라는 남자 신(神)과 순백색 옷을 입고 빛나는 얼음 헬멧을 쓴 "스카디"라는 여신(女神)이 나온다. 또 북부 노르웨이에서는 스키어의 모습을 새긴 석기도 발견되었다.

스키의 어원은 '얇은 판자'라는 '스칸디나비아'어 에서 유래되었다고 한다. Ski라는 단어의 유래에 대한 확실한 증거를 가진 학설은 없지만 고대 북부지방에서 사용된 눈 위에서 신는 신발의 뜻으로 사용된 노르웨이 말과 영어의 skid, skip, skiff, 및 skate에서 찾아볼 수 있다. 위의 단어들은 모두 '미끄러지는 동작'과 관계가 있다.

스키가 생활수단에서 스포츠로 탈바꿈하게 된 동기는 1860년 노르웨이 왕실이 스키대회를 열어 승자에게 상을 주고 나면서부터인데 이후 국가적 스포츠가 되어 발전되었다. 1888~1889년에는 노르웨이 극지 탐험가로 유명한 '프르쵸프 난센'은 스키로 '그린랜드' 횡단에 성공하고 그 기행문에 "스키는 모든 스포츠의 왕자다"라는 명문를 남기게 되는데 이것이 '난센'을 근대 스키의 정신적 아버지라고 불리우게 된 이유이다.

스키경기 중 가장 오래된 경기는 1892년 노르웨이 오슬로 부근에서 열린 '홀멘콜렌' 대회이며 활강 경기로는 1911년 오스트리아 '칸다하' 경기이다. 1942년에는 제1회 동계올림픽 대회가 프랑스의 '샤모니'에서 열리면서 더욱 발전되어 갔고 이 대회를 계기로 그 해 2월 2일 국제스키연맹(F.I.S)이 창설되었다.

한국의 스키도 오랜 역사를 가지고 있다. 산간지역 주민들이 생활 수단의 하나로 교통 및 수렵을 목적으로 사용한 썰매와 설피가 결코 스키와 다르지 않기 때문이다. 고대 썰매는 주로 고로쇠나무와 벚나무를 사용하여 만들었다. '바인딩'은 썰매 중간

네 곳에 구멍을 뚫어 짐승의 가죽이나 삼껍질 같은 것으로 신발을 매어 신는 방법을 썼다. '알프스스키박물관'에는 이러한 한국 재래 스키들이 수집 전시되어있다.

우리나라에 근대 스키가 들어온 것은 구한말로 본다. 외국 선교사들이 국내에서 포교활동을 하던 시대로 겨울에 산에 올라 스키를 즐겼다고 전해진다. 1929년에는 일본인들에 의해서 원산 근교 신풍리에 한국 최초의 스키장이 개설되었으며 한국인 스키어가 탄생한 것은 1930년대 무렵이었다. 그러나 스키의 면모가 갖춰지기 시작한 것은 해방이 되면서부터 였다. 1946년 조선스키협회가 발족되었으며 1947년에는 지리산 노고단에서 제1회 전국 스키 선수권대회가 열렸고, 1948년 정부가 수립되면서 대한스키협회로 이름을 바꾸고 오늘에 이르게 되었다.

"그럼 지금부터 스키장비와 그 기능에 대하여 설명을 드리고 사용 방법에 대하여 시범을 보이겠습니다."

필자는 몇 번이나 육중한 몸을 이리 눕혔다 저리 일으켰다 해 본다. 그러면서 수 번에 걸쳐 '바인딩'을 풀어보고 부츠를 신고 벗고 해 보인다. 그러나 대개가 이론을 할 때는 그런 대로 귀를 기울이는데 실습에 들어가면 모두가 딴청을 피운다. 어떻게 보면 다 안다는 표정이다.

필자도 처음엔 그랬던 것 같았다. 스키장 '종일권'을 티켓-팅 했는데 가이드가 "리프트를 이용할거요. 아니면 강습을 받을 거요?"하면서 처음은 먼저 강습을 받는 쪽이란다. 하지만 우리일행은 "또 오기야 하겠냐." 하면서 '리프트권'을 받았다. 강습 받고 리프트를 탈 시간적 여유도 없고 해서... 그러나 우리가 누군가. 처음부터 '리프트'를 타고 '슬로프'로 올라가는 것은 무리라는 것을 눈치 채고는 잠시 다른 일행에 끼어 도강(盜講)을 한다.

"여러분 넘어질 땐 무조건 옆으로 뒹구세요."
아마 다 똑같을 것이다. 필자도 그 소리가 귀에 맴돌았지만 엉덩방아를 찍고는 거구에 실린 가속도를 줄이기는커녕 점점 빨라져 가는데 어떤 땐 안전 망을 뚫고 계곡에 나가떨어지기도 했다. 옷은 녹은 눈물에 흥건히 다 젖고 온몸은 푸른 멍이 가득 박혀 얼핏 보면 어디서 심하게 린치를 당한 모습이다. 그러나 필자는 양호한편이었다. '오선생'은 뒹굴다 스키가 벗어지지 않아 발목이 거의 불어졌다 돌아온 형태고 '나선생'은 엉덩방아를 찧다 돌에 꼬리뼈가 닿아 의자에도 앉지를 못 하겠단다. 또 '공선생'은 얼굴, 아니 눈가가 찢겨져 피가 말라붙어 있었다. 넘어져있는데 위에서 스키가 내려왔단다. 마음은 피하고 싶었지만 도대체 몸이 말을 들어주지 않더란다. 그 날 이후 우리나라 어느 '슬로프'에서도 '나선생'의 모습을 볼 수가 없었다.

"다음은 '슬로프'에서 스키가 벗어졌을 때 스키를 다시 신는 방법을 알려드립니다."
몇 년 전 직장동료인 '전선생'(역시 필자제자)이 왕초보 시절 서울리조트에서 한번 폼을 잡다 얼어 죽을 번 한 일이 있었다. 이 친군 필자와 강원도 둔내에 있는 스키장에서 딱 한번 슬로프 맛을 보았을 뿐인데 집에 오니 어찌나 스키장 생각이 나고 다시 타면 잘할 것 같은, 아주 자신만만한 생각이 들더란다. 해서 다음주말 큰맘 먹고 가족을 데리고 남양주에 있는 서울리조트를 찾아서는 폼을 잡았는데... '아빠 잘한다.'라는 소리를 들으며 처음 '초보자코스'에선 몇 번 넘어지지 않고 잘 탔단다. 그러다 좀 자신이 붙자 복잡한 '초급자리프트'에서 줄서기가 싫어 한산하기 짝이 없어 보이는 '고급자 코스'로 갔단다. 그리고 가족들에게 손을 흔들며 '고급자코스'에서 '고속 리프트'에 올라 좌악! 하며 신나게 정상까지 올라가는 것까진 좋았는데. 그러나 '리프트'에서 내려 막상 '슬로프'에 들어서니... 이거 뭐야? 밑에서 쳐다보던 것과는 영 딴판, 몸이 떨리고 아예 정신이 혼미하기까지 하며 내려가다간 미끄러져 꼭 죽을 것만 같더란다. 그래서 머리를 쓴 것이 급경사에서는 스키를 벗어 둘러메고 걷고, 좀 평지 같으면 스키를 신고, 하면서 이리저리 뒹굴면서 내려오는데 왼 걸 몇 번 그러고 난 뒤 다시 평지가 나오자 스키를 신으려고 하니 이번에는 아예 스키를 신을 수가 없더란다. '부츠'가 '바인드'에 들어가지를 않더란다. 그날따라 날씨는 얼마나 춥던지 지나가는 스키어도 스키를 메고 걸어 내려가는 그에게 아예 관심도 보이지 않고 무심히 스쳐 지나가더란다. 그 날 '전선생'은 스키를 메고 슬로프를 장장 두시간이나 걸어내려 왔는데 스키하우스로 내려오니 온몸은 얼고...

초보 때에 다 한번쯤 겪어보는 일반적인 일이다. 스키를 벗고 부츠로 눈 위를 걸으면 부츠바닥에 눈이 달라붙어 '바인딩'이 안 된다는 사실...

"이제부턴 스키의 '스킹' 즉 활강에 대하여 설명을 해드리겠습니다." 필자도 이 활강에 대하여 크게 자신이 없다. 이론은 알지만 최고급의 기술인 '페러렐턴'이나 '웨데른턴' 같은 것은 그냥 흉내만 낼뿐 진짜기술은 선수들의 옆에서 구경만 할 뿐이다.

필자가 처음 알프스스키장에서 본 것 중 아직도 기억에 생생한 것은 최상급슬로프인 '챔피온'코스를 화살처럼 내리 꼽히는 스키어였다. 마치 절벽처럼 수직으로 떨어진 슬로프를 폭포수처럼 미끄러지는... 필자도 그곳에 목표를 걸었다. 당초 1회성의 체험 기회로 왔다가 하얀 스크린에서 아우러진 환상적인 발레에 매혹되어...

그 후 1년 뒤 다시 스키시즌이 돌아왔을 때, 필자도 춤추고 있었다. 그 절벽에서....

'스킹'을 간단히 정의하면 양 스키 위에 정확히 몸을 싣고 아래 방향으로 미끄러져 가는 기술이다. 그러면서 속도를 죽이고 높이고, 방향을 잡는 등 주어진 공간, 즉 도로에서 차를 안전 운행하는 것과 같은 것으로 그 방법에는 크게 양 스키를 평행하게 하는 것과 양 스키를 V자형으로 벌리는 두 가지가 있다. 그러면서 여러 가지 기술을 가미하는데 초급자인경우는 그냥 V자형으로 '플레이트'를 앞으로 모으고는 직활강(플루그활강)하는 것과 '플루그보겐'이라는 좌우스키를 번갈아 가며 들어올려 턴을 하면서 스킹하는 방법이 있다. 언젠가 필자는 이 '플루그보겐'으로 아주 '개망신'을 당한 적이 있다.

'용평리조트'의 '골드계곡'코스에서였다. 그 땐 필자도 제법 수준이 좋아져 아주 고급은 못되었지만 자칭 중상급은 넘는다고 생각하며 국내 유명 스키장 슬로프는 다 완주를 했다고 자랑하던 시절이었다. 또 젊기(?)도 할 때라 시즌 중 주말은 거의 스키장에서 보냈는데 그 소요경비 또한 만만찮게 들었다. 해서 김밥으로 점심하기, '오전리프트권'으로 오후까지 타기, '일회용리프트권'으로 '리프트' 종일 타기 같이 스키장 반칙도 종종 쓰곤 했었다. 그 날도 경비절감차원에서 준비해온 김밥을 배낭에 넣어 매고 보니 폼이야 '스키 페츠롤'(안전요원)처럼 그럴사하게 보였지만 어깨에 부담을 느낄 만한 무게에 몸이 자유롭지 못함을 느꼈다. 그날따라 가족외에 여동생식구까지 같이 와서 몇 가지 과일까지도 더 준비했던 탓에... 아무튼 '리프트'를 타고 '골드계곡코스'를 올라 슬로프에 들어서니... 어째 다른 날과 달리 마음이 만만찮다. 허나 왕성한 혈기만 믿고 '플루그보겐'을 생각하며 슬로프로 미끄러져 내렸다. 순간, 등에 있는 짐의 무게가 다리로 전해지면서 생각보다 가속도가 훨씬 빨리 붙어... '보겐''보겐'하며... 도대체 아무리 '플루그보겐'을 머릿속으로 생각해 보지만...

엉겁결에 '폴'을 이용하여 '슈템턴'을 시도해보았지만 이미 균형을 잃은 자세는 허물어지고 옆으로 넘어져야 된다는 필자의 의지는 아랑곳없이 어떻게 넘어졌는지도 모르게 데굴데굴 굴러내린다. 벗어진 스키는 몇 십 미터나 멀리 떨어져 있고 매었던 배낭은 벗겨져 어떻게 굴렀는지 찢겨져 내용물이 다 튀어나와 하얀 설원에 정물화를 그렸으니... 그러나 나는 괜찮다. 몸이 멍든 정도는 참을 수 있다. 하지만 하늘같이 경외 서럽게 쳐다보던 나의 새끼오리들... 그 새끼오리들 앞에서, 선생오리... 아이고! 창피해라. 아! 망신살이.

"초보자는 절대 상급자 슬로프에 욕심내면 안 됩니다." 필자가 새끼오리들에게 기본교육을 끝내고 나면 마지막으로 꼭 당부하던 말 중에 하나다. 그러나 그렇게도 신신 당부를 했건만 욕심 많은 우리 새끼오리들... 지난 2003년 겨울 그러니까 필자에게도 아주 오랜만에 강습을 한 기회도 되었지만(나이가 들고(?)는 시즌 중 한 두 번 밖엔 스킹을 하지 못했음) 직장동료들과 용평에 갔는데 이 새끼오리들이 그만 사고를 저지르고 말았다. 해발 1458미터의 발왕산 정상인 '드래곤 피크'에 '곤돌라'를 타고 올라간 것이다. 처음엔 그곳에서 차나 한잔하고 다시 '곤돌라'를 타겠거니 했는데 슬로프 몇 군데를 돌아보고 오니 웬걸, 벌써 모두 죽기를 각오하고 '레인보 파라다이스 코스'에 진입하고 있었다. 비록 차도를 '슬로프'로 만든 것이지만 '레인보 파라다이스'는 슬로프 길이가 자그마치 5,600미터나 되고, 중간 중간 급경사와 협소하기까지 한 난코스도 몇 군데 도사리고 있어 감히 초보자가 다닐만한 곳이 못된다. 특히 표고 차 만 500미터나 되어 잘못

안전망을 벗어나면 절벽 아래로 떨어져 생명을 건지기가 힘든... 어휴 무시라.... ...타다. 넘어지다. 걷다... 그렇게 새끼오리들이 죽을힘을 다하여 그 코스를 벗어나는데 소요된 시간은 자그마치 1시간 여, 하지만 그 미운 새끼오리들은

"아, 이제 좀 스킹 맛을 알겠습니다." 하며 이구동성이다.

"나 러브스키 탓다."

처음 필자는 그 말이 무슨 뜻인지를 몰라 어리둥절했다. 몇 년 전 필자 포함 7명이 눈 덮인 강원도의 겨울여행을 하던 중 계방산중턱 운두령 계곡을 거쳐 오대산 월정사에서 원주스님이신 '인행스님'을 모시고 법문을 들으며 1박을 한 적이 있었는데, 골프여왕(?)인 '이선생'이 아침공양을 끝내곤 여기까지 온 김에 용평에 가서 스키를 타고 가잔다. 내심 필자도 그 말을 기다렸던 차라 흔쾌히 분위기를 잡고는... 용평에 도착해서 장비를 준비했더니 일행 중 '신선생'은 피곤하다며 차에서 그냥 자겠단다. 해서 2명을 빼곤 스킹을 잘해 달리 스키강습의 필요성(?)이 없어 각자 수준에 맞는 슬로프를 찾게 했다. 그리고 스키가 처음이라 무섭다는 시인인 '정선생'과 '이선생'을 호령(?)하여 시간이 없다며(실제 당초계획에 없던 스케줄이라 장비준비를 끝내고 나니 슬로프 오전개장이 마감되고 있었음) 간단하게 스키 착용법만 배워주곤 바로 실전에 임하게 하였다.

필자도 오랜만에 슬로프를 맛 봐야겠기에 몇 군데를 돌고 와 보니 선생이 꼼짝 말라고 지시했음에도 불구하고 '정선생'은 어디로 갔는지 보이지 않고 '이선생' 혼자서 그 비대한(?) 엉덩이로 '절구공'을 만들어 백설을 수도 없이 찧으며 절구질하고 있지 않는가. 필자가 다가가 일으키며 파트너를 버리고 간 '정선생'을 찾아 혼내주겠다며 위로해 준 뒤 '플루그보겐'을 해보자며 뒤에

서 '이선생' 허리를 두 팔로 둘러앉고 '업다운'을 하며 같이 슬로프를 몇 번 내려왔더니... 아 글쎄, 그게 '러브스키'란다. "크크크". 역시 시인이 보는 눈이란...

"잘 오셨습니다. 젊은 사람들 속에서 젊은 기를 많이 받아가십시오."

이 무슨 해괴한 소린가. 젊은 사람 기(氣)를 받아가라니... 그럼? ... 그렇구나, 세월은 우리를 벌써 '늙수레 벌'(이 말은 '최모'라는 젊은(?)여 시인이 나이50이 된 '정모'시인이 찾아오자 빗대어 한 말임)로 만들고 말았구나. 이 '젊은기(young氣)'란 말은 지난1월초 오랜만에 년배 친구들과 진부령 알프스스키장에 갈 기회를 만들었더니 그곳 스키하우스 종업원이 한 말이다.

누가 '극구광음(隙駒光陰)'이라 했던가. 흘러가는 세월의 빠름을 달려가는 말을 문틈으로 보는 것과 같다고 했음이니 우리의 인생 또한 덧없고 짧음이 이 빠른 세월과 같은 것이 아닐런지...

꼭 이 시점에서 그 누군가가 이곳 스키하우스 종업원의 입을 빌어 화두를 던진 것만 같게 느껴진다.

"안녕하십니까."

"자! 여러분은 저의 60번에서 64번에 해당하는 제자들입니다."

"이곳 알프스스키장에 오신 데 대하여 먼저 축하를 드립니다."

그러나 필자는 슬로프에만 들어서면 자신은 이미 '늙수레 벌'로 변해버렸다는 것을 잊어버린다. 그리고 집으로 돌아오는 길에 차안에서 좌중을 둘러보며 자랑스레 말한다.

"아직 건장하더군. 그 '챔피온 코스'말이야, 젊은 놈도 겁이 나는지 어쩔 줄 모르고 벌벌 기더구만. 그놈들이 보란듯이 슬로프를 내리 째며 내려왔지, 마치 처녀설을 뚫듯이 말이야... 아직 내 실력 옛날 그대로야, 크크크."

- 2003, 2

스쿠버_다이빙(scuba-diving)

- 이곳이 바로 진정한 무릉도원(武陵桃源)이다

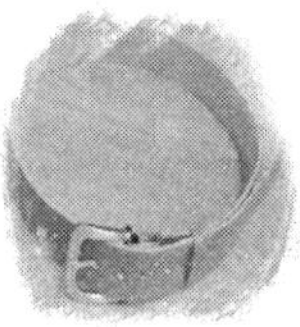

『그는 차근차근 계획을 세우기 시작했다.

-그는 아직 초보자다. 이제 겨우 30M까지 잠수한 경험밖에 없다.

-그를 40M의 잠수를 하도록 유도하여야 한다.

-그것은 쉽게 가능할 것이다. 그는 강한 자존심과 남 앞에서 우쭐되기 좋아하는 성격으로 누가 옆에서 조금만 충동을 하여도 40M잠수에 도전한다고 큰소리를 치게 될 것이다.

-공기색전증을 유발하게 하는 방법은 40M에서 급부상을 시켜야만 된다.

-급부상 을 하게 하기 위해서는 공기통의 공기가 얼마 남지 않은 위급한 상황이 발생하여야만 가능하다.

-공기통 하나의 사용시간은 나와 같은 전문가가 중성부력만 이용하고 부력 조절장치를 최소한으로 사용할 경우 20M일때 40분, 40M일때는 24분을 사용 할 수가 있다.

-그러나 그와 같은 초심자는 불필요한 부력 조절장치의 빈번한 가동으로 인하여 공기의 량은 급격하게 줄어 들것이 분명하다.

-그렇다면 그를 최소한 30M이내의 수심에서 25분 이상을 체류토록 한 뒤 40M수심으로 비스듬히 유영을 하면서 내려가도록 유도한다면, 수중 잔압계도 서서히 황색 경고선 밑으로 계속 떨

어져 갈 것이다. 그가 그 사실을 유영하면서 확인한다는 것은 거의 불가능 할 것이다.

-초보자는 처음 입수할 때는 선 자세로 내려가기 때문에, 내려 가면서는 잔압계를 확인하지만, 옆으로 유영하면서 그것도 짝이나 코치가 옆에 붙어 있을 때는 시야로 닥아오는 환상적인 수중세계에 빠져들어 거의가 잔압계를 잘 보지를 않는다.

-그는 그곳에서도 평시와 같이 호흡을 할 것이고 나는 공기를 최대한 아끼는 호흡을 할 것이다.

-내 잔압계의 계지가 경고선을 넘고도 3분 정도가 더 지났을 때 나는 그에게 다가가서 공기가 다되어 간다고 오른팔을 접어 가슴을 좌우로 비비는 수신호를 보낼 것이다.

-그는 그때서야 자기의 잔압계를 보게 될 것이다. 그리고는 당황하여 더욱 많은 공기를 들이 마실 것이다. 그러면서 약간의 호흡곤란을 느끼게 될 것이다.

-그러나 천천히 부상을 한다면 별문제는 없다. 위로 올라올수록 압축공기의 기압이 낮아져 공기의 량이 늘어나기 때문이다.

-그는 당황하여 그것을 모를 것이다. 그러나 그가 그 사실을 안다고 하여도 별문제는 없다. 내가 다가가서 그의 공기부력 조절장치를 힘껏 눌려 줄 것이기 때문이다.

-그는 순식간에 40M의 수중에서 수면으로 급부상하게 될 것이다.

-그것으로 그는 ....

-그럼 그후에는 어떻게 설명을 한다?

-그를 앞세우고 40M포인트로 유영을 시작하였는데 그만 폐그물에 내 공기통이 걸려 버렸다.(이곳에는 어디에도 폐 어구들이 많이 버려져있어 전문가인 내가 그물에 걸렸다고 하여도 다들 이해가 될 것이다.) 그러나 앞에 가는 그는 그것을 알아차릴 수가 없다. 그는 한참을 가다가 내가 오지 않는 것을 알았고 그

때서야 잔압계를 확인하게 되는데 이미 경고 표시를 훨씬 지나 있다는 것을 알고는 당황한 나머지 긴급한 출수 만이 살수 있다고 판단되어 부력 조정장치를 작동하여 급부상을 하게 된 것이 사고의 원인이었다는 추론만 가능할 것이다.

-그 정황으로 나는 내 잠수컴퓨터를 증거로 보여 줄 수 있을 것이다. '총 잠수시간 33분' 이 시간은 평균 30M에서 1개의 공기통을 소모할 수 있는 평균 잠수시간보다 3분이 많나.

-그 기록에는 20M도달할 때까지 23분. 30M일 때 26분. 40M였을 때 30분. 부상3분으로 기록될 것이다. 그것을 수심별 잔류시간으로 환산할 경우 26.7/30으로 30M수심을 기준 하였을 경우 3분 정도사용 할 수 있는 잔여 공기량을 남겨 두고 있는 것이 된다.

-그것이 아니라도 그 사고를 내가 유발하였다고는 아무도 상상하지 않을 것이다. 왜냐하면 그는 나의 가장 친한 친구중의 한 명이었기 때문이다.

-그의 죽음은 사고 사로 처리될 것이다. 실제로 그의 공기통은 거의 바닥이 나있었기 때문이다.

'이제 실행할 일만 남았다.'

그는 달력을 보면서 그렇게 중얼거렸다.』

위의 내용은 필자가 아직 탈고하지 못한 '팔공산'이란 소설의 한 구절이다. 자기가 없는 사이 사랑하는 여인을 짓밟아 폐인으로 만들어버린 친구를 죽임이라는 복수방법으로 스쿠버다이빙으로 택하는 어느 레포츠강사의 이야기...

1996년경이다. 이번에는 달랐다. 지금까진 각종 기호성 취미활동을 거의 주변 지인 들의 꼬드김으로 입문하였다면 이 스킨스쿠버는 필자가 주변 지인을 꼬드겨 시작을 한 유일한 종목이다.

어린 시절 '선더볼 작전'이라는 007영화에서 주인공인 '숀 코네리'가 잠수복을 입고 유유히 해저를 유영하는 모습이 얼마나 멋있었든지 기회가 닿으면 꼭 한번 흉내를 내고 싶어 했었다. 허나 세월은 그렇게 호락호락 필자를 그 곁으로 접근을 하게 놔두지 않았기에 40이 훅 넘고서야 겨우 한마음을 낼 수가 있었다. 겨우 지인 인 '이 선생'을 만나 같이 죽기를 각오하고(필자는 물 속 깊이 들어가면 죽는 줄 알았기에) 물 속에 들어가는 훈련을 시작했다.

필자와 맺어진 스킨스쿠버강사는 제주도 출신으로 전직 UDT인 '고 사부'라는 청년이었다. 그는 실제 30대 초반의 나이임에도 불구하고 어릴 때부터 바닷물과 맺어진 인연 탓인지 피부색이 온통 검게 변색되어있어 겉보기엔 40은 족히 넘어 보였다. 여러 가지 질문이 많았다. 귀에 이상은 없는지 심장병 전력은 있는지 그러나 의외로 물 속을 들어가는데도 수영을 잘 하느냐는 질문은 없었다. 후에 안 일이지만 스쿠버와 수영은 별개란다. 수영을 못해도 전혀 문제가 되지 않는다고 했다. 물론 수영을 잘해서 손해 볼 것은 없겠지만 둘 간엔 직접적인 관계는 없어 보인다. 그러나 필자는 수영을 잘하는 사람은 처음 물을 대할 때 느낄 수도 있는 공포심이 없어 쉽게 스쿠버를 할 수 있겠다는 생각은 들었다.

흔히 등에 둘러맨 공기탱크를 세간에선 '산소통'이라고 한다. 다이버가 되기 전 필자도 그곳엔 산소가 들어있는 줄 알았다. 그러나 알고 보니 그 공기는 산소가 아니라 일반 공기를 압축한 압축공기였다. 즉 다이버는 물 속에서 산소가 아닌 일반 공기로 숨을 쉬는 것이다. 병원 중환자 실에서 환자의 코에 꼽아놓은 산소호스와는 경우가 다르다. 해서 다이버들은 그것을 그냥 공기통이라고 부른다. 리조트에서 다이버들끼리 "오늘 몇 깡 했어?"하는 대화를 자주들을 수 있는데 이는 공기통을 몇 개 소모했느냐는 뜻이다. 공기통의 종류는 크기별로 10리터 12리터 14리터가 있고 영화에서 보는 더블탱크는 10리터 짜리 두 개를 연결한 전문가용이다. 이 통 안에 압력150㎏~200㎏인 고압공기가 들어있는 것이다.

먼저 필자는 스쿠버 장비를 준비했다. '산소통'이나 '레귤레이트' 등은 렌탈 할 수가 있어 '슈트'와 '물안경' 만 구입을 했는데 처음 입문하는 수준이라면 그 정도면 큰 불편은 없어 보인다. '고사부'로부터 입수를 배우게 된 곳은 서울근교 광명시에 있는 5미터 잠수 풀이었다. 처음 입어보는 슈트하며 등에 멘 공기통이 무척 불편을 주었는데 오리발까지 하고 나니 영화에서 보던 멋진 폼을 재기는커녕 얼마 되지 않는 '풀' 장까지도 못 갈 형편이다. 하지만 우리들과 달리 검은색 슈트로 UDT같은 멋진 폼을 한 '고사부'는 한걸음에 풀로 뛰어들며 입수 시범을 선보인다.

"캑! 캑!" "캑! 캑!" 10여분 후 풀장 가장자리에서 '이선생'과 필자는 심한 구토증세를 보이며 구역질을 해댔다. 입수하면 멋지게 유영을 해 보일 수 있으리라는 생각은 단지 생각뿐이었고 깊이가 5미터라는 잠수풀이 얼마나 깊어 보이는지 공포심마저 생겨나 1미터도 못 들어가고 허우적대다 사부의 만류에도 극구, 물을 벗어난다. 그렇게 하루교육은 끝나버렸다. 아니 그렇게 스쿠버다이빙은 끝나고 마는 줄 알았다. 그러나 며칠 뒤 필자는 두 번 다시 가고 싶지 않은 그 잠수풀장에 '이선생'의 강권에 못이겨 다시 오고 말았으니... '아니 처음 가자고 했던 사람이 누군데... 그럼 장비 값이랑 교습비를 물어내든지...' 필자가 못 가겠다고 하자 '이선생'의 말투가 아예 협박 공갈조다.

그렇게 해서 4~5회의 실내 잠수풀장에서의 교육을 받고 나니 '허허허...' 이젠 제법 잠수가 재미있어진다. 1미터도 못 내려가던 것이 5미터 바닥에서 수경을 벗고 유영을 하는가하면 한 개의 '레귤레이트'로 '이선생'과 번갈아 가며 짝 호흡을 하기도 하고 간단한 수중수화(水中手話)며 부력조절기를 사용하여 중성부력도 구사할 수 있게끔 되었다.

인간은 이 지구상에서 허파라는 호흡기의 구조 탓에 물보다는 땅을 생활 터전으로 삼았고 바다보다는 육상에서 먹이 감을 구하였다. 그러나 언제부터인가 지정학적인 필연성에 의거 호수나 바다에서 고기를 잡아 생활하는 어부들이 생겨나게 되었고 그 어로기술의 발전은 단순 낚시나 거물구조에서 직접 물 속으로 잠수하여 해저의 동식물을 채취하기에 이른다. 해서 지금은 잠수함이라는 수중동물과 똑같은 기능을 할 수 있는 '인조수중동물'(?)도 만드는 시대가되었고... 하지만 현재도 제주도나 낙도에 가면 해녀라 부르는 해저 해산물을 채취 판매하며 생계를 유지하는 여자들이 있다. 시대가 많이 바뀌었음에도 옛날방식 그대로인데 단지 슈트만은 지금의 다이버들이 입는 잠수슈트를 이용하고 있다.

여러분은 바닷가나 해수욕장에서 간혹 물안경을 통하여 바다 속을 들여다보고 그 황홀함에 놀란 적이 있을 것이다. 산호초와 푸른 미역이며 다시마 등이 파도에 흔들거리고 작은 물고기들이 수족관에서처럼 헤엄치며 노는 것을 보고 말이다. 요사인 삼성동 '코엑스'나 여의도 '63빌딩'에 해저수족관을 만들어 일반인도 쉽게 바다 속을 볼 수 있는 기회가 있지만 실제로 바다 속의 세계에 들어가 보면 바위가 산처럼 우뚝우뚝 솟아있는가 하면 또 그 바위벽에는 갖가지 색상을 띤 해초들이며 산호초, 알록달록

한 작은 물고기들이 무리를 지어 헤엄쳐 다니는 것을 볼 수 있다. 또 어떤 곳에서는 말미잘이 고운 빛깔의 산호에 달라붙어 그 거대한 꽃잎 같은 촉수를 날름거려 다이버를 놀라게도 한다. 이러한 바다 속의 세계를 헤엄치고 있노라면 마치 우주유영을 하고 있는 듯한 착각에 빠지기도 한다.

그러나 이제는 이런 신비스런 비다 속의 세세를 사신이나 수족관을 통해서가 아니라 직접 바닷물 속에 들어가 확인해볼 수 있는 시대가 되었다. 그것도 남녀노소를 불문하고 신체 건장한 사람이면 누구든지 다... 지금 대다수의 스쿠버들은 바로 이 천연 '해저 수족관'을 직접 눈으로 확인하려고 나타난 사람들인 것이다. 물론 인간의 한계를 심해잠수를 통해 시험해보려는 강인한 의지도 한몫을 했겠지만 아직 스쿠버 다이버는 어획목적이 아닌 순수 '해저 호기심'에 따른 탐구차원에서 만들어진다고 봐야 옳을 것이다. 그러나 당초 취지와는 지금은 세계 각 국에서 경쟁이나 하듯 재난구조나 전술차원에서 스쿠버다이버를 길러내고 있으며 그 장비 또한 해를 거듭할수록 성능이 개선되어가고 있는 실정이다.

"아니 이렇게 시원할 수가..."

광명시 잠수풀에서 기본동작을 익힌 필자와 '이선생'은 강원도 양양에 있는 모 리조트에서 다이버의 최종 통과의례이기도한 실제 '바다입수'훈련을 받기로 했다. 오전 교육은 해변을 훑어 내리는 '비치-코스' 유영훈련이란다. '고사부'의 지시에 따라 슈트로 갈아입고 공기탱크를 짊어지고 중량벨트(납덩이)를 들고나니..."아이고 무거워라..." 그런데 비치코스는 일반 잠수포인트와는 달리 리조트에서 한참을 도보로 가야 한다니... 필자는 결국 물갈퀴(오리발)와 납 벨트를 '이선생'에게 맡기고서야 '비치포인트'까지 갈 수가 있었다. 바다 속은 정말 환상적이었다. 햇볕이 밝게 내리비쳐 시계는 30미터를 넘고 키가 능히 2미터는 되어 보이는 옥보다 더 파랗게 빛나는 미역과 다시마는 춤을 추고 있었다. 또 여기저기 까만 바위사이엔 모래둔덕이 만들어져 황금빛을 내어 눈을 부시게 한다. 이곳 비치코스는 평균수심이 3미터도 채 안되어 유영 중 균형을 잃기라도 하면 몸이 곧장 수면위로 떠오르는 바람에 '레귤레이트'(수중호흡기)대신 '스노클'(숨대롱)을 입에 물고 아예 스킨다이버가 되어 돌아다니기도 했다. 때가 7월초라서 인지 새끼 멸치 때가 앞다퉈 필자 앞으로 몰려든다. 시야가 트이자 커다란 광어 한 마리가 유유히 꼬리를 흔드는 것이 눈에 드는데 필자 앞 모래더미에 몸을 숨긴다. 마음 같아서야 한번 쫓아가 잡아 보고도 싶었지만 글쎄, 실력이 될는지 마음만 앞선다. 한참을 정신없이 그렇게 허우적거리다 보니 벌써 '수중잔압계'의 계기가 적색선인 30㎏/㎠을 넘어서고 있었다. '이선생'은 아직 공기 여유가 있다는데 아마 필자는 B.C(부력기능조끼)를 너무 많이 사용하였는가보다. '잠수원칙 제1조'인 '짝 잠수를 지킨다.'에 의거 둘은 '고사부'를 따라 리조트로 돌아왔었는데 이번에는 광명잠수풀장에서 겪었던 구토나 멀미 증상이 전혀 없었다. 의아해하는 필자에게 '고사부'는 "여기가 그 유명한 청정구역 설악산 언저리가 아닙니까."하면서 웃는다. 얘긴즉 공기통엔 150~200㎏/㎠정도의 압축공기를 넣는데 그 방법이 현지의 자연공기를 '콤푸레샤'로 불어넣는 방법이기 때문이란다. 그러니까 광명시 잠수풀에서 마신 압축공기는 그 지하실에서 생성된 오염(?) 공기라는 뜻인데... 실례로 '콤푸레샤'로 압축공기를 만드는 중 주변에 시동 걸린 차량에서 나온 매연이 썩여 들어가 그 공기통을 사용한 다이버가 실신한 사건도 있었다니...

오전교육이 끝나고 중식시간이 되었다. '이 선생'과 필자가 엉거주춤하고 있으니 '고 사부'가 조금만 기다려보란다. 하면서 다시 장비를 메고는 대기 중인 다이버 몇몇과 모터보트로 리조트 앞 바다를 빠르게 나아간다.

"저는 회나 해산물을 먹지 못합니다." 준비해간 도시락으로 점심을 하면서 '고사부'는 직접 잡은 우럭, 멍게와 소라를 회로 떠 맛 살 나는 성찬을 만들고서도 우리보고만 먹으란다. 자기는 잡기만 하지 먹지를 못 한다면서... 그러면서 다이버들이 이렇게 하는 어로행위는 불법이라고 했다. 하지만 관할 어촌계에서도 1일 1인 한두 점 정도 채취하는 소량에 대해서는 묵인을 해 준단다. 만약 다이버들에게 이 소량의 어로행위마저 불법으로 하여 못하게 막아버린다면 당장 리조트 운영에 문제가 생긴다고 했다. 모두 다른 곳으로 몰려가고 만다니... 그런데, 필자의 눈살을 찌푸리게 하는 일이 바로 앞에서 일어나고 있었으니...

필자는 그들이 점심 준비를 하는 줄 알았다. 카니발 한대가 죽- 하며 리조트로 굴러들어 오더니 아직 새내기 같은 커플이 문을 열고 내린다. 내리자마자 젊은 여자는 코펠을 꺼내고는 물 끓일 준비를 한다. 해서 처음엔 밥을 하려니 했다. 그런데 놀라운 건 남자가 옷을 입은 채로 잠수슈트를 입고 있는 것이 아닌가. 필자가 말로만 들었던 '드라이슈트'라는 프로들이 입는 아주 비싼 잠수슈트란다. 그러더니 작살을 꺼내들곤 공기통을 지곤 다이빙을 시작한다. "전문 킬러입니다. 제들은 다이버가 아니죠." '고사부'는 그가 다이버를 흉내 낸 어부라고 단정을 해버린다. "정말 문제입니다. 다들 처음엔 스포츠로 스쿠버를 시작하지만..." 고기 맛을 보곤 대개가 '작살잡이'가 돼버리고 만단다. 어떤 이는 스쿠버로 잡은 광어나 우럭 같은 생선을 서울로 가져다 팔기도 한다니... 조금 있으니 정말 그는 의기양양한 표정을 지으며 손 그물에 해삼이며 멍게, 우럭 몇 마리를 담아서 나타난다. 그것을 건네 받은 젊은 아낙은 자주 해 본 듯 아주 능숙한 솜씨로 칼을 휘둘러 회를 뜨고... 허허... "작살로 잡은 생선회 맛은 정말 기가 막힙니다." 회는 먹지 않는다던 고사부가 의외로 회 맛을 논하는데, 보통 해저 20~30미터에 있는 우럭을 작살로 쏘아 잡을 경우 수압에 의하여 우럭체내에 있는 피가 일시에 다 빠져나와 버린다고 한다. 그렇게 피가 빠진 생선을 회로 뜨면 그 담백한 맛에 기가 막힌다는...

보통 우리가 살고 있는 이 지구의 표면에는 공기의 무게 즉 대기압(大氣壓) 이라는 것이 걸려있다. 이 대기압을 표준대기압(標準大氣壓)이라 하며 1기압(1.033kg/㎠)이라고 부른다. 그러나 물 속에서는 수심이 10미터 깊어 질 때마다 1기압씩 압력이 더해진다. 그래서 해저 10미터에서는 2기압 20미터에서는 3기압 30미터에서는 4기압... 이런 식으로 기압이 더해지는데 예를 들면 풍선을 불어 수중10미터지점으로 끌고 내려가면 그 크기가 1/2로 줄어들고 20미터지점으로 내려가면 1/3로 줄어드는 것을 확인할 수 있다. 그러니까 수심 20~30미터 안에서는 아주 가벼운 상처라도 치명적인 결과를 가져 올 수 있는 것이다. 이러한 수중의 특수한 조건들로 인하여 스쿠버다이빙이 위에서 말한 것처럼 재미있는 것만은 아니다.

우리 인간의 폐활량은 일반적으로 약 6000cc정도다. 이중 숨을 모두 내쉬고 남는 잔기를 1500cc정도로 본다. 즉 숨을 다 내쉬고 난 뒤 잠수를 하더라도 1500cc라는 잔기로 인하여 문제가 된다. 또 반대로 가득 호흡을 한 뒤 숨을 내쉬지 않고 잠수를 할 경우도 수심30미터가 되면 4기압으로 6000cc의 1/4인 1500cc로 좁아들어 그 이상 잠수를 한다면 갈비뼈가 부러지게된다. 해서 스킨다이빙의 경우 사람의 폐활량과 잔기량을 산출하여 인간의 '의학적 한계잠수 깊이'를 25미터로 설정한 바 있다. 그러나 세계적으로 인간의 한계를 극복한 사례는 속속 나타나고 있다. 이탈리아의 '안소 마요르카'는 77미터를 잠수하였고, 잠수하기 전 요가를 한다는 '마이욜'의 경우 80미터를 잠수했다니 정말 대단한 사람들이다. 그러나 이들은 정말 특별난 경우고 대개의 사람들은 심해잠수를 할 경우 그 후유증으로 여러 가지 잠수병을 앓고 있는 것도 사실이다.

'공기색전증'이라는 것이 있다. 이것은 초심자가 스쿠버다이빙을 할 때 가장 주의해야할 잠수병이다. 스쿠버들이 다이빙 중 숨을 쉬는 공기는 위에서 언급한 것처럼 탱크 속의 압축된 높은 압력의 공기이다. 이 압력이 높은 공기를 가슴에 가득 들이마신 채 숨을 멈추고 그대로 부상(浮上)하면 어떻게 될까. 부상함에 따라 주위의 수압은 자꾸 내려가는데도 폐 속의 공기가 그대로 있다면... 결국 폐는 자꾸 팽창해져서 파열하게 되고 말 것이다. 폐가 파열해 버린다면?... 폐 속의 공기가 혈관 속에 들어가 이른바 공기색전(空氣塞栓)을 일으켜 혈류를 멈추게 한다. 이것을 막기 위해서는 스쿠버는 절대 호흡을 멈추고 부상하면 안되며 자기가 뱉어낸 거품을 추월하지 않고 부상해야 된다.

'질소멀미'라는 것도 있다. 우리들이 보통호흡하고 있는 공기는 질소(78%)와 산소(21%) 그리고 그 밖의 가스(1%)가 조금 섞여있다. 물론 수상에서 숨을 쉬면 이러한 것들이 아무런 문제를 유발하지 않지만, 해저에서 높은 압력의 공기를 호흡하면 그 속에 있는 질소로 마취작용이 나타나 알코올처럼 다이버가 취해버린다. 이것을 '질소멀미'라고 하는데 수심30미터쯤에서 가장 많이 일어난다. 해서 초보자들은 30미터이상의 잠수는 피해야할 것이다. 언젠가 '물 속에서 고기와 이야기를 나누다가 죽을 뻔했다'는 지인의 이야기를 들은 적이 있었는데 '고사부'는 질소에 취하면 몽롱해져 잔압계를 보지 않아 부상시기(浮上時期)를 놓치거나 어떤 경우는 바로 실신까지 해버려 잠수만은 특히 짝 잠수가 꼭 필요하다고 한다.

또 '감압증'이라는 전문 다이버들이 많이 후유증을 앓고 있는 잠수병이 있다. 깊은 곳에 오래 잠수하고 있으면 호흡하고 있는 공기 속의 질소가 몸 안의 혈액이나 조직 속으로 녹아 들어간다. 이 질소의 량이 어느 정도까지는 문제가 되지 않지만 그 정도를 초과하면 부상 시(浮上時) 주위의 압력이 내려감에 따라 질소가 몸 안에 녹아 있을 수 없게 되어 몸속에서 기포가 되고 만다. 그 질소의 기포가 혈액의 순환을 멈추게 하고 통증을 일으키고 신경을 압박하며 심하면 조직을 파괴하기도 한다. '감압증'은 피부가 따끔거리거나 가려워지거나 얼룩덜룩 발진이 나는 가벼운 증상에서부터 귀 울림이나 마비 등이 오고 뼈나 관절이 바늘로 찌르는 듯한 통증까지도 오는데 시간이 지날수록 더 심해지는 특징을 가지고 있다. 가장 무거운 증상은 척추나 뇌 조직 폐 주위에 기포가 생겨 몸을 마비시키거나 호흡곤란을 유발해 질식을 일으키기도 한다. '감압증'은 부상(浮上)후 30분에서 3시간이내에 95%이상이 나타나는바 12시간이 지나고 나서 나타나는 증상은 '감압증'이 아니라고 보아도 된다..

이렇게 하고 보니 스쿠버다이빙이 꼭 죽을 만큼이나 위험한 스포츠로 자리 매김 하는 것 같다. 그러나 결코 아니다. 필자는 '고사부'의 지도아래 아주 안전하게 25미터까지 입수를 완료하고 그 귀한 스쿠버다이버 자격증을 받았고 그 후 7~8년여 동안 1년에 한두 번은 탈 없이 수중세계를 즐기고 있으니 말이다.

'작살 맞은 생선회 맛' 이야기를 하다 잠시 스쿠버다이빙의 위험도에 대하여 살펴봤다. '이선생'과 필자는 점심 식사 후 제2의 관문에 도전했다. 이번에는 바다 가운데에 있는 20미터 입수 포인트다. 이때도 역시 필자의 납벨트는 '이선생'이 선착장까지 들어주었고 모터보트로 약 4킬로를 나와 입수 포인트에 도착했다. 이번 입수방법은 앉은 자세에서 뒤로 벌렁 넘어지며 입수를 한다. 기분이 새롭다. 잠수 풀에서는 꼿꼿이 선 자세에서 왼손은 레귤레이트를 잡고 오른손으로 수경을 힘껏 누르며 물속으로 뛰어들었는데... 벌써 꼭 전문 다이버가 다된 기분이었다.

으스스하다. 미리 준비해놓은 로프를 잡고 천천히 입수를 하지만 오전에 해본 비치코스하고는 비교가 안 된다. 뽀글거리며 머리위로 올라가는 '레귤레이트'에서 쏟아내는 기포가 엄청난 소리를 내는 것처럼 느껴진다. 10미터쯤 내려 왔다는 것도 겨우 정신을 가다듬어 수심계를 쳐다볼 여유를 가지고서야 안다. 잠수풀에서 교육받을 때완 차원이 틀렸다. 초여름임에도 온몸이 차츰 사늘해져간다. 옆에서 따라오던 '고사부'가 로프를 놓으라며 수신호를 보낸다. 유영을 하자며 자기를 따라오란다. 하지만 한참을 겁이 나서 로프를 놓지 못하는데... 먼저 '이선생'이 로프를 버리고 앞으로 나선다. 얼마쯤 지났을까. '고사부'를 따라 잠수풀에서 배운 중성부력을 흉내 내며 수평유영을 해본다. 수심계는 20미터를 넘어서고 있었다.

"아주 잘했어요." 리조트로 돌아와서 고사부가 첫마디로 칭찬부터 해댄다. 처음 바다 입수 훈련을 하면 50%정도가 로프를 놓지 못한다고 했다. 그러고 보니 필자도 아마 '이선생'이 없었다면 십중팔구 그들과 같았으리라. 1시간 후 우리는 다시 25미터 입수 포인트에 도전했다. '이선생'은 '고사부'에게 작살을 달라고 한다. 이번 입수에서 우럭을 잡아보겠단다. 허허... 첫 입수에 벌써

'작살잡이'가 되겠다고 나서다니... 그러고 보니 '이선생'은 해군출신이었구나. 왠지 다르다고 했더니...

아주 맛있는 '이선생의 작살 우럭회'를 맛보고 있는데 또 한팀의 다이버들이 나타난다. 혹 필자와 같은 아직 무면허인 예비다이버들 인가해서 관심을 보였는데 왠 걸 그 팀 중 한 명이 깜짝 놀랄 체형을 보여주고 있질 않는가. 그 다이버는 오른쪽 다리가 아예 없었다. "다이버중엔 예상외로 장애인들이 아주 많아요." '고사부'는 장애인 다이버 중엔 일반인들도 더러 있지만 수중폭파요원으로 근무하다 제대한 해병대출신들이 많다고 했다.

요사이는 스쿠버다이빙이 아주 보편화되어 동호인들도 무척 많다. 메니아중엔 결혼식을 수중에서 하고 회갑잔치도 수중에서 하여 세인의 부러움을 사기도 한다. 여기 '고사부'도 부인을 다이빙을 하며 만나 결혼했고 지금은 둘이서 스쿠버가게를 하며 생활한다. 필자의 지인 한 분은 필자보다 늦게 스쿠버에 입문했음에도 벌써 100회 째 다이빙을 했다고 한다. 요즈음은 '회외원정골프'뿐 아니라 '회외원정다이빙'도 많은 편으로 많은 다이버들이 사이판이나 괌, 멀리 필리핀까지도 날아가서 열대의 그 맑고 맑은 바다 속에 드러누워 아름다운 산호초와 열대어들과 놀고 온다.

아~ 필자도 가고 싶다. 정말 사이판에는 한번 꼭 가봤으면 좋겠다.

- 2003, 2

섬 기행

- 현해탄(玄海灘)은 말이 없다

"광막한 광야를 달리는 인생아
너는 무엇을 찾으려 왔느냐
이래도 한세상 저래도 한평생
돈도 명예도 사랑도 다 싫다. "

망망대해 그리고 칠흑 같은 어둠이 내린 현해탄에서 필자는 바람소리처럼 들려오는 윤심덕의 노래 소리를 들었다.

지금 우리나라는 일본이 영유권을 주장한 독도망언에 대하여 전 국민이 총궐기를 한 상태이다. 모 지인은 '독도지킴이' 홈피에 '그래 독도는 니 해라 혼슈를 우리가 하마.'라고 올리기도 했다는데, 해서 필자 또한 이번에 과감히 일본을 국가가 아닌 몇 개의 섬으로 인식하며 한번 밟고 지나 가보기로 했다.

지난 8.6일 필자는 부산에서 그 옛날 그네들이 대륙침략의 전초기지로 이용했고, 그네들이 만든 배인 '관부연락선'이 출항했던 '시모노세끼'가 있는, 다시 말해 일본에서 가장 제일 크다는 섬인 혼슈로 건너갔다. 일제강점기 때 우리선인들이 '관부연락선'을 타고 갔던 것과는 달리 필자는 우리가 만든 '부관페리'인 '성희호'를 타고 말이다.

필자가 당초 섬 여행을 하려고 세웠던 계획에는 광복절인 8.15일이 잡혀있었다. 대한해협을(현해탄)을 '부관페리호'를 타고 가며 광복절의 의미를 다시 한 번 음미해보리라 하면서, 근데 일정이 여의치 않아 며칠이 당겨지게 되었는데 그 출발 일이 바로 8월6일이었다. 그러나 이날 또한 그리 평범하지 않다는 것을 곧 알게 되었다. 바로 부관페리호인 '성희호'가 부산항을 떠난지 몇 시간 지나지 않아서였는데 1945년 이날 미국은 '에놀라-게이'라는 B-29폭격기로 히로시마에 '리틀보이'라는 원자폭탄을 투하했던 것이다. 어떤 면에선 광복절보다 더 큰 의미를 부여할 수도 있겠는데, 어쨌거나 필자는 덕택에 일본에 도착한 첫날밤부터 히로시마 원폭60주년 기념행사 관계뉴스를 호텔 TV를 통하여 왼 종일 듣고 지내야 되었다. 해서 뭔가 새로운 '섬나라 이야기'를 만들고자한 필자에게 조금은 장애가 된 것도 사실이었다.

2005. 08. 06

점심을 일찍 하고 12:30 서울역 광장에서 일행들과 미팅을 한 뒤 가이드로부터 열차티켓을 건네 받았다. 13:00 서울출발, 부산도착 16:00, 기차에서 내리자 가이드가 하는 말이 더 재미있다. 17:20까지 개별로 부산항 2층 공중전화 부스 앞으로 오란다. 부산항에서 걸어서도15분밖에 걸리지 않은 곳인데 자그마치 1시간 반이나 되는 긴 여유시간을 두다니... 그동안 이곳에서 뭘 어떻게 하라는지, 차라리 서울 출발을 좀 늦게 하지...

아침부터 아무것도 한 것 없이 어슬렁거리다 하루를 보낸 것만 같다. 10분 관심, 50분 방임 하면서... 여객터미널에서 이리저리 왔다 갔다 하며 출국수속을 하고 난 뒤 부관페리호인 '성희호'에 올라보니 19:00. 한여름임에도 햇살은 벌써 힘을 잃고 있었다.

"붕-부---웅!"

부산항을 출발하며 부관페리는 코끼리울음 같은 뱃고동소리를 내본다. '성희호'가 부산항을 빠져나온 시간은 21:00. 주변은 어느새 휘황찬란한 야간경관으로 옷을 갈아입었다. 그동안 우리일행은 선내 레스토랑에서 저녁을 먹었다. 가이드가 이 배는 한국선적이지만 선내는 일본 영토와 같다고 했다. 이미 출국수속을 하였기 때문이라는데, 승무원들이 전부 한국인이었음에도 유통되는 통화는 엔화뿐이었다. 날이 어두워지자 승객들 대다수가 4층 갑판으로 튀어나와 시원한 부산바닷바람을 들이키고 있었는데 '영도다리'며 '영도대교', '용두산'에 힘차게 솟구쳐 올라있는 '부산타워'에서 내리비치는 경관조명과 '영도등대'의 선박 유도불빛에도 한껏 취해가고 있었다. 여기저기서 감탄사가 터져 오르자 옆에 있던 지인께서도 한 말씀 거든다. "정말 좋다. 부산야경이 이렇게 멋있는 줄은 오늘 처음 알았네." 필자가 생각해도 그렇다. 부산지형의 특이성, 즉 산비탈을 끼고 이루어진 층층으로 지어진 건물. 그 각각의 창문에서 새어나오는 불빛들이 서로 아우러져 거대한 '불탑'과 '불 병풍'을 만들어 내고 있었다. 그 경관을 바다에서 배를 타고 돌아가면서 둘러보니...

가이드가 얼마 안 있어 이곳 부산 앞 바다에서도 부산야경을 위한 크루즈가 뜨는 것을 볼 수 있을 것이라고 했다.

주위가 캄캄해 질쯤 선실로 내려왔다. 특별히 돈을 더 내고 준비시킨 1등실 침대에 누워봐도 쉬이 잠이 오지 않는다. 한참을 뒤척이다 잠깐 잠이 든 듯 했으나 몹시 심하게 선체가 흔들려 시계를 보니 새벽 1시, 슬그머니 다시 갑판으로 나가본다.

현해탄이다. 조금 전 안내방송에서 대마도를 막 지난다고 했다. 하늘엔 별이 총총히 빛나고 있었지만 갑판 위에선 바로 별을 쳐다보기는 어렵다. 바닷바람에 섞여 물보라가 쉼 없이 몰아쳐 눈을 바로 뜰 수가 없었기에, 파도가 많이 높아 졌는지 선체도 심하게 롤-링을 해된다.

바로 이곳을 '현해탄'이라 한다. 현해탄(玄海灘)은 '시린'바다다. 그리고 애환의 바다다. 이름 그대로 깊고 그윽하지만(玄), 물살은 급하고 암초 또한 많아 위험한(灘) 바다다.

해서 유사이래 이곳은 많은 애환을 스스로 만들어내어 바다 속 깊숙이 수장하고 있다. 반면 이곳은 부산과 시모노세끼를 연결하여 예로부터 우리나라가 일본과 교통・상업의 교역을 하게 한 주요 항로이기도 하다.

돌이켜보면 그 옛날 왜구가 우리나라를 노략질하기 위해 침탈했던 해적의 항로라는 것을 일차 차치 하고라도, 삼국시대 장보고는 이 항로로 일본과 교역을 하며 해상왕이 되었으며 고려시대엔 원나라와 고려의 연합함대가 이 항로로 일본정벌에 나서기도 했다. 조선시대 임진년엔 '도요토미 히데요시'가 수만의 병선을 이 항로로 띄워 우리나라를 침략해 임진왜란을 일으켰으며 대한제국시대엔 마지막황태자 영친왕이 볼모로 일본에 잡혀간 항로이기도하다.

근세에 들어 침략야욕에 눈이 먼 군국주의 일본제국은 '정한론' 같은 조선공략계획을 수립하고 끝없이 조선을 괴롭혀 오던 중, 1905년 이곳에 부관연락선(釜關連絡船)이라는 정기 여객선 의 항로를 개설한다. 그리고 1910년 경술국치후 우리나라의 온갖 자원을 일본으로 실어 나른 곳이며 대동아전쟁이 발발하고 1945년 제2차 세계대전이 종전 될 때까지 수많은 우리 동포들은 이 항로에서 갖가지 애환을 겪었다.

그 가운데 아름답지만 슬픈 사랑이야기가 들려오니 바로 윤심덕과 김우진 의 사랑이야기이다. 일제강점기가 절정에 달했던 1926년은 사회주의, 염세주의 풍조가 지식인들 사이에 깊숙이 퍼지고 있었던 해이기도 했다. 또 이 해에는 4월 순종이 창덕궁에서 승하하셨고, 일본에선 유사이래 건물에서 투신한 첫 번째 자살사건이라는 동경 긴자의 마쓰야백화점 자살사건이 5월에 일어나기도 했다.

일제강점기에 있었지만 우리나라도 1900년대 초엔 세계적인 조류를 타고 여성교육기관이 생겨나며 이른바 신식 교육을 받은 여성이 하나둘 배출되었다. 정신여학교의 터전을 닦은 신마리아, 최초의 여성 의사며 여성 미국유학생 박 에스더, 최초의 여성 개업의며 이광수의 부인인 허영숙, 첫 여성비행사 박경원. 배우 이월화, 소프라노 윤심덕, 약사 차순석, 기자 최은희 등, 이들이 당시 우리나라최고의 신여성들인데 모두 그 분야에서 여성으로는 최초라는 수식어를 앞에 붙인 여성들이다.

당시의 어떤 사회 풍조가 일부신여성에게 매너리즘에 빠져들게 하였다고는 단정 짓기야 쉽지 않겠지만 눈이 뜨인 신여성에게는 전통사회가 자기에게 요구하고 부여하는 가치세계에서 일탈하기엔 너무나 힘이 들어 끝없이 고민하고 갈등하고 혼란해하였을 것만은 분명하다. 어떻게 보면 1920~30년대의 한국 신여성들은 어떤 형태로든지 피해자였다고도 할 수 있겠다. 그 피해증후군 가운데 하나가 그 갈등을 겪느니 차라리 죽음을 선택하는 경우도 있었다.

우리나라의 여성 선각자라 일컬어지는 1920년대 신여성들은 대부분의 우리나라 여성들이 받지 못한 고등교육의 혜택을 받은 사람들이었다. 그러기에 사회적으로 그녀들에게 보여지는 관심은 너무 강렬했다고 할 것이다. 어쩌면 그 강렬한 관심이 그녀들을 질식하게 만들었는지도 모르겠다. 조금은 과장될 수도 있겠지만 우리나라 신여성들의 한계는 역사와 사회를 직시하지 못한 채 갑자기 물밀 듯이 밀어닥친 서구 부르조아 여성해방론에 흠뻑 취해 버린 결과가 아닐런지…

윤심덕. 이곳 현해탄에 몸을 던진 그녀는 자신에게 보여준 사회의 기대에 충실하기 위해 노력하였겠지만 그녀는 그런 중압감을 도저히 견뎌내지 못했다.

윤심덕의 본관은 파평(坡平)이고 1897년 평양에서 출생했다. 1918년 경성여고보 사범과를 졸업하고 강원도 원주공립보통학교 교사로 근무하다가 조선총독부의 관비생으로 일본 도쿄음악학교에 유학, 성악을 전공하고 귀국했다. 그 후 경성사범부속학교 음악교사로 근무하면서 음악회에 출연, 성악가로 명성을 떨치고 1925년 토월회(土月會) 배우로 활약하다가 유행가수로 전향하여 방송에 출연하며 레코드를 취입하기도 했다. 여기에서 보듯 그녀가 선택한 신여성의 길은 당시 식민지의 여성들과 호흡을 같이 하는 사회적이며 역사적인 길이 아니라 그저 깨어난 신여성이 봉건적 구습에 대한 막연한 저항이라는 안이한 길이 아니었나 하는 생각을 해본다. 그녀는 저항의 방편으로 자유연애를 택했다. 유부남이었던 극작가 김우진과의 사랑 행각은 그 당시 사회 관습상으로는 대단한 물의를 일으키기에 충분하고도 남았다. 그러나 그녀가 사랑하는 사람과 함께 있고 싶은 그녀의 작은 바램은 당시 사회의 질시 속에서 좌절될 수밖에 없다는 사실을 알고 만다. 해서 윤심덕은 결국 김우진과 함께 현해탄에 몸을 던져 연인과 동반 자살을 함으로써 자신의 사랑에 막을 내린다. 과연 그녀는 이 세상에다 무슨 말을 하고 싶었을까?

김우진은 전라도 장성에서 집이 아흔 아홉 칸이나 되는 대부호의 아들로 태어났다. 그 역시 윤심덕과 생 몰이 같은 1897년이다. 그는 부친이 신학문을 보급하기 위해 설립한 호남 광의의숙을 다니다 동학혁명이 일어나자 목포로 오게 되어 목포공립심상고등소학교 고등과를 수료한 후, 농업을 공부해야 한다는 부친의 엄명에 따라 19세 때 현해탄을 건너 일본 구마모토 현립농업학교에 입학한다. 그러나 이미 문학에 심취해 단편소설을 습작하고 있던 그는 부친의 뜻을 어기고 도쿄로 건너가 와세다대학 영문과에 입학한다. 당시 도쿄 유학생으로 연극동우회를 조직하여 국내 순회공연을 하는 등 신극 발전에 힘썼다. 국어와 일본어로 쓴 40여 편의 시를 남겼고, 희곡도 썼다.

이 둘은 만남은 윤심덕과 동경 음악학교 동기생인 홍난파에 의해 이루어진다. 1921년 여름 경성에서 도쿄 유학생들과 노동자들의 모임인 동우회는 회관건립기금 모집을 위한 하기순회연극단을 조직할 때 이 홍난파의 소개로 극단의 중심인 김우진을 만난다. 연극에 소프라노 찬조 출연을 하게 된 윤심덕은 다른 뭇 남성들의 시선을 한 몸에 받지만, 유독 김우진과는 자주 대립관계를 하게 된다. 천성적으로 자유분방하고, 솔직, 대담한 그녀의 성격이 매사에 진지하고 침착한 그에게는 약간은 거슬렸던 것이다. 부산을 거점으로 시작된 순회공연은 40일간 25개 도시를 돌며 근대적인 연극을 선보여 가는 곳마다 관중과 언론의 지지를 얻지만, 공연 도중 민중을 선동했다는 이유로 극단은 해산되고 단원들은 뿔뿔이 흩어지게 된다. 이 때 윤심덕은 젊은이답지 않게 진중한 김우진의 지성에 반하고 김우진도 그녀의 열정에 감탄한다. 그러나 김우진은 이미 고향에 처자가 있었던 터라 매우 망설이는데 그녀는 이런 것에 아랑곳하지 않는다. 흩어진 단원들을 격려하고 사기를 돋아주기 위해 김우진은 목포 고향집에서 음악회를 주최하는데 여기서 다시 만난 둘은 서로의 사랑을 확인한 후, 김우진은 조선에 남기로 하고 윤심덕은 일본으로 건너간다.

일본으로 돌아간 윤심덕은 우수한 성적으로 학교를 졸업하지만, 순회공연 참가로 빚어진 총독부의 감시 때문에 좌절하고, 김우진은 가업을 잇기를 바라는 아버지와의 갈등으로 힘들어한다. 그러나 일본에 찾아온 김우진은 그녀에게 용기를 북돋아 주고 그녀에게 한국에서 활동을 할 것을 권유한다. 이에 윤심덕이 이번에는 그에게 창작을 하라며 그를 일본에 남긴 채 조선으로 돌아와 둘은 또 한 번의 이별을 하게 된다.

윤심덕은 귀국 직후 독창회를 통해 화려하게 데뷔하고 김우진도 유학 생활을 마치고 귀국하여 둘은 기쁨의 재회를 하지만, 그녀는 외국 민요만 부르게 하는 극장 주와의 갈등에 힘들어하고, 소프라노 가수를 기생이나 광대 취급하는 순수 음악의 황무지였던 고국의 현실에 괴로워한다. 김우진 역시 신극 운동을 펼치려 하나 뜻대로 되지 않고 현실과 이상의 괴리로 혼란에 빠지고 힘없는 조국에 분노한다. 더욱이 혼기가 지난 윤심덕과 유부남 김우진의 염문은 이미 소문이 날대로 다 나버려 그녀는 도덕과 인륜을 무시한 가수라는 비난을 면치 못한다. 한번 절망의 나락으로 빠진 그녀는 쉽게 재기하지 못하고, 우진 또한 자신을 받아들이지 못하는 사회에서 자신을 버리기로 하고 행방을 감춘다.

두 연인의 말년은 다가오고 있었다. 자신들의 예술이, 자신들의 사랑이 받아들여지지 못하는 사회에서 더 이상의 살아갈 이유를 찾을 수가 없었던 것이다. 그 무렵 윤심덕은 일본 오사카에 있는 레코드회사인 일동축음기주식회사에서 녹음교섭을 받았는데, 이를 알고 김우진은 목포에서 서울로 온다. 수은동의 윤심덕을 찾아가 그녀를 보고 도쿄로 가라하고는 그는 7월 9일 먼저 도쿄 시바구에 있는 자신의 옛 하숙집으로 간다. 윤심덕은 7월 16일 여동생 성덕과 함께 서울을 떠나, 7월 18일 오사카의 오카하루 여관에 묵는다. 그곳에 김우진은 찾아든다. 이바노비치의 '도나우 강의 잔물결'에 김우진과 윤심덕이 개사한 노래 '사의찬미'의 녹음을 위해서였다. 3일간의 녹음을 끝내고 그들은 함께 돌아간다

두 연인은 이미 죽음을 계획하고 있었나 보다. 김우진이 목포 집을 떠나올 때 쓴 마지막 일기에는 '나는 나 이외 사람들의 욕이나 침이나 매를 무서워하지 않는다. 다만 분한 것은 만인의 오해뿐이다.'는 한 조각 글로 자신을 대변하고, 떠나올 때 어린 아들을 안고 유난히 서러워하였다고 한다. 윤심덕이 시모노세키로 향할 때 경성 역으로 배웅 나온 한 지인이 '취입 잘 하고, 올 때는 고급넥타이나 하나 사오라.'고 하자 '죽어도 사와요?'라며 웃더라는 것. '죽으려거든 넥타이나 사서 부치고 죽어라.'고 농담을 했는데 실제로 윤심덕은 오지 않고 넥타이만 배달되어 왔다는 것이다.

그렇게 그들은 운명의 관부연락선에 올라타고 김수산과 윤수선이라는 가명으로 승선 명부를 작성한다. 그들이 처음 만나 사랑하던 일본을 떠나 그들을 질시하던 고국 땅에 가까워 올수록

초조해지는 두 연인...배가 대마도를 지날 즈음, 시대를 앞서간 두 천재 연인은 아무런 미련 남기지 않고 그렇게, 차디찬 바다로 뛰어든다. 시간으로 치자면 79년전 바로 그제인 8월4일 바로 이곳에서...

다음날 언론 매체는 그들의 죽음을 대대적으로 다루었고, 동아일보는 이례적으로 5일 동안 특집으로 다루기도 했다. 당시 기사 내용은 <관부연락선이 사일 오전 네 시경에 대마도 옆을 지날 즈음에 양장을 한 여자 한 명과 중년신사 한 명이 서로 껴안고 갑판에서 돌연히 바다에 몸을 던져 자살하였는데…… 남자는 김우진이요, 여자는 윤심덕이었으며…… 연락선에서 조선 사람이 정사한 것은 이번이 처음이더라>였다.

당시 그들의 죽음으로 인해 영향 받은 많은 청년들의 자살이 잇따르기도 했을 만큼 사회적인 파장을 일으킨 두 연인. 식민지하의 조국에서 개화의 씨앗이 되려고 무단히도 노력했던, 시대를 너무 앞서가 불운했던 두 천재 연인. 연인의 최후는 비극이었지만, 그들의 로맨스는 시대와 장소를 초월하여 두고두고 회자될 것이다.

혹자는 이렇게 말한다. 17~8세기 일본의 에도시대에는 신쥬(心中)라는 것이 있었다. 그것이 유행처럼 번져 막부에서도 골칫거리가 될 지경이었단다. 신쥬(心中)란 사랑하는 남녀(대부분 불륜남녀)가 동반 자살하는 것을 말한다. 그 당시 사람들은 이승에서 못 다 이룬 인연을 저승에서 이룬다고 생각하여 '신쥬'를 아름답고 용기 있는 일이라고 생각하기도 했단다. 분라쿠 라고 하는 일본의 전통인형극 중에 자주 올려지는 '소네자키 신쥬'라는 극이 있는데 거기서도 20대의 상점 점원과 10대 기생과의 동반 자살을 그렸다. 이 '소네자키'는 오사카의 오랜 환락가의 이름으로 오늘날에도 관광객이 끊이지 않는 곳이란다. 이 둘도 아마 일본에서 신식공부를 하여 신쥬를 흉내 낸 것이 아닌가 라고...

선체가 더 심하게 흔들린다. 파도가 높아지는지 물보라는 더욱 흩날리고 멀리나마 보이던 별빛은 는개에 가려 더 이상 가늠하기조차 힘든다. 갑판 난간을 꼭 잡고 가만히 눈을 감고 있으니 철썩거리며 뱃전을 때리는 파도 소리에 썩여 '사의찬미'가 잔잔하게 들려온다. 필자는 생각해본다. 아마 저 깊은 바다 한곳에서 윤심덕이 피아노 반주에 맞추어 아름다운 미소를 머금고 노래를 부르고 있으리라고.

광막한 광야에 달리는 인생아
너의 가는 곳 그 어데이냐.
쓸쓸한 세상 적막한 고해에
너는 무엇을 찾으려 하느냐.

눈물로 된 이 세상에 나 죽으면 고만일까.
행복 찾는 인생들아 너 찾는 것 허무.

웃는 저 꽃과 우는 저 새들이
그 운명이 모두 다 같구나.
삶에 열중한 가련한 인생아.
너는 칼 위에 춤추는 자도다.

눈물로 된 이 세상이 나 죽으면 고만일까
행복 찾는 인생들아 너 찾는 것 허무.

허영에 빠져 날뛰는 인생아
너 속였음을 너 아느냐.

세상에 것은 너에게 허무니
너 죽은 후는 모두 다 없도다.

눈물로 된 이 세상이 나 죽으면 고만일까
행복 찾는 인생들아 너 찾는 것 허무.

- 2004. 10

중국 북경 여행기

젊은 날 연암 박지원선생의 '열하일기'를 읽고 크게 감동한바 있어 훗날 우리나라가 통일이 되면 연암의 발자취를 따라 연경(북경)까지 꼭 한번 가보리라는 했었는데 이렇게 반백이 되어도 통일이 안 되어 그 옛날 연암선생이 말 타고 뗏목 타고 간 흉내는 못 내고 인천에서 비행기를 타고 연암이 간 한양에서 연경(북경)까지 2400여리를 하늘로 가본다.

첫날

1월00일

06:30

모두들 상기되어 있다. 이른 새벽의 만남이라서 기 보다는 외국엔 초행이라 그런 모양이다. 다들 흠집 하나 묻지 않은 깨끗한 여권을 신기한 듯 이리저리 넘겨가며 만져보고 있다. 필자의 경우도 몇 년 전 이 지구상 최초의 인류문명 발상지의 하나인 나일강을 찾아 나설 때 머리 가득 피라미드를 채워 넣으며 황홀해 하지 않았던가. 우리친구들과의 중국여행, 이 얼마만인가. 무려 2년을 상쇄하고 또 3년을 경과하고서야 겨우 실행이 되었다. 그것도 1가족은 불참하는 상황에서....

필자에겐 '천장산청우회'라는 벗들의 모임체가 하나있다. 언제부터인가 이 세상에서 가장 아름다운 모임체가 있다면 바로 내가 속한 고향친구의 모임 '천장산청우회'라고 자랑을 하고 다녔는데, 정말이지 7명으로 구성되어 40여년을 꾸준하게 굴러온 이 모임이야말로 어느 모임보다 귀하고 소중하다고 생각하고 있다. 경상도 한적한 산골마을에 같이 태어나 그야말로 발가벗고 멱을 감으며 뒹굴었던 소중한 나의 동무들... '상락두변(霜落頭邊)'이라, 그런 아이들이 성장을 하여 결혼을 하고 이제 머리주변은 서리가 내려 반백이 되고 자식들은 곧 결혼을 한다니... 이번여행은 그렇게 변모된 우리들이 반평생을 동고동락한 각자의 내자와 동반하여 처음 해보는 외국여행인 것이다.

본 행사를 준비하면서 필자의 경우 모임의 총무를 맡고 있는 관계로 여권사본이며 회비 같은 것을 준비하면서 포복절도했던 일이 생각나 다시 한 번 빙그레 미소를 띠어본다.

"아니 언제 내가 또 외국에 갈 일이 있겠나?"

박선생이 한말이다. 필자가 박선생의 여권사본을 받아보니 1년 유효기간인 단수여권이다. 부부가 똑같이 말이다. 바로 1년 전의 일로 당시엔 전국이 여권발급으로 몸살을 앓고 있었던 시절이었다. 박선생이 살고 있는 곳은 경주인데 그곳도 서울처럼 여권 신청을 하면 20여일은 족히 기다려야했었는데...

대구에 사는 진선생은 한술을 더 뜬다. 자신은 10년 것으로 하고 부인 것만 1년 유효다. 뭐라나, 비싸다고 기어이 한개 만이라도 1년 것으로 하랬다나... 문제가 생긴 것은 다음부터였다. 그렇게 몇 명의 여권이 만들어졌었는데 그만 여행계획을 취소하고 말겠단다. 지난해엔 여권도 만들지 않고 이런저런 핑계만 대더니 말이다.

다시 1년 후, 지난해 모임에서는 이번엔 꼭 가야 된다며 아예 날짜도 못 박아 놓고 행여 누가 가지 않는다면 회비 중 지원되는 부분은 무조건 참석자들이 다써버린다는 약속까지도 해놓았다.

다시 여권사본이 모여지기 시작했다. 경주의 박선생, 다시 한번 여권을 만들었는데 또 1년 기한인 단수여권이다. 둘 다... 대구의 진선생도 부인 것을 새로 만들었는데 이번 것은 5년 것으로 해 보냈다. 옆에 있는 지인에게 그 얘기를 했더니 아주 박장대소를 한다. 하면서 "그래도 부부가 같이 1년 짜리를 한 것은 이해가된다. 그런데 뭐? 아니, 자기는 10년으로 하고 부인 것만 1년 짜리로 했다니..."

암튼 그런 우여곡절 끝에 여권은 하나둘 모아지고, 그럼에도 당초 11월 계획은 12월로, 그러다 해를 넘겨 다음해 1월 12일부터 3박4일로 일정을 잡을 수가 있었다. 사연도 많다. 소가 새끼를 낳는다고, 시부모가 아프다고, 어머니가 생신이라서, 정말 포항 김선생은 자기어머님의 생신을 앞으로 당겨 미리 해드렸단다.

필자는 이번행사를 주관하면서 제법 고심을 했다. 특히 여행경비 문제였는데 가능하면 패키지여행에서 풀-옵션으로 하고 현지에서 추가경비를 내지 않는 것으로 섭외를 했다. 숙박도 가능하면 최고등급으로... 왜냐하면 다들 처음 해외여행인데 행여 숙소나 여행코스가 나쁘거나 가는 곳마다 추가경비를 내라고 하면 모든 해외여행이 다 그렇겠거니 하는 오해를 낳을 수가 있겠기에...

우리일행이 북경으로 타고 갈 비행기는 아시아나 항공이다. 비행기 역시 국내항공으로 처음 계획 시부터 염두에 두고 선택을 한 결과이다. 지난해 미국여행 시 필자는 값싸다고 외국비행기를 탈 계획을 세웠다가 서툰 어학실력에 낭패를 한 경험의 결과이리라. 해서 필자는 가급적이면 돈이 좀더 들더라도 국내항공을 이용토록 주변에 권유하고 있다.

필자가 약속장소인 인천공항 3층 출국장 대기 장소로 갔을 땐 아직 06시30분이 되지 않았는데도 우리들을 인솔할 여행사에서 나온 예쁜 여자 가이드가 기다리고 있었다. 우리일행 모두도, 멀리 대구며 포항, 울산에서 출발을 했음에도...

잠시 서로 수인사를 하고 일행을 호명한 뒤 짐을 부치고 출국수속을 밟는다. 옆에서 가이드가 아주친절하게 일행들의 시중을 들어준다. 출국대를 나오니 07:10, 비행기가 출발 할 때까지는 아직 1시간30분 정도 시간이 더 남아있다. 일행들은 면세점을 돌아다니며 시간을 보냈는데 출발시간이 다되어 나타난 경주 박선생은 양 손에 담배 박스만 몇 개를 들고 달랑거린다. 그 모습을 보고 모두 난리를 친다. "아니 염소가, 여행하면서 담배만 피울라하나."

08:55

북경 가는 아시아나 항공기는 별로 크지 않은 기종이었다. 가로좌석이 좌우 사이드로 각각 2좌석 가운데 3좌석 모두 7좌석이다. 하다보니 부부들도 같이 앉지를 못하고 통로를 사이에 두거나 어떤 팀은 아예 앞뒤로 앉기도 했다.

잠시 후 기체가 이륙한다는 기장의 멘트가 있더니 기체는 심히 기지개를 켜면서 하늘높이 용오름을 한다. 눈 아래 황해가 보이는가 싶더니 어느새 기체는 추운 듯이 온통 하얀 구름이불을 뒤집어쓰고는 덜덜 코를 골고 만다. 필자도 새벽에 집을 나오느라 깜박 잠이 들고 말았는데 스튜어디스들의 부산한 발자국

소리에 그만 눈을 떠본다. 기내 조식이 준비되었다며 의자 등받이를 세우란다.

조금은 시장하였는지 준비된 기내식을 다 먹고 다시 눈을 감아본다.

연암 박지원선생이 생각난다. 소시적 '열하일기'를 읽고 크게 감동한바가 있어 훗날 우리나라가 남북통일이 되면 연암의 발자취를 따라 열하까지 꼭 한번 가보리라는 열의를 가진 적이 있었는데 이렇게 반백이 되도록 우리나라는 남북통일은 고사하고 북에선 핵실험을 해대고 있으니...

어쨌거나 수년전, 원수 같이 여겨오던 공산국가 죽의장막이라는 중국과 수교를 한 탓으로 그 옛날 연암선생이 말 타고 뗏목을 타고 가던 것과는 달리 인천에서 비행기를 타고 열하까지는 못 가더라도 연암이 간 한양에서 연경(북경)까지 2400여리를 하늘로 가본다고 생각하니 감개가 무량한 것만은 또한 사실이다.

1시간40분후

우리나라시간으로 10시35분 중국 북경시간으로는 09시35분이다. 한반도 서쪽이라 1시간이 늦은 시차를 보이고 있다. 누가 한 시간 더 젊어졌다는데... 몇 년 전 이집트를 갔을 때 시차가 7시간인가 늦은 것을 알고는 일행 중 누가 "이렇게 계속 서쪽으로 지구를 몇 바퀴 돌고나면 혹 청춘이 돌아오지는 않을까."하는 말을 해서 나이든 사람들의 가슴을 찡하게 한 적이 있었는데 정말이지 작년엔 미국에 가면서 생일을 떠있는 비행기 안에서, 그것도 태평양상의 날짜분계선에서 맞는 바람에 결국 생일을 하늘에 날려 버린 적이 있다.(양력으로 2월 24일이 생일인데 분명24일 새벽에 하와이에서 비행기를 탔음에도 인천에 도착하니 25일되어...)

비행기 바깥으로 내다본 북경은 매우 어두워 보인다. 아니 도시전체가 회색먼지를 둘러 쓴 것처럼 느껴진다. 공항은 규모가 꽤 크게 느껴지면서도 시설 면에서는 별로이다. 화장실은 수세식이면서도 좌변기가 아니다. 또 재미있는 것은 입국수속이었는데 개별입국이아니라 단체비자로 하여 종이 한장에 몇 명이 줄을 서서 통과를 한다. 어찌 보면 매우 편한 행정처리 발상인지도 모르겠다.

11.13

출국수속이 좀 늦게 끝났다. 이번 여행에서 우리일행(12명)과 같이 동행하는 인원은 총32명, 공항 밖으로 나오니 현지가이드라는 새카맣게 보이는 조선족한명이 우리가이드와 합류를 한다. 노란깃발을 들고... 대기한 대형버스에 올라앉으니 먼저 점심식사를 하러 가잔다.

12.00

첫날 북경에서 처음 먹으려고 계획한 점심의 주 메뉴는 한식이었다. 그런데 막상 레스토랑에 들어 테이블에 둘러앉아 보니 출발할 때 여행사에서 소개한 유인물과는 달리 중식당에 들어와 있었다. 아무려면 어쩌나 기내에서 좀 늦게 조식을 한관계로 점심자체가 먹고 싶지 않을 정도니... 하지만 탕수육이며 만두, 닭고기, 오리고기요리 같은 서울에서도 눈에 익은 중국요리를 맞아 그 특유의 기름 맛이 느껴지기도 했지만 그래도 필자의 경우는 첫날부터 고추장이며 김치를 꺼내는 등 부산을 떨고 있는 일행들과는 달리 그저 먹을 만은 하였다.

12:51

그 유명한 천안문 광장이다. 늘 상 중국뉴스만 보면 커다란 모택동 사진이 큰 대문 앞에 걸려 있는 것이 보여 평양의 김일성광장이나 천안문광장이 공산주의자들의 절대 권력자 전시 광장으로만 여겨졌었고 때론 으스스한 느낌마저 들었던 이곳에 직접 발로 밟고 서있다는 생각에...

천안문광장은 북경시 중심에 위치한 12만평이 넘는 세계최대의 광장이다. 무려100만명이 동시에 운집해도 여유가 있다니 1989년 천안문사태 때 그 많은 군중이 외쳐되던 함성이 들려오는 듯하다.

이곳은 원래 명.청시대에 황제의 조서를 발표하던 궁정광장이었는데 1911년 신해혁명이후 일반인들의 출입이 가능해졌고 1919년 5.4운동, 1949년 중화인민공화국선포, 1966년 100만 홍위병행진 1976년 1차 천안문사건, 1989년 2차 천안문사건 과 같은 중국근대사에서 일어난 큰 변혁들의 족적을 품고 있는 곳이다.

여기저기서 온통 한국 사람들의 목소리가 넘쳐난다. 광장가득메운 외국관광객들 사이로 중국 사람들이 무리지어 떠들고 지나가는데 가이드의 말로는 대개가 이곳 북경사람들이 아니고 지방에서 찾아온 사람들이란다. 중국 사람들도 이곳 북경에 한번 와보는 것이 평생소원이라고 한다.

광장을 중심으로 남쪽엔 모주석기념관, 동쪽엔 중국국가박물관, 서쪽엔 인민영웅기념비와 인민대회당이 둘러쳐져있고 천안문 앞으로 국기계양대가 있어 붉은 오성기가 펄럭이고 있다. 너도 나도 모여 기념촬영에 정신이 없다. 우리일행은 모두6개조로 나누어 가이드의 관리를 받았는데 우리는 12명 으로 인원이 제일 많아 1조로 명명되었다. 그런데 조장을 맡은 필자가 1조 기념촬영을 하자며 아무리 외쳐도 모이지를 않는다. 결국 단체사진은 그만두고 각자 취향대로 이곳저곳을 배경으로 기념촬영을 하고 말았는데 단체관광이다 보니 시간이 맞지를 않아 박물관이나 모주석기념관 같은 곳은 외각에서 건물구경하는 것만으로 만족 할 수밖에 없었다.

'천안문'을 통과했다. 세계최고라는 수식어를 달고 있는 높이38미터, 두께 36미터의 '오문'이 나타나고 다시 '금수교'를 지나 '태화문'에 이른다. '태화문'을 지나니 그 사진으로만 보았던 '태화전'이 나타나는데 어째 이상하다. 이곳에 오려고 50여년이나 준비를 했음에도 '태화전'은 온통칸막이로 둘러 쌓여있다. 보수공사중이란다. 너무 아쉽다. 2008년 북경올림픽 때문이라니...

다시 '중화전', '보화전'을 지나 '건청궁'에 들러 웅장한, 정말 황제만이 할 수 있었던 절대 권력자의 횡포를 느끼며 벌린 입을 한번 더 벌려 본다.

다들 '자금성'이라 불렀는데 이곳을 중국에선 '고궁'이라 부른다. 그리고 그 자체를 '고궁박물원'이라 부르며 우리나라의 박물관처럼 관리를 한단다.

인파에 밀려 '교태전'이며 '곤녕궁'을 뒤로하고 '어화원'을 지나 '신무문'으로 빠져나온다. 가이드가 길을 잃으면 한곳에 가만히 있으라고 한다. 절대 뒤돌아갈 생각을 말라면서... 방이 무려 9,999칸이나 되어 어린아이가 태어나 하루에 한번씩만 자고 나와도 27살이라는 청년이 된다며 겁을 준다.

'자금성'은 중국황제의 권력의 상징이자 명.청대의 정치중심지이며 황제의 거처였다. 명의 영락제가 남경에서 북경으로 수도를 옮기면서 14년 동안 건설해 1420년 완공했다. 전문장인 10만명 연인원100만명이 이 궁전 건설에 동원되었다. 이곳은 현재까지 지어진 세계의 궁전 중 가장 크다고 하며 천안문광장보다1.7배가 크니 정말 그 규모가 대단하다. 성벽의 높이도 10미터에 달하고 그 두께 또한 7.5미터나 되며 모두가 벽돌로 쌓아 그 튼튼함이 이루 형언할 수가 없다.

또 이곳은 1911년 청나라의 마지막황제 선통제가 보위를 물러날 때까지 모두24명의 황제가 491년 동안 생활을 한곳이다. 필자도 영화 '마지막황제'에서 어린 부의가 '태화전'을 오르내리는 것을 보며 그 웅장함에 혹 세트가 아닌가하고 의심한 적도 있었다. 하지만 태화전은 비록 보수관계로 그 몸체가 가려져있어 그 웅장함을 직접 확인할 수는 없었지만 주변궁전을 보며 다시 한번 크게 감탄을 해본다.

가이드로부터 그 옛날 이 크고 깊은 구중궁궐에 알게 모르게 벌어졌던 재미난 사실들도 몇 가지 들어 본다. 황제의 일상정무와 침실로 쓰이던 건청궁 안에는 '정대광명(正大光明)'이라는 편액이 걸려있다. 만주족의 나라인 청나라는 당나라나 송나라 같은 한족왕조들과는 달리 장자에게 황제자리를 물려주지 않고 아들 중 가장 뛰어난 자에게 보위를 물려주었는데 이 방법은 똑똑한 자를 황제로 만드는 순기능도 있었지만 황제가 갑자기 죽거나하면 왕자 간 권력 다툼이 일어나 궁궐에 피바람을 몰아오곤 하였는데 청왕조는 이를 방지하기위하여 황제가 아들 중에서 다음황제를 미리정해 2개의 밀지를 만들어 건청궁 안에 숨겨두었다고 한다. 그중 하나는 황제가 입고 있는 옷 속에 숨겨두었고 다른 하나는 바로 건청궁 안에 있는 편액인 '정대광명' 현판 안에 숨겨놓았는데 황제가 죽으면 신하들은 그 두개의 밀지를 꺼내어 그 속에 적혀있는 자를 다음황제로 등극시켰단다.

또 한 가지. 궁전 귀퉁이마다 커다란 황동항아리들이 여기저기 놓여있다. 높이가 어른 키만 한데 밑에는 아궁이처럼 벽돌이 고여져 있다. 항아리의 용도가 방화수를 담아놓은 것이란다. 그렇다 방화수, 방화사라하면 나이든 분은 옛날 목조로 지어진 학교 건물 옆에 놓여있던 물 담은 드럼통이나 모래가 채워진 나무통을 기억할 수 있을 것이다. 황궁에도 화재는 피할 수 없었으니 이곳자금성도 무려 3번이나 소실이 되었고 현제의 건물은 1888년 광서제에 의하여 복원된 것이라니 화재에 대한 대비가 유별났으리라. 또한 북경의 겨울은 매우 추워 겨울이면 청동항아리는 가마솥처럼 밑에 불을 피워 물이 얼지 않도록 준비를 했다고 하니 당시 그 일을 담당하였던 환관이나 궁녀들이 얼마나 고생을 하였을까 하는 동정도 해본다.

또 '운룡대석조'라는 것이 있다. 보화전 뒤쪽에 있는데 바로 황제가 가마를 타고 가는 길이다. 길이16.57미터, 폭3.7미터, 무게 250톤으로 고궁최대의 돌조각이기도한데 아홉 마리의 용이 구름 속에서 꿈틀거리는 모습이 생동감 있게 묘사되어있다. 돌의 크기가 어마어마한 만큼 이 돌을 여기까지 운반 해온 이야기도 재미있다. 당초 이 돌이 발견된 장소는 북경에서 50킬로나 떨어진 곳이었는데 여름철이었단다. 이 돌을 황실공사에 사용하긴 해야겠는데, 궁리 끝에 운반시기를 겨울로 미루었고 4키로 마다 우물을 파고는 도랑을 내고 물을 뿌려 얼리고는 그 위로 돌을 밀어 이곳까지 운반을 해왔단다.

15:30

왕부정 거리에 도착했다. 자금성을 나와 버스거리로 20여분, 그러나 지도상으론 바로 옆이다. 지하철역구간으론 천안문동역 다음이 왕부정역이다. 그러나 버스로 빙글빙글 돌아서 인지 아니면 자금성이 워낙 커서 앞으로 들어가 뒤로 나와서 인지 몰라도 한참을 타고 온 기분이다.

왕부정 중심지로 가는 길에 어떤 젊은이가 카메라를 들이대고 있는 모습을 발견했다. 필자도 호기심이 생겨 다가가 보았는데 붉은색으로 쓰인 '천안문백화점'이라는 흐릿한 건물상호가 보인다. 건물 역시 낡아 개보수를 하려는지 주변에 비계를 대고 있었는데 중국최고를 자랑하는 북경시 현대식건물 군락지에 이런 낡은 백화점이 오랜 세월 버티고 있었다는 것에 아이러니를 느껴본다.

가이드의 설명에 의하면 왕부정은 옛날 황제의 아들이나 동생 같은 황족들이 모여 살던 곳이란다. 해서 식수를 위하여 우물을 파게 되는데 이것이 '왕부정'(王府井)이다. '왕부정' 입구로 들어서면 지금은 폐공이 되었지만 우물이 있던 자리에 동판으로 '왕부정'이 있었던 곳이라는 표시를 한 것이 보인다.

지금 이곳은 북경최대의 쇼핑가로 발전되어 백화점밀집 지역이 되어있다. 또한 이곳은 2008년 북경올림픽을 앞두고 차 없는 거리로 관리되고 있는데 50미터가 넘는 도로가 상가를 사이에 두고 인파로 넘쳐난다. 우리일행도 서로 팔장을 끼고 꼬치집이며 백화점이며 아이쇼핑을 해보는데 필자도 한목 끼여 뒷골목 벼룩시장으로 들어가 본다. 이곳 중국으로 오면서 생각해 둔 것이 있는데 쇼핑을 한다면 멋진 털모자를 하나 사보자는 것이었다. 해서 털모자를 하나 흥정을 해서 샀는데 어쩨 어색하다. 질도 좀 조잡스럽고... 암튼 크게 맘먹고 대로에서 모자를 쓰고 기념촬영을 한번 해본다.

17:10

'조양극장'에 들어섰다. '북경 서커스'라는 이름으로 중국을 대표하는 기예단이라는데 '조양극장'은 이 기예단이 하루도 빠짐없이 공연을 하는 서커스전용극장이다. 해서 무대가 서커스를 하기에 알맞게 짜져있고 객석 또한 1.2층으로 1000여석은 충분해 보인다. 서울서 같이 간 인솔자가 먼저 가서 입장권을 예매하고 좋은 자리를 확보한 탓에 무대중앙 그것도 앞에서 두 번째 줄을 모두 우리일행이 차지했다. 이미 공연이 시작되고 있었는데 특이한 것은 앞줄에 앉은 외국인들이 여기저기서 플레쉬를 터트리며 사진을 찍고 있다는 것이다. 고도의 정신집중을 요하는 고난도 곡예공연임에도 누구하나 제지를 받지 않고 또한 공연자들도 전혀 개의치 않아 보인다.

접시돌리기, 자전거타기, 탑 짓기... 등등 그네타기만 없지 모든 종목의 곡예동작이 다나온다. 그리고 막간을 이용하여 무희들이 중국전통 복장을 하고나와 전통무용을 그 특유의 짱짱 그리는 비파의 선율에 맞춰 군무를 그려내고...

서커스라면 필자도 어린 시절 만들어진 아련한 추억 한 가지가 가슴에 숨겨져 있다. 물론 오늘 이곳에 같이 온 고향친구들과 만들어진 추억이지만 말이다. 1967년도인가, 중학교1학년 쯤 된 겨울방학 때의 일로 기억된다. 당시 대구에서 유학을 하고 있던 나로서는 방학 때만 고향인 영천으로 올수가 있었는데 그 때도 겨울방학을 맞아 집에 와 있을 때였다. 어느 날 친구로부터 초등학교 동기회를 한다는 연락을 받아 마을에 있는 몇몇 친구들과 의논을 하고 당일 동기회에 간다며 한 4명 정도가 아침에 집을 나갔는데, 그런데 학교 앞까지 와서 그만 읍네 장터에 세워진 가설극장으로 가자는 여론이 나온다. 유랑서커스단이 왔다며... 최초 발설자가 누군지는 지금 기억이 없지만 아마 영천학교에 다니던 친구 중 한명이었으리라.

그렇게 하여 가보게 된 서커스는 중노가 된 지금까지도 당시의 아찔한 장면이 환상에 젖게 만든 추억을 회상케 한다. 그야말로 별천지 같았다. 곡예는 별도라 치더라도 예쁜 여자들이 곡예 막간에 비키니 복장으로 나와 다리를 흔들어대며 추는 캉캉춤을 처음보고서 말이다.

지금은 서커스 같은 어릴 때부터 몸으로 익혀야하는 곡예사는 제법 잘산다는 우리나라에선 더 이상 나오지 않는다. 아마 그 정도의 열의가 있다면 기계체조나 마루운동 같은 체조선수로 키워 올림픽에 내보는 것이 훨씬 더 비젼이 있다고 생각하기 때문이다. 해서 우리나라는, 이제 서커스 하면 이런 중국이나 평양기예단을 통하여 그 옛날 어린시절의 필자처럼 '서커스의 추억'을 잠시나마 회상할 수 있을 정도다.

18:20

저녁시간이다. 북경에서 처음 정식으로 북경요리를 먹어보는 시간이다. 주 메뉴는 북경오리구이. 그런데 막상 레스토랑에 들어 테이블에 둘러앉아 보니 출발할 때 여행사에서 소개한 유인물과는 다소 다르게 느껴진다. 유인물에는 먹음직한 '북경오리구이'가 네 활개를 쫙 벌리고 있었는데...

암튼 10여명이 둘러앉은 원탁테이블엔 기름기 넘치는 중국요리가 가득 올려져 그 특유의 중국 향을 내 품으며 우리들을 향해 씩씩대고 있다.

한 테이블 당 2마리라는데 부위별로 발라져 있어 2마리인지 1마리인지 눈으로 봐선 분간이 안 된다.탕초육, 기름돼지고기편요리, 소고기 등살요리, 닭고기요리, 옥수수 잣 볶음, 어향물푸레나물요리, 가지볶음, 야채볶음, 계란국, 밥, 과일... 정확한 가지 수는 다 나열하기도 힘이 든다.

북경 오리구이의 선조는 서방의 거위구이(노아烤鵝)에서 유래된 것으로 구이방식은 원조, 청조 때 두번 전파되었다고 한다. 원조 때 몽고제국이 서방세계를 점령하므로 인하여 대포와 같은 전쟁물자와 더불어 거위구이가 들어오게 되었단다. 거위구이가 오리구이로 변화 된 것은 오리가 중국의 특산품이었기 때문으로, 청조말년에는 오리구이 방법도 '민로'라는 화로에서 훈제용 가마를 사용하는 것으로 로 변화 되었다고 한다. 먹는 방법도 산동성에서 처음 개발되었는데 특징은 밀가루나 옥수수 가루에 소금. 기름. 향료 따위를 넣어 지지거나 구워 납작하게 만든 '병'이란 것으로 굵은 파, 혹은 오이를 장과 함께 싸서 먹는 것이라고 한다.

이렇게 되면서 오리도 빨리 살찌우기 위해 운동은 못하게 하고 성장 촉진 사료만 먹이는 사육 방법을 쓰게 되었는데 이 또한 유럽의 '진거위'라는 거위 사육방법에서 전해온 것이라고 한다.

그런데 북경오리를 앞에 놓고 다들 '병'으로 쌈 싸는 것은 즐겨 하지 않아 보인다.

20:00

일행은 한껏 먹은 뱃속에서 꽥꽥되는 북경오리 소리를 들으며 숙소인 북경세라톤호텔로 와 방 배정을 받아 북경에서의 첫날밤을 보내본다.

그런데 호텔에서도 재미있는 일이 하나 벌어진다. 바로 '전신안마타임'. 버스 안에서 조선생이라는 조선족현지가이드가 전신마사지를 한번 받아보라고 권하는데 단체로 하면 좀 싸게 해준단다. 해서 1조인 우리일행 총12명이 전부 안마를 받기로 했는데 방법은 부부가 같이 숙소인 호텔방에서 남자는 여자에게 여자는 남자에게 몸을 줘야 한단다.

방으로 들어가서 짐도 풀기 전 벨이 울리며 젊은 남녀 안마사가 문을 밀고 들어선다. 마치 우리가 오도록 문밖에서 대기하고 있었다는 듯이...

"아야야, 아파라. 아유 시원해." 그 날 밤. 우리일행이 묵은 방은 호텔 4층에 있었는데 4층 전체가 밤늦도록 이상한 괴성에 시달리며 흐느적거린다.

이틀째

1월00일

06:00

모닝콜이 온다. 어제 가이드가 07시 40분까지는 버스에 올라야한다면서 출발시간이 늦지 않도록 신신당부를 한다.

아침은 호텔식으로 짜여져 있었다. 07시경 2층에 있는 레스토랑에 내려갔는데 우리 조는 다들 미리 내려와 어젯밤 안마이야기로 시끌벅적하다. '아니 그놈이 내 가슴에 손을 얹지 않겠어?' '우리 방에 온 애는 술을 먹었는지 술 냄새가 진동을 해서...' 여기저기서 킬킬대며 그 방은 어땠냐며 호들갑을 부린다. 하면서도 집에서 준비해 온 마른반찬을 가져왔는데 호텔 뷔페식이라 빵이며 과일이 많이 있어 느끼하지 않다며 어젯밤과는 달리 다들 잘 먹는다.

오늘부터는 같은 호텔에서 계속 묵어야 되겠기에 간단한 휴대품만 들고 버스에 올랐다.

09:04

명13릉에 도착 했다. 숙소에서 1시간여를 달렸는데 전혀 방향감각이 없다. 위치상으로 북경 서쪽 같기도 하고...

주차장이 있는 것으로 보아 평소 관광객이 많은 모양이다. 일행이 차에서 내리니 우리말로 잡상인이 벌 때처럼 달려든다. 해서 어쩔 수없이 오랑캐 모자 같은 털모자를 하나 골라 머리에 걸쳐본다.

이곳은 명나라황제 13명과 황후23명의 무덤이 있는 고분군이다. 북경에서50킬로 정도 떨어진 곳으로 명나라가 북경으로 천도한 1420부터 1644년까지 220년간 조성 된 무덤으로 중국역대능묘군중 가장 오랜 기간 건설된 곳으로 유명하다. 무덤의 최대 면적은 40㎢이다. 그 규모가 1200만평으로 너무 커 비행기로 하늘에서 보아야 그 규모를 느낄 수가 있다는데 하늘에서 보면 이 곳이 그렇게 좋은 명당이란다.

우리가 찾은 곳은 13릉 중에서도 명의 13대 황제인 만력제의 무덤인 정릉이다. 1956년 발굴을 했는데 당시 발굴한 출토물로 박물관을 만들어 전시를 하고 있다. 금실로 짠 황제의 관이며 황금으로 만든 세숫대, 전족이나 맞을만한 작은 신발 등 특이한 부장품들이 관광객들의 눈길을 끈다. 봉분은 돌과 흙으로 평범하게 만들어져있었는데 봉분 가득 측백나무가 울창하게 들어서 터를 잡고 있었다. 가이드의 말로는 청나라에서 전대 황묘를 돌보지 않아서란다.

명나라가 중국을 다스린 것은 1368부터1644년까지이다. 약250년이나 되는데 이 기간 명나라를 다스린 황제는 총17명이나 된다. 그런데 황제 묘는 모두13개, 4개가 빈다. 1대황제는 남경에 수도를 만들고 그곳에서 죽었다. 해서 1대황제 홍무제의 묘는 남경에 있다. 그리고 2대황제 건무제는 동생의 반란으로 전장에서 불에 타죽었다. 그런데 3대황제가 바로 반란을 일으킨 동생 영락제이니 선황의 무덤을 만들어 주기가 만무하고, 다음 6대 정통제와 8대 천순제는 같은 인물이다. 6대 정통제 때 몽골이 쳐들어와 포로가 되자 그 동생이 7대황제가 되고 그 뒤 6대황제 정통제가 몽골에서 풀려나와 이미 7대황제가 된 동생을 죽이고 다시 8대 황제가 되니 7대 황제 '경태제'는 괘심 죄로 무덤이 없단다. 해서 1대, 2대, 7대, 그리고 6대와 8대는 동일인물이라 이렇게 4개의 황릉은 명13릉에 없단다.

일행은 소원을 들어준다는 거북머리를 손바닥으로 비벼대고 지하궁전에 들어 만력제의 대리석좌에 돈을 던지며 만수무강을 빌어본다.

14:20

만리장성 케이블카 앞에 도착했다. 여기까지 오는 동안 드디어 여행가이드의 본색이 나타났다. 점심을 먹자고 했는데 가는 곳이 옥공장이나 칠보공장 같은 가게에 먼저 들른다. 13릉에서 보다 더 긴 시간을 머물게 하면서까지...

그런데도 다들 잘도 산다. 남 말할 필요가 없다. 필자도 남에게 질세라 옥메트며 칠보촛대를 사고 말았으니 말이다. 정말 집에 가져와서보니 옥이며 칠보의 세공실력이 조잡하기가 이를 때 없다. 그야말로 중국산이다. 그런데 그곳에선 왜 멋있게만 보였을까? 도무지 이해가 되지를 않는다. 이번여행이 모임에서 회비를 지원받으며 왔다보니 단체선물이라도 하나구입해서 같이 못 온 회원에게도 줘야한다며 옥메트를 자그마치 7개나 그것도 우리 돈으로 몇 십 만원이나 주고 구입을 했는데, 와서 보니 너무 조잡스럽다. 그 선물을 받고 친구가 혹 화나 내지 않을는지 모르겠네.

암튼 간단한 점심식사를 하고 세계7대불가사이의하나인 이번 북경 여행의 최고목적이기도한 만리장성 앞에 도착했다.

우선 케이블카를 타고 올라야 한단다. 왠가 했었는데 올라가 보고서야 이해가 갔다. 장성은 모두가 산 능선을 타고이어지고 있었다. 해서 케이블카를 타지 않고는 산 정상까지 오르기가 쉽지 않아 보인다. 그런데 이상한건 장성이 있는 산세가 무지 험하다는 것이다. 아니 이 험한 산세보다 더 무서운 적이 당시에 있었단 말인가라고 반문을 해본다. 흉노족이라 했는데...

케이블카는 우리나라 스키장에서 흔히 볼 수 있는 곤도라 형태를 취하고 있었는데 도착지는 장성이 있는 산 정상 밑으로 터널을 뚫어 설치되어있었다. 케이블카에서 내려 터널을 통과하여 장성으로 올라가려고 했더니 안내원이 입구를 막고는 표를 보자며 들여 보내주지를 않는다. 안 통하는 말로 단체여행객들이라고 말을 해도 아는 체도 않는다. 조금 뒤 가이드가 내민 입장권을 보고서야... 아마 올라오는 케이블카와 장성입장요금은 별도인가보다.

드디어 만리장성을 발로 밟고 눌렀다. 그 말로만 듣던 만리장성을 말이다. 언젠가 이집트에 가서 피라미드를 손으로 만져보고 경외심에 몸을 떨었던 것처럼 만리장성에 올라 다시 한번 이 엄청난 피조물에 넋을 잃고 부르르 몸을 떨어본다.

만리장성, 달에서도 보인다고 하는 인류가 만든 최대의 문화유산중의하나이다. 발해만 연안도시 산해관에서 시작으로 서부 간수성의 자위관까지 약2700킬로에 걸쳐 연결 되어있다. 유래를 보면 그 옛날 중국이7개 나라로 갈려 전쟁을 일삼던 시절에 각

국는 자국의 영토를 보호하기 위하여 국경선을 따라 기다란 장성을 쌓았다. 이 장성들은 전국시대를 마감하고 중국을 통일한 진시황에 의해 국경선을 따라 연결됐다. 진시황이 통일을 하자마자 장성건설에 힘을 쏟았던 가장 큰 이유는 바로 흉노족의 견제 때문이라는데, 하지만 이후장성은 중국에 등장한 통일왕조의 세력에 따라 그 중요도가 다르게 평가되었다. 당이나 원, 청나라 같은 외향적인 왕조에게는 장성이 별의미가 없었다. 장성보다 국경이 훨씬 더 넓었기 때문이다. 하지만 명나라와 같이 쇄국정책을 편 시대에는 장성이 곧 국경 그 자체였다고 해도 과언이 아니었단다. 실제로 산해관에서 자위관까지 이르는 오늘날의 장성이 완성된 것은 명대라는 것은 이러한 사실을 증명해주고 있다고 할 것이다.

만리장성 이야기가 나온 김에 "하루밤을 자도 만리장성을 쌓는다." 라는 말에 대하여 재미있는 유례가 있어 한번 해본다.

옛날 온 백성이 모두 장성 쌓는 일에 끌려 나갔다. 예나 지금이나 천한일은 민초가 하게 되어 있었는지 부잣집도령은 장성부역에도 면제되어 거드름을 피우고 있었는데 하루는 남편이 장성부역을 가고 없는 옆집 유부녀를 넘보게 되었겠다. 해서 야심한 밤에 여인을 찾아가선 혹 면박이나 당하지 않을까 걱정을 하였지만 예상외로 기다렸다는 듯이 너무 쉽게 응해준다. 하면서 소원이 한 가지 있으니 꼭 들어 달라며 한번만이라도 좋으니 장성을 쌓고 있는 남편을 만나게 해달란다. 그까지 것이야 뭐가 힘드냐며 그러마하고 약속을 하고는 두 사람은 하루 밤 운우지정을 나누었겠다. 다음날 둘이는 장성공사장을 찾아가서 여인 남편을 면회 요청하였는데 현장감독이 면회를 허락하면서도 그 면회방법이 특이하다. 면회할 동안 대신 다른 사람이 들어와 장성 쌓는 일은 계속해야 한다는 것이다. 해서 어쩔 수 없이 부잣집도령이 여인의 남편과 옷을 바꿔 입고 대신 장성공사장으로 들어가게 되었다, 그것을 본 부인은 그길로 남편을 데리고 천리만리 줄행랑을 놓았다나 뭐라나.

해서 훗날사람들은 '하루 밤을 자도 만리장성을 쌓는다.'라고 했다는데 필자도 그 사실의 진위는 아직도 잘 모른다.

다시 케이블카를 타고 내려오면서 다들 한마디씩 한다. 이렇게 엄청난 규모의 시설을 만들려면 얼마나 많은 사람들이 끌려와서 죽을 고생을 하지 않았 겠는가. 하면서 여기 끌려와 장성을 축조하다가 죽느니 차라리 편히 살다가 흉노족에게 죽는 것이 더 나은 삶은 아닐까 하는 우문을 던져보기도 한다.

19:00

'평양관'이다. 평양에서 직접 운영을 영업장소란다. 소위 외화벌이라는, 서빙을 하는 귀여운 소녀 같은 아가씨들이 모두 6명 정도 있었는데 한 결 같이 예쁘고 키도 크고 늘씬하다. 필자는 처음 이다. 가슴에 '김일성 뺏지'를 달고 있는 사람들을 직접 본 것은.

물론 당초 여행계획에는 이곳 평양관 이 없었다. 필자의 지인 중에 이곳 북경에서 벌써 10여년이 넘도록 생활을 하고 있는 분이계신데 북경으로 오면서 부탁을 하나드렸다. 우리가 3일 밤을 북경에서 지내게 되었는데 하룻밤 정도 여행사가 정한 곳이 아닌 좀 특별한 곳에서 북경의 밤을 맛 볼 수 있게 해달라고, 했더니 둘째 날 밤을 택하게 되었고 북한 예쁜 아가씨들이 시중드는 평양관으로 안내를 받게 된 것이다. 메뉴가 꽤 다양했는데 우선 털게가 나왔다. 원산 앞바다인가 어딘가는 모르겠는데 북한산 털게라고 했다. 맛을 보니 꼭 우리 영덕대게 맛이다. 계속해서 각가지 해물이며 과일들이 나오는데 꼭 무슨 코스요리 집 같다. 김치가 너무 맛이 있어 한판을 더 청했더니 필자 앞으로 다가와 상냥하게 미소를 지으며 맛이 좋으냐고 묻는다. 해서 어떻게 평양에서 이곳에 왔느냐고 물었더니 답이 걸작이다. '아저씨는 어떻게 여기 오셨시오?' 라며 반문으로 답을 대신한다. 북한산 상황버섯주 한 목음으로 목을 축이고 나니 시간이 되었는지 풍악이 울린다. 그런데 이게 어쩐 일? 밴드며 보컬이 모두 조금 전 우리들에게 서빙을 해주던 바로 그 평양아가씨가 아닌가. 키타며 아코디온까지 노래와 악기를 서로 돌려가며 도무지 막힘이 없다. 모두가 만능 엔터테이너 들이었다. 첫 노래가 '반갑습니다.' 이어서 '휫 파람.' 그리고 우리나라노래인 '추억의 백마강'이며 '찔레꽃'도 멋 떨어지게 불러 제친다. 마지막에는 서유석의노래 '홀로아리랑'을 우리들의 심금이 무너지도록 애잔하게 부른다. 연주가 끝나자 여기저기서 앵콜을 외쳐대다 그것도 모자라 직접 나가 노래를 한 곡조씩 부르잔다. 우리일행도 너나없이 쏟아져나갔는데 별로 싫어하는 기색이 없이 반주대신 노래방기계를 틀어준다. 그러나 정작 노래를 하려고 보니 신청가능한 곡이5곡 정도밖에 없었다. 그래도 좋다. 다들 무대로 나가 우렁차게 한 곡조씩을 해댄다. 필자의 경우 객기가발동하여 불쌍한 우리 동포에게 좋은 일 좀 하자고 팁을 주니 당최 받지를 않는다. 해서 억지로 카운터 뒤로 가서 쥐어주긴 했는데 이건 또 뭐냐. 팁으로 받은 돈을 카운트로 가져가 책임자에게 모두 가져다 바치는 것이 아닌가.

아~ 너무 배가 부르다. 마지막엔 된장찌개며 쌀밥이 나왔는데 너무 많이 먹어 밥을 다 먹을 수가 없었다. 다들 지인인 이 선생에게 고맙다고 인사를 해댄다. 필자는 이 선생에게 부탁을 또 하나 해 본다. 우리일행이 너무 신이나 바로는 호텔로 갈수 없다며 어디노래방이라도 안내를 해달라고 했다. 가능하단다. 바로 평양관 밑에 술집이 있는데 술값만 어느 정도 주면 시간은 무제한이라며... 정말 그랬다. 외향은 서울 강남에 있는 룸-싸롱 보다 더 시설이 좋았다. 노래방시설도 완벽했고, 그리고 밤11시가 넘도록 놀았음에도 더 이상 추가경비는 들지 않았다.

밤 11시가 넘어서야 일행은 속에든 신바람을 그나마 조금은 빼게 되었는데 몇몇은 아예 여기서 밤을 새우잔다. 억지로 몰아 택시3대를 잡아 겨우겨우 호텔로 돌아왔다. 룸에 들어오니 전화가 빗발친다. 가이드둘이서 연거푸 안부전화를 해온다. 별일 없었느냐고 하면서...

저 멀리 동해 바다 외로운 섬
오늘도 거센 바람 불어오겠지
조그만 얼굴로 바람 맞으니
독도야 간밤에 잘 잤느냐

금강산 맑은 물은 동해로 흐르고
설악산 맑은 물도 동해 가는데
우리네 마음들은 어디로 가는가
언제쯤 우리는 하나가 될까

백두산 두만강에서 배타고 떠나라
한라산 제주에서 배타고 간다
가다가 홀로섬에 닻을 내리고
떠오르는 아침 해를 맞이해보자

아리랑 아리랑 홀로 아리랑
아리랑 고개를 넘어가보자
가다가 힘들면 쉬어 가더라도
손잡고 가보자 같이 가보자

몸은 많이 피곤한데도 침대에 던져진 마음에는 잠이 들어오지 않고 자꾸만 애절하게 부르던 북한아낙의 홀로아리랑 가사가 마음으로 들어오고 있었다.

세쨋날

1월00일.

06:50

역시 어제와 별반 다르지 않다. 아침06:00 모닝콜, 06:50 호텔 조식. 07:50 버스 승차.

오늘코스도 만만치 않다 그 유명한 서태후의 정원이라는 '이화원'이다. 09:05 이화원 앞에 도착했다. 눈에 들어오는 누각은 처음 볼 때부터 모습이 좀 특이 하다. 집들은 용마루가 없다. 참 이상하게 느꼈는데 가이드의 말로는 별궁이라 여자가 거처하여 그렇단다. 그런데 필자가 그렇게 설득당하기는 어쩨 좀 켕기는 기분이다. 현존하는 최대의 별궁이자 황실 정원으로 기록되고 있는 이화원. 곤명호, 서호, 남호, 3개의 인공호수와 인공산인 만수산으로 878,000평 위에 조성되어있다. 만수산 정상에서 기슭까지 누각, 전당, 문, 다리, 장광 등의 건축물과 호수가 어우러져 구성되고, 금나라 시대에 지어졌고 역대황조에서 행궁으로 사용하였다. 그러다 원대에 호수의 확장이 이루어졌으며 청나라건륭황제가 보수하여 지금과 같은 모습을 하게 되었다. 1860년 영불연합군의 침입으로 파괴 되어 많은 건물들이 소실되었으나 청조말 서태후는 자신의 은거 장소를 만들기 위하여 1888년 대규모 재건축공사를 하게했다. 이때 사용한 공사대금 중 500만냥은 독일과 영국에서 군함을 들여오기 위하여 확보된 국방예산 이었는데 이 돈을 사용하는 관계로 훗날 청일전쟁에서 대패하고 청조는 멸망의 길로 내달리게 되었단다.

티켓을 내고 동궁문을 통과하면 바로 인수문이 나오고 인수전이 나온다. 어질 인(仁)목숨 수(壽)로 '어진 자가 오래 산다.' 라는 뜻이란다. 이 또한 서태후의 만수무강을 기원하는 의미인데 원래이름은 근정전으로 황제들이 이화원에 머물 때 정무를 보았다는 곳이다. 그런데 이곳에도 재미있는 것이 하나 나타났는데 인수전 앞에 있는 기이하게생긴 짐승 상이 그 하나다. 머리는 용이고 몸은 사자고 발은 소다. 가이드가 이것이 뭐냐고 퀴즈로 내곤했는데 이름 하여 기린이라니... 우리가 알고 있는 아프리카의 기린은 목이 긴데. 해서 분명 사진하나를 찍었는데 이 기린이 영물인가 찍은 사진이 없어졌다.

다시 옥란당이 나타난다. 이곳 옥란당은 청조의 한이 배인 곳으로 청조 마지막의 장을 내린 곳이기도 하다. 1898년 서태후의 섭정을 뒤엎기 위하여 청나라 근대화와 입헌군주제 개헌을 위하여 광서제가 봉기를 한다. 그러나 배신자가 있어 사전 발각이나 광서제는 이곳으로 유폐를 당한다. 그는 이곳에서 10년의 연금생활을 견디어 왔지만 결국 서태후에 의해 독살을 당하고 만다.

자기가 죽은 후 광서제가 복위할 것을 두려워한 서태후에 의해서... 하지만 서태후도 광서제가 죽은 그 다음날 이 세상을 떠나고 말았으니... 광서제가 하루만 더 살았거나 서태후가 하루만 먼저 죽었더라도 중국의 역사는 크게 바뀌었을 탠대....

덕화원이며, 낙수당, 장랑이라는 273칸이나 되는 회랑, 청안방이 눈에 들어온다. 필자가 덕화원으로 일부사람들이 들어가는 것을 보고 가이드에게 구경이나 하자고 했는데 뭐별로 볼 것이 없다며 그냥 가잔다. 뒤에 알고 보니 덕화원이야말로 '경극 광'이라는 서태후가 은 71만냥을 들여 지은 경국무대 '대희루'가 있는 곳으로 어찌 보면 인수전 보다 더 유명한곳인데, 회랑을 거닐면서도 뒷 끝이 찝찝하다 했더니... 결국 가이드의 다른(?) 뜻으로 그 넓은 이화원을 채1시간도 안 걸려 쫓겨나오고 말았다. 두껍게 얼려진 호수, 그 호수 위를 한번 걸어보고 싶었는데,,, 그리고 산중턱에 있는 불향각도 한번 올라보고 싶었고 말이다.

10:11

북경대학교 의과대학이란다. 아침부터 가이드가 당초 여행 계획에도 없는 북경대학을 시찰하는 기회를 주겠다고 했다. 다들 아무 말 없이 수긍을 한다. 그런데 여기에서 큰 사단이 나고 만다. 버스가 북경의과대학 앞에 일행을 내려놓으니 웬걸 학교시설이나 학교도서관이나 연구실 같은 곳을 견학하는 것이 아니라 어떤 강의실 같은 곳에 들여놓고는 북경의과대학에선 한분밖에 없다는 조선족교수라는 사람을 앞에 내세워 학교 소개를 한다. 뭐 자기 아버지가 경북 영천출신이라면서... 그러면서 온 김에 전통 중국한의사들에게서 간단하게 지압도 받아보고 진맥도 해보란다. 하면서 말도 못하는 중국 사람과 간호 보조원 같은 여자 통역사를 남겨놓고 나가버린다. 뭐 자기가 KBS에 나오는 '생노병사의 비밀'이라는 프로에 중국대표로 참여했다나 뭐라나 하면서... 그런 뒤 앞좌석부터 다들 진맥을 받아오는데, 이 곳에 온 사람들은 모두 다 환자다. 해서 약을 지어지어가라는데 그 약값이 실로 우리나라 보다 더 비싸다. 어쨌거나 결론부터 말하자면 1조인 우리일행도 이곳에서 결국 호주머니 돈이 거들 나고 말았는데, 많게는 90여 만 원을, 적게는 50여 만 원을 주고 한약을 지었다니... 대구 진 선생과 경주 박선생이 병원을 나오며하는 말, "이제 돈이 한 푼도 없네, 다음 여행 땐 돈을 더 많이 가지고 와야겠다."며 얼굴을 찌푸린다. 아니 안사면 될 탠데... 그 참 이상타 한국에 있으면 김치도 중국 김친 안돼, 쌀도 중국산은

싫어, 약도 중국산은 안돼,

했는데 왜 그랬을까? 귀국 후 이 이야길 어느 지인에게 했더니 낄낄 웃으면서 자기도 북경 가서 똑 같은 짓거릴 했는데 자그마치 500만원이나 약값으로 주었단다. 벌써3년이 지났음에도 아직 그때의 약이 남아 있다며 연신 낄낄거린다.

12:53

천단공원

역시 중국식으로 한 간단한 점심식사를 했다. 한 3일 있었더니 이제 다들 그런대로 중국음식을 잘 먹어낸다. 진선생이나 박선생이 가끔이나마 '남방 잎'이라는 고추 짱아치를 탐하긴 했지만 말이다.

오후엔 우리나라의 종묘와 같은 '천단공원'을 찾았다. 그런데 이곳에 들어오면서 중국제품이 우리 것 보다 훨씬 더 좋은 것 하나를 발견하게 된다. 바로 건전지이다, 안내책자에는 분명 중국 건전지가 질이 나쁘니 한국에서 많이 준비를 해가라고 했는데, 아니다. 필자의 경우 국산은 새로 넣은지 얼마 안 되어 카메라 창에 교환메세지가 나온다. 그런데 그날 오후 미리 준비해간 국산 건전지 4개가 전부 못 쓰게 되어 할 수 없이 가까운 매장에서 중국산을 두개사서 갈아 끼웠는데 웬걸 오후 내내 그리고 다음날 종일 사용해도 교환 메시지가 안 나온다. 국산 너무 과신 말라요.

천단공원은 황제가 제천의식을 드리는 곳이다. 이곳 또한 중국답게 그 규모가 엄청나게 커서 천안문광장의 7배, 자금성의 3배에 달한다. 1420년 북경으로 천도한 영락제에 의해 세워졌고 청대에 이르러 개축되었다. 황제가 제천의식을 치렀다는 '원구단', 역대황제들의 신주를 모셔둔 '황궁우', 우주를 형상화한 '기년전'. 서경에 의하면 중국의 제천의식은 주나라 때 이미 행해졌으며 한나라 이후 모든 황제들의 의무가 되었는데 '황궁우'에 들러보니 우리 키 만한 황제위패가 모셔져있다. 그리고 주변 신전에는 '벼락신', '비신', '곡식신', '구름신', 바람신, '북극성신'등 자연신과 우리인간에게 영향을 주고 밀접한 관계가 있는 여타 신들의 위패가 모셔져 있었다. '천단공원' 이곳저곳을 둘러보며 많은 것을 느껴본다. 먼저 그 옛날 황제나라에 걸맞은 엄청나게 큰 규모는 차치하고라도 하늘은 둥글고 땅은 모나다는 중국인들의 우주관이며 '좌청룡' '우백호' '남주작', '북현무' 그리고 중앙에 황제가 있는 주역 사상의 현주소를 찾아볼 수 있다. 그리고 우리의 종묘와는 달리 모든 것이 흙벽돌로 벽을 쌓았다. 높이32미터에 달하는 기년전도 목조건물 밑 기단은 모두 흙벽돌로 조성되어있다. 이번 북경여행에서 느낀 것 중하나가 바로 중국의 벽돌문화이다. 보통 성(城)이라면 읍성이나 산성을 막론하고 우리나라의 경우 대개 돌로 쌓았다. 그것이 자연석이던 다듬석 이든 말이다. 특히 북한산성 같은 중요산성은 거의가 화강석을 다듬어 성곽재로 사용하였다. 그런데 그 만리나 되는 만리장성이 모두 흙벽돌로 쌓아졌다니. 물론 황산 일부 쪽은 토성인 채로 발견된 구간도 없지 않지만 말이다. 주나라 시대에 체계가 선 역학적인 이론으로도 중국은 중앙에 있고, 우리나라는 동쪽, 인도는 서쪽, 흉노나 말갈, 몽골, 돌궐은 북쪽이다. 하여 중앙은 황색이며 흙이고, 동쪽은 예의가 바르고 청색이며 나무로, 북쪽은 검은색이며 물이며 음흉하다고 표현된다. 해서 만리장성도 북쪽에 있는 음흉한 도적인 흉노로부터 황제를 보호코자 쌓은 성으로 그 재료가 흙이다.

그것도 흙으로 구운 흙벽돌로...

그러고 보면 우리나라는 동쪽이라 나무를 잘 가공 할 수 있고 중국은 중앙이라 흙을 잘 가공 할 수 있었던 것은 아닐까?

“마을 끝에는 벽돌 가마 둘이 있었다. 하나는 마침 거의 굳어서 흙을 아궁이에 이겨 붙이고 물을 수십 통 길어다가 잇따라 가마위로 들어붓는다. 가마 위가 조금 패어서 물을 부어도 넘치지 않는다. ...중략... 이미 가마는 식었으므로 한창 벽돌을 가마에서 끌어내는 중이다. 이 벽돌 가마의 제도를 보면 우리나라의 기왓가마와는 아주 다르다. 먼저 우리나라 가마의 잘못된 점을 말해야 이가마의제도를 잘 이해 할 수 있을 것이다. ...중략... 자기를 굽거나 옹기를 굽거나 간에 모든 요업제도가 다 이 모양이며 소나무를 때는 법도 역시 한가지이다. 송진의 화력은 다른 나무보다 훨씬 세다. 그러나 소나무는 한번 베어버리면 다시는 새움이 돋아나지 않는 나무이므로 한번 옹이장이를 만나면 사면의 산이 모두 벌거숭이가 된다. 백년을 두고 기른 것을 하루아침에 다 없애버리고 다시 소나무를 찾아 새처럼 흩어져가 버린다. ...중략... 이곳의 벽돌 가마를 보니 벽돌로 쌓고 석회로 봉하여 처음부터 말리고 굳히는 비용이 많이 들지 않고 마음대로 높고 크게 할 수 있으며 ...중략... 소나무대신 수수깡이나 기장대를 때어 벽돌을 구어 우리나라옹기장이가 큰 솔밭이 없으면 가마를 놓을수 없다는 것과는 너무 다르다. 수수깡이 300줌이면 8000장의 벽돌이 나온다.”

연암이 쓴 열하일기에 나오는 대목이다. 자금성에 갔을 때 필자는 그 건축물에 사용된 벽돌을 유심히 보았다. 그런데 이상한 것을 하나 발견하였는데 뭐라고 적은 작은 글씨가 음각으로 표시되어 있다. 13황릉에 가서도 그런 벽돌이 있어 가이드에게 물었더니, 이 벽돌을 만든 장인의 이름과 상호를 표시한 지금의 상표와 같은 것이란다. 그렇다, 만리장성에 가서도 그러한 벽돌을 보았다. 언젠가 우리나라 영주 부석사에서 무량수전 밑 기단 축대에 아무게라는 이름이 아무렇게나 칼로 긁힌 것처럼 표시되어있어 당시 부역에 나온 장인이름이라고 소개 받은 적이 있었는데, 그와 비교하면 실로 이곳에 있는 벽돌 상표는 당시 책임 있는 장인의 실명제와 같은 것으로 수천 년이 지난 지금과 비교해도 전혀 꿀리지 않는 놀랍기 그지없는 일이다. 해서 유추컨대 역학적으로도 중원이고 또한 황색인 흙을 그 성향으로 하는 중국이 아마 창세부터 흙을 주무르는 소질은 천부적으로 타고 났는지 모를 일이다.

14:43

가이드가 발마사지를 받으러가잔다. 다소 호기심은 들었으나 첫날밤 호텔에서 전신마사지를 받은바있어 그저 그렇거니 하고 있어 있었는데 막상 발마사지 집으로 들어서고 보니 생소하기가 이를 때 없다. 젊은 남녀가 줄을 좍 서서 인사를 하는데 모두 10대 청소년들 같다. 이곳에도 안마를 남자는 여자, 여자는 남자가 한다며 우리 일행들에게 모두 한방으로 다 들어가란다. 부부둘이가 아니라 일행 중 반이 넘는 20여명을 전부 말이다. 그리고 타올을 덮어씌운 싸구려 소파에 눕고 보니 당초 기대한 것과는 너무 달라 아주 불쾌한 기분까지 들려고 한다. 허나 이 또한 이곳 중국만의 특별한 문화의 한가지라 여기고 옆 사람을 쳐다보며 서로 키득거리며 발을 줘본다. 그런데, 그런데 말이다. 이곳에서도 약을 판다. 뭐 발에 무좀과 각질이 많다며... 해서 필자도 또 그 말에 현혹되어 발에 좋다는 약을 사고 말았다. 집으로 가져와선 꺼내보지도 않을 물건을...

가이드는 이곳을 하나의 기업으로 칭한다. 큰 곳은 한집에 이삼 백 명이나 되는 마사지 청소년들이 있단다. 취업이 힘들어 마땅히 할일이 없는 십대의 소년소녀들이 간단한 마사지 동작 몇 가지를 배워 외국인을 상대로 돈을 벌고 있다며... 나오면서 필자가 사진을 한 컷 부탁 하였더니 '안녕 하세요'라며 어설픈 우리말로 미소를 머금은 채

손을 흔들어 배웅해준다.

16:22

버스로 빙글빙글 돌다 우리가 내린 곳은 커다란 펜더 곰이 체육관 앞이었다. 안내문을 보니 아마 북경아시아게임을 한곳인가 보다. 해서 혹 내년에 올림픽도 있고 하니 사전 올림픽시설이라도 견학을 하는 줄 알았는데 뭐? 또 누에가 실크를 생산해 내는 실크생산 공장견학이란다. 한번 둘러보니 신기하기는 하다. 누에가 고치를 만들고 번데기가 명주실사이로 나오고 쌍둥이 번데기 고치는 사람들이 고치 집을 당겨 늘려 명주솜을 만들고... 그러나 필자는 이곳에서도 명주이불이 좋다기에 하나 산다. 그러고 보니 북경여행은 관광지에 머무는 시간보다도 각종 매점에서 노닥거린 시간이 훨씬 더 많았지 않았나하고 생각되어진다. 그런데, 왜 다들 가게에 내려놓으면 그렇게 잘들 사재는지 난 모르겠네.

18:10

북경의 마지막 밤. 그리고 마지막 만찬의 날이다. 여행 사측에서 자기여행사만이 이곳을 독점 한곳으로 최고의 음식과 쇼가 있다며 자랑을 했는데, 바로 몽고 쇼와 몽고 뷔페 만찬이다.

먼저 들어가면서 자리를 잡는다. 우리나라 디너쇼처럼 구성은 되어지는 모양인데 음식을 자기가 직접 가져다 먹는다. 해서 모두들 자리를 나와 쟁반을 들고 음식을 사냥하러나가는데, 가이드가 랍-스타를 먼저 찍으라고 일행들에게 귓띔을 했더니 다들 랍-스타를 찾아 난리를 피운다. 필자도 한 마리 낚아야겠다 싶

어 준비를 했는데 아직 주방에서 출발을 하지 못하고 있단다. 한참을 기다려 다들 한 마리씩 사냥을 해왔는데 에이~ 별로 맛이 없다. 랍-스타가 아니고 새우일종의 가재종륜가 보다.

드디어 몽고 쇼 막을 올린다. 처음 오프-닝 하는 방법도 유목민의 후예처럼 우렁차다. 남자가수 한명이 나와 절규를 하는데 몽고노래라 뜻을 몰라 그렇지 분위기는 좋다. 이어 몽고 전통무와 노래가 아우러지고 가날 픈 몸매에 전통 몽고복장을 한 출연자들이 무대를 채운다. 내용은 징기스칸의 여동생이 시집을 가는 결혼이야기란다. 연극이 진행되는 동안 무대 옆으로 중국 간자체의 한문자막이 떠올랐는데 그나마 대충 흐름은 알아본다. 만약 누가 이 몽고 쇼의 특징을 꼽으라고 한다면 필자는 마지막 피날레에 이루어진 출연진과 객석에 있는 관객들과의 만남이라고 하겠다. 마지막 막이 내려가자 전출연진들이 반짝이는 예쁜 작은 은잔에 몽고소주를 한 잔씩 가득 부어서는 객석으로 찾아들었다. 술 한 잔을 권하면서 자기 목에 맨 하얀 실크 스카프를 벗어 건네주기까지 한다. 관객들이, 특히 우리 같은 처음 온 관광객은 생각지 않든 일에 당황하기까지 한다. 암튼 기분이 좋다. 옛날 황제나 누려봤을 법한, 외국의 절세미인들이 다가와 손수 술이며 스카프를 목에 걸어 주며 미소를 보내주니 말이다.

호텔로 오니 가이드가 긴급하게 전화를 해댄다. 빨리 가이드 방으로 올라오라며. 또 돈을 쓰란다. 포항의 김선생이 "그래마 있는 돈 다 쓰고 가자. 어디한번 가보자. 뭐가 있는지." 하며 바람을 잡는다. 이번에는 조선족 여자가 참깨며 대나무술이며 잣, 같은 농산물을 가지고 가이드 방에 진을 치고 있었다. 또 홍정을 하고 그렇게 1조는 다들 한가지씩을 사잰다.

마지막 날

1월00일

06:53

마지막 날 아침이다. 그리고 마지막 호텔 조식이다. 오늘이 마지막임에도 다들 집에서 가져온 밑반찬은 가져오지 않았다. 많이 남았음에도... 덕분에 경주 박 선생으로부터 남은 '남방 잎'을 선물 받았는데 량이 얼마나 많았던지 집에 와서 지금까지도 맛있게 먹고 있다. 다들 아침임에도 많이도 먹는다. 필자도 배가 부르도록 많이 먹었다. 아니 오늘은 아침에 배가 고팠다. 어젯밤 몽고 디너쇼가 뷔페식으로 진행하는 바람에 다소 점잖은(?)편인 필자가 음식을 챙겨먹지 못한 관계로 밤늦게 준비해간 컵라면을 하나 먹었음에도 말이다.

그런데 아침을 먹고는 바로 버스를 타라고 한다. 일정표상으로는 오전 10시40분 비행기로 알고 있는데 웬일? 하지만 버스에 올라보고야 또 가이드의 농간에 놀아났다는 것을 깨닫는다. 차(茶)를 구경하란다. 보이차전문집이라며... 그러면서 내려놓은 곳이 '차 박사'라는 상호가 붉은 글씨로 쓰인 곳이다. 일행은 불만을 하면서도 찻집에 들어서서는 또 산다. 필자도 조그마한 자스민 차 한통을 산다. 그냥 사는 것이 좋아서 말이다.

13:40분

서울현지시각이다. 인천공항에 내려 1조 해산식이 있었다. 다들 흩어져 누구는 대구로 누구는 경주로 누구는 포항으로 또 누구는 울산으로, 비록 3박4일이라는 짧은 여행이었지만 먼 외국에 가서 누구하나 몸 불편함 없이 무사히 잘 마무리하게 된 것에 모든 벗님께 감사를 드린다.

자칭 '일본의 알프스'라는 '알펜루트'와 '천혜의 보고'라 자랑하는 '구로베 협곡'을 가다

신록이 만연한 5월에 '여남회' 회원님과 더불어 일본 '도야마'에 있는 '알펜루트'와 '구로베협곡'에서 눈(雪)에 눈(眼)이 시리고, 눈(眼)에 녹내장현상이 나타나도록 그것이 사실인가를 확인하고 또 확인 하였다.

.05월 여행 -첫째 날

12:00

인천공항 3층 출국자 대기실에서 이번행사를 주관하는 L관광 '송'가이드와 미팅을 하는 시간이다. 이번 여행은 참으로 의미가 많은 아주 특별한 여행이다. '여남회'의 첫 해외 나들이...

'여남회'...

필자가 지난해 2월 미국서부를 여행하다 일행 중에서 뭔가 공통분모를 가진 몇 명의 사람들을 만나게 되었는데 귀국 후 반년쯤 지난 8월경 정식으로 '여행 중에 만난 님들의 모임' 즉 '여행만남회 '이라는 회를 만들고는 지금까지 두 달에 한번정도의 정기모임을 해오고 있다. 해서 5월 행사는 당초 '여남회 결성 1주년 기념행사'로 하여 미국동부와 캐나다에 가기로 굳게 언약을 했음에도 필자를 포함한 몇 명의 회원님께서 10여일이상이나 되는 장기 휴가 일정이 나오지 않아 우선은 아쉬우나마 일본 '도야마'의 오지인 '다데야마'의 '알펜루트'와 '구로베'협곡을 찾기로 하였다. 해서 오늘 이곳 인천공항으로 회원님들이 남부여대하며 저 멀리 남양주에서, 안산에서, 용인에서 또 성남에서 속속 도착들을 하고 계신다. 도합 12명, 단일 여행팀으론 제법 많은 숫자이다.

12:42
역시 제일 먼 곳에 계신 '서 선생님'이 마지막으로 도착을 하신다. 다들 여권을 확인하고 비행기티켓을 수령하고 L여행사측에서 준비한 간단한 기념품과 일정표를 챙겨 받고는 입국수속을 하고 난 뒤 약속이나 한 듯이 개별로 뿔뿔이 흩어져간다. 아마 면세점에 들러 쇼핑을 하려나보다. 비행기 출발시간은 14:20분 아직 1시간30분정도의 시간여유가 있어 보인다. 필자도 짝궁과 같이 면세점을 돌아보는데 그만 문제가 하나생겼다.

VIP회원카드가 있으면 자그마치 10%나 할인이 가능하단다. 집을 나오며 짝궁에게 아주 그럴듯한 손가방을 하나 선물하겠다고 했었다. 1월엔가 북경에 가면서 가방을 하나 선물을 했었는데 필자가 너무 예쁜 것을 골랐는지 큰딸애가 아주 출퇴근을 하면서도 들고 다니는 바람에 심통을 내곤하였는데, 이번 여행에서 다시 구해주겠다고 약속을 했었기에... 이곳저곳 살피다 바로 눈에 띄는 그 물건이 나타났다. 가격을 보니 제법 고가라 10% 할인이 가능하다면 당장 이곳에서 덥석 달려들어 사기에는 석연찮아 보였다. 안내를 하는데 400불만 사용하면 즉석에서 VIP카드발급이 가능하단다. 필자가 잔머리를 한번 돌려본다. 먼저 400불을 사용하고 카드를 발급받고는 상품을 환불 하고 그

가방을 산다면...

돌아온 답은 노!!! 환불즉시 카드는 효력을 잃고 만단다. 해서 짝궁을 달랜다. 큰 딸애가 주말에 일본으로 간다고 했으니 그때 부탁을 해보겠노라며, 즉시 전화를 해 확인을 해본다. 다행이 큰 애는 VIP카드가 있었다. 해서 일단은 그 상품번호와 사진을 찍고는 막을 내렸다. 10%할인금액이 10만원도 넘으니 짝궁도 이해를 해준다.

13:40
우리가타고갈 비행기는 아시아나, '인천'-'도야마' 간 정기취항이 있다고는 하나 4월초부터 6월초까지는 이곳 '알펜루트'와 '구로베협곡'을 여행하는 여행객들로 초만원을 이루어 특별취항을 하는 관계로 전세기와 다름이 없단다. 필자가 빈손으로 탑승구 앞에 나타나니 벌써 '여남회'님들은 양손가득 면세품을 들고 앉아 '아니 지금까지 싸돌아다니면서 어떤 물건을 샀느냐?'는 듯이 시선을 집중한다.

근데 유독 한분 '방'선생님만은 시선을 외면하고 있었는데 사연인즉 어젯밤도 물고기와 노느라고 날밤을 세웠단다.

'방선생'
필자보다 몇 살 아래인 이제 50을 갓 넘으신 분이다. 이분에 대한 기억은 어떤 의미에선 늘 새롭다. 님과의 첫 번째 만남이 퍽 인상적 이어서이리라. 지난해 10월의 일이다. 여남회 2차정기모임을 1박2일로 하여 강원도 '오대산'에서 한 적이 있었는데 돌아올 때 사랑하는 부인과 딸애를 마중한다며 멀리 안산에서부터 서울외곽순환고속도로상인 청계톨게이트까지 마중을 나오신 분이다. 당초 '방선생님'은 우리 '여남회'의 회원이 아니었다. '여남회'의 회원은 당초 미국여행 때 만난사람들이다. 그땐 '방선생님'은 참석하지 않았고 부인이신 '이여사님'과 따님이 오셨는데 '여남회' 창립 때도 '방선생님'께서는 동참을 하지 않으셨다. 그러다 3회 때부터인가 따님의 바-톤을 이어받고는 정식 '여남회' 회원으로 활동을 하시게 되었다. 필자가 총무를 맡고 있다고 하니 솔선 총무보조로 열심히 필자를 보필하겠다고 하신다. 그러고 보니 이제까지 옆에서 지켜본 '방선생님'은 모든 면에서 정말 열심이다. 아마 필자가 보기엔 천성이 선하여 남을 위하여 많은 사랑을 주실 분이다. 모임을 할 때면 늘 양보를 해주고 궂은일들을 도맡아 해주신다. 안산모임에선가 있었던 일이다. 회원 중 여덟 분이 참석을 하였는데 '방선생님'이 선물이라며 양말을 몇 켤레씩 을 내놓으신다. 언젠가 모 인사로부터 "어떤 모임을 할 때 조그마하지만 선물을 하나씩 준비해서 나가보라. 책이라도 좋고 아니면 맛있는 과자봉지라도 좋다." 내용인즉 그렇게 하면 주변사람들에게 자신을 각인시키는 행위도 되며 한편 가슴이 따듯한 늘 배려하는 삶을 살고 있다는 평을 이끌어 낼 수 있다는 것인데... '참 괜찮은 생각이다.' 하면서 필자도 한번 해봐야겠다며 생각은 했으면서도 실행은 못하고 있던 중 '여남회'에서 '방선생님'을 만나 님의 행동을 보며 아하! 바로 이거구나 하는 생각을 해본다. 어떻게 보면 별것 아닌데 그러면서도 그렇게 행하기는 참으로 힘든 것이기에... '방선생님'을 보고 있노라면 필자의 혼자생각 일지는 모르지만 '참 행복한 분이다.' 라는 느낌을 가진다. 지난해 10월 행사 때인가 월정사인근 호텔에서 밤을 세워가며 놀 때 '방선생님'의 부인이신 '이여사님'이 몇 년 전 암수술을 했다며 신상이야기를 하셨다. 하면서 방선생님의 이야기를 화제로 올렸는데, 당시 참 견디기 어려웠음에도 모든 것을 던져가며 격려와 사랑으로 보살펴준 남편 때문에 이겨낼 수 있었다며 눈시울을 붉힌 적이 있었다.

그러한 '방선생님'이다. 아마 마음에 고통이 없음이 아니라 고통을 이겨낼 수 있는 강한 믿음과 의지가 내재됐음이리라. 얼마 전 오남저수지에서도 곁에 어려운 스님이 계신다며 어떻게 해드리는 것이 좋을까 하며 의논을 하신 적이 있는데... 천성이 자비로운 매우착한사람이라고 하겠다.

지인 중에 '윤선생님'이라는 분이 계신다. 필자가 이끌고 있는 만든 조그마한 음악회의 회원이기도한데 별다른 직업도 없어 그냥 시인이며 통-기타 가수로 통한다. 필자보다 몇 살 연배로 늘 좌상으로 모시고 있는데 특이한 사실은 젊은 시절 부인을 얻었을 때의 일로, 산사에 출가하여 비구니가 되겠다며 출가 준비중인 여인을 끌다시피(?) 데려와 결혼을 했었다.

그런데... 30여년이 지난 지금 님의 가슴은 숯 검댕이 가 되어 있다. 결혼 후 아이하나를 놓고 난 뒤 부인이 뇌를 다쳐 두 번이나 수술을 하였는데 현재가지도 완치가 되지 않아 지능이 12살 정도밖에 되지 않는다고 한다. 그래도 님은 통-기타를 치며 웃음을 늘 만면에 띠고 있다. 누가 님에게 '요사인 어떻게 지내나.'하고 물으면 "얼마나 행복한지 몰라. 부인과 같이 마주 보고만 있어도 참 행복해, 왜냐고? 그건 이 세상에서 내가 없어서는 안 될 꼭 필요한 사람이라는 생각을 하게 해 줘서이지." 하면서 너털웃음을 짓는다. 해서 필자는 그 님을 음유시인이라 부른다.

'방선생님'을 보며 음유시인 '윤선생님'을 떠올려본다. 두 분 다 삶을 참 아름답게 사신다는 생각을 해본다.

14:20
OZ 128호 아시아나 도야마 행 비행기가 인천공항을 이륙했다. 그런데 좌석에 앉고 보니 당연히 옆에 있어야 할 필자의 짝궁이 안 보인다. 분명 좌석 표는 맞는데... 주위를둘러보니 저쪽 뒤 칸에 앉아있는 것이 보인다. 뒤에 가이드에게 문책(?)을 해보니 일행들이 부부인 줄 몰랐다고 하며 오히려 당황해 한다. 그럴리가 했더니 명단을 보여주며 남자이름 같은 명단 몇 개를 가리킨다.

허허허... 그랬네요. 여 회원님 중에서 이름이 남자같이 느껴지는 몇 분을 볼 수 가 있었다. 그렇다고 국내선 규모의 작은 기내에서 유난을 떨어가며 자리를 바꾸기도 뭐하고 해서 2시간정도는 참을 수 있다며 위안을 하며 잠시 이별을 해본다. 그러나 손해를 많이 봤다. 여행 중 기내식을 먹을 땐 늘 음식을 남겨 필자에게 주곤 하던 짝궁이 곁에 없어서...

16:10
도야마 공항이다. 랜딩기어를 내릴 때 소음이 무척 크다. 짧은 활주로이다보니 속도를 갑작스레 줄일 때 나는 소리다. 창문으로 보이는 도야마공항은 우리나라 대구공항 정도의 규모로 느껴진다.

16:49
30여분의 입국수속을 끝내고 버스 안에 올랐다. 첫 느낌이 우리나라버스보다 좀 좁아 보인다. 우리가 탄차는 2호차다. 35명 정도가 같은 2조였는데 우리 '여남회' 일행 12명, 세 부부 6명, 모녀2명, 손자를 모시는 노부부 3명, 젊은 남녀2명, 그리고 개별 부부 5팀 10명 정도다. 출신 지 별로는 대구 팀4명 울산2명 부산2명 등 지방에서 오신분도 제법 되었다. 암튼 이렇게 해서 우리 2조 35명은 오늘부터 한차를 타고 4박5일 동안 생사고락을 같이 해야 될 엄숙한 운명 속에 처하게 되었다.

17:34

40여분을 버스를 타고는 '도야마'를 벗어나 '다데야마역' 근방에 있는 첫 1박지 인 'TATEYAMA KOKUSAI HOTEL'에 도착했다. 오면서 보니 주변은 우리나라 농촌과 매우 흡사한 풍광이었는데 논에는 벌써 모내기가 많이 되어 있었다. 그런데 모의 크기가 우리나라 모들에 비해 매우 작아 보인다.

하하하!!! 또 사고가 일어났다. 가이드가 호텔 후론트에서 방을 배정해주었는데 알고 보니 '여남회' 부부 모두가 뒤범벅이 되어있었다. 역시 남자이름 탓이란다. 다들 기함을 하면서도 박장대소를 하며 서로를 놀려댄다. (하지만 누구누구는 그것이 훨씬 더 좋다고 했는데... 누군지 기억이 안 난다.)

19:00

일본 첫날 만찬은 호텔식으로 되어있었다. 다들 배가 많이 고팠는지 이야기를 나눌 시간도 없이 배를 높여 나간다.

첫 번째 '여남회' 모임을 했다. '원선생님'방에서 12명의 용사들이 다 모였는데 이번여행에서 처음 모임을 같이한 신입회원 '손여사님'과 '이여사님'께서 상견례를 올리며 건배 제의를 해온다.

암튼 방이 떠나갈 듯 갖은 수다를 다 떨고는 밤10시가 넘어서야 내일을 위한다며 하나둘 자리에서 일어선다. 오늘밤도 '방선생님'은 천부적인 자비심을 발휘했다. 모두들 님의 덕에 뒤로 넘어지셨는데 그 비결, 공항에서 미리준비하신 팩-소주 탓이란다.

아이구~~~ 머리아파!!!(술챈 님)

여행-둘째 날

06:22

아침에 일어나니 호텔창문으로 빗물이 흘러내리고 있다. 출발 전 비 온다는 예보는 못 들었지만 서울 에서 가이드로부터 접는 우산을 하나씩 준비하라는 안내를 따른 것이 무척다행이다 싶다.

오늘은 아침 식사시간이 06:30분부터란다. 1층에 있는 레스토랑으로 내려갔더니 본회의 회장님이시기도한 '원선생님'부부가 이미 도착, 식사를 하고 계신다.

'원'선생님.

이분 또한 필자의 입장에선 참 묘한 인연을 주신분이다. 물론 그렇기에 이렇게 '여남회'라는 모임을 같이 할 수도 있었겠지만 말이다. 지난해 미국 여행 시 같은 버스를 탄 것이 최초의 인연이었는데 몇 날 동안 행동을 같이 하는 바람에 자연스레 식사 때면 같은 테이블에 앉을 기회가 많았다. 처음 외양(外樣)에서도 연만한 중후함을 보여주었고 두부부가 나누는 아주 다정하고 나긋나긋한 소담스런 행동과 언행에서 상당히 점잖으시다는 인상을 가지게 되었는데 '유니버셜스튜디오'에서 필자에게 보여준 님의 자상함에서 더욱 친근감을 가지게 되었다. 예나 지금이나 필자는 여행 시 여기저기를 기웃거리며 수많은 사진을 찍고, 뭐 별다른 이야기 꺼리가 없나하며 어슬렁거리는 편인데 그때도 '미이라관'에서 탈것 체험을 하고는 기념사진을 찾는다며 기념품 가게 앞에서 꾸물거리다 그만 일행을 놓치고 말았다. 순간 필자는 당황하여 어쩔 바를 몰라 하였는데, 어리저리 두리번거리다 길 건너 저 한 켠에 한쪽 팔을 높이 들고 흔들며 계신 '원선생님'을 보고나서야 '휴우!' 하며 크게 안심을 한 적이 있었다. 그

때 다른 일행들이 모두 다 가버렸는데도 '원선생님' 혼자 필자를 기다려 주신 것이다. 뒤에 알았지만 국내의 유명 국영기업체에서 정년을 마치시고 회갑기념으로 부부가 미국 여행에 오셨다고 했다.

그 뒤 '여남회'가 만들어지고 몇 번 더 '원선생님'을 가까이해 보니 노회한 삶의 지혜가 가득하신 아주 멋있는 분으로 그 멋이 만남을 할 때 마다 더욱 더함을 느껴본다. 부인이신 '최선생님', 허허! 이번 가이드가 비행기 좌석을 배정할 때 바로 '최선생님'(?) 때문에 사단을 낸 모양이다. 이름으론 완전 남자다. 가이드가 남자끼리 온 팀도 있는가 보다 라는 오해를 살만하다. 두 남자분(?)은 아주 독실한 카톨릭 신자로 성당 성가대에 계셨는지 노래를 너무 잘 한다. 언젠가 노래방에 갈 기회가 있었는데 노래만 하면 100점. 올 10월이 회갑 이라 시는 '최선생님'도 그러나 아픔이 있었다. 언젠가 암이란 못된 놈이 초청을 하지 않았음에도 제 맘대로 놀러와 마음이 아팠지만 두 눈 딱 감고 모질게 쫓아내셨다고... 그럼에도 님 께선 늘 자상한 미소와 정감어린 대화는 그치지 않는다. 지난밤엔 '정선생님'이 채했다고 울상을 짓자 누우라며 다다미방에 '정선생님'을 엎어놓고 그야말로 그냥 발로 밟아 짓이기기 까지 하는 열정을 정감으로 표현하기 까지 하는 분이다.

07:12

버스출발시간이 08시라기에 아침식사를 하고는 비가 오는 호텔주변을 산책 해본다. 마침 호텔로비에 빨갛고 노란 원색의 우산이 준비되어 있기에 필자가 노란우산을 들자 짝궁은 빨간색이 좋다며 들고는 빗속을 걸으면서도 한껏 멋을 내고 있다.

아침에 보니 호텔이 온통 산으로 둘려 싸여있다.

호텔 주변의 산들은 이름은 모르지만 5월의 신록을 마음껏 뿌려보며 이마가득 운무를 걸치고 후둑거리는 제법 굵은 빗줄기로 세안을 하듯 용트림을 해되고 있다.

08:20

오늘부터가 본격적인 '다테야마' 여행, 아니 일본 여행의 시작일이다. 일행은 호텔에서 버스로 20여분을 달려 '다테야마역'으로 이동을 했다. 정말 오늘도 우리 '방선생님'은 '여남회'를 위하여 수고를 해주신다. 필자가 주변사진을 찍는다며 노닥거리다 출발시간이 되어 버스에 오르니 가운데 6자리가 우리 '여남회'용으로 잡혀져있다. 물론 '방선생님'이 일찍 나와 자리를 잡아 주신 덕분에...

'다테야마'역은 해발475미터로 오늘 행하는 '알펜루트'횡단코스의 최초 시작 지점이다. '다테야마'역에서 '비죠타이라'라는 역까지 가는 구간은 열차를 케이블로 끌고 가는 케이블-카인데, 가이드의 말로는 표기만 그렇지 우리나라에서 호칭하는 설악산 '케이블- 카'와는 사뭇 개념이 다르단다. 우리 설악산의 케이블-카는 일본에선 로프-웨이 로 불린단다. 암튼 케이블로 끌려 올려지는 경사 40도가 넘는 등산열차로 여행객을 이동시키는데 1.3KM구간을 7분정도에 도착시킨다고 한다.

케이블-카를 타고 보니 내부 의자가 모두 경사각에 맞추어 제작이 되어있다. 한편 신기하기도 했었는데 매우 잘 고안된 기능성 탈것이다 라는 생각을 해본다.

케이블카 안에는 우리일행과 함께한 스노보드를 가진 젊은 일본친구들이 몇 명 보였는데, '아니 5월에 스노보드를 탄다?' 하는 의구심을 가졌고, 또 이상한 것은 모두 큰 삽을 한 자루씩 가진 것을 보고 더욱 궁금증을 가졌는데...

해서 서로가 추정을 하며 한마디씩을 한다. 모 인사 왈 '아마 산꼭대기에 눈이 있어 삽으로 눈을 치우려는가 보다.' 그 말도 그럴듯하다.

08:40

한자(漢字)로 미녀평(美女平)이라는 '비죠타이라역'에 도착했다. 아마 뜻 그대로라면 미녀가 살았던 평원이거나 미녀의 늘씬한 둔부처럼 평평하다는 것 인가는 모르지만 주변에 물어볼만한 사람들이 없어 일단은 넘어가는데 역을 나가면서 다시 기함을 한번 해본다. 밑에는 비가오고 있었는데 이곳엔 눈발이 보이고, 여러 대의 버스가 대기하고 있었는데 당초부터 버스로 올라오면 안돼나? 하는생각을해본다. 혹 이곳이 험한 분지 고원처럼 밑에서는 길이 없어 버스로는 못 올라오는지... 어쨌거나 이곳의 해발은 977미터로 '다테야마역' 보다 500미터가 더 높다. 그러니까 7분만에 500미터를 수직 상승한 것으로 볼 수가 있는 것이다.

가이드가 안내를 해준다. '다테야마역'에서 '가쓰라다이'라는 지역을 통하여 구불구불하게 몇10킬로를 거쳐 이곳까지 버스를 이용할 수도 있단다. 하지만 관광상품으로 이 코스를 개발하여 이용하고 있다며 전기를 사용하는 친 환경적인 이동수단이라 국립공원 측에서도 더욱 좋아한다고 했다. 하면서 이곳 버스도 모두 국립공원전용버스로 전기를 사용하는 청정버스 라고 한다. 버스에 오르다보니 정말 눈이 많이 왔는지 바퀴는 체인으로 중무장이 되어있다.

08:50

'비죠타이라역'에서 버스로 출발했다. 이 버스를 고원버스라 부른다. 다음 도착지는 '무로도역'이라는 곳으로 '다테야마 최고봉'(3,015M) 보이는 2,450M이다. 버스로 50여분이소요 되는 23KM나 되는 산길이다. 차가 꿈틀거리며 서서히 사행(蛇行)을 하자 필자를 포함한 일행들의 입이 다물어지지 않는다. 눈 나라다. 올라갈수록 눈의 두께가 더욱 높아진다. 10CM에서 1M로, 5M로, 10M로,14M란다. 5월 하순의 현재 눈 높이가...

올라오면서 차창 밖으로 자연이 연출하는 파노라마 같은 드라마를 보고는 다시 한 번 깊은 경외심을 느껴본다. 버스는 출발한지 30분쯤이 지나 1930미터라는 '미다가하라'를 통과한다. 버스 안에서도 눈이 부신다. 큰 수목이 겨우 얼굴만 눈 밖으로 내놓고 두 눈을 껌벅거리고 있다. 자기도 기가 차다는 듯이...

09:40

해발 2,450미터인 '무로도'에 도착했다. 정말장관이었다. 다들 내려 정말 유럽의 알프스에 온 것처럼 황홀해 한다. '여남회'도 옹기종기모여 뛰어 다니며 '무로도'의 설경을 눈 깊숙이 넣어가려는 듯 마구 목들을 돌려 된다. 멀리 입산(立山) 즉, 3,015미터나 되는 '다테야마' 최고봉이 보인다. 그런데 드디어 저 밑 '다테야마역'에서 품었던 '스노보드의 큰 삽' 비밀이 풀려졌다. 산 중턱 여기저기엔 스키어들이 자연 설을 즐기며 활강을 하고 있는 것이 보인다. 리프트 같은 스키장시설이 되어있지 않은 상태에서 스키어들이 직접 스키나 스노보드를 들고 산위로 올라가 활강을 하고 있는 것이다. 필자도 국내에선 한 폼 하는 스키강사라 칭하고 있지만 이곳을 보니 정말 우물 안 개구리 같았다는 생각을 해본다. 자연 설에서 활강을 하는 것은 영화에서나 볼 수 있었는데... 하지만 잠시 후 눈(雪)을 밟아 보고 설질을 손으로 직접 만져 확인해 보고서는 눈(眼)에 보이듯 그렇게 탐탁치 만은 않다는 사실을 알아챈다. 눈(雪)에 습기가 많아서 스키어들이 마음껏 지쳐대는 고속 활강은 어려워 보인다. 그러나 반면 경사각이 너무 좋아 그런대로 속도를 낼 수도 있겠다.

국내 스키장에서도 다들 자연설 보다는 인공설을 더욱 선호한다. 인공설은 알갱이로 되어있어 '파우다' 같은 설질이라 마찰력이 없어 자연설 보다 훨씬 플래트가 잘 미끄러지기 때문이다.

각설하고, 조금 전 산 밑에서 스노보더들이 가지고가는 삽은 활강을 위하여 등산 시 눈길을 내기 위한 용도로 사용하는 것이었다.

일행은 설 벽(雪壁)으로 다가갔다. 그런데 이건 또 무슨 해괴한 변고인고? 하늘에서 잠시 햇볕이 나는가했더니 두 다리가 열기로 후끈된다. 마치 눈 위에 온풍기가 설치되어 있는 듯이... 주변날씨는 산 밑에 와는 달리 영하로 떨어져있어 다들 차에서 내릴 때는 추워서 방한복을 입었어야 될 정도였는데 말이다. 그런데 그러한 현상이 한동안 계속되는 것은 아니고 햇볕이 구름 속에서 나타날 때마다 잠깐잠깐 그렇다. 원인을 알고 보니 강한 햇볕 을 받은 눈이 반사열을 내보내 그때마다 잠깐씩우리들의 아랫도리를 후끈하게 데운 것 이었다.

주위를 둘러보다 일행이 모여 있어 설벽 가까이 다가가니 '환영 여남회'라는 문구가 설벽에 새겨져있다. 이 또한 '방선생님'의 작품이리라.

10:20

'다테야마'를 멀리 두고 '무로도역'을 출발했다. 다테야마의 눈

(雪)을 눈(眼)이 시리도록 밀어 넣고는...

이번에는 '무로도'에서 '다이칸보'라는 곳으로 이동한다. 이동수단은 '트롤리-버스'라는 전기버스로 한단다. 이 구간은 버스한대가 다닐 수 있을 정도의 터널로 이어져있는데 구간 전체연장이 3.7KM이며 '무로도'의 반대편인 '다테야마' 북쪽방향으로 나있다.

10분정도의 시간이 걸렸다. 오는 도중 중간 중간 차량 대피시설이 있어 버스가 기다리는 것을 보았는데 먼저 도착한 차량이 비켜서서 오는 차량을 통과시켜주는 모양이다.

10:55

'다이칸보'란 곳은 해발이 2,316M이다. 역시 대관봉(大觀峰)이라는 한자를 쓰고 있는데 직역하면 크게 바라볼 수 있는 봉우리라는 뜻인 것 같은데 그 봉우리가 그렇다는 것인지 아니면 그곳에서 다른 곳을 그렇게 볼 수 있다는 것인지는 잘 모르겠다. 필자 생각엔 아마 전자 가 옳다는 생각이 든다.

이곳에도 기념품매점과 식당이 들어서 있다. 운무가 끼어 크게 관망은 못하고 다시 흑부평(黑部平)이라 표기되는 해발1,828M의 '구로베다이라'라는 곳으로 이동한다. 이번에는 그야말로 우리나라에서 말하는 케이블-카이다. 이곳에선 '로프웨이'로 불린다. 이 구간은 1.7KM구간으로 약 7분정도가 소요된다.

11:05

'구로베 다리라'에 도착 했다. 4층으로 지어진 '로프웨이' 도착지점엔 옥상을 전망대로 꾸며놓았다. 이곳에 도착하니 비가오지 않는다. 아마 전체적으로 날씨가 개인모양이다. 일행은 옥상에 올라 구름 가득한 만년설의 '다테야마 정상'을 뒤로하여 기념촬영을 해본다.

지상으로 내려오니 바닥엔 아직도 눈이 가득하다. '중부산악국립공원'이라는 명호석이 보인다. 점심은 11시30분쯤 이곳에서 먹을 요량이란다. 아직 시간적인 여유가 있어 주변을 돌아다니며 이것저것 기억이 될만한 것을 카메라렌즈에 주어 담아본다.

11:30

좀 일찍은 감이 있는 시간임에도 다들 배가 고프단다. 필자도 배가 고팠다. 아침을 6시30분에 먹고 급경사 케이블카와 구절양장의 산길을 버스로 휘돌리고 어딘지도 모를 터널을 지나고 로프웨이를 타고 흔들리며 이곳까지 왔으니... 일본식 도시락이 나왔는데 량은 별로 많지 않았지만 암튼 많이 먹었다. 또 '방선생님'께 감사. 고추장단지를 가지고 오시어...

12:10

한자 표기는 흑부호(黑部湖)로 되어 있다. '구로베코'로 표기되고 흑부평(구로베다이라)에서는 땅굴로, 처음 '다테야마역'에서처럼 등산열차라는 케이블카를 타고 내려간다. 거리는 0.8KM정도로 약5분간 소요된다. 해발은 1455M로 '흑부평'과는 370여미터 정도의 표고차를 가진다. 내려보니 표기가 역으로 되어 있었는데 '구로베역'으로 이해가 된다. 프렛트-홈을 지나 터널을 벗어나니 깊은 계곡에 현기증이 날정도의 높이를 가진 거대한 '흑부호댐'이 나타난다. 가이드가 40여분의 시간을 준다. 전망대며 위령탑 그리고 약수터, 영화관을 둘러보란다. 우리 일행은 먼저 단체사진을 한 장 찍고는 댐 반대편인 다음 출발점에서보자며 각자 흩어진다.

필자도 댐의 이곳저곳을 둘러보다 댐 홍보관이 있는 영화관에 들렸는데 약15분정도의 댐 조성에 관한 홍보영상물을 상영하고 있었다. 전후전력수요를 감당코자 수력발전소 건설을 위하여 이곳에 댐을 건설하게 되었는데 1953년에 시작하여 1964년에 완공을 하였단다. 그 기간 동안 173명의 건설인부가 목숨을 잃었다고 하는데 비록 2차대전의 패전국이었다고는 하나 당시 뛰어난 일본의 건설기술력으로 볼 때 이 사상자 수는 매우 많다고 보아 이 댐 공사가 무척 어려웠던 난 공사였겠다고 '토목엔지니어'이기도한 필자가 한번 유추를 해본다. 지금 '다테야마'에서 관광 상품으로 개발하여 우리가 횡단하고 있는 '알펜루트' 구간에 있는 등산열차며 로프웨이, 그리고 구간 구간의 터널 같은 구조물 전부가 당시 '흑부댐'을 만들기 위한 작업연결 통로였다고 한다. 이 작업구를 통하여 건설장비와 각종 공사자재를 반입하였다니 가히 또 한번 벌린 입을 다물 수가 없다.

한동안 홍보실에서 댐 홍보영상물에 푹 빠져있다 주변을 둘러보니 아무도 아는 사람이 없다. 시계를 보니 아직 출발시간은 안되었는데 다들 어디로 숨었나? 이곳이 댐이라 어디 먼 곳으로 숨을 곳도 없는데 말이다. 그래도 혹시나 하며 홍보실을 나서니... 이것 보소. '방선생님부부'가 닭 병을 앓고 있지 않은가. 방선생님도 어젯밤엔 뭘 무리하게 썼나.

13:45

'흑부댐'을 출발한다. 이게 마지막코스다. 아니 이 산속에서 외부로 나가는 코스다.

이동 수단은 '무로도역'과 '다이칸봉'구간에서 이미 타본 '트롤리버스' 즉 전기버스다. 터널 속을 별도 엔진 없이 천정에서 전기선을 매달고 다니는 버스인데 가이드는 매 구간마다 운행하는 회사가 달라 이곳은 '간사이전력'이라는 회사에서 관리운영을 하고 있단다. 그러고 보니 이동하는 구간마다 별도 요금을 관리하는 것 같았는데 '다테야마역'에서 '무로도'까지는 '다테야마개발철도'에서 관리하고 '무로도'에서 '구로베호수'까지는 '다테야마구로베관광'에서, '구로베댐'에서 오늘의 종착점인 '오우기자와'까지는 앞에 말한 '간사이전력'에서 운영을 한다니... 아마 '구로베댐'을 건설할 때 당시 시공회사가 맡았던 공구별 영역이 아니었나 하는 생각을 해본다.

14:22

한참동안 터널을 구비 돌아 '오우기자와'로 나온 시간은 14시 20분 아침 08시 20분에 '다테야마역'에서 입산(立山)아닌 입산(入山)을 하였으니 꼭 6시간 만에 출산(出山)을 해본다.

21,600초. 360분. 6시간. 1/4일. 참 행복(?)했다. 필자의 경우 꽤나 눈(雪)을 좋아 하는데 5월의 눈, 꼭 꿈을 꾼 것 만 같다. 그 곳이 현실이지 이곳이 꿈인지... 장자(莊子)를 생각해본다. 나비가 나인지 내가 나비인지...

주차장에는 아침에 호텔에서 타고나온 버스가 우리를 기다리고 있었다. 버스에 올라 의자에 앉고 보니 아침에 놔둔 가방이 눈에 들어온다. 그때서야 이곳이 일본이고 우리는 여행을 하는 중이라는 인식을 새삼스레 해본다.

20:40

'여남회' 일행은 두 번째의 밤을 '원선생님'의 방에서 보내자며 모여앉았다. 오늘밤은 '조선생님'께서 특별히 양주를 준비하셨단다. 애주가이신 '조선생님'이 우리 여남회 님들을 위하여 여행 출발 전부터 준비를 하시어 꼭꼭 가방에 숨겨 오신 거라며...

오늘 정규행사는 행사는 '오우기자와'에서 버스를 타고 백마(白馬)라는, 현지어로는 '하쿠바'라는 곳에 있는 '하쿠바 그린프라자호텔'에 드는 것으로 끝을 맺었다. '하쿠바'는 오래전 '동계 올림픽'을 개최한 '나가노' 근방에 있는 조그마한 시골도시 같았는데 버스로 스치는 바람에 자세한 규모는 파악하지 못했다. 가이드가 오는 길에 시간적인 여유가 있다며 대형마트 앞에다 일행을 내려놓았는데 다행히 다들 좋아라하며 저녁만찬에 필요한 과일이며 얼음 음료수 등을 준비한다.

19시경 저녁을 먹자며 호텔레스토랑으로 모였는데 첫날은 다들 '유까다'를 입고 식사를 했는데 오늘은 그냥 평상복으로 식당에 모이신다. 아마 체질상 두 다리가 벌름거리는 '유까다'는 마음에 들지 않았는가보다.

"사랑해 당신을 정말로사랑해..."

한밤이 늦어가도록 '여남회'님들은 이곳 '하쿠바그린프라자호텔'에서 두 손을 마주치며 사랑을 확인하고 또 확인했답니다.

여행-삼일째 날
06:30
호텔조식시간이다. 오늘은 하늘이 너무 맑다. 그야말로 구름 한점 없는 '부루-스카이'라 칭하는 물감 색과 똑같다. 어제만 해도 하느님께서 부부싸움을 심하게 했는지 퉁퉁 부은 구름이 머리위로 눈물을 뿌려됐었는데...

아침에 주변을 둘러보니 이곳은 스키장 리조트이다. 지난 밤 호텔치고는 꽤나 큰 규모와 일반호텔과 다른 예쁘장한 외향에서 좀 이상하다는 생각을 하긴 했었는데 말이다. 엄청난 규모의 주차장엔 승용차는 셀 수 가 있을 정도로 적었으며 버스도 10여대에 불과한 것으로 보아 이곳도 우리나라처럼 스키시즌이 끝나면 이용객들이 없어 우리와 같은 외국 단체관광객이나 도시에 있는 회사의 '워크-샵' 같은 행사 유치를 하여 그나마 리조트를 유지하고 있는 것으로 보인다.

어제부터 시골 호텔로만 다니는 바람에 주변 시가지를 배회하는 여유를 얻을 수 없어 불만이었지만 반면 산속이라 좋은 주변 경관과 맑은 공기가 너무 좋아 야밤에 나다니지 못하는 서운함을 크게 상쇄를 하고도 남는다. 어제도 그랬지만 오늘 아침도 창문을 열고 심호흡을 해보니 기분이 상쾌하기가 그지없다.

짝궁과 레스토랑에 내려갔다. 오늘은 우리일행이 시간을 맞춰 테이블을 같이 사용했다. 뷔페식으로 필자의 옆엔 '조선생님부부'가 같이 앉아계신다.

'조선생님'.

'조선생님'은 실제 우리 '여남회'의 좌상(座上)으로 제일 연장자이시다. 필자와의 인연은 역시 미국 여행 시 맺어지게 되었는데, 같이하는 식사시간이나 만찬 때면 두주불사하시는 술 사랑과 재미있는 말씀으로 늘 우리 일행들에게 기쁨을 주시는 분이다. 공무원으로 정년을 맞이하셨는데 당시 미국여행은 부인이신 '김선생님'과 함께 회갑여행을 겸해서 오신 것이라고 하셨다. '조선생님'은 참 재미가 있으신 분이다. 언젠가 오대산 모임에서의 일인데 새벽에 사우나에 갔다 오다보니 '조선생님' 방문에 '김00씨방'이라는 쪽지가 붙어있었다. 이상해서 방문을 열고 그 연유를 여쭈어보았는데 말씀이 백미다. "집사람이 혹 길을 잃어버리지나 않을까 해서…"

님은 현재 토지관계의 일을 하고 계시는데 사실은 부인이신 '김선생님'의 일을 도우는 것이란다. 어찌 보면 '김선생님'이 성격상으로는 '조선생님'보다 더 활달하다고 해야겠다. 지난밤엔가 여흥 때 '김선생님'께서 발표한 개띠에 대한 고찰이라는 보고회(?)가 있었는데 개띠의 종류가 그렇게 많은 줄은 정말 몰랐네요.

'개띠도 여러 종류가 있지요. 주인을 충복처럼 지켜주는 세파트 띠. 한번물면 놓지 않는 불독 띠. 아무에게나 꼬리를 흔들어대는 푸들 띠. 그리고 공주병에 걸린 치와와 띠. 아무 곳에서나 날뛰는 미친개 띠' 하면서 똥개 띠를 이야기한다. 님 왈(曰) '똥개는 뭐를 하다가도 잠을 잔다.' 이야기를 하다가도 잠을 자고, 밥을 먹다가도 잠을 잔다. 그리고 그 중한 밤일을 하다가도 잠을 잔단다. 이야기를 듣다 '방선생님'이 옆에 있는 '이선생님'을 보며 한 말씀한다. '여기도 똥개 띠가 있는데…'

그러면서 '김선생님'은 부군이신 '조선생님'을 00개띠라고 분류를 하셨는데 지금 생각이 안 난다. 암튼 우리 인간들의 성상을 분류하여 빗대시는 '김선생님'. 그 개띠 연구 정말 대단하십니다.(그럼 '조선생님'이 방호수를 적어놓은 것은 무슨 개라서(?)-'조선생님'이 개띠래요.)

그런데 정말 우리 인간군상을 볼 때 개띠가 아니라도 '김선생님'의 개띠 분류처럼 하나하나 개띠에 의한 구분을 할 수도 있다는 생각에 모골이 소연해짐을 느낀다. (관연 필자는 어떤 개띠일까?)

08:00

오늘도 08시에 버스는 출발을 한단다. 하면서 가이드는 오늘은 서쪽으로 서쪽으로 몇 시간을 가야한단다. 버스에 오르니 역시 '방선생님'이 어제처럼 자리를 확보해두셨다. 버스가 굽이도는 산길을 내리 꼽히듯이 흔들리며 호텔을 벗어난다. 낮에 보니 호텔은 산의 한 중턱에 위치하여있었다. 어제도 느낀 점이지만 주변에 있는 논은 대게 모내기가 완료되어 있었는데 '모'가 참 앙정 맞게 작다는 생각을 해본다. 그럼에도 묵혀진 논은 어디에도 보이지 않는다. 무척 시골동네 같은데 말이다.

09:35

고속도로휴게소란다. 호텔을 출발한지 1시간반정도가 지났다. 우리나라 국도에 비하면 너무나 협소해 보이는 좁은 국도를 지나 고속도로에 들어섰다. 얼마를 더 달려 고속도로 휴게소라는데 들러 잠시 쉬기로 하였는데 깔끔하기는 하였지만 우리나라 고속도로의 휴게소와는 그 규모나 시설 면에서 천양지차이가난다. 미국에서도 그랬지만 정말 휴게소만큼은 우리나라 고속도로의 휴게소가 세계 최고인 것 같다. 지금도 '영국'이나 '프랑스', 그리고 내년 올림픽을 위하여 '북경'에서도 우리나라에 와서 화장실 벤치마킹을 해간다니...

10:50

자그마치 3시간여를 산악 길로, 터널 속으로 헐떡거리며 달려온 곳은 '다까아마(高山)'라는 곳에 있는 '다이쇼연못'이라는 곳이다. 최근 '야케다케 대폭발'때 생겨난 연못이라는데 명석엔 '중부산악국립공원 대정지(大正池)'로 표기되어 있으며 '나가노현'이란는 표시가 있는 것으로 보아 아직 우리는 '나가노현'을 벗어나지 못했는가 보다. 위치상으로는 '도야마'와 '나고야'의 중간쯤으로 보이는데 '카미코지(上高地)'라는 표기로 보아 이곳도 거의 3000여 고지는 되는가보다.

여기서 잠깐 일본 '혼슈(本州)'의 자칭 북 알프스라는 3000M급 영봉을 한번 훑어보자.

북 알프스는 3000M급 봉우리들이 늘어서 있는 일본알프스의 일부로 '혼슈(本州)' 중앙부에 위치하고, 지리학적 명칭은 '히다(飛驒)'산맥이다. 북 알프스의 남쪽으로 중앙알프스(기소;木曾산맥), 남 알프스('아카이시赤石'산맥)와 더불어 동해에서 태평양에 이르기까지 3000M급의, 말하자면「일본의 지붕」을 형성하고 있는 대산맥군의 하나이다. 이 대산맥군의 동쪽은 커다란 단층지대로, '호사마그너'라고 불린다. 활발한 융기운동과 단층현상, 화산활동에 의해, 북 알프스는 탄생된 것이다. 현재에도 우리일행이 서있는 '야케다케(燒岳)'를비롯해 '이오우오네(硫黃尾根)',·'와시바다케(鷲羽岳)'주변,·'다테야마 지고쿠다니(立山地獄谷)'부근에서 화산활동이 진행되고 있다. 정말 '야케다케 정상'에는 모락모락 연기가 올라가는 것이 보인다.

북 알프스 산맥은 동해의 '오야시라즈(親不知)'로부터 우뚝 솟아 남으로 연장 150㎞ 정도 이어지고, 독립봉으로 솟아있는 '노리쿠라다케(乘鞍岳)'에서 일단락된다. 이 산맥의 '시로우마(白馬)'연봉에서 '노리쿠라다케(乘鞍岳)'까지는 유명등산로로 알려져 있기도 하다. 카르지형 · U자계곡 · 빙식첨봉 등, 일찍이 빙하가 존재한 증거가 여기저기 남아 있고, 우리가 마지막 날 '토로코열차'로 여행할 '구로베(黑部)협곡'과 '아즈사가와(梓川)' 등의 유명한 계곡도 이곳에 있다. 여름에도 풍부한 잔설을 자랑하고, 북방계의 귀중한 고산식물과 고산나비, 뇌조 등이, 절경의 각 봉우리와 암벽을 더욱 빛내준다.

또 북 알프스는 편의상, 북부 · 중부 · 남부 세 곳으로 나누는

데 북부는, 동쪽으로 우리가 둘쨋날 묵은 '하쿠바그린프라자호텔'이 있는 '하쿠바'(白馬)연봉에서 '하리노키(針ノ木)고개'까지의 '우시로다테야마(後立山)연봉'. 서쪽으로 '츠루기(劒)' · '다테야마(立山)연봉'에서 '고시키가하라(五色が原)' 주변, '구로베가와(黑部川)'의 '시모노로우카(下ノ廊下)'근처까지 이며

중부는, '구로베가와(黑部川)'의 '카미노로우카(上ノ廊下)'에서 원류(源流)주변까지의 산들로, '쿠모노다이라(雲ノ平)'를 중심으로 한 서쪽의 '야쿠시다케(藥師岳)'에서 '스고로쿠다케(双六岳)' '카사가다케(笠が岳)' 산맥, 동쪽의 '수이쇼우다케(水晶岳)', '아카우시다케(赤牛岳)'의 '요미우리신도(讀賣新道)', '에보시다케(烏帽子岳)'에서 '노구치고로다케(野口五郎岳)'를 경유하는 '우라긴자(裏銀座)' 까지.

남부는, '야리가다케(槍が岳)'를 중심으로 해서 남쪽의 '호다카(穗高)'연봉, 동쪽의 '츠바쿠로다케(燕岳)'와 '가키다케(餓鬼岳)'의 '오모테긴자(表銀座)' 코스, '죠우넨다케(常念岳)'와 '쵸우가다케(蝶が岳)'의 '죠우넨(常念)'산맥, 그리고 독립봉의 풍모가 있는 '노리쿠라다케(乘鞍岳)'가 더해지는 산악지대이다.

또한 북 알프스 남부는 '야리(槍)'·'호타카(穗高)'연봉이라는 인기 절정의 산들을 중심으로 하고 있을 뿐 만 아니라, 입구격인 '카미코지(上高地)'는 바로 우리가 있는 이 장소이다.

11:20

잠시 5분정도를 버스로 이동하여 '갓빠바시'주차장에 도착했다. 주차장엔 이미 대형버스가 100여대는 더 주차되어 있었다. 이런 숲속에... 가이드의 말로는 일본 국내관광객도 한번 와 보는 것이 평생의 소원이라는 곳이라고 한다. 버스에 내려 숲속을 걸으니 옆으로는 아주 맑디맑은 시냇물(?)이 흐른다. 너무 깨끗하다.

그야말로 여름태양에 허물을 벗어던진 만년설이 그 속살을 실어 보내는 것만 같았다.

산책을 하다보니 일본인관광객들이 준비해온 도시락으로 점심을 먹고 있는 것이 보인다. 또 한 켠에선 멀리 '호타카연봉'을 배경으로 그림을 그리고 있는 일단의 화가들도 눈에 들어온다.

필자가 강이라 표현하기는 너무 아까워(그 규모가 일반적인 강(江)의 크기와 별다름이 없음에도 억지로나마)시냇물이라고 표현하였지만 그 빙설(氷雪)에 부딪쳐 멍이든 채 흘러가는 시냇물('아즈사가와')도 혹 주변 풍광에 눈이 멀지나 않았을까 걱정을 해본다. 채1시간도 머물지 않았음에도 필자는 눈이 멍멍하다. 돌아 나오는 길에 살포시 기모노를 살짝 열어젖히며 투명하리만큼 희디흰 나신을 자랑하며 손을 흔드는 자작나무며, 일본 전국시대 '막부의 쇼군'처럼 냉혹하리만치 근엄함으로 유유자적한 '호타카 연봉'이 윙크를 하였을 때 필자는 한동안 숨이 멎는 듯한 심한 고통을 당하였다.

13:00

배가 너무 고프다. 아침을 06시30분에 먹었기에 아마 고속도로휴게소에서 '방선생님'이 찹쌀모지를 공양해오지 않았다면 허기에 지쳐버렸을 것이다. '갓빠바시'를 나와서도 한참을 고산을 돌며 터널을 지났다. 겨우 찾아 온 곳이 온천과 식당을 겸하고 있는 산 속 휴게소. 점심으로 도시락을 내놓았다. 일본 도시락, 너무 량이 적다. 그러나 가짓수는 많은 편이라 이것저것 맛 볼 수는 있었는데 하지만 늘 필자는 갈증이 난다. 그런데 이곳에선 밥은 많이 준다. 리필도 해주고...

16:00

'합장촌(合掌村)'이라는 곳이다.

일본이 자랑하는 유네스코에 등록된 세계문화유산이란다. '도야마'를 기준으로 서남쪽에 위치한곳인데 둘째 날의 숙소인 동남쪽 하쿠바(白馬)에서 자그마치 8시간여를 달려온 '오개산(五箇山)현립공원'에 있는 곳이다. '합장촌(合掌村)'을 한자로 해석을 해보면 두 손을 모은다는 뜻인데 필자의 눈으로는 가옥이 두 손을 모은 모습을 해서 그러한 이름을 얻게 된 모양으로 보인다. 서로 마주보고 있는(맞배지붕) 양 지붕이 60도가 넘어 보이는 경사각을 이루게 지어졌는데 이것도 이 지방에 내리는 많은 눈을 이겨내기 위함의 지혜였으리라. 지붕의 재료는 천연갈대를 겹겹이 쌓아 엮었는데 자세히 보니 그 두께가 50cm는 더되어 보인다. 가이드의 말로는 5년에 한 번 씩 지붕을 개량하는데 200명정도의인력이 이틀이나 걸려 해야 되는 대규모 행사라고 한다. 일행이 마을 이곳저곳을 들쑤시고 다니는데 '합장촌'과는 별도로 추가 입장료를 내고 들어가는 개인집이 있었다. 밖에서 보기엔 규모면에서는 그리 크게 보이지 않았으나 막상 들어가 보니 엄청 크게 느껴진다. 실내는 3층집이다. 1층엔 '다다미'와 판옥구조로 되어 있었는데 화덕도 구비되어 별도 부엌이 필요 없는 실내에서 취사가 가능 하도록 한 구조였다. 다락방처럼 꾸며진 2층, 3층으로 사다리를 타고 올라가보니 넓은 여유 공간에 놀라기도 하였지만 '아유~' 시원하기가 그지없다. 집안 전체엔 각종 농기구며 세간이 전시 되 있어 일본의 옛 생활상을 느껴 보고 있든 중 어느 코너에서 특별히 눈길을 끄는 전시품이 있어 발길을 멈추어본다. 부처님이 모셔져있었다. 헌데 그곳에 모셔진 부처님에 대한 관심보다 더한 관심을 우리일행과 같이한 노인(?)한분에게 가지게 되었는데 여행이 끝날 때까지 이름은 알아보지 않았지만 부산에서 오신 분이라는 정도만 알아보았다. 그런데 이분이 그 부처님 앞에서 꿇어 앉아 참배를 올리고는 경근한자세로 경을 보고 있었는데... 그 모습에서 필자는 참 아름답다는 생각을 했음에도 어젯밤 그분이 필자에게 보여준 추태를 생각하게 해 실소를 금치 못한다. 어젯밤인가 '유까다'를 입고 온천탕에 들러다 이 노인분을 만나게 되었는데 필자도 연만한 나이라 제법 친해지기 까지 했겠다 수인사를 하니 화답을 하신다. 하면서 예기치 못하던 사태가 발생하였는데 그분이 인사를 한답시며 몸을 흔들다 두 다리를 벌렁거리니, 이 보소! 왠 고쟁이가... 당시 필자 혼자라면 좋았겠는데 둘러보니 주위 에 여자 분들이 몇 분 있었는데 못 볼 거라도 보았는지 얼굴을 돌리고 있었다. 그러고 보니 만찬에서 여독을 달랠 겸 일행들과 그나하게 한잔을 하신모양이었다. 연신 불콰한 얼굴을 흔들며 기분이 좋다는 듯 횡설수설을 해댔는데...

그런 분이 오늘 이곳에서 부처님을 대하고 계신 것을 보니 마치 다른 사람을 보는 것 같다.

19:00

오늘은 저녁도 많이 늦었다. 필자의 경우 점심때도 배가 고팠는데... 일행들 도 긴 여정에 지쳤는지 다들 배가 고프다고 한다. 해서인지 가이드도 저녁을 특별 식을 준비했다며 량 껏 드시라고 한다. 오늘은 무려 11시간을 버스로 이동했다. 이동거리를 정확하게 알 수는 없지만 평균 시속을 60km로 했을 경우 600km 이상을 이동한 것이다. 위치상으로도 '나가노(長野)현'에서 '도야마(富山)현'으로 다시 '이시가와(石川)현'까지 도합 3개현을 시계방향으로 빙그르르 돌았다. 배가 고플 만도 하다.

버스는 어느 큰 길 옆 넓은 주차장이 있는 독립가옥 같은 식당에 주차를 하였는데 가이드가 특별히 준비했다는 석식장소란다. 들어가 보니 뷔페식으로 단체 연회석이 구비된 몇 년 전 우리나라에서도 유행한 적이 있는 쇠고기 뷔페 집 같은 곳 이었다.

해물이며 여러 가지 음식도 많이 준비되어 있었는데 이곳에도 외국수입농수산물이 많은지 진열된 육류들 중엔 호주산 쇠고기도 진열되어있다.

암튼 배불리 먹었다. 오랜만에 필자도 좋아하는 육식으로 한껏 배를 채웠다.

20:00

'가나자와 하구쵸로호텔'에 도착했다. 밤이었기도 했지만 호텔은 좁은 건물에 둘러 쌓여 그 외관이 잘 나타나지도 않아 그 규모를 알아볼 수도 없었는데 들어가보니 객실은 제법 깔끔했으나 비치된 '유까다'는 너무 작고 우리나라 호텔의 가운 모양새를 하고 있어 입고 나가기도 뭣해 보인다. 아니나 다를까, 필자가 호텔1층에서 온천욕을 마치고 '유까다'를 입어며 들어오는 다른 일행을 보니 거개가 평상복차림이다. 아마 이 호텔 '유까다'가 다들 정서에 맞지 않았나보다.

온천욕을 하고 다들 어제처럼 '원선생님방'으로 모이자고 했는데 우쩨 낌새가 좀 이상하다. 오늘은 그냥 각자 방에서 푹 쉬잖다. 다들 그동안 육체가 감내하여온 피로를 풀어주자면서...

여행-나흘째 날

07:00

아침 식사시간이다. 오늘도 일어나 밥 먹고 출발하기가 바쁘다. 다들 피곤하다며 일찍 잠자리에 들었음에도 새벽 온천탕 엔 몇 명이 보이지 않는다. 아마 여독이 덜 풀어졌으리라. 하지만 레스토랑엔 다들 시간 맞춰 참석을 하신다.

08:00

세 번째의 호텔 '가나자와 하쿠초로'를 을 벗어났다. 가이드의 말로는 바로 옆에 '겐로쿠엔'한자로'겸육원(兼六園)'이라는 일본최고의 정원을 만나러 간단다. 오늘의 첫 일정으로...

그런데 난리가 났다. 그렇게 호텔에 물건을 남기지 말라고 신신당부를 하였건만 그만 우리 일행 중 '방선생님'이 '우와기' 아니 잠바를 호텔객실에 남겨두고 왔단다. 다행이 지난 밤 묵은 호텔이 '겐로쿠엔'바로 옆이라 입장권 매표를 한 뒤 개별적으로 갔다 와도 시간상으로는 문제가 없다기에 다들 한숨을 놓는다. 일행들은 가이드가 나눠준 입장권을 들고 하나둘 정원으로 들어서고 있는데 '라지 이선생님'이 다리를 후들대며 당최 걸을 생각을 안 한다. 시종 고개를 뒤로 돌리며 옷 찾아 떠나가신 서방님을 그리며...

'겐로쿠엔'은 넓고 크다는 '굉대(宏大)', 그윽하고 깊다는 '유수(幽邃)', 그리고 '인력(人力)', 옛 푸름이 무성하다는 '창고(蒼古)', 물의 샘이라는 '수천(水泉)', 그믐달도 볼 수 있다는 '조망(眺望)' 이렇게 육승(六勝)을 겸비하였다하여 '겸육원(兼六園)'으로 불려지게 되었다는데 이 것은 중국송나라 시인 '이격비'가 쓴 '낙양명원기'속에 나오는 문장이다. 일본에선 이 '겸육원'이 '일본 3대 정원'으로 대우를 받는단다. 구조는 '가나자와성'의 외각 정원으로 정비되어, 200 년의 세월동안 다듬어져 오늘날의 모습을 갖추어졌다고 하며 면적 10만 평방미터의 광대한 부지에는 벚나무와 소나무, 매림, 연자화 등 150종 약 12,000 그루의 수목이 있어 4계절을 고루 빛낸다고 하는데 돌다보니 매실은 벌써 열매를 맺어 그 푸르름을 더하고 있었다.

가이드의 설명으로는 이곳 5대번주인 '쓰나노리'가 바로 앞에 있는 '가나자와성'에서 이곳을 보다 경관이 좋은 것을 알고 경사지에 '렌치오친'이라는 건물을 세우고 이름을 '렌치테'라고 불렀던 것이 이 정원의 시초였고 그 후 12대 번주(藩主) '나리나가'와 13대 번주 '나리야스'가 대규모 정원으로 가꾸어 지금까지 관리되어오고 있다 한다. 이곳 정원수의 최대 적은 눈이란다. 겨울이면 눈이 너무 많이 내려 나무들은 성한 가지가 없단다. 해서 나무를 보호하는 보조 장구를 만들어 나무마다 가지를 바치게 하고 있다. 또 이 곳에는 1861년 만들어진 일본에서 가장 오래된 분수가 있는데 자연수압으로 3.5미터나 오를 수 있단다. 그것도 이런 경사지에서... 그 사실이 조금은 불가사이하게 느껴졌다.

잘 가꾸어진 정원을 사돌아 다니다 필자는 약간의 의구심을 가져본다. 동해에 바로 인접되고 '동경' 가는 길목이기도한 '가나자와'의 지리적인 특성상 '히로시마'나 '나가사끼'정도 까지는 아니더라도 그 치열했던 미국 B29전폭기의 공습에서 살아남아 수백 년 된 고성과 정원이 완전하게 제 모습을 지킬 수 있었다는 것에...

그런데 그 답을 문화라는 곳에서 찾을 수가 있었다. 이곳 '가나자와'의 첫 출발이 문화의 보존이라고 한다. 메이지유신이후 일본에 불어 닥친 부국강병의 근대화의기치도 이곳 '가나자와'는 비켜간 덕분에 전쟁 때엔 전폭기도 이 도시를 겨냥하지 않았다고 한다. '가나자와 시'는 종전이 되자 마치 준비라도 했다는 듯이 일본에서 가장먼저 문화제 보존조례를 제정하고 '에도'시대 밤이면 '게이샤'들의 웃음소리가 온 거리에 가득하여 '게이샤'거리로 불렸던 '히가시차야(東茶屋)'거리를 일본 전통차와 지역의 특산물을 파는 거리로 재정비 했는가하면 '사무라이'들이 활보하던 '나가'정 '부케야시키'거리도 일대정비를 하여 명실상부한 문화의 거리로 만들었다고 한다.

어젯밤 우리 '여남회'에서는 제법 재미있는 구상을 하나하였다. 우리끼리 '가나자와'시내에 나가 '사미센'을 뜯는 '게이샤'를 만나 보기로 말이다. 허나, 그만 아쉽게도 다들 마음은 있으나 몸들이 말을 안 듣는다며 사양을 하기에... 해서 훗날 다시 기회를 내어, 그때에는 더 젊은 '게이샤'를 만나 보자며 구상 실행을 보류하였었다.

"여~~보~~~~"

큰 '이선생님'이 주위사람도 안중에 없다는 듯이 큰소리로 외쳐 된다. 일제히 고개를 돌리는데 저편에 잃어버린 윗도리를 찾아 목에 걸치고는 한 폼을 잡는 '방선생님'이 걸어오는 것이 보인다. 암튼 그래서 일행은 다시 한 번 다 같이 한 폼을 한 번 더 잡아본다.

12:00

오늘점심은 정시에 맞추었다.

점심은 '탕국삼(湯國森)'이라 표기되는 '유노쿠니노모리'라는 전통 공예마을 안에 있는 식당이었다.

호텔을 출발한 것이 08:00이다. 이곳까지 4시간 정도 소요되었는데 오는 길에 금 공예방이며 도자기공예방을 방문하여 기념품도사고 기념촬영도하고 금을 가공하는 장인들로부터 설명을 듣기도 하였다. 특히 '하쿠코칸'이라는 '카나자와'금박과 금박문화의 모든 것이 있다는 금 공예점엔 동전 1/3 크기의 금으로 다다미 1장이나 되는 놀라운 크기로 늘리는 금 확장기술이며 14세기 금은박의 제조 기술을 장려하여 지금의 금 공예기술이 발전할 수 있도록 초석을 다져준 이번의 영주 '마에다 도시이에'의 상이 찬란한 금박으로 제작 전시되어 눈길을 끌고 있었다.

이곳으로 오는 길에 우측 편으로 동해가 보인다. 필자가 동해라며 외치니 가이드가 한 말씀한다. 이곳에선 일본해라고...

'유노쿠니노모리'는 가가(가하加賀)시에 있는 일본의 전통 공예마을이다. 자연으로 둘러싸인 13만평의 광대한 숲속에 옛 일본의 전통가옥이 들어서 있다. 이 건물마다 각기 다른 일본문화를 소개하는 시설이 마련되어 있는데 직접 체험을 할 수 있는 시간을 주어 관람객들이 너도나도 옷을 갈아입고 달려든다. 필자가 전통 '화지뜨기' 체험관에 들렸을 땐 일본의 고등학생들이 단체로 '화지뜨기' 체험을 하고 있었는데 젊은이들임에도 그 임하는 표정이 만만치 않아 보인다.

어쨌거나 참 크다. 13만평이라서인지 밥을 먹고 걸어가자니 제법 숨이 찬다. 중간 중간 건너뛰며 상인가옥관이라는 출구에 도착하여 평상에 앉아 쉬노라니 저기서 '서선생님'이 역시 더운지 숨을 몰아쉬며 다가온다.

'서선생님'.

역시 지난해 미국여행 때 인연을 맺으신 분이다. 지금도 외향이 특이하여 다른 분보다 눈에 잘 띠이지만 당시도 붉은 외투며 검은 선글라스, 그리고 반백, 아니 8/10백의 머리칼로 인하여 누구보다 쉽게 필자에게 각인된 분이다. 님은 참 특이하다. 같이 여행을 하다보니 술을 전 혀 못하면서도 늘 술좌석에 앉아 좌담에 응하고 주위 분에게 쉽게 형님이라는 호칭을 날리는 것을 보면 그 성격이 무척 호탕하다는 생각이 든다.

우리 '여남회'도 사실 우리 '서선생님'의 역할이 없었더라면 '출산' 그 자체를 보지 못했을 것이다. 웨딩 업을 하다보니 주말이나 휴일이 피크타임이다. 그러나 우리 '여남회' 모임 또한 평일에야 할 수가 없다. 그럼에도 '서선생님'은 우리모임에 대하여 한번도 얼굴을 찡그리거나 불평을 나타내신 적이 없었으며 어디서나 멀다 않으시고 제일 먼저 참석을 하시어 자리를 빛내준다. 이번 여행도 당초 미국으로 가기로 했다가 사정을 들어 바뀌었지만 아무 말 없이 동참을 해주시었고 우리와는 별도로 며칠 후 님은 부부 둘이서 미국동부로 여행을 가신단다. 그만큼 마음을 비우고 사시는 분이다.

그러나 님도 몇 해 전 삶에 대한 많은 공부를 하셨다는데...

'병원을 막 나왔을 때이지요. 산보를 한다시며 걸음을 내딛다가 언덕을 만나면 너무 겁이나 그만 그 자리에 털썩 주저앉고 싶어 했지.' 그 뒤 님은 산을 하나 넘고 나서야 삶에 대한 자신감을 가졌다고 하셨다.

'나는 병원에 들어갈 때 모든 것에 대한 정리를 한다는 마음으로 임했습니다. 하지만 여기 있는 집사람을 볼 때마다 얼마나 미안하고 마음이 아픈지...'

못된 위암이 찾아왔다는 진단을 받고 병원에 들어가면서 님은 모든 것을 던져버리셨단다.

그런데 기적은 있었다. 님은 그날 이후 늘 행복 하다시며 하루하루를 환희 심을 가득 담고 사신단다. 하면서 님은 오늘도 산을 넘고 강을 건너 님의 두 손 꼭 보듬어 잡고 환한 웃음 주고받으며 오남리 산마루에서 등 따시게 햇볕 받으며 밭갈이를 하고 계신단다.

13:30

'유노쿠니노모리'를 출발한다. 버스 안이 후끈거린다. 바깥날씨가 꽤나 덥다. 다시 '이시가와'현을 떠난다. 다음목적지인 '서룡사(瑞龍寺) 「즈이류지」'라는 사찰이 목적지이다. 이번에는 바다를 왼쪽으로 본다. '바다'. 참 재미있다. 우리들은 이 바다를 동해라 불렀다. 하지만 일본에선 '일본해'라 부른다. 필자도 '동해(東海)'라 굳게 믿어 의심치 않지만 이곳에서 보니 '북해(北海)'라고, 더 정확히 말한다면 '북서해'라고 해야겠다. 1시간여를 달리니 다시 '도야마현'으로 다시 들어왔다. 어쨌거나 이번 여행은 '도야마현'의 '다테야마역'을 중앙으로 하여 동쪽 3시 방향에 있는 '나가노현'을 돌아 시계방향으로 6시방향인 '상고지(上高地)' 7시방향인 '이시가와현'의 '가나자와'에서 9시방향인 '유노쿠니노모리'을 거쳐 다시 '도야마현'의 12시 방향인 '즈이류지'를 거쳐 '다카오카대불'을 관광 하고는 일본에서의 마지막 숙소예정지인 2시방향인 '도야마현'의 '우나즈키' 까지 가는 여정이다.

15:00
'즈이류지'에 도착했다. 조그마한 외곽도시에 자리한 일본특유의 사찰인데 전국시대(戰國時代)무장인 '다카오카'3대영주인 '마에다 도시쓰네'가 건립한 것으로 1대영주인 '마에다 도시나가'의 위패를 모신 절이다. '조동종'이라는 종파라는데 우리나라 '조중동'과 엇비슷한 발음이라 웃음이 나왔다. 안내인의 말로는 눈이 많이 와 특이한 형태의 가람을 보이게 되었다고도 하지만 배치 양식이 웅장하고 아름다움을 겸비한 산문과 불전, 그리고 법당이 문화재적 가치를 인정받아 1997년 에도시대의 건축양식으로는 처음으로 국보로 지정 관리되고 있다고 한다.

17:20
다시 고속도로를 지나고 터널을 지나고 시골길을 지나 드디어 숙소가 있는 '우나즈키'에 도착했다. 오는 길에 '다카오카대불'을 관광했었는데 필자의 눈엔 조성 된지도 얼마 되지 않았고 역사성 또한 없어 보여 조금은 실망을 해보며 푸념을 해본다. '글쎄 이곳까지 와서 꼭 이런 것까지 봐야 되나?'

우리가 마지막으로 숙식할 호텔은 '우나즈키 도겐 호텔'이었는데 필자 생각엔 이번여행에서 이용한 호텔 중 최고로 일본 맛이 나는 호텔로 느껴진다. '다다미'로 꾸며진 침실이며 큼직하고 품위가 있어 보이는 '유까다', 그리고 노천탕과 같이 구비되어 있는 온천탕 까지도 맛깔 나는 옛날의 일본정취에 물씬 빠지게 해준다.

오늘은 호텔에 체크인을 해서도 저녁시간 까지는 몇 십 분의 여유가 있었다. 해서 '방선생님' 부부와 주변을 관광해 보기로 하고는 '우즈나기 온천역'을 지나 '야마비코전망대'를 갔다. 간간히 '구로베협곡'에서 내려오는 열차의 굉음이 철교를 통하여 들려오곤 하였는데 '신 야마비코바시'다리는 그 이름이 달리는 열차의 소리가 메아리가 되어 온천가에 울려 퍼짐으로 인하여 생겨났다고 했다. 일본 음으로 '야마비코'라는 단어는 원래 메아리라는 뜻이란다. 돌아 나오는 길에 산중턱에 걸쳐진 철교를 쳐다보니 석양에 푹 담겨진 진홍색의 붉은색을 한 철교는 푸르디푸른 신록과 한껏 아우러져 필자의 두 동공을 더욱 넓게 해준다.

'아니 다들 어디 갔다 이제 오시나요?' 질문을 하는 일행 옆으로 자리를 해 보는데, 5층 레스토랑 만찬장에는 우리일행 40여명이 다같이 '유까다'를 입고 멋나게 치장을 했다. 다들 저녁상을 개인별로 한상씩 안았는데 그 어울림이 절묘하다. 그러나 잘난체하며 미리 주변을 한 바퀴를 돌며 시간을 죽여 버린 '필자부부'와 '방선생님부부'만이 '유까다'를 입지 못하고 평상복으로 끼어드니 그만 분위기가 팍 죽는다.

하지만 기분은 최고다. '기모노'를 예쁘게 입은 종업원들이 '하이! 하이!'를 연발하며 시중을 들어주는데 어찌나 감칠맛이 나는

지 저녁시간이 더욱 길었으면 하는 생각마저 들 정도였다. 우리 일행 건너편엔 같이 온 5살짜리 꼬마도 독상을 앉고 폼을 재고 있었다. 암튼 다들 최고의 기분으로 만찬을 하면서 일본의 마지막 밤을 보낸다.

우리 '여남회' 일행은 이곳 '우나즈기'에서 마지막 총회를 갖기로 했다. 그것도 어두운 밤 아스라한 가로등 불빛을 등지고 두 발을 동동거릴 정도의 따끔한 노천족탕에 발을 담그고 맥주잔을 기울이며...

일행이 노천족탕에 둘러앉아 발마사지를 하는데 다들 너무 뜨겁다며 얼마 있지를 못하고 자리를 박찬다.

'방선생님'도 '큰일 나겠다. 이러다간 익은 닭발 뜯겠다며 지나가던 개들이 몰려들겠다.' 며 손 서래를 친다. 필자도 내심 뜨거움을 참고 있든 중 족탕 옆으로 승용차가 한대 다가서더니 젊은 남녀 한 쌍이 내려 족탕 안으로 들어온다. 내심 너희들도 뜨거운 물에 혼 좀 나봐라 하고 있었는데 웬걸, 주위를 두리번거리더니 어디선가 호스를 하나 꺼내는데 하, 이거보소 그 호스에서 찬물이 나오고 있지 않는가. 아마 이곳은 여행객도 오지만 인근 주민들도 많이 찾아오고 젊은 청춘남녀들의 데이트장소로도 이용되는 모양이었다.

23:00

그만 자자...

여행-마지막 날

07:00

마지막 날이라고 조식은 07시에 하기로 했다. 하여 06시에 온천탕에 내려갔는데 그만 해괴한 일을 당하고 말았다. 지난밤엔 분명 여탕 앞을 지나 남탕으로 들어갔는데 이게 웬일인가? 남탕 입구에서 남자 아닌 사람들이 꾸역꾸역 나오고 있지 않는가. 뭔가 잘못된 것 같아 두 눈을 비벼보지만... 해서 이번에는 지난밤에 여탕이었다고 판단되는 곳으로 혹시나 하며 막 들어서는데 바깥에서 어떤 여자가 잠깐 보잔다. 해서 필자는 한 번 더 가슴을 쓸어내렸는데, 이곳도 아닌가하며 부르는 여자에게 다가갔더니 아는 채를 하며 탕 안에 있는 자기남편을 좀 불러달란다. 그러고 보니 분명 이곳이 남탕이긴 한 모양이었다.

알고 보니 필자뿐만 아니라 다들 헷갈려 혼 줄이 났단다. 사연인즉 이곳은 매일, 하루씩 남탕과 여탕을 서로 바꿔 손님을 받고 있단다. 그러니 어젯밤 여탕이 오늘 새벽엔 남탕으로 둔갑을 해버린 꼴이다. 그 누가 어찌 아니 놀랄손가.

'오늘은 격에 맞춰 '유까다'를 차려입고나가야지.' 식사시간이 다되어가자 필자부부는 엄숙하게 어젯밤 결례를 만회코자 '유까다'로 정장을 하고 식사장소로 내려갔다. 그런데 이건 또 뭐야? 이번엔 다들 평상복차람이다. 우리부부만 빼고... 시중을 들어주는 일본아주머니도 '기모노'를 벗어버린 차림이다. '그 참...'

08:00

다들 어제 '방선생님'처럼 되지 않으려고 호텔에 남겨줄 물건을 없애는데 전력을 다하며 버스에 올랐다. 가이드는 혹 힘이 든다고 물건을 남긴다면 다음 여행 때나 와서 가져다주겠단다. 역시 '방선생님'께서 마지막까지 버스중앙에 자리를 챙겨 놓으셨다.

곧바로 '우나즈기역'에 도착했다. 오늘은 이곳 '우즈나기역'에서 시작하는 '구로베협곡'을 다녀와 '도야마'시청 전망대를 거쳐 '도야마공항'에서 '인천공항'으로 가는 여행마지막 날이다. 첫 코스인 이곳 '구로베협곡'은 '우즈나기역'에서 '토로코'라는 '협괘열차'를 타고 '구로베호' 밑까지 가는 구간이다. 여행 둘째 날이 '다테야마'의 높은 능선인 '알펜루트'를 통해 '구로베호' 까지 갔다면 오늘은 산 밑에서 하천을 끼고 계곡을 통하여 '구로베호'에 다가가는 코스이다. 이 길 또한 '구로베댐'과 그 하류에 건설된 '센닌다니댐'이며 '고야다이라댐', '다시다이라댐'과 같은 수력발전용댐 건설시 인력과 자재운송을 위한 수송로였는데, 관계회사들이 이를 관광용으로 연계 개발하여 현재는 수많은 여행객들이 찾아와 천혜의 자연경관을 즐기고 있다. 일례로 알펜루트를 지날 때 '축 방문객 4,000만명 돌파' 라는 자축문구가 보였는데 이런 깊은 산속에 겨우 몇 십년의 세월동안 그렇게 많은 관광객이 몰릴 수 있었다는게 또한 경이로 보인다.

'다테야마'정상이 해발 3,015미터인 반면 '우즈나기역'의 해발은 고작 224미터이다. '구로베협곡'의 마지막 9번째의 역인 '게야키다이라역'도 해발은 599미터에 불과하다. 해서 정상엔 만년설이, 계곡엔 신록이 함께 공존한다. 가이드가 우리는 '우즈나기역'에서 7번째역인 '카네쓰리역'까지만 간다고 한다. 그 이유가 '카네쓰리'에 족탕이며 '만년설'이 있어 '게야키다이라역'까지 더 올라가 보아도 별 다른 특이한 것도 없다면서...

'토로코열차'는 '우즈나기역'을 출발했다. 우리 '여남회'는 13호칸을 탔는데 열차의 칸마다 다 다른 특색이 있다. 어떤 칸은 우리 '서울랜드'의 코끼리 열차 같이 뚜껑도 없는 형상을 하고 있는가하면 또 어떤 칸은 옛날 전철같이 생겨 창문도 닫고 의자도 앞뒤로 정렬되어 제법 안락함까지도 느껴볼만하다. 해서인지 우리 '서선생님'은 열차를 타자마자 머리를 뉘어본다.

정말 신록이 찬연하다. '구로베협곡' 팜프렛에 4월 하순에서 6월 상순까지를 '신록'의 기간으로 7월에서 8월 하순까지를 '상쾌함'으로 10월 중순에서 11월 중순까지를 '단풍의 계곡'으로 표기를 해두었는데 과연 아무 곳이나 휘둘러보아도 눈(眼)이 시리다.

열차는 굉음과 흔들이의 조화를 보이며 굽이굽이계곡을 돌아 아슬아슬함을 더하며 달려간다. 수도 없는 터널과 교량을 건너간다. 그러나 그렇게 경사도는 느껴지지 않는다.

전체길이 20KM, 해발차이 375M로 경사도는1.8%. 거의 평지와 다름없는 양호한 구배를 보인다. 이 또한 이들의 기술력이란 말인가?... 그래서 이렇게 돌고 저렇게 돌고 땅굴을 돌도록...

09:12

'카네쓰리역'에 도착했다. 만년설 전망대라는 곳이 있었는데 우리 한글로도 표기가 되어있다. 이게 국력신장이냐 아니면 국력낭비냐...약간은 비틀림을 해본다. 그러나 기분이 싫지만은 않은 것은 왜일까?

전망대에서 다들 눈(雪)이라며 쳐다보고 있었는데 당최 필자 눈엔 눈(雪)으로 안 보인다. 그래서 근방까지 가보는 호기심을 발동하여 확인을 해보니 나무 갈피 같은 쓰레기더미에 묻혀 있는 눈(雪)을 찾을 수 있었다. 이것이 만년설(萬年雪)이다. 한여름에도 이렇게 숨어 산다고 한다. 만년설 옆엔 노천온천이 자리하고 있었다. 푸른 물이 흘러가는 계곡에서 찬 계곡물과 따뜻한 물이 사이좋게 동고동락을 하고 있었는데 일행은 신기한 듯 너나없이 양말을 벗어 팽개치며 노천탕에 뛰어들어 아이들처럼 풍덩되며 물장구를 쳐댄다. 필자의 경우 인근에 있는 조그마한 독탕을 발견하고 왼발은 온탕에 오른발은 냉탕에 던지고는 반쯤 뜬 게슴츠레한 눈으로 5월의 신록을 자랑하는 이곳 '구로베계곡'의 정취에 한동안 정신을 잃었다.

10:00

정말 떠나기 싫을 정도였다. 맑은 공기 푸른 산천 너무 좋다. 하지만 인연이 그만 다하여 이곳을 스쳐가지 않을 수 없다. 다들 아쉬워하며 '도로코협괘열차'에 몸을 싣는다. 이번에는 올 때와 달리 제일 앞이다. 열차호수는 13호로 같은데 방향만 반대로 서 있다. '조선생님'이 고집을 피우신다. 뒤로 돌아서간다며, 다들 앞으로 간다고 하는데도...

결국 전후 운동을 몇 번한 뒤 열차는 앞으로 간다. '조선생님'의 기대도 저버리면서 까지 말이다.

12:00

'우나즈키역'에 도착하여 버스에 오르니 가이드가 미안하다며 이해를 바란다고 한다. 무슨 소리인가 했는데 '도야마'공항에서 인천 가는 비행기가 제시간에 출발을 못하게 되었다며 일행들의 정황을 물어 본다는 것이다. 비행기가 무려 1시간 반이나 늦어진 19:10분에 출발을 한단다. 우리 '여남회'는 '서선생님'이 문제다. 집에 가는 차가 끊어 질수 있다고.

허나 이번 여행에서 이용한 여객기가 특별기였고, 아니 그렇지 않다 하드라도 어쩔 수 없었겠지만 항공사의 사정이 불가피하다니 그렇게 인정을 아니 할 수가 없다. 그러다보니 일정이 다소 뒤로 미뤄진다. 해서 버스가 찾아간 곳이 무슨 수산물 가공회사 같았는데 어묵을 만들고 파는 곳이었다. 필자의 배가 점심시간이 온 것 같다는 기별을 주어 시간을 확인하니 벌써 12시를 훌쩍 넘기고 있었다. 장내에 들어가니 어묵 만드는 홍보사원들이 자기자랑을 하기시작 했는데 다들 속이 출출한지 샘플로 내어놓은 어묵 맛보기를 날름거리며 하나둘 집어삼킨다.

필자도 요때다 싶어 제법 배가 만족할 정도로 인사를 하였는데 덕택에 정작 점심때는 맛 나는 고기뷔페에 자리를 폈음에도 적정량을 담지 못하고 말았다.

13:30

그러고 보니 이 오찬 또한 일본에서의 마지막 이다. 시간도 넉넉하고 고기뷔페집이라 다들 량껏 헤집어댄다. 몇 몇 분이 필자처럼 후회막급이라며 울상을 짓는다. '아니 점심시간 전에 먹는 장사하는 곳엔 왜 가느냐.'하며…

그래도 이것저것 많이들 먹어치웠다. 저녁은 허술한 기내식밖엔 없다는 예견이 앞서서 말이다.

14:40

다들 배를 앞으로 내밀고 뒤뚱거리며 버스에서 내린다. 부른배도 꺼지지 않았지만 식곤증이 덮쳐 눈을 못 떠서도 이리라. 이번에는 한약방이다. 아니 이곳을 한약방으로 표기하기는 뭣하다. 허나 일본식 '도야마 가정식 한약방'으로 표기는 되어있으니 달리 부르기도 애매하다. 가이드의 설명은 옛날 눈이 많이 오고 산이 높아 교통시설이 전무한 도야마는 어쩔 수 없이 가정상비약을 집에서 만들게 되었고 해서 가게마다 오랜 명성을 이루어왔다는데 이곳도 그 중 한 명가라고 한다. 이 곳에서 기억에 남는 것은 둥근 환약을 만드는 과정인데 수동이면서도 아주정교하고 신기할 정도로 세련된 공정을 보고는 이국땅이지만 옛 선인들의 지혜에 고개가 숙여 졌다.

15:00

도야마시청의 전망대에 올랐다. 일부는 버스에 그냥 누워 놀겠다며 아예 내리지도 않는다. 필자도 호기심에 올라는 보았지만 뭐라고 표현하기가 어색하다. 허나 애써 감탄을 해준다면 조그마한 시청사에 이런 경관시설을 만들어 주민에게 서비스를 한다는 사실이다. 더위도 아랑곳하지 않고 이곳까지 올라온 일행들에게 멀리 '다테야마'의 만년설이 잘 가시라며 인사를 보낸다.

15:30

그래도 시간이 남는다. 할 수 없이 예정에도 없던 쇼핑마트에 들어섰다. '화보레'라는 '도야마'시내에서 가장 큰 쇼핑 센트라는데 들어가 휘저어도 가져갈만한 물건이 안 보인다. 그래도 풀어만 놓으면 뭐라도 사온다.

한참 뒤 시간이 되어 공항으로 출발 할 때 쯤 일행 중 몇몇은 두 날갯죽지가 축 쳐질 만큼 비닐봉지를 끌고 버스 앞으로 나타난다. 또 모 인사는 상품을 가득 실은 손수레를 밀며 나타났는데 차도를 횡단하다 씽씽 달리는 차 눈치 보기가 바쁘다.

18:20

출국 수속을 마치고 탑승준비를 한다. 혹 별다를 기념품이 있으려나 면세점을 훑어보지만 마땅한 물품을 보기가 어려웠다. 자리에 앉고 보니 올 때와는 달리 다들 부부끼리 자리를 같이해 담소를 즐기고 있다.

20:40

인천공항이다. 늘 느끼는 일이지만 필자의 경우 여행을 마치고 귀국하는 날은 여행일이 3일이었던 5일이었던 10일이었던 간에 그 기간과는 전혀 관계없이 힘이 빠지고 피곤한 기분이 든다. 아니 실제로 맥이 풀리고 피곤이 확 몰려오는 것을 느낀다. 얼굴도 피곤의 기색이 가득 담겨 있다.

비행기가 활주로에 바퀴를 세우자 제일먼저 '서선생님'이 자리를 박차고 일어난다. 지체할 시간이 없다며 손을 흔들어 인사를 대신하며 비좁은 기내를 몰아쳐 도망간다. 짐도 미리 찾을 수 있게 부탁을 해두었다며...

입국수속을 하고 나오니 길이 먼 '서선생님'과 '원선생님'은 보이지 않았고 나머지 일행들이 두 손을 맞잡고 서로 격려를 나눈다. 다들 고생하셨다면서...

투엠에프 베트남 여행 후기

(2009.1.7~11. 4박5일)

어린 시절 월남(越南)이라 칭하였고 우리 선배들이 베트콩이라 불렀던 붉은 공산주의게릴라와 피를 뿌리며 죽어갔던 잔혹한 싸움의 전장(戰場)터로만 깊이 각인된 베트남. 이제 나, 머리가 반백이 되어서야 여행이라는 명목을 앞세워 그 곳으로 머리를 던져본다.

2009.1.7
17:00

일정상 출발은 1.7. 19:35. 우리나라 국적기인 '아시아나'항공으로 인천공항을 출발하게 되어있다. 해서 출발 2시간 전부터 출국준비를 해야 하는 관계로 17시까지 지정장소로 모이란다. '보딩' 준비 장소는 공항 3층 M카운트 창가 쪽 27번 테이블. 내가 그 곳에 도착하니 정확히 오후 5시, 그러나 27번 테이블엔 여행사 직원만 있고 우리 일행은 한명도 보이지 않는다.

그러고 보니 이번 여행은 처음 계획부터 어긋나, 아니 계획이라기 보단 실행이 어려워져서이지만.(페키지로 여행사를 통하여 가는 것이기에 적정 인원이 아니면 출발을 못한다고 하여 당초 제법 고급스런 코스를 계획하였음에도...) 당초 우리 '투엠에프'에서 계획한 여정은 해보지도 못하고 실속여행이라며 근 30여 만원이나 저렴한, 호텔도 중급으로 떨어지고 하롱-베이 어느 섬에서 환상적인 '바베큐'축제를 하기로 한 코스도 제외된 상품에 합류 할 수밖에 없는... 그 이유인즉 급작스런 외환위기가 와서 고급상품은 손님이 없다나...

17:30 이 넘어서야 회원님들의 얼굴이 하나 둘 눈에 띤다. 그때서야 나도 약속 테이블로 나아가 여권을 주고 여행사직원으로부터 주의사항을 듣는다. 그런데 큰일 났다. 이번 여행은, 아니 동남아여행은 다 그렇다니...(난 동남아여행은 처음이기에...) 가이드가 동행하지 않는다고 했다. 비행기 '보딩'도 직접해야하고... 난 미국이나 일본 유럽 심지어 중국에 가면서도 한 번도 직접 '보딩'을 해본적이 없었다. 겁이 덜컥 난다. 그래도 이곳에서야 국내니까 물어하면 된다지만 현지에선 어떻게 적응할지가. 해서 그 궁금증을 물어보니 별거 아니라며 위로(?)를 보내는데... 여행사 직원이 하는 '올 때는 그곳 가이드가 해결을 해 줄 거'라는 말에 다소 안심을 하면서도...

암튼 그래서 나도 처음으로 혼자 외국을 나기기 위한 출국 '보딩' 수속을 해보게 되었는데 그러고 보니 별거 아닌데...

허나 한 가지 불안한 사실을 만들어 품고 갔는데 그것은 여행사에서 항공티켓을 출국에 필요한 1장만 주고 올 때는 현지 가이드를 주면 된다며 내가 보기엔 항공 표와는 전혀 관계가 없어 보이는 서류1장을 주었기에... 과연 올 때 이것으로 돌아올 수가 있을까? 하고...

"짐 좀 봐주세요."

버스를 타고, 전철을 타고, 걸어 걸어 캐리어를 끌고 돌아왔기에 다소 피곤도하고 또 공산국가인 베트남의 여행이 걱정도 되고 하여 일찌감치 출국검사대를 통과 하고는 비행기 탑승게이트 앞에 도착하여 대기석에 기대어 있는데 언제 왔는지 '김선생'이 나타나 면세점에 간다며 짐을 봐달란다.

우리 일행은 모두 12명이다. 남자가 5명이고 여자가 7명으로 다들 40대 후반 그러고 보니 내가 50대중반이고 이곳에서도 벌서 나는 늙수레 벌이되고 말았다.

19:35
큰 굉음이 울리더니 몸이 들썩거리며 훌쩍 공중 부양하는 기분이 드는 것으로 봐서 이미 동체가 밤하늘로 높이 솟아올라 랜딩기어를 감추고 있는가 보다.

나는 머리를 기댄 채로 깊은 상념에 젖어본다.
관음 투 엠에프(觀音2MF).
관음 MUSIC & MOVIE 의 약자이다. 음악과 영화를 즐기는 동호인들의 모임이다. 모임이 결성 된 것이, 지난 해 11월 21일 창립 5주년기념행사를 하였으니 벌써 6년째로 접어들고 있다. 현재 회원 수만 150여명을 넘고 있고 모임회수도 1달에 한 번씩 지금까지 한 번도 거르지 않아 지난 달 까지 해서 모두 61회를 넘기고 있다.

물론 그 과정상 많은 수의 회원들이 왔다가 가기도 하였지만 그래도 우리 회에는 음악과 영화가 함께하고 또 본 모임을 심력을 다하시어 이끌어주시는 본회의 고문 일명스님이 계시어...

그렇다. 5년 전 인근에 있는 사찰에 잠시 들를 일이 있었는데 갖은 담소를 다하시며 차 한 잔을 나눈 주지스님께서 자그마한 문화원이 있다며 같이 가 보잔다. 해서 사찰의 문화원이라면... 하고 동행을 하게 되었는데, 나는 순간 눈이 번쩍 뜨이고 귀가 활짝 열리며 가슴가득 환희심을 안게 되고 말았다. 이렇게 멋질 수가. 말이 문화원이지 그곳은 내가 그렇게 찾고 찾았던 음악과 영상이 아우러진 무릉도원 이었다.

음악과 영화 어떻게 보면 난 그것에서 너무 도외시 되어 어린 시절을 보냈는지도 모른다. 시골에서 자라 대학에 가서야 겨우 음악과 영화를 느낄 수가 있었기에... 특히 음악은 더 그랬다.

어릴 때 난 만화를 많이 봤다. 중학교부터 도시로 나와 부모님의 감시를 벗어난 생활을 하게 되자 제일 하고 싶은 것이 책 읽고 노는 것, 해서 손쉽게 재미난 곳을 접할 수 있는 곳이 만화방과 영화관이었는데, 지금도 그때의 유명한 만화가들이 생각난다. '손의성'의 혁, '임청'의 땡이, '경인'의 용가리, '산호'의 라이파이, '박기준', '박기정', '박부성', '이근철', 아마 지금은 모두 고인이 되었는지 모르겠다. 몇 년 전 타계한 '고우영'화백도 당시 '추동성'이란 필명으로 만화를 그렸는데... 정말이지 난 만화에서 엄청난 매력을 느꼈다. 만화가가 되고 싶다는 생각을 했었으니까. 아버지의 완고함이나 엄마의 기대가 없었다면 아마 지금쯤 '이현세' 정도는 되어 있을 것 같다는 생각도... 수업시간엔 노트나 책장이 온통 낙서로 뒤 덮히고 ...

그러다 조금 더 성장을 하여서는 아주 책속에 파묻히게 되었다. 그 바람에 아예 공부는 뒷전으로 버릴 정도로. 온갖 성인소설과 '방인근'의 3류 통속소설도 읽은 생각이 난다. '삼국지', '수호지', '옥루몽', '홍루몽', '금병매',하며 사서오경 까지도 잘 이해를 못하면서 사다보곤 했다.

'구약성서'의 '출애굽기'를 보며 '모세'를 알았고 '헬만헷세'의 '데미안'에서 '아브락삭스'를 알고 '앙드레 지이드'에서 좁은문의 성서를 느꼈으며 '제이 조이스'의 '율리어스시즈'며 '세익스피어'의 4대 비극이며 '소포클레스'의 '오이디푸스'에서 '안티고네'까지... 실존이 뭔지도 모르며 '사르트르'며, '카뮈'의 '이방인'을 들고 다니며 '뫼르소'를 비판했고 '카프카'의 '성'이며 '변신'을 그리고 '시지프스'의 신화를 알게 되었다. 그러다 보니 이 세상에서 문학보다 더 좋은 것은 없다는 생각까지 하게 되고

그러나 당시 난 고급스런 정신문화(?)를 머리에 넣어 보겠다는 좀 엉뚱하지만 과대 망상에 빠진 적도 있었던 것 같다. '히틀러'의 '나의 투쟁'을 읽고 '나찌'를 이해하려고 까지 하였으니까.

어찌 보면 난 좀 부르조아 근성을 가진 집에서 성장한 것 같다는 생각도 해본다. 언젠가 습작한 '엉겅퀴'라는 단편 소설 속에 담아보았지만 가진 자의 합리화에 대하여는 그 누구도 아니, 힘없는 자는 감히 나서지도 못하고 더욱 반박은 할생각도 할 수가 없는... 아마 우리나라의 경우 일제 36년간의 강점기를 지나면서 더욱 정신이 피폐해져 가치관이 그렇게 바뀐 것은 아닐런지...

아마 우리 선친도 당시 당신의 가족의 안녕과 가정의 평안을 위해서는 어쩔 수 없었다는 변명을 전제로 친일을 하지 않았을까 하는 생각도 해 본다. 어릴 때 선친께서는 자주 일제 강점기 시대를 이야기하면서 일본사람들이 강직하고 예의가 바르고 검소하고 깨끗하다며 칭찬을 하였다. 그러고 보면 그 시절 식민지 시대 우리민족은 정말 지저분했을 것이라는 생각을 해본다. 지금 우리나라 1인당 소득수준이 2만불, 중국으로 나가보면 북경

을 벗어난 곳은 너무 지저분하다 사람들도 위생관념 자체가 없어 보이고, 즉 2만 불의 입장에서 보면 그렇게 보이는 것이다. 일제강점기 당시의 우리민족, 겨우 몇 불이나 하던 1인당 국민소득으로 검소며 사치를 구별할 수가 있겠으며 위생 비 위생을 따질 수가 있단 말인가. 우선 먹고 살기가 바빠... 체면이고 뭐고 가...

몇 년 전 과거정부에서 과거사를 다시금 정리해보겠다고 난리를 피우기도 했었는데... 과연 지금의 시각으로 지나간 역사의 그 시점을 논할 수가 있기나 한 것인지.

어느 때부터인가 나는 우리역사에 눈을 돌려보게 되었는데 해서 많은 우리나라의 역사이야기를 가까이하게 되었다. '한단고기'며, '삼국사기', '삼국유사'며 '고려사', '이조실록'... 그리고 이시대의 글쟁이라는 '조정래'의 대하소설 '태백산맥'을 읽고, '아리랑'에서 우리 선조들이 힘없어 당하는 그 숫한 한한한...을 들춰 본다. 그리고 그 반대편에 서있는 수탈자의 안하무인을 느껴도 보고... 우리 민족사 참 슬픔이 너무 많다.

나의 청년기, 70년대엔 청년문화라는 것이 나타났다. 대표적인 것으로 기타를 칠 수가 있어야하고 생맥주를 먹어야하고 청바지를 입고 머리를 길게 길러야 한단다. 당시 '송창식' '김세환' '양희은' '윤형주'같은 포커-송 기타싱어, '히피'가 뭔지도 모르면서 '비틀즈'를 추앙하고 흉내를 내보기도 했었다. 맴버들의 이름을 외워 사진을 가리키며 링고스타. 폴 메카터니. 조지 하리션 존레논을 잘 안다고 자랑하면서... 다들 장발이 아니면 청년이 아니었지. 나도 기타를 배우고, 자기가 무슨 음유시인이라도 되려는 듯이 반전노래인 '답-딜런'의 '바람만이 아는 대답'을 흥얼거리고 '폴 사이몬'과 '아트 카폰칼'의 '엘콘도 파사'며 '침묵의 소리'를 읊어 제치던...

강의시간에도 책상 밑에 기타 악보를 숨겨놓고 리듬 뜯기 연습을 하고 , 그 어렵다던 '칼립소' 리듬은 제주도 '백록담' 야영시 야영장에서 들려오는 '화'라는 노래를 들으며 기타 리듬을 익히기도 했었다.

아 생각난다. 그날 밤... 아련하다.

포크송이 끝나자 이제 클래식 연주로 들어갔는데, 그 유명한 '트레몰로' 주법으로 뜯어내려가는 '아람브라궁전의 회상'. 당시 너무너무 환상적이었는데, 이태 전 직접 스페인에서 '아람브라궁전'을 보고는, 당시 '백록담'에서 들었던 그 음률보다 궁전이 더 아름답다는 것에 더욱 놀랐다.

그때는 야유회나 여행을 갈 때도 기타는 필수품이었다. 둘러앉아 모닥불을 피워놓고 노래하고, 생각하면 좋은 세월이었다. 학교를 졸업하고 몇 년의 공백기가 있을 때 난 글을 쓰게 되었다. 우리 가족사로 시작하여 주변 여러 가지 일 들을 막 글로 후려 쓰 보았다. 험난한 시대에 산 탓인지 그 자체가 한편의 소설 같기는 하였는데 200자 원고지 2000매 분량정도 되었지만 언젠가 다시 한 번 열어보니 글 냄새가 수준미달이라 도로 덮어버렸던 생각이 난다.

난 지금도 어떤 일에 매달리면 끝을 보고자하는 조급함에 아무 일도 하지 못하는 성격인 것 같다. 10여 년 전에는 역학을 한 답시고 모든 일을 제치고 하루 종일 그것에 매달렸는데 그것도 어느 정도 이해를 하고나니 약간은 뒤로 밀려간 것 같다. 지금은 겨우 1달에 1번 정도 잡지에 올리는 원고를 만드는 수준에 불과하고 있으니 말이다.

내 경우 가끔은 어떤 집착에 조금은 비정상적인 면이 있다는 생각이 든다. 직장에 들어서서도 사진을 배운다며 온갖 짓을 다 하고 '캠코드'가 나오자 그것을 들고 온 산천이 작은 듯이 휘 돌아 다니던...

몇 년 전 부터 서예에 미쳐 시간을 다 먹어치우기까지 하였는데...

요즘은 가야금을 배운다고 검지손가락에 피를 내고 있다. 암튼 이러한 과정을 겪고 음악에 접근하고 영화에 접근하고 하며 세월을 흘렸는데 그 산 음악을 문화원 음향시스템에서 찾았으니... 그 얼마나 기쁘지 않겠는가.

당시 난 음악도 음악이지만 'DVD영화'에 흠뻑 빠져있었다. 5.1'홈씨어티'가 출시 된지 얼마 되지 않은 시점이었지만 고급 '홈씨어티'를 장만하고 영화를 즐기고 있었기에, 그걸 보면 나도 '메니아'이긴 한 모양이다. 위성 방송이 없을 때 부터 접시안테나를 세워 홍콩이나 일본의 위성방송을 청취하였고 그걸 녹화하여 소장하고 있었으니 말이다. 지금 내가 소장하고 있는 영화편수는 'DVD''비디오'포함하면 2,000여 편이 넘는다. 그런데 걱정이다. 이제는 다시 '블루레이'의 시대이다. 일반 DVD화질보다 4배가 더 선명하다. 나도 벌써부터 '블루레이 라이트'를 준비를 하고 있는데...

'일명스님'이 문화원에 비치하고 있는 DVD며 CD들이 최고급 음향기기와 아우러져 정말이지 나를 미치도록 하였다. 지름의 크기가 50CM는 넘어 보이는 혼 스피커하며 구리 순도99.99%가 넘는 파워선이며 각종 오디오기기 연결선...이 모든 것이 오래전부터 꿈꾸어 왔던 나의 '오토피아' 세계가 현실로 나타난 것이었다.

난 스님께 부탁드렸다. 1달에 한번이라도 이곳에서 머리를 내 동댕이 쳐버릴 수 있도록 해달라며...

"등받이를 좀 올려 주실레요?"
깜빡 잠이 들었는가 싶었는데 누가 팔을 건드리며 말을 걸어온다. 여승무원이다. 예쁜 베트남 아가씨, 앞에 앉은 '김선생'께서 요사이 TV에나오는 '비양카'를 닮았다고 말을 건넸더니 말을 못 알아듣겠다며 다른 여승무원을 불러오기에 그녀가 '베트남'여자인줄 알았다. 계기판엔 비행고도 3470, 속도 646 시간은 밤9시가 좀 지나고 있는 것으로 나타나고 있다. 지도상으로는 이제 제주도 상공을 지나고 있었다. 벌써 저녁준비가 끝난 모양이었다.

밥을 다 비운다. 그러고 보니 점심을 먹고 아직 까지 아무것도 먹지를 못했다. 내친김에 빵을 하나 더 달래서 배를 채운다. 안 먹던 포도주도 한잔 받아 마시고는 다시 눈을 감아본다.

22:35
베트남이다. 아니 내가 알고 있던 베트남, 즉 사이공이 있던 곳이 아닌 공산주의자 호지명의 도시 하노이이다. 늘 공산국가에 내릴 때마다 으스스한 기분을 느끼는데 그러고 보니 이곳도 예외는 아니다. 입국 신고서를 들고 절차를 기다리고 있으면서도 기분은 늘 쭈삣거려 진다.

수화물을 찾으려가면서 공항규모를 보니 우리나라 김포공항

국내선 정도의 규모로 느껴진다. 그런데 이용객수는 늦은 시간인데도 얼마나 많은지 몸이 서로 부딪혀 이동이 불편 할 정도이다. 수화물 찾는 곳도 딱 두 군데 밖에 없어 근 2시간이 지나서야 가방이 얼굴을 나타내기 시작하니... 며칠 뒤 같은 비행기로 인천공항에 돌아올 때는 입국수속을 마치고 나오니 벌써 가방이 회전목마를 타고 혼자 놀고 있었는데...

현지시간으로 12시가 넘어 서야 가방을 찾아 출국장을 벗어나 우리를 기다리는 현지가이드를 찾을 수가 있었다. 그를 따라 한참을 걸어가니 덩그러니 서 있는 커다란 버스한대가 반겨 주었는데 버스겉면엔 우리나라 여행사의 상호가 커다랗게 디자인 되어져있다.

가이드가 우선 호텔로 모시겠으니 푹 주무시란다. 내일부터 잘 안내를 드리겠다며, 피곤 할 테니 우선 버스에서라도 잠시 몸을 쉬라며...

'노이바이 공항' '하노이시'와는 약40KM정도 떨어져 있고 '홍강'을 지나 하노이 북부에 위치하고 있다. 버스는 밤거리를 헐떡이며 근 40여분을 지나서야 '하노이시'가로 들어선다. 가이드가 잠시 한마디 한다며 막 '홍강'을 지나는 다리위에서 차창을 보라고 소리친다. 바로 'LG다리'라며. 원래 이름은 '탕농대교'라는데 LG 광고판이 가로등에 180개나 붙어있어 자기는 아예 'LG다리'라고 여행객들에게 소개를 한단다.

그러나 다들 고개도 까딱하지 않는다. 벌써 코로 음악 반주를 하는 회원도 있다. 그러고 보니 서울은 지금 새벽2시가 넘었다. 콧노래를 부를 만도 하겠다. 나도 처음엔 이상하게 생각했다. 인천출발이 오후7시35분, 하노이도착 오후10시35분. 그런데 서울 갈 때는 하노이 출발 오후23시35분, 인천도착 다음날 새벽5시35분. 아무리 계산해도 이해가 되지 않았는데 2시간의 시차가 있어 그렇다고 하니 이해가 되는 듯 했지만 그래도 오고가는 시간이 맞지를 않으니... 그것도 며칠 뒤 인천으로 돌아오고 나서야 이해를 해 본다. 그렇다 하노이 갈 때는 5시간이 걸리고 인천으로 돌아올 때는 3시간30분이면 온다니... 바람 탓인가...

01:30

'떠이호(TAYHO) 호텔'이다. '하노이' 여행지도에도 나타나지 않은 조그마한 호텔로 별로 기대를 안 했었지만 들어가서도 그 초라함에 실망을 해본다. 그러나 너무 피곤하다. 대충 몸 정리를 하고는 그냥 넘어져버린다.

1.8

09:00

07:30 '모닝-콜'을 당하여 레스토랑에서 식사를 하고는 짐을 사 잡아 싣는다. 오늘부터 시작되는 정식 여정인 '닌빈' 이라는 곳으로 이동하기위해서다. 가이드가 아침 인사를 하며 '닌빈' 까진 약 3시간 반 정도 시간이 걸린다며 아직 어제의 여독이 풀리지 않으신 분이 계신다면 눈을 꽉 감고 고개를 숙이셔도 된단다.

'하노이'. 버스가 '하노이시' 중심가를 통과하는 동안 참 많은 것을 느껴볼 수가 있었다. 하면서 이것이 지난날의 우리의 모습이었겠구나 하는 생각도 해보았다. '베트남'. 그리고 '하노이', 수십 년에 걸쳐 전 세계 현대무기의 시험장이 되기도 했고 '프랑스'와 '미국'의 무차별한 폭격으로 초토화되어버렸던 시가지...

'베트남'은 '중국'과 '라오스' '캄보디아'와 국경을 공유하고 있는 지리적 위치로 말미암아 전쟁으로 얼룩진 역사가 이어졌으며 '중국'과 '프랑스'의 통치를 받는 가나긴 식민시대를 거치기도 했다. 한편 열대림과 비옥한 평야 그리고 긴 해안선을 가지고 있는 지형적 특성으로 북부에서 남부에 이르기까지 기후가 다양하며 천연자원도 풍부하다 이 모든 요건은 '베트남' 사람들의 생활 양식에 크게 영향을 미쳤고 오늘날의 베트남을 만들어 냈다. 지도상의 베트남은 북쪽에서 남쪽까지는 1,650KM 의 길이로 길게 뻗어있으나 너비는 제일 넓은 곳이 600KM, 가장 좁은 곳은 50KM에 불과하다. 어느 책에서 베트남을 농부가 양쪽 끝에 커다란 쌀 바구니를 단 대나무 막대를 짊어지고 가는 모습으로 비유한 것을 본 적이 있는데 그렇게 생각하고 보면 정말 그렇게 느껴진다. 일행 중 유독 '김선생'이 그 말을 확인해 볼 요량인지 여인이지고가는 그 막대 짐을 뺏어 지려해 말리는데 아주 혼이 나기도했는데...

시가지 전체가 오토바이의 괭음과 괘적으로 정신을 차릴 수가 없다. 차들도 신호등이 없어서인지 그냥 빈 곳만 있으면 머리를 내밀고 우리가 버스를 타고 있음에도 밀려드는 소형차와 오토바이가 곧 돌진해 올 것 같아 흠칫흠칫 몸을 움추릴 정도니, 정말 교통은 무법하기가 이루말로 형언이 안 된다. 몇 년 전 이집트에 갔을 때 이곳에서 운전을 하는 사람은 세계적인 베스트 드라이브라고 가이드가 한 말이 있는데 이곳은 그것보다 몇 십 배는 더 해 보인다. 사람도 마찬가지다. 차로 친다면 치어서 죽겠다는 표정이다.

12:30

'닌빈'에 도착했다. 하노이에서 남쪽으로 약 115km 버스로 한참을 달려오는 동안 차창을 통하여 우리의 60년대 모습을 찾아 보기도 하고 그러다 지치면 어젯밤 모자란 잠을 보충을 하겠다는 듯이 고개를 숙여본다. 이제 다 왔다는 가이드의 신호에 눈을 떠보니 왠 뚝방이 나타난다. 왠 뚝방? 뚝방의 전설이라는 제목의 영화도 있는데... 잠시 뒤 뚝방 위로 버스가 올라타고서야 의문이 풀려진다. 커다란 개울을 막은 제방이다. 호수 같은 강이 길게 그 모습을 보여준다. 이곳이 닌빈에 있는 명승지 '땀꼭'이다. 수심이 얕아서인지 갖은 수초가 수면을 가득 채우고 있었다. 이것을 일엽편주(一葉片舟)라고 해야 되나? 한사람의 사공이 자그마한 나무나룻배를 준비하고 우리를 기다린다. 2사람씩 나누어 한 배에 타라는데 나는 내심 불안하다. 타면 곧 가라앉을 것 같다. 해서 일행 중 가장 몸무게가 작게 나갈 것 같은 '김선생'을 불러 같이 타 달라고 애원을 했다. 이후 필자는 근 5일 동안을 내내 '김선생'과 같이 행동을 하게 되었는데... 별일은 없었다. 배위에 오르기 전 '김선생'에게 '논'을 머리에 올려 준다. '논'이란 쉽게 말해 월남 모자다. 바나나 잎으로 만든 것 같은 원뿔모형의 모자는 머리에 써보면 전혀 무게를 느끼지 못 한다. 지금이야 그렇다고 쳐도 한여름 햇빛을 가리기에 정말 안성맞춤 같아 보인다. 논을 쓰고 나타나니 이젠 다들 월남사람처럼 보이기 시작한다.

끼억 끼억, 이렇게 밖에 달리 표현할 방법이 없다. '삼판배'라고 부르는 자그마한 나무배에(자세히 보니 대나무로 만든 배였다) 3사람이 얹혀 물위를 흘러가는데, 남방이라지만 한 겨울이라 그런지 제법 차가운 기운이 물위를 쓰다듬어 가끔씩 볼만 매만져 본다. 경관이 너무 좋다. 이곳저곳 물속에서 불쑥거리며 솟아오른 석회암이 마치 조각상이라도 된 것처럼 자태를 뽐내며 우리를 맞아준다. 누가 먼저라고 할 것 없이 모두 숙연해진다. 아무도 입을 여는 사람이 없다. 들리는 소리라곤 끼억 거리는 사공의 노 젓는 소리뿐...

가끔 하늘을 본다. 하늘가득 회색빛 구름이 춤을 추고 있다.
"넌 가끔 내 생각을 하지만 난 가끔 딴 생각을 한다."
'원태연'이라는 시인이 만든 말이다. 정말 가끔 하늘을 쳐다보며 확인을 해본다. 잔잔한 강 수면위로 수초에 반쯤 가려진 하얀 구름의 교태... 너무 상쾌하기 까지 하다.

갑자기 왁자지껄하다. 한참을 넋 놓고 있었는데 갑자기 주위가 어두워지는가 했더니... 사공이 몰아 온 곳은 수상 동굴 안이었다. 이곳저곳에서 약한 불빛이 흩날리고 곳곳에서 한국말이 튀어 나오고 있다. 동굴 벽이 에코성향을 발휘하여 말 한 마디가 수십 마디로 변하여 되돌아 친다. 이 동굴은 전쟁 중에 피난처로 사용되기도 했단다.

잠시 후 다시 사공할머니가 배를 동굴에서 내어 놓는다.
이제 돌아갈 시간이 되었다고 하며... 하면서 어눌한 한국말로 뭔가를 요구하는데 미리 팁을 달라는 표시로 보인다. 가이드가 배를 타기 전 안내를 하는데 1인당 1불을 주라고했다. 해서 미리 2달라를 주려고 하니 다시 손을 내밀며 뭐라뭐라 한다. 쳐다보니 우리 돈 1000원짜리 몇 장을 내놓으며 달라로 교환을 하자는 눈치다. '김선생'이 받아 돈을 헤아려보니 10장, 능숙한 바디랭귀지로 팁 포함이라며 10달라를 건네주니 사공 할머니도 '김선생'도 기분이 좋다는 듯 얼굴이 환하도록 웃음을 흘린다. 그런데... 오해가 있었다. 나뭇배 수상투어를 하고 나룻터로 돌아와서 배에서 막 내리려하니 그렇게 배 위에서 달라를 교환하고 좋아라하던 사공할머니가 손을 내밀며 팁을 달라고 한다.

"김선생 대단하던데, 사공할머니가 깜짝 놀라하면서 아무 말도 못 하더구만..."

'닌빈'을 나서면서 몇 시간이지만 같이 있어서 즐거웠다며 인사를 건네며 사공할머니의 2중성을 놀려본다.

'할머니 아까준 돈 주세요.' 먼저 할머니가 준돈 한국 돈 1,000원짜리 10장을 꺼내면서 역시 '김선생'이 바디랭귀지로 의사소통을 한다. 그러니까 할머니가 조금 전 배위에서 받은 10불짜리 달라를 꺼내놓는다. 잽싸게 '김선생'이 10달라를 나꿔채면서 1000원짜리10장을 돌려준다. 그리고는 2달라를 지갑에서 꺼내 팁이라며 할머니에게 건네주고... 김선생의 아주 매끄러운 끝마무리.... 무섭다.

사연인즉 이랬다. 사공할머니는 1,000원짜리 열장이면 10달라를 바꿀 수 있다고 믿었고 아니면 돈 많은 나라의 사람들이 자기를 동정하며 기꺼이 그렇게 아량을 베풀 수가 있겠다고 생각한 것 같았다. 팁을 별도로 하고, '김선생'은 이렇게 생각한 것 같았다. 당시환율은 10달라는 13,000원이다. 그런데 팁 포함해서 10달라를 주면 그래도 1000원을 손해 보는데 그것은 감수하자. 그런데 사공할머니가 더 욕심을 부리다... 결국은 사공할머니가 1000원을 손해 본 것으로 결론이 나고 말았다.

그런데, 알고 보니 그럴만한 연유가 있었다. 우리 옆에서 배를 탄 '전선생' 일행. 이 팀들이 사고를 먼저 친 것 같았다. 천원짜리 10장으로 10달라를 바꿔준 것은 물론 팁을 1인당 2달라 씩을 준 것이다. 필자가 기회가 되어 왜 그렇게 했느냐고 물어보니 대답도 재미있다. 내 마음이란다. 그렇게 하니 눈치만 있는 사공들 여기저기서 그 난리를 피운 것이었다. 뒷날 우리 '전선생'은 또 사고를 친다. 발마사지를 하면서 1달라를 주기로 한 팁을 4

달라 까지 줬단다. 그것도 내 맘이란다.

내 맘의 팁 주기, 여행을 하면 여러 가지의 경우를 겪어본다. 우리 '전선생'의 경우도 어떻게 보면 좀 웃기는 이야기인데 가진 자의 교만이 나타난 것으로 먼저 정의를 내릴 수가 있겠다. 물론 단순한 재미로 한 행동으로 끝을 낼 수도 있지만, 학술적 논리로 풀어 본다면 이런 유형은 머슴유형이라 한다. 동병상린이라 같은 입장에 있는 자가 간접보상을 받겠다는 심리로 인하여 나타나는 현상이라 할 수 있다. 아무도 알아주지 않은 자신만의 우월주의, 자기만이 그렇다고 생각하고 도취하는 현상. 일례로 도둑이 많은 돈을 훔쳐 룸싸롱에서 돈을 뿌리며 호기를 부린다거나, 땅값이 올라 졸부가 된 자가 과거 자신과 비슷한 사람들 앞에서 거드름을 피우며 돈을 쓰고는 존경받고 있다고 생각하는 것도 다 같은 맥락이다.

아닌게 아니라 우리 '전선생'의 경우 해외여행경험이 전무했다. 이 경우예외로 본다면 잘사는 나라의 사람들이 못사는 나라의 사람들을 보고 측은지심에서 동정을 해줬다는 결론인데, 측은지심(惻隱之心)이라... 그럼 당시의 베트남사람들은 자기스스로 측은하다는 생각을 했을까?

14:30
'닌빈' '땀꼭'에서 점심은 현지식으로 했다. 쌀밥도 나오고 과일도 나오고 돼지고기도 나오고... 처음 맞는 현지식이라 혹 걱정을 했는데 필자의 경우 배가 툭 튀어 나오도록 가득 담아본다.

일행은 '닌빈'을 떠나 오늘의 잠자리인 '하롱베이'로 향해 버스를 움직인다. '하롱베이'로 가는 길은 올 때와는 달리 북쪽으로 향하는데 '하이퐁'이라는 도시를 경유하여 가는 길이다. 역시 4시간정도 걸리는 구간으로 버스에서 한참은 졸음과 싸우는 시간을 가져야겠다.

이곳 차량움직임은 매우특이하다. 우리버스의 경우 버스기사와 조수가 같이 탄다. 그리고는 중앙차선이나 추월 같은 것은 정말 기사 마음대로이다. 틈만 나면 추월하고 반대차선에 차가 달려와도 추월을 한다. 그래도 아무도 크락숀 같은 것을 울리거나 화를 내지 않는다. 어떤 땐 조수가 창문으로 손을 내밀고 상대편차를 비키도록 신호를 하면서 차머리를 들이친다.

일행은 그럴 때마다 한숨을 내 품으며 몸서리를 쳐 된다.

'닌빈'을 조금 벗어날 무렵 가이드가 과일을 대접하겠다며 차를 세운다. 필자의 입장에서 보면 가이드가 참 착하다는 생각이 들 정도로 자상하였는데 자기 돈으로 과일을 사서는 일행들에게 권하니... 페키지여행의 경우 이러기가 쉽지 않는지라 약간 의아해하며 고마움을 느끼고 있는데, 결국 얼마가지 않아 본색이 나타난다. 선택 관광을 소개한다. 이것저것 해서 총 경비 150불짜리를 100불에 해주겠단다. 그런데 더 재미있는 것은 우리일행 12명 전원이 한사람도 반대를 하지 않고 동조를 한다는 것이...

버스가 도로상태가 나빠 심한 요동을 보이며 북쪽으로 향해 나아간다. 차창 밖으로 모내기를 하는 장면도 눈에 띤다. 가이드의 말로 이곳에서는 3모작이 가능하단다. 정말 이곳에선 부지런하기만하면 먹고사는 것은 전혀 문제가 되지 않는단다. 그러다 보니 때론 나태해져 가기까지 한다니...

차가 잠시 휴게소에 들러 쉬겠단다. 참 대단하다. 휴게소엔 한국 사람들이 직원으로 있고 베트남인 직원들도 다들 한국 말을 잘한다. 상품도 별것이 다 있다. 암에 좋다는 상황버섯하며 이름도 모를 과일, 술이며 수많은 베트남 토산품들이 진열되어 눈을 현혹하고 있었다. 필자도 엿맛을 내고 있는 베트남 과자를 한 봉지 사서 입을 달래본다.

버스가 휴식을 끝내고 출발을 할 모양이다. 오늘은 포장상태가 나쁜 베트남 도로를 좋은 버스로 하루 종일 다녀보는 실습장에 선 것만 같다. 이러고 보니 명리학(命理學)에서 흔히 사용하는 대운(大運) 설명에 차용하여 사용하는 말이 생각난다. 사람의 운을 크게 4가지로 대변할 수 가 있는데 그 첫번째가 좋은 차로 좋은 도로를 달리는 경우이다. 이는 좋은 집안에 태어나 좋은 운을 안고 살아가는 경우이다. 두 번째는 태어나기는 좋은 집안에서 태어났으나 운이 나빠 일이 풀리지 않는 경우로 이를 좋은 차로 나쁜 도로를 달리는 경우로 본다. 이번여행처럼 버스는 좋은데...

세 번째로 도로는 좋은데 차가 고물차인 경우다. 이 경우 태어난 집안은 형편없으나 운이 좋은 경우로 차가 좋고 도로가 나쁜 경우 보다는 높은 대운으로 평가한다. 마지막으로 차도 나쁘고 도로도 나쁘고... 이 경우는 최악의 팔자라 하니 더 얘기를 할 필요가 없겠다. 암튼 우리의 이번여행은 2번째의 경우로 팔자로 치면 3등정도의 운로를 따라 간다는 것이니...

어느 듯 어스름한 바깥 풍광으로 보아 저녁이 다 되어 가는 모양이다. 진행방향이 북쪽이라 오른 쪽이 동쪽이며 바다를 맞닿아 가고 있어 강 하구(河口)가 자주 나타났는데 강을 건널 때마다 느낀 점이지만 다리모양이 매우 특이하다. 특히 홍강 하구를 지날 때는 다리의 높이가 너무 높아 구름 위를 지나는 것처럼 느껴진다. 다리를 건설할 때부터 주변도로보다 훨씬 높게 교각을 설치하였는데 강을 중심으로 좌우 백여미터 지점부터 램프를 시작하여 다리높이를 높여놓아 강 중간에서는 다리모양이 아치와 같은 모양으로 더욱 높아져 보인다. 다리가 이렇게 높게 건설된 특별한 이유도 있단다. 먼저 강이 범람을 자주하기 때문이란다. 우리나라처럼 제방 설치가 잘 되어 있지 않아 큰 비만 오면 강 주위가 침수되어 도로도 찾을 수 없을 정도란다. 해서 강 주위는 도로자체를 높여놓았고, 두 번째는 강을 더나드는 큰 배의 출입을 쉽게 하기 위하여 다리높이가 높게 건설되게 되었단다.

그러고 보니 강의 규모가 커서인지 바다에서나 볼 수 있는 커다란 화물선이 강 하구 쪽에 몇 척이나 떠 있는 것이 보인다.

점점 어둠이 몰려온다. 오늘의 마지막여정인 하롱베이에 거의 도착해가는 모양이다. 가이드가 계획을 바꾼다. 당초에 무슨 리조트에 가서 분수 쇼를 보고 난 뒤 마시지를 하고 저녁을 먹자고 했는데, 분수 쇼 관람은 내일로 하고 먼저 마사지를 하고 가잔다. 다들 좋단다. 아니 시간이 없어서라니 달리 의견을 개진할 처지도 아니다. 마사지라, 필자도 매우 궁금했다. 베트남 마사지라도 태국마사지정도는 되겠지 하며, 아직 태국마사지를 받아보지 않았지만 태국 갔다 온 친구들의 말로만 으로도 멋 질 것이라 기대를 해본다. 제법 주위가 캄캄 해질 무렵 버스가 마사지업소에 우리를 토해 놓는다.

'아니 이건 전신마사지라 표현은 하지만 중국발마사지하고 똑같지 않나?' 필자의 경우 너무 실망했다. 태국이아니라 우리나라의 마사지정도도 아니 되니... 다시 말하면 중국발마사지에서 시간을 좀 보태어 어깨 한 번 더 주물러 준다고 표현하면 되겠다. 과정에서 사람들이 비좁게 의자에 누워 서로 얼굴을 맞대며 상의까지 훌러덩 벗고... 너무 비위생적이기까지 하고... 암튼 대 실망. 허나 내일도 똑 같은 프로그램이 있으니...

저녁은 한국식이란다. 진미라는 상호를 가진 한국식당에 왔다. 메뉴가 특별나다. 완전한국식이다. 찌게며 밥도 한국 맛을 다 내고 있다. 이곳에서도 필자는 배를 한껏 채워본다. 정말 며칠 되지 않았는데도 한국음식이 그리웠던가보다.

22:00

저녁을 마치니 저녁 9시가 넘어 있다. 버스에 오르니 잠이 몰려온다. 낮 동안 버스에 시달려서인가하고 생각하였는데 시차관계인 모양이다. 서울은 지금 밤 12시다.

오늘의 안식처인 미쓰린 호텔에 도착했다. 4성급호텔로 하노이 떠이호 호텔보다는 한 수 위다. 그러고 보니 하노이 떠이호 호텔은 3성급이었다. 이곳에서는 이틀 동안 묵을 것이란다.

호텔에 들자 어제도 못 놀았다며 오늘은 바깥에 나가서 놀아보자는 제의를 하는 일행들이 많이 있다. 가이드에게 물어 보니 이곳은 하노이보다 더 하단다. 아무것도 즐길만한 것이 없다며 그냥 내일을 위하여 푹 쉬시란다. 베트남이 사회주의국가라 밤문화가 전혀 발달 되지 않았다며...

침대에 누워 잠을 청해본다. 방금 전 까지만 해도 배가 너무 불러 침대에 눕기만 하면 바로 코를 골 것만 같았는데 몸을 씻고 나니 잠이 훌러덩 도망을 가버린다. TV에 눈을 돌리니 이상타, 한국 YTN이 실시간 방송되고 있다. 그것도 LG에서 만든

TV로, 해서 방안에 있으면 이곳이 베트남이라고는 생각이 안들 정도이다.

귀로 뉴스를 들으며 눈을 감아 본다. 두 번째 맞는 이국의 밤. 창문으로 하롱베이의 해면에 곤두박질하고 있는 별빛들이 하나 둘 손짓을 하면서 인사를 건넨다. 어젯밤과는 달리 상념이 가득 몰려온다.

1.9
09:00
호텔에서 조식을 마치고 버스에 오른다. 짐은 호텔에 둔 채다. 간편한 복장으로 배를 타기위한 준비를 한다. 오늘은 '하롱베이'로... 아니 우리가 베트남에 온 이유는 오직 '하롱베이' 때문이지만...

날짜로는 3일차가 되었다. 그런데 여행은 운로가 나쁜 '닌빈'만 생각이나 벌써3일이나 되었다는 기억이 안 난다.

'하롱베이' 한자로 '하룡(下龍)'으로 표기를 하고 하늘에서 용이 내려온 곳으로 전해진단다. 중국 국경과 가까워 '하노이'에서 동쪽으로 약170KM떨어져있는 명승지이다. 만 안쪽으로 1969개의 크고 작은 기암과 섬들이 솟아있어 서 환상적인 경치를 자랑한다. 이곳의 독특한 지형은 중국의 계림에 서 남쪽으로 '닌빈'까지 이어지는 석회암지대가 오랜 세월에 걸쳐 침식을 반복하면서 생긴 것이란다. 중국의 계림과 비슷하여 바다의 계림으로 불리기도 한다. 1994년에는 후에의 건축물에 이어 베트남에서 두 번째로 세계유산에 등록되어 국내외의 주목을 받았다. 이후 대형호텔과 관광시설이 속속 건설되어 베트남을 대표하는 관광지중의 하나가 되었다고 한다.

가이드가 이곳도 베트남의 국립공원이라서 입장료를 내고 배를 타게 되어있다며 주차장에서 일행을 유람선착장으로 가기 전 매표소를 겸하고 있는 국립공원 입구로 안내를 한다. 이미 예약이 되어 있었다는 듯이 베트남 국기를 휘날리는 유람선이 선착장에서 꼬리를 흔들고 있었다. 정말 예쁘다. 배들이 이렇게 옹기종기 엉켜져 놀아도 예쁘다는 생각은 처음 해보았다. 일행들이타자 배가 고동을 길게 울리며 비취빛 속을 성큼거리며 용트림을 한다.

먼저 수상가옥으로 가서 생선회를 먹자고 한다. 우리나라에서 최고 비싼 회라 일컬어지는 다금바리회. 그것을 배가 불러 나오도록 먹어보자는 심사란다. 나는 오늘 일정을 설명하는 가이드를 밀치고 선상으로 올라왔다. 정말 기가 막힌다. 이리보아도 내 사랑. 저리보아도 내 사랑. 아니 이리 보아도 아름다운 경치, 저리 보아도 눈부신 풍광. 너무 좋다. 단지 너무 좋다는 말만 입에서 절로 나온다.

인위적으로 만들어도 이렇게 아름다울 수가 있을까? 언젠가 스위스 여행에 대한 영상물을 접한 적이 있는데 스위스를 가로지르는 라인강을 건너다니는 배를 모는 뱃사공의 이야기를 들은 적이 있다. '나는 노자의 사상을 실천하고 있답니다.' 여행객이 뱃사공은 노를 젓던지 키를 잡던지 배를 운전해야지 어찌 가만히 앉아만 있느냐고 하며 질문에 한 답이다.

그 배는 라인강을 가로지른 와이어선에 길게 매어져 있었다. 배와 와이어선을 도르레가 설치 된 다른 와이어로 연결되어 흘러가는 물살을 이용하여 각각의 방향으로 키만 돌려놓으면 좌우로 왔다 갔다 하는 시스템으로 되어 있었다.

서양에서, 그것도 뱃사공이 노자(老子)의 무위사상(無爲思想)을 이야기하니 그 말뜻을 몰라 여행객이 한 번 더 물어본다.

'가만히 아무것도 하지 않으므로 이루어진다는 뜻이지요.'

그 참 대단한 조크였다. 행하지 않음이 최상의 행함이다. 라고 일갈한 노자를 이곳에다...

바로 이곳이야말로 무위의 최고 걸작이 아닐는지.

오래도록 멍하니 넋을 잃고 앉아 있었다. 아니 앉아 있었는지 서 있었는지도 모른 채로... 아주 오래도록... 아니 그것이 긴 시간이었는지 짧은 시간이었는지도 모른 채로...

가이드가 일행은 몰고 선상으로 올라오며 멀리보이는 바위를 하나 가리킨다. 키스바위라며.

그러고 보니 바위가 두 개 새 형상을 하고 서로 마주보고 서 있는 것이 보인다. 둘다 주둥이를 내밀고 있는 키스를 할 폼이기는 한데, 설마 키스를 직접 하지는 않겠지.

그러데 얼마 후 눈앞에 기적이 일어난다. 그 움직이지 못하는 바위가 우리가 나타나니 서서히 몸을 뒤틀더니 주둥이를 서로 갔다 댄다. 정말 키스를 한다...

'너무 예쁘다.'

유람선은 개까지 살고 있는 수상가옥에 도착했다. 다들 내려 처음 보는 베트남인들이 살고 있는 수상가옥을 이리저리 둘러보고 있는 동안 가이드는 고기를 잡아가두어 둔 그물이 있는 곳에 모여 그물을 끄집어내어 다금바리를 골라낸다. 꽃게도 두발 집게를 묶인 채 몸부림을 치며 몰려나오고. 필자가 일행들이 다금바리와 노는 동안 가옥내부를 몰래 탐방하는데 언제 나타났는지 조그만 쪽배가 하나 살그머니 물 위를 흘러내려 뱃머리를 수상가옥에 기댄다. 선수(船首)에는 바나나며 망고 같은 열대과일을 실은 채로. 그런데 특이한 것은 그 뱃머리에 과일과함께 예쁘장한 애기가 앉아 우리를 쳐다보며 큰 눈망울을 굴리고 있다.

'애기가 너무 예뻐 안 사줄 수 없었네요.'

일행 중 한분이 바나나를 사서 건네주기에 아니 조금 있으면 점심 먹을 탠데 과일은 왜? 하니 너무 애기가 예뻐서란다.

12:00

가이드가 선실 안으로 들어오라 해서 내려가 보니 벌써 각 테이블마다 조금전가지도 펄떡거리던 다금바리가 회로 변하여 우리들의 입맛을 돋우고 있었다. 이상타 내 경우는 외국에만 가면 식욕이 더 좋아진다. 현지식 호텔식 한식을 가리지 않는다. 오늘도 이걸 먹으면 배가 남산 만하게 높아 질 텐데...

다시 선상에 올라 몽환적인 하롱베이에 온몸을 던져본다.

내가 잠을 잤는가보다. 아니면 하롱베이의 풍광에 심취되어 꿈결처럼 시간을 보냈는지도... 가이드가 조금한 섬 선착장에 배를 대며 천동동굴 이라며 다들 내리라는 신호를 준다. 현지어로 승솟동굴로 표기를 하였는데 가이드의 말로 생성되는 동굴이 아니라 이제는 죽은 동굴이라는 표현을 쓴단다. 정말 그랬다. 동굴 안으로 들어가니 석회동굴의 특징인 종유석이 자라는 흔적이나 습기는 전혀 감지되지 않았고 바싹 건조한 느낌의 시원하기까지 한 바람도 불고 있어 여름에는 시원하고 겨울에는 따뜻하기까지 한, 사람이 살아도 좋을 만큼의 안락한 동굴로 보이기도 했다. 실제로 전쟁 때 많은 베트남사람들이 이곳에서 피난을 하였다고 가이드가 안내를 한다. 하늘문, 용형석, 용좌, 폭포, 선녀 목욕탕등 기기묘묘한 내장물이 들어있는 천궁동굴의 속내를 두리두리 마음 것 휘젓고는 한껏 고무된 표정으로 다시 태양을 만나 본다.

다시 배를 타고 섬을 벗어나자 섬 옆에 조금 전까지는 보지 못한 이상한 수상 건물들이 보인다. 건물이라지만 이것 역시 배를 바다에 고정시킨 것으로 보인다. 영어로 표기가 되어있어 쳐다보게 되었는데 'BANK' 즉 은행이라는 글자만 알아보겠다. 근데 바다위에 왠 은행? 이해가 어려워 가이드에게 물어보니 정말 은행이라고 한다. 수상가옥에 있는 주민들을 상대로 은행 업무를 한단다.

배는 '하롱베이'를 돌고 돌아 어느 섬에 우리를 내려놓는다. 다른 섬과는 달리 백사장이 제법 크게 조성되어 있고 자그마한 가게도 하나 눈에 띈다. 그리고 더 특별한 것은 사람들이 엄청나게 많이 몰려 있다는 것이다. 섬 꼭대기에는 팔각정이 지어져 있고.

이곳이 전쟁 때 월맹의 최고지도자 호지명이 후원국의 '티톱'이라는 사람에게 선물로 줬다는 '티톱섬'이란다. 정상까지 올라갈 수 있는 나선형 계단을 만들어 여행객들이 '하롱베이'의 전경을 마음껏 즐기도록 하였는데 올라보니, 그곳에서 내려다본 '하롱베이'의 모습은 아침에 배를타고 보던 것과는 천양지차가 난다.

오르내리면서 주변에서 들리는 왁자지껄하는 소리는 일본어, 중국어, 그리고 우리 한국어가 대부분이라 아세안들이 거의 전부로 보인다.

여기에서 재미있는 일이 하나 벌어졌다. 우리 '김선생'의 '논'

사건. '논'을 버스에 두고 배를 타는 바람에 정작 햇빛이 쨍하는 오후에 '티톱섬'을 오르려니 겁이 난단다. 해서 '논'을 다시하나 사려고 했더니 2불이나 내놓으라고한다. 분명 어젠 '논'하나가 1불이면 충분하였는데 말이다.

어설프게 1불로 하자고 의사를 타진하니 그렇게는 팔지를 않겠단다. 그런데 더욱 급박한 것은 그곳에는 '논'이 하나밖에 없다는 사실이었다. 잘못하다가는 누가 먼저 사갈 것만 같아... 그만 2불을 주고 '논'을 사고 말았는데.

부우웅..........

이런 곳에 와서도 이렇게 보트를 타야 되나? 누가 약간은 실망스럽다는 듯 입소리를 내자 당초부터 여행코스에 들어 있었단다. 즉 이미 페이가 지불된 코스라는 말인데, 유람선으로 오전내내 돌아다닌 것으로도 모자라 모트보트로 '하롱베이'를 휘돌아다녀 보겠단다. 모터의 굉음을 뒤로하고 철판으로 제작된 쾌속보트가 바람을 가른다. 그러다 어느 지점에 도착하였는데 이상하리만치 오래 전에 내가 한번 와 보았다는 기분이 들 정도로 풍광이 눈에 익숙하다. 바위동굴을 통과하여 안으로 들어와 보니 더욱더 그런 기분이 들었다. 가이드가 이곳이 영화 '인도차이나'의 촬영장소고 이 동굴은 주인공인 프랑스장교가 숨어 있던 곳이라고 한다. 물론 '하롱베이' 전체가 영화 '인도차이나' 촬영장소인 것은 이미 잘 알고 있었다. 영화로 이곳 '하롱베이'가 너무 아름답다고 느꼈기에 이번여행을 계획했다고도 할 수 있겠기에 말이다. 그런데 이 동굴 안이... 아니, 동굴 안이라는 표현은 맞지 않다. 길이가 20M정도 되는 절벽동굴을 통과하자 축구장만한 넓이를 가진 커다란 원형호수가 나타났는데 주위는 전체가 절벽으로 둘러쳐져 그 동굴을 통과하지 않고는 이곳으로 들어오는 길은 어디에도 없단다. 그런데 더 특이한 것은 이곳 '하롱베이' 바다도 간만의 차이가 제법 많아 오후4시가 되면 수면이 높아져 동굴전체가 물속으로 모습을 감춘다고 하니... 정말 천혜의 요새 이다. 그래서 이곳을 통과하기위해 자그마한 모트보트를 이용한 관광코스가 개발되었는가 보다.

가이드가 007영화도 이곳에서 찍은 것이 있다며 안내를 하는데 제목이 잘 기억나지 않는다. 아마 필자도 영화장면에서 기억된 모습에서 잔영이 남아 한번 와 본 듯한 기분을 느꼈는가보다. 아닌가? 혹 내 전생이 이곳 '하롱베이'의 전설에 나오는 용이라도 되었단 말인가?

'아니 오늘 오신 분들은 하롱베이를 다녀오신 분들 같지가 않아 보이십니다 그려.'

오후 4시경. 그 아름다운 섬의 무릉도원 '하롱베이'를 나와 가이드가 안내를 해간 곳은 곰들이 우글거리는 곰 쓸개 채취장이다. 하얀 가운을 입은 안내자가 우리를 안내하였는데 유창한 한국말이라 의아해하니 자기도 한국 사람이란다. 하면서 다들 '하롱베이'를 갔다 오면 '다금바리회'에 술을 너무 많이 먹어 해롱댄다고 해 '하롱베이'를 '해롱베이'로 부르게 되었다며...

'아무도 믿지를 않아요. 이것이 웅담이다 라고 하면 선생님은 믿겠습니까?'

자그만 캡슐에 넣어진 10cc정도 되는 짙은 갈색의 액체를 들어 보이며 웅담이라고 한다. 체취방법을 소개하겠단다. 다들 보는 앞에서 곰을 기절시키고 임산부의 배에다 대는 초음파기를 곰배위에 올려놓고 주사바늘을 쓸개에 꼽고는 진공펌프로 쓸개액을 뽑아 올린다는 것이다.

무섭다. 필자가 곰에서 웅담을 축출하는 방법은 2가지 정도로 알고 있다. 하나는 원초적인 방법인 곰을 잡아 배를 가르고 쓸개를 떼어내 햇볕에 말려 보관하는 것. 실제 몇 년 전 까지만 해도 태국 같은 곳에서 곰을 사서 쓸개와 발만 떼어내 국내로 가져오기도 했단다. 두 번째 방법인 살아있는 곰에서 쓸개 액만 빼내는 방법, 이 방법은 곰을 단지 죽이지만 않는다 뿐이지 더 잔인한 방법으로 수년전 국내 언론에서도 대서특필한 적이 있다. 살아있는 곰의 배를 갈라 쓸개를 열고 그곳에 호스를 연결하여 주기적으로 쓸개 액을 빼내는 방법이다. 당시 TV에 비친 화면에선 그곳에 커다란 쇠 자물통을 채워 놓기까지 하였는데...

이곳에선 후자에 가깝다. 허나 다른 것은 상처를 내는 것이 아니라 나무의 수액을 뽑듯 주사바늘로 쓸개 액을 빨아내는... 어찌 보면 이것은 모기가 피를 빠는 것을 보고 개발 한 것인지도 모르겠다. 혹 한국 사람이 개발한 것은 아닐까...

정말 조금 있으니 기절한 곰이 쇠창살우리에 갇혀 나타난다. 자칭 소장이라는 한국 사람이 우리일행에게 곰발바닥을 만져보도록 한다. 필자도 만져보았는데 생각보다 무척 부드럽다는 느낌이 들었다.

이어 초음파기가 가동이되고 주사바늘이 쓸개를 통과하는 영상이 나타난다. 진공펌프가 가동되자 갈색 쓸개 액이 유리용기에 담겨진다.

한동안 웅담의 효능에 대하여 설명을 한다. 하면서 전에 추출하였다는 웅담 액을 필자가 준 소주에 희석하여 한잔 씩 맛을 보라며 돌려준다.

내 경우 이때 그만 마음이 확 넘어갔다. 사가야지 몸에 확 당겨 오는 구만... 이라면서, 그 확 당겨오는 기운이 술 기운인줄도 모르고 웅담 기운이 좋아 온몸이 찌릿찌릿한 걸로... 필자가 술을 못하는 관계로...

선 듯 캡슐10개를 50만원이나 주고 사버린다. 주위에 있던 일행도 한 둘이 나누어 전부를 순식간에 구입해준다. 그 웅담 구매력 한번 좋다. 곰 한 마리에 쓸개 액이 600cc정도 나오는데 캡슐60개로 곰 값이 300만원정도 되는 꼴이다. 소장의 말로는 그 돈으로 연구소운영비를 하고 곰 사육 농가에 보내 사료 값으로 사용토록 한단다. 글쎄, 어디까지가 맞는 말인지...

웅담맛을 보고 웅담을 사서는 전신마사지 집에 도착하여 두 번째의 베트남 마사지를 받아본다. 이번에는 처음보다 더 못한 것 같다. 더욱 비좁은 곳에 여러 남자가 협소한 의자에 둘러 누워 이리 뒤적 저리 뒤적거리며 몸을 맡겨준다. 모 인사는 너무 지루하여 끝날 때가 언젠가 하며 시간가기만 기다렸다고 하니...

다시 진미식당에 들러 한식으로 저녁을 먹는다. 점심을 너무 많이 먹어(필자의 경우 정말 '다금바리회'로만 배(사람 배)를 가득 채웠다.)저녁은 먹지 못 할 줄 알았는데 그것이 아니다. 또 맛있게 넘어간다.

20:30

이제 어제 보지 못한 '분수-쇼'를 관광하겠단다. 버스로 한참을 달려갔는데 기사가 길을 잘 못 찾았는지 조금 전 지난 곳을 다시 돌아가고 있단다. 우리가 버스에서 내린 곳은 '하롱베이' 인근에 있는 바다부근에 위치한 '아울락 리조트'라는 곳이다. 안에 들어서 보니 그 규모가 제법 크게 느껴진다. 밤이라서 주변경관은 확인 할 수 없었지만 '분수-쇼' 공연을 보기위해 만든 관람석의 규모로 보아 이 '리조트'의 전체적인 시설이 어느 정도인가를 짐작할 수 있을 것 같았다.

객석에 앉아 분수-쇼가 시작되기를 기다리고 있었는데 추운 겨울이라서인지 관중이 너무 적다. 우리일행을 포함하여 70여명 정도밖엔 대보이지 않는다. 이렇게 해서도 시작을 할까 할 의문이 들 정도로...

잠시 후 무대에서 휘황한 조명이 밝혀지고 음악이 흘러나오더니 하늘 끝까지 갈 듯 힘차게 물기둥이 솟구쳐 오른다.

한참을 보니 이곳 '하롱베이'의 전설을 레이저 영상과 물기둥을 조합하여 재미나게 스토리까지 포함하여 연출을 하고 있었다. 그러고 보면 '미국 라스베가스'의 '파리호텔' 앞에서 보는 분수-쇼 보다 어떤 면에선 더 재미있다는 생각도 든다.

근 1시간여를 하는 것 같다. 한 겨울 야밤. 야외 노천공연장이지만 별로 추위도 못 느낄 정도로 포근하다. 정말 월남, 남쪽나라 십자성이라더니... 암튼 춥지 않아서 더욱 좋았다.

일행은 10시가 넘어서야 아침에 나갔든 호텔로 다시 돌아왔다. 욕조에 몸을 담그고 난 뒤 객실에 설치 된 역시 우리나라 LG TV에서 나오는 YTN방송을 보며 베트남이라는 사실을 잊어갈 무렵. 룸메이트인 '정선생'의 인생이야기가 내 귓전을 스친다.

님은 인생이야기를 사랑이야기라고 했다. 해서 한평생을 사랑으로 점철하며 이제까지 온 것 같다고 하며...

1.10.

09:00

일정상으로 하루 더 남았지만 실제는 오늘이 마지막 날이다. 오늘저녁에 하노이를 출발하여 인천에는 내일새벽에 도착하는 것이기에...

07:30분에 호텔식으로 아침을 먹는다. 일행들이 준비해온 고추장이며 김 같은 밑반찬도 이젠 거의 바닥을 보인다. 호텔 여직원들이 무척이나 우리일행에게 관심을 보이기도 했었는데 모 일행은 같이 포옹을 하고 사진도 찍어본다. 나도 아오자이를 입은 직원과 포즈를 취해본다. 그런데 다들 서로 좋다고 관심을 보여주는 것 까지는 좋은데 의사소통은 잘 안 된다. 그냥 얼굴로 미소를 띠는 정도만으로... 호텔직원인데도 영어를 전혀 못하는 것 같았다. 그렇기도 하겠다. 전쟁으로 괴롭힘을 준 미국이 싫어서도 이겠지만 영어를 잘하면 이런 시골호텔에 있겠나하는...

가이드가 차를 타라고 해서 바로 출발을 하는 줄 알았더니 100M도 지나지 않아 다시 내리란다. 이곳이 '하롱베이' 재래시장이라면서 20분정도 시장 구경을 해보잔다. 그러고 보니 검은 그물망이 둘러쳐져 외관상으론 시장 같은 기분이 들지 않았지만 입구에 들어서보니 왁자지껄 한 호객소리와 흥정소리가 아우러져 영락없는 우리나라의 시골 5일장과 똑 같다는 생각을 해본다. 물건도 별것이 다 있다. 냉장고에도 넣지 않고 고기를 잘라 파는 식육점 같은 곳도 있고, 과일을 팔고, 꽃을 파는 꽃집도 있다. 어디에 쓰는 물건인 줄도 모르는 갖은 상품들이 즐비하게 흩어져 있으나 필자의 눈엔 어디 하나라도 살만한 것이 없어... 겨우 골라낸 것이 장미꽃. 장미 몇 송이를 사 일행들에게 기념으로 들려준다.

'하롱베이'를 벗어난다. 그런데 갑작스레 차가 걸음을 못하고 제자리에서 움칙거린다. 조금 가다가는 서고.. 반복되는 것을 보니 여기서도 교통체증이 있는 모양이다. 아니 오늘이 토요일이라 여행객이 많아서? 별 생각을 다 하며 길이 뚫리기를 기다렸는데, '사고다.' 하는 소리가 들린다.

'내 그럴 줄 알았다.' 언젠가 필자가 예수이야기를 하면서 '내 그럴 줄 알았다. 가가 맨발로 왔다갔다...' 정말 그 말이 생각난다. 사고가 안 나는 것이 이상할 정도였다. 중앙선을 무시하고 쳐 달려 나가는 각종차량. 소형차 대형차 구분이 없었다. 승용차는 승용차라서, 화물차는 화물차라서, 버스는 버스라서 양보를 하면 안 되는 모양이었다. 도무지 상대방 사정은 안중에도 없다는 듯이 차를 몰아댄다. 그러다 결국 사람이 죽어나가는 사고가 난 모양이었다.

다시 한참을 달려오다 잠시 쉬겠다며 버스가 일행을 내려놓는다. 가이드가 다시인심을 쓰겠다며 바나나를 사 일행에게 맛을 보라며 전해준다.

여기서 재미난 이야기하나. 웅담이야기를 해보자. 지난밤. 가이드가 우리 방을 찾아왔다. 그의 말로는 복도를 지나다 인기척이 있어 들렸다고 했다. 같이 앉아 서울 이야기도하고 그가 가이드로 태국과 캄보디아 등을 다닌다는 자기소개며 서울 화곡동에 부인이 아이들과 같이 살고 있다는 이야기도 했다. 이런저런 이야기 끝에 낮에 구입한 웅담이야기가 나와 심지어 웅담의 효능과 진짜 가짜여부에 대한 이야기도 다시하게 되었는데 어쩌다 혹 남은 웅담이 있으면 싸게 좀 팔아라고 까지 하는 이야기가 나왔는데 분명 가이드가 현재 자기가 가진 것이 없다며 분명 사양을 했었다.

그런데 오늘 버스가 서고 일행이 내리고 난 뒤 살며시 내 곁에 오더니 웅담이야기를 다시 한다. 자기에게 웅담이 있단다. 하면서 싸게 주겠단다. 며칠 후 캄보디아로 들어가는데 그곳에 오는 사람들이 웅담을 준비토록 요청을 해서 미리확보 해 둔 것이라며. 하면서 거의 반값인 10개에 25만원 정도로 해서 주겠단다. 하면서 20개를 50만원에 주겠다며 현금을 도로 75만원을 내게 준다. 하면서 서울에 가시면 50만원을 보태 125만원을 지정은행에 입금해 달라고 했다. 자기부인 계좌번호를 적어주면서...

별로 싫지 않은 제안이라 좋다고 하고는 얼른 웅담을 받아들었는데, 20분후 버스가 막 출발 할 즈음 가이드가 나를 찾아오더니 죄송하다며 자기가 착각을 했는데 조금 전 내게 준 돈이 75만원이아니라 65만원이란다. 해서 입금 시 60만원을 보태어 125만원을 입금토록 해달라니. 즉 웅담 값으로 10만원을 더 내라는 이야기이다. 그 참. 해서 난 어쩔 수 없이 글어마 하고 말았으니... 지금생각해보면 내가 그 돈을 받았을 때 세어보기라도 했어야했는데 그냥 믿고 호주머니에 넣고 말았더니 그것이 10만원이나 모자란다니...

그런데 서울에 와서 그가 준돈을 세어보았더니 이건 또 왠? 75만원이었다. 그가 다시 착각을 한 모양이었다. 암튼 결국 웅담을 반값에 사긴 산모양이다.

11:30분경 '하노이'를 눈앞에 두고 버스가 다시 휴식을 취한다. 이번에는 제법 큰 휴게소다. '베트남'의 생필품과 우리관광객들이 선호하는 농수산물도 보인다. 필자는 하얀 참깨를 한 부대 사봤다. 몇 해 전 중국에 갔을 때 검은 참깨를 나만 사지 않아 주변

사람들로부터 핀잔을 들었는대 하며... 이곳에는 명품도 몇 가지나 진열을 해놓았다. 가이드의 말로는 이미테이션이라고 했다. 그런데 도저히 믿기지 않는다. 너무 정교하다.

13:00
다시 '하노이'시내로 들어섰다. 오토바이가 수도 없이 서 있고 수도 없이 Ep거지로 몰려다니는 오토바이의 천국 '하노이 시'. 우선 버스를 내려 가이드와 보조기사의 도움을 얻어 그 무질서한 도로를 횡단해본다. 오늘의 현지식 '베트남'의 쌀국수를 맛보기위하여. 우리나라에서도 간혹 별미를 찾는다며 '베트남'쌀국수를 먹어본 기억이 있다. 상호가 '그린파파야의 향기'라는 음식점 이름인데 국수 맛은 차치하고라도 그 국물에서 나오는 독한 향 때문에 머리를 돌린 적이 있어 여기서는...

'베트남'의 쌀국수도 우리의 국수와 같이 아주 오래전 유럽으로부터 전해왔다. '중국 원나라' 이전으로 '송나라'시대에도 있었다니 그 역사가 아주 오래되었다. 일설에는 '이탈리아'에서 전해져 '중국'을 거쳐 '베트남' '태국' '캄보디아'로 전해져갔고 우리나라를 거쳐 일본으로 전해졌단다. '베트남' 쌀국수는 만드는 방법이 우리나라 강원도에서 올챙이국수라는 옥수수로 국수 만드는 방법과 같단다. 쌀과 옥수수는 밀가루처럼 반죽이 잘되지 않아 특별한 국수가락 내는 법을 만들었는데 그 방법인 즉 물속에서 가는 구멍이 숭숭 뚫린 주머니를 담그고는 두 손으로 쥐어짜는 방법으로 국수가락을 만들어 내었다고한다.

필자는 쌀국수를 두 그릇이나 먹어치웠다. 딱히 배가 고파서도 아닌데 그보단 맛이 매우 있었다고 하는 편이 맞을 것 같다. 서울에서 먹어본 향이 나는 국수도 아니고. 다들 나처럼 맛이 있다고 압 맛을 다신다.

14:00

문묘(文廟)라고 했다. 하노이 향교라고 봐도 되겠다. 1070년 공자를 모시기 위해 지어졌다고 했다. 1076년 문을 연 베트남 최초의 대학으로 입구부근에는 484~1780년에 실시한 과거시험의 합격자 이름이 새겨진 비가 서 있기도 하다. 공자사당이 공자상이 아주 아름답게 모셔져 있다. 매년 정기적으로 제례를 지내기도 한단다. 앞문에 하마비도 보인다. 우리나라의 사찰에서나 봄직한 하마비(下馬碑)로 이곳에 들어서는 즉시 신분고하를 막론하고 말에서 내리라는 뜻이다.

문묘 안에는 분제들이 아주 잘 가꾸어져 있었다. 크고 작은 묘목들이 새 모양이며 동물모양으로 형태를 갖추고는 공자님사당 넓은 마당을 좌우 앞뒤로 서서 아주 경건하게 그 임무를 다하는 듯 힘을 쓰고 있었다.

가이드가 좀 더 안쪽으로 들어가 보라기에 건물 안으로 얼굴을 돌려보니 조금은 이상한 모습으로 보였지만 짙은 원색으로 전통복장을 한 여인네들이 이름도 모를 악기를 들고 음악연주를 하는 것이 보인다. 이것이 베트남 전통악기와 전통음악이란다. 필자는 여행 중 베트남 전통음악 CD를 구할 수 없을까하고 걱정하던 차에 바로 이곳에서 음악도 듣고 CD도 구입 할 수 있다기에 얼마나 기뻤든지...

"아리랑 아리랑 아라리오. 아리랑 고개를 넘어간다."

우리가 한국 관광객인 것을 눈치 채고는 전통악기로 아리랑을 반주하며 어색한 억양이지만 노래까지 합창을 해준다. 우리도 같이 동창(同唱)을 하고... 먼 이국당, 한때는 서로 원수같이 죽고 죽이기까지 하였던 '베트남', 그런 이곳에서 우리 아리랑을 같이 흥얼거릴 수 가있다니...

15:00

'시클로'를 타보기로 했다. '베트남'의 명물 자전거인력거 '시클로'. 전 세계적으로 이와 유사한 자전거인력거는 많이 있다. '태국'의 경우는 뒤에 사람을 태우고 앞에서 '페달'을 밟는다. '인도'도 그런 것으로 알고 있다. 헌데 유독 이곳 '베트남'만은 사람을 앞에 태우고 뒤에서 페달을 밟아간다. 어느 것이 손님위주인지... 전자의 경우 손님은 인력거꾼의 엉덩이만 보고 간다. 반면 후자의 경우는 손님이 앞에서 주변 경치를 보면서 필요시 방향을 원하면서까지 갈수가 있겠다. 허나 또 다른 측면도 느껴진다. 충돌사고 시 손님은 부상의 위험이 크다. 실제로 필자의 경우 앞에서 타고 가면서 아찔한 기분을 몇 번이나 느꼈다. 큰 버스나 오토바이의 사이사이로 비집고 들어갈 때는 무시무시할 정도 였다고도 표현할 수가 있겠으니 말이다.

'시클로'는 시가지주변에 수 십대 씩 무리를 지어 대기하고 있었다. 일행이 찾아간 곳은 '떠이호수' 주변에 있는 한 '시클로' 단체(?)로 한가하게 늘어서 손님을 기다리고 있었다. 꾼들은 손에 담배를 물고 표정도 없는 얼굴로 무어라고 소리를 지르기도하고... 도착하는 순서로 '시클로'에 올라 타기만하면 되었다. 헌데 내 경우 제법 아는 채하며 좋은 말이라도 고르는 것처럼 제법 건장하게 보이는 '시클로' 꾼을 찾아 몇 개를 건너뛰어 올라탔는데 막상 타고 보니, 내 사람 보는 수준은 최하위였다. 그 꾼이 감기환자였는지 계속 해서 기침을 해대는 바람에... 그것도 바로 내 머리 뒤에서... 기침을 할 때마다 침이 내 머릴 때리는 것 같아... 순리를 벗어나면 이런 것도 잘 안되나...

그렇게 자전거 앞에 앉아 1시간여를 돌아다녔다. 좁은 상점가며 넓은 도로가며 덜컹거리며 돌아다녔는데 코가 점점 맹해온다. 먼지도 먼지려니와 매연이 너무 심한 것 같았다. 손수건으로 코와 목을 막아야할 정도로 공기가 너무 탁해 오토바이도 너무 많으면 공해가 된다는 사실을 알았다.

16:00

'호지명(胡志明)'. 이곳 '베트남'의 국부이다. 그의 일생을 가이드는 눈물이 나도록 칭송을 한다. 난 어릴 적 '호지명'을 너무 무섭다고도 느꼈는데, 공산독재자로... '김일성'. '렌닌'. '스탈린'. '모택동'. '카다피'. '무바르크'...등등해서. 그런데 절대 그런 인물이 아니란다. 그럼에!도 그는 그의 묘지에서 '김일성'. '모택동'. '렌닌'처럼 썩지 않는 몸을 가지고 유리관 안에 누워있다. 산자의 구경꺼리로. 과연 그는 누구란 말인가?

'베트남'사람이 경애하는 국민의 아버지 '호찌민' 1978년 건국기념일에 맞춰 지은 대리석 묘에 그의 시신이 안치되어 있단다. 국내외의 많은 참배객들이 이곳을 찾아오고. 두 줄로 입장을 하는데 사담은 절대 금물. 카메라는 들어가지도 못 한단다. 가이드가 주변광장만 보여주고 너무 늦어 들어가지 못한다고 한다. 재미있는 말 하나. '아침부터 시체볼일은 없겠죠?' 가이드가 첫날 아침 '하노이시'를 벗어나며 '호찌민 묘' 이야기를 하니 시체 볼일은 없단다....

'베트남' 정치가. '게안성(省)' 출생. 본명은 '구엔타트탄(Nguyen That Thanh)'. 민족해방 최고 지도자이자 '베트남민주공화국' 초대 대통령이다. 프랑스 식민지배에 대한 민중봉기가 한창일 때 하급관리 출신 유학자의 아들로 태어나 반(反)프랑스운동의 영향을 받으며 성장하였다. '베트남' 북부 '위에의 코크호크'대학에서 공부한 뒤 1911~1916년 프랑스 외항선 요리사가 되어... 백과사전에는 그를 이 정도로 평가한다.

반면 이런 글도 있다. 본문은 '뉴라이트' '김진홍목사님'이 칼럼으로 남긴 글이다.
『나라 사정이 혼란스러워질수록 지도자에 대하여 생각하게 된다. 지도자의 인격과 경륜의 정도에 따라 나라와 백성들의 사정이 달라지겠기 때문이다.

나는 지금 이 나라에 '호지명(胡志明)' 같은 지도자가 나라를 이끌었으면 하는 마음 간절하다.

내가 '호지명'에 대하여 관심을 가지게 된 동기는 그가 다산 정약용의 '목민심서((牧民心書)'를 정독하였다는 말을 듣고 나서 부터이다. 그는 비록 공산주의자이었지만 우리가 아는 여느 공산주의자들과는 판이하게 달랐다. 그는 평생에 정적을 숙청한 적이 없었고 자신을 우상화하거나 신격화하는 일이 없었다. 그는 국민들로부터 '호(胡) 아저씨'로 불리면서 일생을 청빈하게 독신으로 살았다. 죽을 때는 옷 한 벌, 신 한 켤레만 남기고 죽었다.

마치 메뚜기와 코끼리 사이의 싸움에 비유할 수 있을 '월남'과 '미국' 간의 전쟁에서 '월남'이 승리 할 수 있었던 것은 지도자 '호지명'의 인격과 지도력에서 비롯된 것이었다.

'호(胡)'가 '월남' 국민들로부터 어느 정도의 지지와 신뢰를 받았느냐하면 '남· 북 월남'이 서로 전쟁을 하던 중에도 '호지명'의 생일이 되면 적인 '남쪽 월남'에서도 국민들이 가게 문을 닫고 그의 생일을 기릴 만큼 전 국민의 존경을 한 몸에 받았다.

백성들은 굶주림으로 죽게 하면서도 궁전을 지은 북녘의 지도자에 비하면 하늘과 땅 만큼이나 차이가 있는 지도자였다.

'호지명'의 사상을 간추려 말하자면 '3꿈 정신'이라 할 수 있다. 그는 민족주의자이면서 동시에 공산주의자로서 자기 나름대로 '베트남'을 구하기 위해 일평생을 헌신하면서 '3꿈 정신'을 실천하였다. 그리고 지금 '베트남'을 이끌고 있는 그의 후계자들도 명목상으로는 이 정신을 지도력의 원칙으로 삼고 있다.

첫째는 함께 산다는 정신으로서의 '꿈일 정신'이다.
둘째는 함께 먹는다는 뜻으로서의 '꿈안 정신'이다.
셋째는 함께 일한다는 뜻으로서의 '꿈담 정신'이다.

지도자가 백성들과 함께 살고, 함께 먹고, 함께 일하는 공동체 정신을 삶으로 실천할 때에 온 국민의 역량이 통합되는 것이요, 어떤 난국도 극복하여 나갈 수 있는 길이 열린다. 호지명은 그렇게 살았다. 그는 최고 지도자이었을 때에도 자신을 위해서 특권을 누리지 않았다. 국민들과 동고동락함으로써 이로써 쌓은 국민적 신뢰감을 바탕으로 국가통일을 이루는 에너지의 원천이 되게 하였다.

오늘의 한국에도 이런 지도자가 있다면 얼마나 좋을까? 그 지도자를 중심으로 온 국민이 힘을 모아 통일한국, 선진한국, 복지한국을 건설하여 나갈 수 있게 된다면 얼마나 좋을까!

호지명이 당대에 온 국민의 지지와 존경을 받을 수 있었던 것은 다음의 세 가지 이유 때문이었다.

첫째는 어떤 경우에도 청렴 • 결백(淸廉 • 潔白)했던 삶의 자세 때문이었다.

둘째는 그가 교육입국(敎育立國)에의 비전을 품고 젊은이들을 교육시켜 국가의 앞날에 대비하였던 점이다.

셋째는 그가 힘없는 백성들과 함께 하고 소외된 계층을 항상 품어 주었기 때문이다.

그가 평생토록 얼마나 청렴했던가는 그의 죽음 후에 더욱 두드러지게 나타났다. 그가 세상을 뜬 순간 그에게 남은 것은 오직 입었던 홑겹의 옷 한 벌이었다. 그리고 그는 죽음 직전에 자신의 장례식에 대하여 유언하기를 "국민들에게 폐를 끼치지 않도록 화장으로 하라"고 일렀다.

또한 그는 전쟁 중에도 유능한 젊은이들을 선발하여 해외유학을 보내면서 그들에게 일렀다. "앞으로 나라가 반드시 통일이 될 터이니 통일조국을 이끌 실력을 길러라. 최전선에서 전투하고 있는 동지들을 생각하며 전투하는 정신으로 국가경영의 실력을 쌓으라"고 다짐하였다. 그리고 전선에서 싸우고 있는 병사들에게도 일렀다. "그대들이 전쟁에서 승리를 하여야 외국에 나가 국가경영의 실력을 쌓고 있는 동지들이 미래에 일류국가를 건설할 수 있다."

이런 그에게 아무도 특혜시비를 거는 사람이 없었다. 유학중인 젊은이들이나, 전투중인 젊은이들이 한결 같이 그를 신뢰하였기 때문이다.

'호지명'이 임종에 임박하여 세 가지 유언을 남겼다. 그 내용이 '호지명'의 사람 됨됨이를 잘 드러내 주는 내용이다. 그가 비록 공산주의자여서 우리와 사상과 생각은 다를지라도 인간적인 면에서는 이런 점을 높이 평가하지 않을 수 없다.

우리가 한 인물 특히 지도자를 평가 할 때에 그의 사상이나 신앙은 나와 다를지라도 그의 인격이나 생활신조 같은 면에서의 훌륭한 점은 별도로 평가하여야 할 것이다. 그런 점에서 호지명 같은 경우가 대표적인 경우이다.

그는 철저한 민족주의자였고 빼어난 애국자였다. 나는 그의 민족주의 정신과 애국 애족하는 정신을 본받으려 한다. 그의 공산주의에 대한 신념은 한 치도 받아들일 수 없다.

이는 내가 '원효 스님'을 존경하고 따르지만 그의 종교는 받아들일 수 없는 것과 마찬가지이다.

'호지명'이 유언으로 남긴 세 가지 유언 중의 첫째는 자신의 무덤을 만들지 말고 시신을 화장하라. 매장하여 무덤을 만들면 인민들에게 폐를 끼치기 쉽고 또 우상화하거나 신격화 할 위험이 있노라 하였다.

둘째는 이제 곧 전생이 끝날 터인데 전후 미국 편을 들었던 남월남의 누구도 보복하지 말라. 모두가 한 시대에 살아남기 위해 처신한 것이니 과거지사는 없었던 것으로 하고 모든 남녀 백성들을 새로운 통일국가의 새 국민으로 새 출발하자는 것이었다.

'호지명'이 죽음에 임하여 남긴 유언의 세 번째는 전쟁이 끝난 후 전쟁 중에 전사한 장병들의 아내나 자녀들을 국력을 기울여, 성심성의를 다하여 국가가 돌봐 줄 것이며 전쟁 중에 다친 상이군인들 역시 국가가 지성으로 우대하라는 것이었다.

이렇게 '호지명'이 죽음에 임박하여 남긴 3가지 유언 중에서 어제 소개한 첫 번째 유언인 무덤을 만들지 말고 화장을 하라는 대목에서 그가 이르기를 화장을 하되 재를 세 등분으로 갈라 '월남'의 북구, 중부, 남부에 한 곳씩을 택하여 재를 뿌리게 하라. 통일된 조국이 번영하는 밑거름이 되기를 원한다 하였다.

그러나 그의 후계자들이 이 유언을 따르지 않고 수도 '하노이'에 묘지를 만들어 성역화(聖域化)하고 있다. 지금 하노이를 방문하면 날마다 수많은 참배객들이 그의 묘지를 둘러보고 그를 참배하고 있는 길고 긴 줄을 볼 수 있게 된다. 참으로 애석한 일이다. 그의 깊은 의도를 후계자들이 헤아리지 못하고 그의 시신을 정치에 이용하고 있지 않나 하는 느낌을 받게 된다.

그리고 그가 상이군인들을 정성을 다해 돌보라 하였던 것이 오히려 화근이 되어 월남 전역에 가는 곳마다 상이군인들이 이권을 차지하여 시장 귀퉁이나 조그만 매장까지 상이군인들이 차지하여 시민들에게 불편을 주고 있는 모습을 보게 된다. 그리고 그가 죽은 지 30년이 지났으나 아직 월남이 빈곤을 벗어나지 못한 채로 가는 곳마다 부패와 무능이 터를 잡고 있음을 접하게 된다.

이런 점은 그가 신봉하였던 공산주의의 한계점인 것을 그 자신도 몰랐을 것이다. 이에 비하면 우리 한국은 자유민주주의와 시장경제를 선택하였던 것이 얼마나 다행스러웠던가를 실감케 된다.』

정말이지 가이드가 입이 달도록 '호찌민'을 칭송 한다. 그가 남긴 유서가 A4용지 40매 분량이 넘는다고 하면서. 하면서 어젠가 필자가 질문한 '베트남'의 가옥에 대하여 설명을 해준다. 정말 요상하리만치 집의 구조가 특이했다.

둘째 날 '닌빈'으로 가면서보니 길 가에 지은 집들이 모두 앞은 좁고 옆은 기다란 모양으로 단층이나 2층 3층 같은 형식으로 지어져 있었다. 그 모습이 너무 기이하게까지 느껴져 가이드에게 물어보았더니 다음날 기회를 봐서 답을 준다고 하고는 그냥 이틀이나 지나가 버렸다. 해서 나는 그가 그 사실을 잊었거나 아니면 내용을 몰라서 그런 줄 알았는데 오늘에야 설명을 주겠다니,

이것도 '호찌민'과 연관이 있다며, '호찌민'은 죽으면서 유언을 했는데 전쟁이 끝나면 전쟁영웅에게 국토의 일부를 다 같이 골고루 나누어 주도록 했다. 전쟁이 끝난 후 정부에서 '호찌민'의 유언대로 전쟁영웅들에게 막상 토지를 주려고 하니 모든 사람들이 도로가에 있는 땅만 원하여 고심하게 되었는데, 그 결과 많은 사람들에게 해택을 주기위한방법으로 도로에 접한 폭은 4M로 옆 길이는 12M로 하여 또 같이 나누어 분배하자 그렇게 밖에는 집을 지을 수가 없었다고 했다.

궁금했던 기형화 된 집구조의 비밀을 하나 풀어보았다.

이외에도 가이드는 ‘호찌민’의 이야기를 많이 한다.

‘호찌민’ 초대 대통령은 평생 독신이었단다. 국민들을 위해서 국민과 결혼을 하였다고 하면서. 청렴을 첫째로 하기에 부모님과 형제들을 ‘하노이’시내에 한 발짝도 못 들어오게 법으로 제정해버렸다.

옛날 프랑스 총독부건물을 주석궁으로 했으면서도 영빈관으로만 사용케하고 본인은 전기 수리공의집에서 수리공과 생활하며 대통령집무를 보았단다. 은퇴 후에는 조그만 주택에 검소하게 살면서 여생을 보냈고.

사후에 남긴 그의 유품은 옷 두벌에 자전거1대 일기장8권이 전부였다고 한다. 일기장속에서 존경하는 인물 중에 우리나라의 다산 ‘정약용’ 을 꼽았다고 한다.

그가 ‘베트남’에서는 가장 친근하고 존경받는 인물이라고 현지 가이드는 다시 한 번 침을 튀기면서까지 칭송에 칭송을 더해간다.

저녁 무렵 어쩌면 ‘베트남’여정 최후 일정이 될지도 모를 ‘1주사(一柱寺)’라는 곳을 찾는다. 글자 그대로 기둥이 하나뿐인 절이라는 뜻인데. 우리나라의 경우 ‘일주문(一柱門)’이라는 것은 많이 있는데 ‘일주사’라니... 암튼 잔뜩 기대는 해봄직하다. 그런데 그 기대감은 곧 실망감으로 나타나고 말았는데 일주만은 맞았다. 커다란 콘크리트기둥이 물속에서 솟아올라 사찰을 떠 바치고 있긴 해서. 그러나 이 법당 앞부분이 계단으로 구조물과 이어져 순수한 일주도 아니고... 그 규모도 우리나라 암자 수준만큼도 아니 되니... 그러나 한편 계단 위를 올라보니 법당 문으로 풍겨져 나오는 짙은 향 내음과 간절하게 기구를 하고 있는 '배트남'인들에게서 숙연함이 더 해져와 갑작스레 '일주사'가 매우 큰 사찰처럼 당당해져 내 앞으로 다가온다.

유래를 들으니 '리 왕조시대'에 지어진 사찰로 연꽃을 모티브로 해서 지어졌단다. 법당의 당초 외기둥은 전란으로 파손되어 콘크리트로 다시 지어졌다며 여름이면 이곳은 연꽃이 만발 한단다. 해서 보니 연못엔 연꽃들이 조금씩 얼굴을 내보이며 우리들을 반겨준다.

벌써 어둠이 몰려온다. 가이드가 호언을 해온다. 우리선생님들이 평생 동안 보아온 것보다 더 많은 오토바이를 한 번에 보시게 되겠다고.

저녁을 먹으러 가는 길에 하노이시를 통과하게 되면 으레 이런 광경을 보시게 된다며. 그러고 보니 버스를 타고 잠시 이동을 하는데 버스앞뒤로 개미 때처럼 오토바이들이 달라붙는다. 마치 영화 '아이로봇'에서 로봇들이 주인공 '윌 스미스'의 차를 달라붙는 것처럼...

정말 대단하다. 앞으로, 뒤로, 옆을 봐도 오토바이뿐이다. 어둠이 내린 시가지를 거의 신호등도 무시하고...

한참을 눈이 휘둥그레지도록 오토바이 때를 구경하고 난 뒤 '대장금'이라는 한식당(韓食堂)앞에서 버스가 일행을 내려놓는다.

한식으로 '베트남'에서는 마지막 해보는 맛 기행이다. 그런데 너무 많이 맛봤다. 필자의 경우 매운탕이며 찌게, 돼지고기 제육복음 같은 한식 맛에 반해 심할 정도로 탐식을 하여 배가 너무 튀어나와...

실제 돌아가는 기내에서도 기내식을 외면했고 집에 가서도 다음날 점심때까지 아무것도 먹지 못하였다.

다시 버스는 오토바이의 물결 속에서 역류 또 역류하며 발악을 해댄다. 오늘의 마지막 여정이기도하고 우리들 최후의 '베트남'여정이기도한 '베트남' 전통놀이극인 '수상인형극' 관람을 위하여 공연장으로 이동해 간단다.

'하노이'를 방문했다면 빼놓지 말고 봐야 할 것이 '하노이'전통예술인 '수상인형극'이다. 다들 그렇게 말한다.

'수상인형극'의 역사는 지금부터 약 1,000년 전에 시작이 되었다고 한다. 처음에는 '베트남'북부의 덥고 습기 많은 지역의 농부들이 수확의 축제 때 연못이나 호수를 무대로 공연했단다. 그것이 '리 왕조'와 '진 왕조'시대에 이르러 궁중예술로 발전하게 되었고.

'수상인형극'은 역사가 있는 전통예술이기도하지만 무대는 코믹하고 유머러스하기 때문에 여행자들도 쉽게 접할 수 있다하겠다.

그 동안 '수상인형극'도 장족의 발전을 해왔는데 한 극장은 1969년 10월만 해도 9명이 인형극 전체진행을 해왔는데 지금은 인형조정 22명, 음악가 15명, 무대기술자만도 5명이 2개조로 편성하여 퍼포먼스 팀을 꾸리고 있을 정도란다. 또한 요즘은 극장에서 인형제작도 주관한다니.

한 편 요사이는 해외에서도 인기가 좋아 해외공연도 자주하는 추세라고 한다. 지금까지 세계 20개국 이상에서 공연했고 그때마다 아낌없는 찬사를 받았다고 한다.

일행이 뛰듯이 우루루 몰려가 자리를 먼저 잡겠다고 좁은 극장 안으로 들어가 보니 자리가 텅 비어 있다. 주위를 둘러보니 관객들이 많지 않아 보인다. 우리일행을 포함하여 50여명 정도로 앞좌석은 제법 찼으나 뒤는 휭 하니 비어 추위가 느껴질 정도였다.

잠시 뒤 무대에 불이 켜지고 전통악기의 아름다운(?) 음색에 놀라는 것도 잠시 격한 억양의 민요 같은 대사와 음악에 맞춰 인형들이 등장한다. 악기는 북, 피리, 하프, 삼현금, 가야금, 같은 전통현악기가 주류를 이루고, 민요 같은 대사는 여자들이 고음으로 된 노래를 불러댄다. 무대는 60여분동안 여러 가지 인형이 나타나며 단편적인 스토리를 가지고 있는데 얼추 십 수 가지는 족히 넘어 보인다.

인형의 종류도 농민, 어린아이, 용, 거북, 물고기, 불사조 등등 해서, 처음, 용이 나타나 불을 토하더니 고기들이 점프를 하면서 뛰어놀고, 새들이 춤을 추고 농부들이 모내기며 방아를 찧고 맷돌을 돌리고... 궁녀들이 춤을 추기도 한다.

'수상인형극'의 백미는 수십 가지나 되는 인형의 모습에도 있겠지만 그보다는 단연 그 인형을 조종하는 것에 있다고 해야 할 것이다. 인형조종은 일반적으로 물속에서 사람들이 잠수한 상태로 인형을 움직인다고 상상할 수도 있겠지만, 아니다. 사실은 연못을 에워싸듯이 펼쳐둔 얇은 장막 안에서 인형을 매단 긴대나무와 실을 조종해 인형을 움직이는 것이란다. 물은 허리까지 잠겨 완전히 잠수할 필요는 없으며 혼탁한 물이 이것을 교묘하게 감추어 준단다. 실제로 인형극이 끝나고 무대 인사를 하러 나온 사람들은 물속에서 장막을 걷고 나왔는데, 모두 가슴까지 오는 긴 어부장화를 신고 있었다.

필자가 본 '수상인형극'극장은 인형을 조종하는 사람들이 8명 정도로 남녀혼성이었고 악단도 5명 정도의 혼성으로 나이는 대개 50은 넘어보였다. 규모별로 보면 중간정도 되는 극장으로 느껴졌으나 객석만으로는 500석은 넘어 보여 제법 큰 극장으로 봐도 될 것 같았다.

이제 모든 행사가 끝났다. 이후 일정은 집에 가는 일만이...
23:35분 '아시아나'로 하노이의 '노이바이 국제공항'을 출발하게 되어있다. 아직 시간이 3시간정도 남아있다. 우리가 시내관광을 더하자고 앙탈을 했음에도 가이드는 우리를 빨리 보내겠다는 듯이 출국 보딩을 위해서는 공항까지 2시간정도 여유는 두고 가야 된다며 겁을 준다.

좁은 공항이라 앉을 자리도 확보 못하고 여기저기 엉거주춤하게 서 있다. 정말 버스를 타고 오니 밤길이라선지 차도 막히지 않고 휭 하니 달려와 시계를 보니 2시간도 더 남아 보인다.

'베트남'을 3박4일 동안. 아니, '베트남'의 수도인 '하노이'를 중심으로 '닌빈', '하롱베이'등을 훑어보았지만 도대체 '베트남'에 대한 정립이 안 된다. 베트남은 어떤 나라인가.

이 복잡한 나라 '베트남'은 수세기동안 전쟁이 끊임없이 일어났다. 장기간 평화가 계속 된 적은 거의 없었으며, 있었다하더라도 '인도차이나'반도와 동아시아의 중심이라는 지정학적 입지 때문에 다른 나라들의 영향을 받을 수밖에 없었다. 수많았던 전쟁과 시련에도 불구하고 이 나라를 자기나라로 만들고 지키기 위해 쏟아 부은 국민의 노력을 보면 독립과 통일이라는 장기적 목표를 이루기 위하여 그들의 굳은 결의가 얼마나 투철, 아니, 처절했던가를 알 수 있다.

'비엣족'이라는 것이 있다. 이 나라를 정복하고 통일한 사람들로 현 '베트남'대부분의 사람이 '비엣족'의 후손이다.

고고학적으로 밝혀진 바에 의하면 이 지역에 인류가 출현한 시기는 구석기 시대로 거슬러 올라가는데 약30만~50만 년 전 '하노이' 남서쪽에 있는 '마강계곡'에서 그 흔적이 발견되었다고 한다. 9,000년 전 원시적인 농사를 지은 흔적이 있고, 오늘 날 '베트남'인의 조상은 기원전 4세기경에 출현했다고 하니 우리나라와 같은 반만년의 역사는 아니지만 아주 유구한 역사라고 해야겠다.

하지만 '베트남'의 전설은 그들 조상의 기원에 대해 훨씬 더 독창적인 이야기를 들려준다. 옛날에 행운과 성공을 뜻하는 '중국'의 용 한마리가 남쪽으로 유랑하다가 한 아름다운 땅을 발견했다. 그 용은 '킨드엉브엉'이라는 인간으로 변해 수궁(水宮)으로 내려가서는 용왕의 딸과 결혼했고 '락롱끄안'이라는 아들을 얻게된다. 성인이 된 '락'은 배성들에게 땅을 경작하는 방법과 씨 뿌리는 방법, 음식을 준비하는 방법 등을 가르치고 조직된 사회를 정착시켰다.

그는 불사(不死)의 공주인 '아우꼬' 와 결혼했고 '아우꼬'는 100개가 든 알주머니를 낳았는데 거기서 100명의 아이가 나왔다. 그들의 자손이 바로 오늘날의 '베트남' 족이다. 이 전설은 '베트남'사람들이 스스로 용왕 '락'과 불사의 공주 '아우꼬'의 자손이라고 하며 다른 민족들과 구분 짓는 근거가 된다. 중요한 것은 모든 '베트남'사람들은 서로 친척이라는 사실을 시사한다는 점이다.

'베트남'의 오래된 전통은 대부분 '베트남'최초의 왕인 '락'에게서 전해졌다고 한다. 예를 들면 '베트남'사람들은 뱃머리에 눈을 그려 넣는데 그것을 가장먼저 시작한 사람이 '락'왕이라는 것이다. 사람들은 이렇게 하면 상어나 다른 위험한 것을 쫓아버릴 수 있을 뿐 아니라 어부들이 고기를 많이 잡을 수 있는 곳을 찾는데 도움을 주고 행운을 가져온다고 믿는다.

고대 최고국가인 '홍 왕조'이후 많은 제국들이 통치자와 이웃나라의 세력에 따라 흥망성쇠를 거듭해왔다. 특히 '홍왕조' 다음으로 들어선 '아락왕조'의 통치기간 중에 는 '동썬 문화'가 꽃을 피워 널리 펴졌는데 저 멀리 '인도네시아'에 이르기까지 많은 동남아 아시아지역에 영향을 미쳤다. 이 문화는 잘 발달된 청동기 작품들로 유명하며, 청동으로 만든 거대한 북은 종교적, 의례적 목적으로 사용했다고도 한다. 또한 '아우락시대'의 왕도(王都)인 '푹안'에서 만들어진 나선형요새는 오늘날에도 '하노이' 서쪽 '꼬로아' 마을에서 볼 수 있으며 이곳은 북쪽과 서쪽으로 많은 교역로가 있었기에 엄청난 부를 축적 할 수 있었단다.

'베트남'은 '중국'의 영향도 많이 받았는데 '한(漢)'나라나 당(唐)나라에 이르기까지 수세기에 걸쳐 중국의 지배를 받기도 했단다. 해서 지금도 우리가 '일본'을 적대시 하듯 '중국'에 대한 베트남인들의 생각도 우리와 별로 다르지 않단다.

10세기말 '중국'의 '당 왕조'의 몰락을 계기로 '베트남'에서는 독립을 위해 분투를 했고 몇 개의 왕조가 단기적으로 나타났다 쓰러져 갔다. 1010년부터 1225년 까지는 '이태조'가 세운 '이왕조'와 그 다음 '쩐왕조'는 진정한 '베트남'의 독립왕조였지만 1406년부터 의 '중국' '명왕조'는 '베트남'의 북부를 직접 통치하기에 이른다. 이때의 '베트남'이름이 '안남'이란다. 우리가 '안남미'라 부르는 '월남 쌀' 이라는 이름도 이때부터 생겨났나보다. '안남'이란 '평화를 찾는 남쪽'이란 의미를 가졌다는데...

북부와는 달리 중부 '후에와다낭' 근처에는 2세기에 '참파왕국'이 나타났고, 이 왕국은 동남아시아에서 처음으로 문자를 사용한 세련되고 잘 발달된 사회를 이룩하였다. '참파왕국'은 시간이 갈수록 강력한 왕정으로 이 지역을 지배했으나 1471년 '레왕조'의 '레탄떤 황제'에 의해 멸망한다.

후기 '레왕조'가 세상에 알려진 것은 서양의 교역자들과 함께 도착한 선교사에 의해서였다. 1500년대 초 '포루투칼'인들이 그들의 식민지인 '마카오'에서 건너왔고 시간이 흐르면서 '중국'인 '일본'인 '네덜란드'인, '프랑스'인들이 역시 교역을 위해 이 나라를 찾았다. '베트남'의 통치자들은 그들이 유교이념에 도전하는 서양의 관념을 들여 놓는다고 생각해서 이들 외국인, 특히 가톨릭교도와 수도사들을 두려워하고 경계를 했다. 하지만 결국 그들의 간섭을 벗어나지 못하고 '네덜란드'인은 북부의 '찐왕조'를 지지하고 '프랑스'인은 '응우엔왕조'를 지지하여 서로 다투게끔 각각 군사적 지원을 했고 마침내 전쟁이 멈췄을 때는 베트남은 '지안강'을 사이에 두고 분열이 되고 말았을 정도였다.

그러다 지역 별 반란이 일어나 두 가문이 패해 다시 통일이 되나 '응우엔가문'의 왕자인 '응우엔안'이 살아남아 1802년 '프랑스'의 도움으로 '지아롱'이라 칭하며 '베트남'을 통치하게 된다. 이때부터 '프랑스'가 '베트남'을 손아귀에 넣게 되는 시점이라 할 수 있겠다.

1858년 '프랑스'는 현재의 '다낭'을 접수했고 1861년에는 '사이공'을 점령했다. 그리고는 '남부 베트남'을 별도의 나라인 '코친-차이나'로 명명하여 '프랑스령'으로 삼아 통치하게 된다. 이어 '중부베트남'도 '안남'이라 이름이 바뀌었고 '북베트남'도 '통킹'이라고 다시 이름이 지어져 '프랑스'의 식민지가 되었다.

'베트남' 사람들은 중국에 대해 그랬던 것처럼 프랑스의 지배에 분개했고 '빛을 가져 온 사람'이라는 뜻인 '호지명(胡志明)'으로 더 잘 알려진 '응우엔 탓탄'이 등장하면서 '베트남'의 역사는 비로소 독립의 궤도에 오른다. 그는 '러시아혁명'에서 영감을 받아 1919년 '베르사이유평화회의'에서 '판쯔찐'과함께 식민지 반대 청원 작업을 한 후 '프랑스공산당 창립'과함께 그 당원이 되었다. 이후 '호찌민'은 '프랑스'에서 공산당의 지원을 받아 '프랑스식민지인민연맹'을 결성하고 기관지 '르 파리'라를 발행한다.

1924년 '모스크바' 의 '코민테른 5차회의'에 참석하여 공산당으로부터 독립지지를 받은 그는 '중국'으로 가서 '베트남 청년동맹'을 결성하였으며 1930년엔 '인도차이나 공산당'을 창당했다. 이듬해 '홍콩''영국'관헌에게 체포되었으나 석방 후 일단 '모스크바'로 돌아갔다가 1941년 '베트남'에 잠입 '인도차이나공산당'을 주축으로 혁명 단체인 '베트민'을 결성해 세력을 키우기 시작했다. 바로 이 '베트민'이 '베트남독립연맹회'라는 것인데 우리가 훗날 월남전에서 불렀던 '베트콩'의 전신이다.

이후 ‘제 2차 세계 대전’의 초기, 패전한 ‘프랑스’로 인하여 ‘일본’으로 점령군이 바뀌는가 했으나 ‘일본’도 패전을 하게 되자 급속한 ‘호찌민’ 세력이 확대 대기도한다. 1945년 9월2일 ‘호찌민’은 ‘베트남’이 ‘프랑스’로부터 독립했음을 공식적으로 선포한다.

그러나 연합군의 득으로 2차 대전이 끝나자 ‘독일 나찌’의 그늘에서 벗어난 ‘프랑스’의 ‘드골’은 ‘베트남’을 공격하여 다시전쟁의 소용돌이에 묻힌다. 결국 1954년 긴 전쟁 끝에 ‘프랑스’가 패해 베트남은 명실상부한 독립을 얻게 된다. 그러나 기쁨도 잠시, 우리나라가 ‘포츠담회담’이라는 강대국들의 탁상놀이마당에서 38선이 그어진 것처럼 ‘베트남’도 1954. 7. 20‘제네바협정’에서 북위 17도선을 기준으로 하여 북쪽은 ‘호찌민’의 ‘베트남노동당’이 주축이 된 ‘베트남민주공화국’이 들어서고 남쪽은 ‘남베트남공화국’이 들어서는 것으로 결정이 난다. 이번에는 ‘프랑스’가 아닌 ‘미국’이 ‘남부 베트남’을 장악한다. 우리나라가 일본에서 가 해방된 뒤 38도선 이남을 ‘미국’의 군정을 받게 한 것처럼...

5년 후 ‘호찌민’은 전쟁을 일으킨다. 북한 ‘김일성’의 남한 해방전쟁이라 호언하며 일으킨 6.25동란처럼 ‘호찌민’도 1959년 ‘남부 베트남’을 해방시키기 위해 실질적인 전쟁을 시작한다. 남부 공산운동집단인 ‘베트콩’을 위하여 ‘호찌민루트’라는 정글보급로를 개척하고 전 ‘남부 베트남’을 전쟁터로 만들었다. 결국 1961년 ‘케네디대통령’ 은 ‘미국’정규군을 파견하고 이때부터 ‘베트남’과 ‘미국’의 언제 끝날지도 모르는 전쟁이 시작된다.

하지만 1975년 4월30일 ‘미국’이 전쟁에서 손을 들고 본국으로 철수를 하고 이 나라는 공식적으로 ‘베트남사회주의공화국’이라는 이름으로 다시 세상에 알려진다.

미국과의 14년 동안 벌어진 월남전은 너무나 많은 후유증을 가져왔다. 우리들 기억에도 생생한 우리나라의 파월장병과 고엽제의 후유증. '보트피플'이라는 망명자의 슬픔. 수많은 전상자와 부상자 발생... 그리고 지금도 '베트남'에선 전쟁고아와 고엽제로 인한 기형아들이 출산되어... 너무 아프다.

아침저녁이면 온 거리가 오토바이물결로 묻히면서 시작되는, 그러면서도 얼굴가득 웃음을 피어내는 민족, 그 민족이 그런 과거를 가지고 있었다. 누가 말했다. 그들은 다 이겨 보았다. 그래서 웃을 수가 있다. '중국'도, '프랑스'도, '일본'도, 그리고 '미국'이라는 현세최고의 거인(巨人) 나라도...

가이드가 잘 가라며 여권을 돌려준다. 그런데 필자는 그만 깜짝 놀랐다. 수화물 티켓이 없어졌다. 아니 내 이름으로 되어있는 수화물표가 없어져버린 것이다. '가방 돌리도오.' 가이드가 보딩 코너로 왔다 갔다 하다가 연유는 밝혔는데, 결국 내 이름으로 된 티켓은 받지 못했다. 가이드가 보딩을 할 때 다른 사람이름으로 수화물표를 끊었다니...

인천도착해서 가방을 찾을 때까지 난 넘 불안했다. 혹 내 가방이 없으면 우짜노하고...

23:40

인천행 '아시아나'를 타고 부른 배를 주체하지 못하고 옆 사람에게 소화제를 빌려 가며까지 배를 토닥거리고 예쁜 베트남 여승무원이 가져다주는 기내식도 마다하고, 다음날 새벽 집에 도착해서도, 그리고 다음날 점심때까지 난 아무것도 먹지를 않았다.

누가 물으면 난 지금 금식기도 중이라 할 것이다.

물방울2

2014년 5월6일

석가탄신 날 즉 초파일 새벽에의 일이다.

전날부터 3일간의 연휴가 이어지는 날이라 필자는 횡성에 있는 집필실로 내려갔다.

그러고 보니 먼저 필자에게 횡성에 집필실을 만들게 된 이야기를 해야겠다는 생각이 든다.

필자는 늘 꿈을 꾸었다. 정년만하면 혼자서 산골오지나 섬으로 가서 글이나 쓰며 살아야겠다고... 해서 당시 정년을 2년 앞두고 있던 차라 여러 군데 장소를 알아보고 있던 중 한 지인이 진도로 오라고 했다. 진도에서도 좀 떨어진 부속섬인 조도라고 했는데 후일 대통령도 탄핵시킨 사건이 된 세월호가 침몰한곳이 기도한 바로 그 조도다. 잔득 기대를 하고 있던 중 한 부서장이 우리 국으로 전입을 왔는데 회의 말미쯤 신상이야기를 하든 중 횡성별장 이야기를 하면서 자기는 곧 명퇴를 하고 그곳에 가서 생활을 한다고 했다.

처음에는 무심히 흘려 넘겼는데 며칠 후 친구들과 담소를 하다 필자가 몇 년 후에는 진도에 혼자 가서 산다고 했더니 밥도 할 줄 모르는 사람이 무슨 소리냐고 난리를 한다. 가만히 생각해보니 그 말도 맞는 듯 했다. 평생 겨우 라면 정도만 끓여본 취사 능력밖에 없는 ...

해서 옳다구나 횡성에 빈집도 있다 했거늘 한 2년 동안 실습 삼아 주말이면 내려가 혼자 살 능력을 키워보자는 욕심이 들었다. 늦은 밤이었음에도 당장 그 부서장에게 그 별장주인이 누구냐고 통문을 해보니 다행히 필자도 아는 직원인 장 선생이란다. 다음날 출근하자마자 전세를 놓으라고 부탁을 했다. 예상외로 가구주인 장 선생은 흔쾌히 필자의 부탁을 들어준다.

전세계약을 하고 두 번째 내려간 날이 바로 그 초파일 연휴가 된 날이었다. 지난 주말 첫 번째 내려왔을 때도 그랬지만 요리를 전혀 못하는 처지라 조리사 빰 치는 요리 실력을 가진 대학 후배이기도한 마 선생을 모시고 내려왔는데 이번에도 점심을 아주 맛나게 준비했다.

마침 옆집에 사시는 이삼랑옹이 혼자 계시어 같이 식사를 하게 되었는데 그분이 입에 음식이 맞았는지 고맙다시며 식사 후 자기 집으로 건너와 차나 한잔하자고 말씀을 주셨다.

얼마 뒤 그 분 집으로 갔더니 전원생활을 한지 10년이나 지났다며 집안이며 그동안 집을 가꾼 장비들이랑 텃밭, 정원을 이곳저곳 안내를 해주며 자랑을 하신다. 특히 정원에는 많은 유실수중에서도 약용식물이 많았는데 그중 내 귀에 가시오가피라는 말이 쑥 들어왔다. 필자는 후배에게 가시오가피 잎을 좀 따가자고 주문했다. 필자가 이곳에서는 신참이라 몇 번은 인근 주민들을 모아놓고 신고식을 해야 된단다. 지난번에도 바비큐파티를 했었지만 오늘저녁도 예외는 아니다. 이미 삼겹살이며 각종 부대 식품도 많이 준비 해와 푸짐한 야외 가든파티를 할 수 있게 준비를 해 놨다. 그러면서도 가시오가피 잎이 필자의 눈에 들어온건 한약재 잎으로 몇 년 전 천마산기슭에서 돼지고기를 구워 그 잎으로 싸먹었던 기억이 새로워서였다. 향기가 좋아 고기 맛이 한결 더 좋았던 기억이 있었기에...

밤이 깊어가는 줄도 모르고 다들 열심히 먹었다. 마시고 떠들고 노래하고 춤추며 놀았다. 필자도 원래 잘 안 먹는 돼지고기지만 가시오가피 잎에 싸서 제법이나 많이 먹었다는 기억이 난다.

꿈을 꾸는듯했다. 오른쪽 아랫배가 끊어져나갈 듯 아팠다. 견딜 수 없는 통증이 왔다.

꿈인가 했으나 꿈이 아니었다. 눈이 떠지고, 시계를 보니 새벽 3시다. 옆에는 술에 떡이 되어 코를 골고 자는 마 선생이 눈에 들어온다. 계속되는 통증에 어제 먹은 돼지고기로 인한 배탈인가 싶어 화장실에 가 봐도 통증은 가라안지 않는다.

필자는 급성 맹장인줄 알았다.

자는 마 선생을 흔들었다. 꿈쩍도 않는다. 발로 차니 그때야 끙끙거리며 눈을 뜬다. 야심한 밤에 웬 홍두깨냐 라는 표정이다.

180~200㎞ 이상으로 춘천고속도로를 내달렸다. 술에 취한 마 선생은 비몽사몽으로 옆에 있고 필자는 통증을 안전벨트로 눌려가며 액셀을 밟아 제꼈다.

제일 가까운 병원이 현대아산병원이었다.

"설사와 구토를 하셨나요?"

그런 적은 없다고 하니 맹장은 아니란다. 필자는 그럼 요로결석인가요 하고 응급실 당직 의사에게 물어보니 시티를 한번 찍어보잔다. 피 뽑고...

통증이 조금은 누그려져가는 것 같기도 했지만 2시간여가 지날 쯤 담당의사가 잠시 들어오란다. 그리곤 컴퓨터 화면으로 신장을 보여주며 설명을 해준다. 오른쪽 신장이 많이 커 보인다며...

뭐냐고 물어보니 답이 없다. 암이냐고 물어보니 아니라고도 답을 안 한다.

다만 오늘은 휴무 날이니 내일 전문의와 진료를 보게 예약해 주겠단다.

온갖 생각이 다 들었다. 응급실에 있다는 소리에 놀라 큰 딸과 집사람이 찾아와서는 더 당황해한다.

어 찌 이 런 일 이 다 나 에 게

다음날 출근해서 병원에 갔다. 수술을 하면 별문제가 없다고 했다. 신장 내에서 큰 혹이 자라고 있는데 너무 커서 신장전체를 하나 다 잘라내야 한단다.

암 이냐고 물어보니 신장은 들어내 보고 검사를 해봐야 암 확진을 할 수가 있단다. 그래도 전문의로써 예측은 할 수가 있지 않느냐고 재차 물으니 암적인 성향으로는 보인다고 했다.

그러면서 다행이 신장내만 있어 타 부위로 전이가 되지는 않은 것으로 보여 적출하는 것으로 종료가 될 수 있다며 수술을 하자고 권했다.

정해진 수술날짜가 6월 23일, 진료일이 5월7일, 앞으로 1달 보름이나 남았다. 빨리 하자니까 그렇게 밀려 있다고 했다. 그때까지 기다려도 괜찮은가 했더니 괜찮단다. 통증은 어쩌냐고 하니 지금처럼 계속 아프진 않는단다. 하면서 필요시 진통제를 먹으라며 진통처방을 해준다. 달리 약도 없단다.

온 곳에 소문을 내었다. 물론 일부러 전화를 걸어 내가 암에 걸렸다는 소리는 하지 않았지만 누구든지 안부 전화만 오면 이제 죽는다고 아우성을 쳐댔다.

그랬더니 대학동창인 친구 남선생이 사무실로 찾아왔다. 그러면서 아직 수술하려면 1달이나 더 남았는데 이러고 기다리고만 있느냐고 소리친다. 몇 군데 더 큰 병원으로 기보라며...

그때서야 몇 년 전 신장하나를 떼었다는 지인 한명이 생각났다. 친한 직장동료지만 당시는 그 말에 별로 깊이 관심 갖지를 않았는데... 전화를 해보니 필자하고 증세가 똑같단다. 별거 아니라면서 신촌세브란스 최 교수를 소개해준다. 우리나라 로봇수술의 대가라면서...

전화를 했더니 진료자가 밀려있어 2주는 걸린단다. 그래도 예약을 하고는 아산병원에서 진료한 영상을 가지고 가보니 같은 진단이 나온다. 역시 수술만하면 별문제가 없다며... 로봇수술이 가능하냐고 물었더니 물론 가능하단다. 필자는 인연을 매우 중시하는 편이다. 가능하면 처음 필자를 진단한 아산병원에서 수술을 할 요량이었다. 그런데... 그런데... 아산병원에서는 로봇수술은 불가하다고 했다. 신장이 너무 커 개복이 불가피 하다고 했었다.

"그럼 6월3일 날 수술을 합시다."

전날 입원을 하고는 그날 수술을 하잔다. 좋다고 했다. 아니 달리 다른 말을 구사할 수가 없었다. 이곳에서도 역시 암수술이 아니라 '신장 괘양'이라는 이름으로 수술한단다.

적출하고 난 뒤 조직검사를 해서 암 판정을 한다면서... 그러나 나는 암수술을 하는 마음으로 온 몸의 신경이 다 쪼그라들어

가는 심정이었다.

난 유서를 썼다.

내가 죽으면 사후처리는 어떻게 하라는 것이며 내가 가진 재산은 어떤 것이 있고 어떻게 처리하는 것이 좋겠다는 것이며... 그리고 그동안 날 위해 헌신한 아내에게 일찍 먼저가게 되어 너무 미안하다는 것을 유서로 남겼다. 그러면서 이렇게 담담하게 하고 싶은 말 다 하고 죽음을 맞이할 수 있는 것이 오히려 더 좋은 것은 아닐까하는 생각도 해보았다.

6월3일

수술 당일아침. 필자의 혈육들이 다모였다. 아내를 곁에 두고 큰애와 둘째 애 그리고 여동생 둘이가 같이 있었다. 필자는 수술 중 혹 죽을 지도 모른다는 생각을 하면서도 난 웃으면서 그들을 달래고 있었다. 유서까지 써 둔 마당에 뭐 걸림이 있냐며. 허세를 부려가며, 다들 걱정하지 말라고 하면서...

근데, 근데 말이다. 수술실에 들어가기 30분전에 대구에서 누나가 도착했다. 두 눈이 마주치자...

난 엉엉 울었다. 누나의 손을 꽉 잡고 난 그만 엉엉 울어버리고 말았다. 행여 누님보다 먼저 갈수도 있다는 생각에 너무 미안하고 송구하고 슬프다는 생각에...

수술실로가자며 침대를 옮겨 타란다. 누우라기에 그냥 앉아서 가겠다고 했다. 하면서 아내의 손을 꽉 잡고 수술실 문 앞까지 갔다.

보호자는 여기까지란다. 큰 문이 열리고 빨려들 듯 필자의 침대가 문안으로 들어서는 순간 혹 이순간이 마지막 일지도 모르겠다는 생각에 고개를 돌려 다시 한 번 손을 흔들고 작별을 해 본다. 나를 바라보는 눈동자들... 어찌 그 눈동자를 잊을 수가 있을까. 애절하다 못해. 불안, 연민, 사랑, 기원, 그 모든 것이 다 포함된 그 모든 바람이 그 눈동자에 있었다.

"기도를 해드릴까요"

수술실안에서도 준비를 위한 별도 대기실이 있었는데 그곳에서도 한참을 있었다. 수술가운을 입고 마스크를 쓴 한 여인이 다가와 기도를 해주겠단다. 하면서 침대로 다가와 필자의 두 손을 꼭 잡고는 한참을 기도 해주었다. 무사히 수술이 잘 끊나주기를 간곡히 기도드린다고 했다. 참 고마웠다.

이 세상에서 타인이, 그것도 생면부지의 사람이 나를 위해 기도를 해 주었다. 너무 감사했다.

잠시 후 침대에 앉아있는 필자에게 눕기를 지시한다. 천장이 빙글빙글 돈다. 이제진짜 수술실로 들어가는가 보다.

"수술대로 옮겨 눕겠습니다."

"이제 마취하나요?"

"큰 호흡하시고 속으로 하나둘 숫자를 한번 세어보세요"

그렇게 필자는 의식의 세계에서 멀어져갔다..

얼마가 흘렀을까. 귓가에 사람소리가 들린다. 이제 깨어났느냐고 하듯 눈 위로 간호사의 눈이 오락가락한다.

"어디에요?"

"회복실입니다. 수술은 잘 되었구요. 조금 있으면 병실로 가실 수 있습니다."

"수혈은 하셨나요?"

"수혈은 안했습니다."

필자는 로봇수술을 하면 수혈이 필요 없다는 말을 들었다. 그러나 수술이 잘못되면 수혈을 한다고 한 소릴 들었기에 정신이 들자 제일 먼저 수혈여부를 물어보았다.

세브란스 15층. 복도를 열심히 걷는다. 링거를 꼽고 무통주사액을 달고 옆구리엔 피 유도 호스를 꼽고 피 주머니가 달린 거치대를 한손으로 밀고는 걷고 또 걷는다.

"계속 걸어서야 됩니다. 그래야 내장이 제자리를 찾고 수술할 때 흘러내린 배속에 고인 피가 빨리 밖으로 배출이 됩니다."

간호사의 말에 그냥 그렇게 해야만 사는가싶어 필자는 아무런 생각 없이 복도 길이 180미터를 눈만 뜨면 걷고 또 걸었다.

필자의 인생애서 격기 어려운 좌절은 과연 몇 번이나 왔을까? 아니 참고 견디기보다 그냥 죽어 버리고 이 상황을 모면해 봤으면 하는 일이 몇 번이나 왔나?

걸으면서 필자는 지난 세월을 한번 되돌아보기를 해 본다.

한참을 생각해 보아도 별로 죽음과 연관할 만큼 어려운 일이 내 앞길을 막은 일은 없어 보인다. 청년기에 실연에 빠져 그런 생각을 해보았나 하는 정도... 출생이 요즈음말로 대단한 금수저는 아니지만 은수저는 되었기에 청년기까지도 별 어려움 없이 살았고 1979년부터는 공직에 몸담아 정년을 얼마 남겨 두지 않은 이때까지 그야말로 갑질을 하며 평생을 보내지 않았던가.

그러고 보니 공직생활 중 두 번의 어려운 일이 있었다.

주임으로의 진급을 앞두고 시설공사 감사를 받아 부실공사를 하였다는 감사결과로 징계위원회에 회부 된 일이 있었다. 그때 징계를 먹으면 사표를 내겠다는 심정으로 인사위원회에 제출할 자료를 최선을 다하여 준비하였는데. 얼마나 고민을 하였던지 꿈속에 선친이 나타나시어 당신이 도와주신다며 고향에 와서 설명절 제사를 지내라는 현몽을 주시기도 했다. 너무 생생한 꿈이라 대구로 내려가 설 차례 상을 모시고 오기도 했는데 정말 결과는 무 혐의로 재판결과가 나와 주임으로 진급을 하기도 했었다. 세상만사 세옹지마라는 말이 있다. 당시 서울시에서 필자와 같은 혐의로 5명의 직원이 재판을 받았는데 필자를 포함하여 2명만 풀려나고 3명이 징계를 받았다. 징계 받은 한 명이 송 모 직원인데 홧김에 사표를 내고는 사업을 시작하여 2년 후에는 자산이 200억이나 되는 중견 회사의 오너가 되었었다.

"그때 징계를 맞은 것이 참 잘 되었던 것 같아"

징계를 먹으면 진급이 되지 않아 동기들과의 경쟁에서 밀려지니 도중하차를 한 것인데 오히려 그것이 전화위복이 되었다며 필자 앞에 환한 웃음을 보였었다.

그런데 십 수 년 후 필자가 사무관이 되었을 때 그만 그의 비보를 받고 말았으니...

"송회장 일지? 그제 강원도 산골에서 자살했다하네"

알고 보니 회사를 확장하다 잘못되어 빚에 몰려 자살을 하고 말았단다.

팀장시절이었다. 열심히 하여 사무관이 될 모든 조건을 만들어두고 시험공부를 하고 있는 중인데 직원이 편지 한통을 가져왔다. 겉봉엔 성은 다르지만 이름과 직책이 나와 같은 수신인이 적혀 있었다. 발신인은 내가 전혀 모르는 이름으로 주소는 모 사서함으로 해서... 던져버릴까 하다가 겉봉을 뜯고 내용물을 확인 했다. ... 이렇게 황당한 일이... 내용인 즉 전문을 올려보면 이렇다.

'안녕하십니까. 저는 현재 영등포구치소에서 구속수감중인 '전00'라고 합니다. 저는 '서상일'팀장님에게 도움을 드리고자 하오니 이 편지를 받은 즉시 영등포구치소로 면회 오세요. 면회는 1

시에서 3시에 와야 합니다. 제가 도움을 드리고자하오니 필히 오시어 불이익을 받지 마시길 바랍니다. '서상일팀장'님을 현재 구로경찰서에서 뇌물공여 및 향응제공을 받았다고 고소한 사람이 있어요. 그 사람에 대하여 왜 고소를 했고 그 사람을 무고공갈협박으로 대응하시라고 편지 드리니 이점 아시고요. 편지 받은 즉시 1시에서 3시 사이에 면회 오셨으면 합니다. 그럼 면회와서 뵙기로 하지요. 고소한 사람을 무고 및 공갈협박범으로 집어넣어야 '서상일'팀장님이 편하실 것 같네요. 그럼 건강과 행복이 축복하시길 빌면서 대응하시라고 알려드리니 바쁘시더라도 면회 오셨으면 합니다.'

필자의 성이 아닌 이름만 같은 '서상일'님으로 시작하며 직책은 필자의 직책으로 표기를 하고...

어눌한 글씨채로 쓴 오자 탈자가 많은 편지 한 장... 마지막 구절이 내가 행복하고 축복을 받았으면 해서 보낸 글이라는데 전혀 내용이 그렇지 않아 보인다. 정말 기가 찬다. 그러나 한편 속이 답답해진다. 그가 누군지 모르지만 필자의 위치의 특수성(?)을 알고 옥죄어 오는 것 만 같아 심히 불쾌하기까지 하고...

하지만 나 또한 가만히 있을 수야 없다. 적을 알고 나를 알아야 백전백승이라는데 난 상대에게 노출 되었지만 난 상대를 모르기에... 먼저 구치소에 연락을 취해 보았다. 마침 아는 직원이 있어 정황을 이야기하고 그자의 인적사항을 알아보려고 하니 개인정보사항이라 알려 줄 수가 없단다. 그래서 그가 사기죄로 재판 중이라는 사실만 가능케 한 답을 듣고 다시 관련 경찰서에 사실을 알아보았다.

'정말 1달 전에 모 인사가 진정서를 한 장 가지고와서 접수를 한다기에 내용을 보니 팀장님 이야기가 있어 기억을 하고 있다.'

잘 아는 경찰로부터 1달 전 어떤 50대 남자가 진정서를 가지고 접수하겠다며 나타났기에 그러라고 했더니 다시 오겠다며 접수도하지 않고 그냥 가더란다. 해서 그 내용을 본적이 있느냐니까 팀장이 공사 건를 주겠다고 하여 현금 300만원을 통장에 입금시킨 적이 있고 4~5년에 걸쳐 술집에서 5,000만원상당의 향응을 제공한 적이 있다는 내용으로 엄히 처벌을 바란다는 진정이었다고 했다. 그 경찰의 이야기론 그 후 다시 그자가 나타나지 않아 내가 뒷 처리를 잘해 마무리가 된 줄 알았단다. 그 참, 그동안에 벌써 이런 루머가 내 주위를 돌고 있었다니... 경찰 말론 그런 사실이 없다면 구치소로 찾아갈 필요가 없다고 했다. 가면 오히려 말려들 수가 있다며... 내가 너무 기분이 나쁘고 화가 나 당장 구치소를 찾아가 그자를 만나 시비를 밝히는 것이 어떻겠는냐는 질문에 경찰이 한 말이다.

그러면서 내가 전혀 그런 일이 없다고 했음에도 '사람 마음속을 누가 아느냐.' 며 그가 여운을 남겨주자 다시금 마음이 아파옴을 느껴본 기억이 난다.

일이, 아니 이런 소문이 나면 그 진위를 떠나 '아니 땐 굴뚝에... '하며 일단은 먼저 의심하고 당사자를 믿으려 하지 않은 것이 현실인 것을 알기에 더욱... 진급을 앞둔 필자는 정말 죽고 싶다는 생각도 들었다.

그렇게 마음을 상해가며 한 달여가 지났다. 그동안 아무런 소식도 없기에 그 정도로 그만 끝이 난 줄 알았는데... 이번에는 경찰에서 연락이 왔다. 같은 내용으로 진정서가 접수되었단다. 해서 조사를 할 수밖에 없다며... 내가 전혀 그런 일이 없다며 이해를 구했음에도 3년 정도의 금융거래조사는 불가피하다는 말도 전해준다.

온갖 생각이 다 상상된다. 이걸 누구에게 이야기하고 이해를 구한단 말인가. 하면서도 나 자신 지난 온 과거를 되돌아보며 나에 대하여 깊은 성찰을 해본다. 과연 나는 누구인가에서부터... 당시 공무원생활 만 29년, 이제 공무원의 꽃인 사무관진급이 막 눈앞에 왔는데 이런 독직 사건에 연루가 된다면... 정말 상상하기도 싫었다. 그동안 살아오면서 누구를 눈물을 흘리게끔 한 적이 있었는가? 손가락을 구부려가며 한 명 한 명 담아보니 있는 것도 같고 아닌 것도 같고...

내 경우 같은 위치에 있는 경쟁 동료들은 좀 비토적인 경우가 있다. 반면 윗 위치에 있는 상사들은 다들 좋아하는 편이다. 연유인즉 늘 좀 앞서가는 형상이라... 진급도 빠른 편이고...

내 경우 지방에서 혈혈단신으로 이 사회에 달려 나왔다. 7남매의 5번째, 독자로 태어나 집안의 기대는 듬뿍 안았지만 세월 탓에 연로한 아버님은 세월을 따라 먼저 가셨고... 해서 아무도 나의 후견인은 없었기에 오직상사만이 나의 최고 후견인이다 라는 생각으로 윗사람들에게 무척 잘하는 편이었다.

정말, 청운의 뜻을 품고 불의와 타협하지 않고 정의롭고 청렴하게 소신을 다하겠다며 공무원을 시작하긴 하였는데... 하지만 막상 공무원조직에 들어 몇 년을 지내보니 당초 내가 생각하고 있던 것과는 전혀 다른 면도 있었다. 업무와 관련해서도 학연 혈연 지연 등에 많이 좌우되기도 하였고 그러나 인지상정이라 말잘 듣고 열심히 하는 대야 상사가 싫어 할리 만무.

나는 일찍 그 방면으로 눈을 떴다고 해야 할 것이다. 남보다 빨리 조직의 실태를 파악하고 잘 적응해 갔다는 표현이 맞겠다. 해서인지 다들 예쁘게 인식을 해주었고 남들보다 빠른 승진의 길목에 들어설 수가 있었다. 특히 팀장은 최 단기 승진 주자로도 기록될 정도였는데...

그 당시에서도 그렇다. 속된 말로 내 위에 고참이 둘이나 있었다. 그들이 있는 한 나에게 승진 기회는 오지 않는다. 근무평정을 하여 서열을 정하고 승진을 하는 공조직의 룰상 서열을 앞당기기 위한 근무평정의 우열은 그 자체가 인생의 바로미터라고 해도 무방할 정도의 위력을 가지고 있다. 그렇다보니 그 둘을 어디로든지 떠나보내야만 하는데 쉽지가 않다. 우여곡절 끝에 결국 최고 고참을 스스로 전출을 하도록 만들었다. 그런데 그게 전부가 아니었다. 이번에는 2번이 어부지리를 얻어 1번 행세를 해 버린다. 다시 각고의 노력을 더하여 1년 반이라는 세월을 소비한 뒤에야 내가 그를 제치고 1번으로 올라 설 수가 있었다. 정말 각고의 노력이었다. 1년 반 가까이 그동안 던져두었든 책을 잡아내어 자격시험에 통과되고 기술자자격증도 따고... 해서 내개 1번을 준 상사의 체면을 세워주었다. 이렇게 생각해보면 날 위해(危害) 할 만한 사람이 주위에 있다는 소리인데... 그럼 그것은 그렇다 치고 내 입장에서 이 문제를 어떻게 대응한단 말인가. 우선 내 주위사람들에게 완전 오픈을 시켰다. 혹 뒤에 만에 하나 어떤 불미스러운 일이 있었을 때 새삼스럽게 설명을 할 필요가 없도록 하고, 해서 윗사람들에게도 보고를 했다. 다들 좋은 일이 있을 때면 마(魔)가 낀다며, 그러한 사실이 없지 않느냐며 위로를 해준다.

부탁은 해놓았다. 소문 안 나게 조용히 수사를 하고 결과를 줄 수 있도록 해 달라고... 허나 하루하루가 가슴에 침을 놓는 것 같았다. 당장 사표를 쓰고 말아야겠다는 생각도 해본다. 수사관 앞에 가서 없는 일에 대한 변명을 어떻게 한단 말인가. 그리고 주위에서는 나를 어떻게 볼 것인가. 또 후에 무혐의로 나오더라도 깨끗하게 보지 않고 잘 마무리한 것으로 이해를 할 것이 아닌가...

그렇게 노침초사 세월을 보내고 있는데 7월16일 오후 이번에는 진정을 한 사람으로부터 직접 전화가 왔다. 다짜고짜 '전00'를 아느냐고 했다. '전00'는 구치소에서 내게 편지를 보내 온 자이다. 내가 화를 벌컥 내며 왜 전화를 했느냐고 하니, 검찰에서 자기를 호출하였단다. 이번에는 검찰까지 들먹인다. 그 이유를 물으니 똑 같은 내용으로 해서 검찰에도 진정서를 집어넣었단다. 근 두 달 동안이나 가슴을 죄고 있었는데 이번에는 검찰이라니... 내가 그를 구슬려 검찰호출장을 좀 보자고 했다. 곧 팩스로 도착을 하였는데 발신지는 전남 광주에 있는 건설회사다. 검찰통지서가 맞았는데 서울남부지원으로 되어있어 관계자에게 알아보니 진정한자와 사실 관계가 있었다. 다시 통화를 하여 어떤 저의를 가지고 이러한 일을 꾸미고 있으며 누가 사주를 하였는지를 추궁하니 그가 즉답을 피하며 횡설수설을 해 보인다. 심지어 자기는 정신장애 1급으로 얼마 전 요양원에서 나왔다고 까지 한다. 하면서 자기가 검찰호출에 응하지 않으면 사건이 입건 처리되지 않는다고 하면서 내가 검찰에서 만나자고하여도 그럴 필요가 없다고 한다.

'진정인이나 고소인이 경찰이나 검찰에 출두하여 자기가 접수한 사건에 대한 사실관계를 확인하지 않으면 입건이 안 된다?' 난 그 말이 너무 이상했다. 일반적으로 행정부서에서는 일단 진정서가 접수되면 그 진위를 사실 조사하여 가부를 가리고 회신을 해준다. 그런데... 해서 검사출신 변호사를 하고 있는 친구에게 자문을 구해보니, 두 번 정도 진정인이나 고소인을 출두 요청한 뒤 진정인이 응하지 않으면 그 사건을 기각처리를 해버리고 만단다.

그렇다. 바로 이런 법을 고묘히 이용한 협박 공갈 사기행각에 내가 걸려든 것이었다. 경찰에 진정서를 내고 구치소에서 편지로 그 사실을 알려 마치 경찰이 수사를 하고 있는 것으로 냄새를 풍긴다. 피해자가 경찰에 알아볼 경우 그러한 일이 있다고 대답해줄 것이다. 검찰도 같은 결과를 얻을 수 있다.

고참 공무원이 되면 검찰이나 경찰에 아는 직원이 한둘은 있을 터...

이런 투서사건이 있다고 소문을 내면 뒤가 쿠린 사람은 그가 누군지, 무슨 이유에서인지를 알려고 할 것이고, 특히 돈을 은행통장으로 입금시켰다고 하면 그와 관계없는 사건으로라도 혹 검은돈이 들어왔을 경우 문제가 될 것을 우려해 사건을 무마하려고 할 것이 예견되기에 말이다.

다행이 내 경우 팀장이 되고 난 뒤부턴 그런 음성수입에는 전혀 손대지 않았고, 또 주변에 도움을 주는 지인들이 있었기에 그 정황을 슬기롭게 벗어 날 수가 있었지만 마음약한 사람들은 쉽게 함정에 걸려 넘어 질 수가 있겠다는 생각을 해본다.

암튼 좋은 경험은 해보았다. 허나 너무 아팠다. 그 기간 동안 기술자격시험을 공부하는 기간이기도 하였는데... 그러나 한편 내 인생의 전반부를 다시 한 번 관조 할 수 있는 기회가 되었고 반성도 해 보았다. 앞으로 더욱 청렴하고 깨끗한 주변을 만들어 가며 생활해 보겠다며...

검찰통지서가 온 뒤로 수주일이 지나 지인인 경찰로부터 연락이 왔다. 무혐의로 종결처리 하였다며... 아마 경찰도 진정인이 나타나지 않자 기각처리를 한 모양이었다. 세상에... 이럴 수가, 걸리면 다행이고 아니면 말고... 이런 법이... 그 해 가을 그 어려운 여건 속에서도 필자는 각고의 노력 끝에 아주 우수한 성적으로 사무관 승진시험에 합격을 했다.

당시엔 마음고생이 몸 아픈 것보다 더 힘든 것 같았다.

근데 정작 몸이 아프니... 세상이 싫어지고... 왜 나에게 이런 시련이 오는가 하며...

며칠을 돌고나니 이제 퇴원을 하란다. 하루 더 있고 싶다고 했는데도 있을 필요가 없다면서... 집에 가서 푹 쉬면서 잘 먹으라는 말만한다.

신체적으로는 전혀 문제가 없단다.. 항암치료 같은 것도 할 필요가 없다고 했다. 약도 없고 음식을 가릴 것도 없다고 하며... 단지 신장하나가 바깥으로 나와 버린 것 외에는 아무것도 달라진 것이 없다고 했다.

다행이 다른 남아있는 신장 하나도 그 기능에 전혀 문제가 없단다.

1주일 후 상처의 실밥을 빼고는 사무실에 2달의 병가를 냈다.

그리고는 준비된 요양처가 되어버린 횡성 어답산 자락에 미리 마련해 놓은 집필실에 내려갔다.

참 묘하다는 생각을 해보았다. 만약 사전에 이런 곳이 없는 상태에서 일이 벌어졌다면... 수술을 하고 이런 곳을 찾았다면 가능했을까?

또 이번에 이렇게 병의 징후를 알 수가 있었던 것도 옆집 이삼랑옹이 준 가시오가피 때문이라는 생각이 들었다. 다들 신장

이상은 초기엔 잘 알 수가 없다고 했다. 일반 건강검진으로도 나타나지 않는단다. 혈액검사로 하는 5대 암 검진에도 나타나지 않고 시티나 초음파로만 알아 볼 수 있는 것이란다.

해서 필자는 이번기회에 세분을 생명의 은인으로 정하여 모시기로 했다.

첫번째가 이곳을 소개해준 조규홍선생. 그리고 흔쾌히 집을 빌려준 장인호선생. 그리고 가시오가피로 병후를 나타나게 해주신 이삼랑옹.

그리하여 필자는 어답산 자락에서 요양 겸 집필을 하게 되었고 1년 후 정년퇴임을 하고는 아주 그곳에 눌러앉아 어답산을 뒷동산 삼아 음악과 시와 서각과 서예를 하며 2년여를 보냈다.

열심히 운동을 했다. 식사와 빨래와 청소며 모든 것을 손수 해 보았다. 한 동안 내 인생의 최고의 순간이라고 생각하기도 했다. 아무런 간섭도 없는 세상, 내가 하고픈 대로 해도 되는 세상. 그야말로 천상천하 유아독존이라는 말이 걸맞은 삶이 충만된 시기였다.

먹고 싶은 것을 손수 해먹을 수 있다는 것이 얼마나 큰 기쁨인지도, 하고 싶은 것을 아무 거리낌 없이 할 수 있다는 것이 얼마나 큰 기쁨인지도 온몸으로 느껴보았다.

"폐에 좁쌀 만 한 것이 의심쩍어 보인다는 판독의견이 있네요."

"아니야, 원래 거기 있던 것인데, 커진 것도 아니잖아."

2016년 5월 경 흉부 시티촬영 결과를 보고 이상 소견이 있다고 보고하는 연구 간호사의 말에 주치의는 강한 부정을 해보였다. 필자는 신장수술 후 예후가 좋다며 주치의가 임상대상이 되길 권하여 4개월 정도로 주기적인 시티촬영을 하면서 예후를 관찰하고 있었는데 2년이 다되어가는 시점에 흉부에 이상소견이 있다는 소리에 다시 한 번 눈앞이 캄캄함을 느껴본다.

"다시 알려드리겠습니다."

연구 간호사가 임상을 외국연구소와 같이하는 것이라 매번 찍은 시티사진은 그곳으로 보내 추가정밀 판독을 받게 한단다. 하면서 2주정도 걸리니까 연락이오면 전해 주겠다고 했다.

"연락이 왔는데 괜찮다고 합니다."

전화가 왔다. 그 말을 듣고서야 마음이 편해진다. 집필실에서 책을 봐도, 글을 쓰도, 등산을 해도, 여행을 해도... 혹시나 하며 마음을 졸이고 있었는데....

9월9일 추석 전주 날이다.

4개월 만에 다시 찍은 시티결과가 나왔다. 그때 그것이 움직였단다. 이번에는 주치의도 부정을 않는다. 협진을 해야 한다며 흉부외과 의사를 소개하며 진료 날을 잡아준다.

"수술합시다. 크기는 작지만 위치가 깊어 상부 1/3은 잘라내야 되겠네요."

"선생님. 수술은 좀 있다. 하시면 안 되겠습니까?"

바로 추석 전날 수술 이야기를 듣고 필자는 심한 가슴앓이를 했다. 밥맛이 뚝. 2년 전 처음 다가온 충격보다 더 옥죄는, 도저히 숨 쉬는 것도 힘이 들 정도로 정신공황 상태가 되는 것 같았다.

"견디자. 이기자. 참자... ... ..."

별 생각을 다 하면서 참고 생각을 해보는데 그래도 눈만 감으면 그 상태를 벗어날 수가 없었다.

필자는 일단 수술날짜를 연기했다. 1달 후 다시 한 번 시티를 찍고 결정을 하기로 했다.

둘째딸이 11월 5일 애를 낳는 날이다. 필자는 첫 외손녀가 이 세상에 나오는 것을 보고 병원에 가고 싶었다. 아니 이번에 병원에 가면 꼭 죽을 것 만 같았기에 모든 것을 다 정리해놓고 죽음을 맞이하려가는 기분으로 수술에 임하기로 마음을 정했다. 2달여의 시간이 있어 그동안 이미 약속되어 있던 일들을 하나하나 처리해가면서...

먼저 누나와 여동생 둘, 같이 여행을 가기로 마음먹었다. 한 엄마의 뱃속을 빌어 형제의 연을 맺었지만 뿔뿔이 흩어져 그동안 너무 소원했기에 멀리는 못 가드라도 제주도정도나 가서 며칠이나마 같이 있고 싶다는 생각을 했다. 물론 필자가 수술을 받는다는 이야기는 비밀로 하고...

다들 시간을 내어주어 정말 우리피만 같이 제주도에서 3일을 지내다 왔다.

다시 여러 친구들을 만나 마음의 정리를 하고 있던 중 둘째애가 조산기운이 있더니 예정일보다 10여일 당겨진 10월24일 외손녀를 낳았다.

기쁨 충만, 병원에 가서 수술날짜를 잡으니 다시 한 달여 인 11월21일은 되야 된단다.

수술 날이 확정되었다.

다시 한 번 죽음의 세계로 들어가야 한다고 생각하니... 다시 거대한 두려움이 몰려왔다. 아니 이번에는 그냥 죽어버리면 더 좋겠다는 생각도 해보았다. 난 평생 전신마취를 해 본 적이 없었다. 지난수술 때 마취에서 깨어나 보니 잃어버린 시간에 대한 기억이 전혀 없었다. 그때 난 느낀 것이 있었다. 죽으면 아무것도 없는 것이라는... 필자는 살아오면서 3가지의 큰 의문을 가지고 있었다. 인간은 왜 태어났는가?. 왜 살아가는가?. 왜 죽어가는가? 하면서 어차피 자기의지와 관계없이 태어났고, 못 죽어 사는 거라면, 왜죽는가라는 것은 한번 알아보자고 했다. 몇 년을 명리학 공부를 했다. 어느 경지에 올랐는지는 모르지만 기존 명리학에 대한 모순점을 발견하고는 사주팔자가 아닌 오주십자라는 이론을 발표하기도 했었다. 그리고 필자의 명은 70세에 끝이 난다는 것도 추명하게 되었다. 해서인지 지난수술 때는 아직은 죽지 않을 것이라는 확신이 있었기에 울고불고 하긴 했어도 고통에 대한 불안은 있었어도 죽음에 대한 불안은 들지 않았던 것은 사실이다. 공무원 꽃이라는 사무관이 될 때도 평생운로를 보고 몇 년을 노닥거리다 그 운이 왔을 때 집중적으로 공부를 하여 시험에 합격하였기 그 믿음은 맹신적이 되기도 해버렸기에...

이번에도 죽지는 않는다고 생각했다. 그러나, 그러나 말이다. 솔직히 이번에는 죽어버렸으면 하는 마음이 앞섰다.

필자는 이제 나의 가족으로부터 잉여인간이라는 생각이 들었다. 내가 가족을 위해도움이 되는 것이 무엇인가. 나아가서는 사회와 국가를 위하여 무슨 도움이 되는 인간인가.

수술을 받다가 사고로 죽었으면 하는 것이 솔직한 나의 바램이었다는 것은 진실이다.

큰 딸애가 회사일로 프랑스 파리 주재원으로 발령이 났다. 2017년 6월이면 파리에서 전 식구가 같이 살아야 한단다. 애가 미혼이라 같이 가게 되었는데 애 엄마도 파리생활을 동경하며 한껏 꿈에 부풀어있다. 화가이기에 예술과 문화의 상징인 파리에 더 강한 애착을 보이고 주말이면 회화공부를 하러 학원에 다니고 있다.

만에 하나 필자가 걸리적 거리면... 가족이기에 그 꿈을 버릴 수도 있지 않을까 하는 우려가 들었다. 필자로 인해 이제 막 최고의 날개를 펴고 날개 짓하려는 내 딸... 절대 그렇게 되도록 하고 싶지는 않았다.

하면서 만에 하나 수술 후 예후가 좋지 않다면 난 죽어버리려고 단단히 마음을 먹었다.

큰애가 같이 아직 시간이 있으니 머리도 식히고 마음도 풀 겸 여행이나 가잔다.

그러고 보니 큰 애 와는 일본이며 싱가폴이며 매년 1월1일이면 같이 여행을 했었는데 이번에 같이 가본 오끼나와에서 보낸 4일간은 그전 여행과는 또 달리 참 많은 것을 느끼게 해주었다. 아마 이것이 생에 마지막 여행이 될 수도 있다는 기분이 더해서였으리라.

여행을 하면서 진한가족애를 한 번 더 느꼈다. 배려하고 양보하고 도와주려고 서로가 서로를 이해 하려한다. 필자는 생각했다. 설혹 가족이 아니더라도 앞으로 삶이 나에게 더 주워진다면 타인에게도 베풀고 도와주며 살아가야겠다고, 그것이 오히려 자기 삶에 더 큰 보람이 되겠다는 생각에 확신이서는 것 같았다.

이제 겨우 둘째 애가 외손녀의 이름을 지었다. 필자가 지어주고 싶었지만 외손이라 친가에서 어떻게 생각할까싶어 선뜻 말을 못하고 있었다. 며칠 안 있으면 수술실에 가야 하는데 그전에 외손녀의 아호를 하나 지어주고 가야겠다는 생각이 들었다. 혹 수술을 하다 죽더라도 말이다.

해서 작호한 것이 명목(冥沐)이라는 호이다. '명목'은 '가늘게 내리는 비'를 의미한다. 이름은 강민서인데 사주(四柱)상에 수기(水氣)가 전혀 없어 사주에 수기를 흠뻑 적셔주는 아호를 작호하여 족자에 써놓고서야 안도를 해본다.

주위를 둘러보니 아직 할 일이 남았다. 필자는 왜 그런지, 아니지 하면서도 수술실에 들어가면 나오지 못 할 수도 있다는 생각을 떨쳐버릴 수가 없다. 이번에도 유서를 작성했다. 가족에게 내가 가고나면 어떻게 해야 한다고 자세하게 적었다. 재산이며 현금이며 심지어 누구에게 연락하여 자문을 받으라고 까지 적었다. 그러면서 말미에 절대 슬퍼하지 말라고 했다. 내 한평생 너무 행복하게 살다 갔다고 하면서... 다만 내가 아내와 자식을 좀 더 지켜주지 못하고 먼저 가는 것이 미안하다고, 큰애의 자랑스러운 파리주재원 임용을 보지 못하고 가는 것이 미안하다고 썼다.

형제들에겐 알리지 못하고 가는 것을 이해해 달라고 했다. 회자정리(會者定離) 두 번 세번 마음아파 할 것이 미안해서 알리지 못했다고 썼다.

11월20일 오후 입원을 했다.

다음날이 월요일인데 첫 번째 수술대상이란다. 밤에 두 딸과 아내 이렇게 넷이서 서로 두 손을 꼭 잡고 있었다. 산후조리중인 둘째애가 그래도 아빠를 봐야 된다며 아픈 몸을 끌고 왔다. 정말 이번에는 아무에게도 수술사실을 알리지 않았다. 딱 3명 아내와 두 딸. 그리고 보면 이들이 나의 혼이고 몸이고 사랑이고 자랑이고 희망이고 영광이고 행복 전부이다.

밤새 금식을 하고 21일. 07:00 아침에 일어나니 간호사가 옷을 가지고 와서 갈아입으란다. 수술복이다. 단추가 없는 뒤가 터진 끈으로 묶는 옷이다.

잠시 뒤 지난번과 같이 이동 침대가 도착했다. 누우라기에 그냥 앉아 가겠다고 했다. 큰애와 아내의 손을 잡고 긴 복도를 거쳐 수술실 앞에 도착했다.

손을 놓고 물끄러미 둘의 눈을 본다.

눈물 한 방울...

문이 열리고 수술대기실에 들어왔다. 한참을 기다리는데 역시나 성경책을 든 남자분이 다가오드니 필자 옆에 있는 젊은 아가씨에게 다가 가더니 기도를 해준다. 그러더니 그냥 대기실 밖으로 나가려한다.

그걸 본 젊은 여자가 필자에게 기도를 받으라고 권해준다.

"선생님 저는 기도해 주시지 않나요?"

이번에는 그냥 넘어가려다가 내친김에 큰 소리로 그분을 불러세웠다.

두 손을 꽉 잡고 한참을 같이 기도 했다.

"수혈했나요?"

정신이 들자 필자는 제일 먼저 간호사에게 수혈문제를 물어보았다.

흉강경수술인데 수혈을 안했다니 수술이 잘 끝난 것이리라.

이제 곧 입원실로 옮겨준단다. 통증이 심하냐고 하기에 안 아프다고 했다. 정말 그랬다. 별로 아프지 않는 것 같았다.

병실로 돌아오니 반가운 얼굴들이 환하게 맞아준다.

귀한 나의 가족들...

이번에도 복도걷기는 계속 됐다. 전번과 다른 것은 흉부라 다른 장기의 위치 이동은 없어 폐활량만 키우면 되는 운동이라고 했다. 방울 빨아올리기 훈련과 병행하여 근3일을 계속 걷고 또 걸었다.

피 호스로도 더 이상 피는 나오지 않는다며 제거하고는 내일 퇴원이 가능하단다.

4일 만에 퇴원을 했다.

1주후 흉부외과를 갔더니 예후가 좋단다. 1달 후에 다시 한번 보자고하면서... 3개 월 정도 되면 생활하는데 전혀 무리가 없단다. 아직 젊고 폐가 건강하다고하면서... 폐가 건강하다는 말을 이해 할 수도 있는데 필자가 젊다?

내가 젊은 축에 끼나?

며칠 뒤 우연히 TV에서 흉부외과 의사가 하는 소리를 들었다.

"링거와 피 주머니를 달고 끊임없이 복도를 돌고 있는 말기암 환자를 봅니다. 의사들이 쉬지 말고 운동을 하라고 해서이지요. 눈만 뜨면 한밤중에도 그런 모습을 볼 수가 있답니다."

"그분들이 정말 그렇게 걷기만 하면 살 수가 있다고 생각하는 것 같아서요"

그러면서 그렇게 말할 수밖에 없는 자기 자신이 너무 초라함을 느낀다며 그 젊은 의사의 두 눈에 물방울이 대롱거린다.

- 2016. 12

돌 할매(할머니)를 웃긴 남자

얼마 전 필자의 집필실이 있는 이곳 강원도 횡성에서 안동 하회마을을 시작으로 경주, 부산을 거쳐 을숙도며 거가대교를 경유하여 거제도를 탐방하고, 고흥반도와 고창 선운사 동백꽃과 서정주 시인기념관을 답사한 뒤 익산, 서천 춘장대 까지 돌아오는 총 4박을 일정으로 하는, 해서 남도를 한 바퀴 도는 남도기행을 한 적이 있었다. 4박5일 동안 총 2,000㎞가까이를 직접 차를 몰고 돌아오는 장거리 여행임에도 곳곳에 계신 지인들이 잘 보살펴주어 아주 즐거운 여정이 되었는데 여행 중 늘 일어나는 일이지만 이번 여행에서도 아주 재미난 일이 많이 있었는데 그중 하나는 한참 시간이 지났음에도 당시 이야기만 나오면 너나없이 배를 잡고 나 뒹굴어지고 만다.

출발은 필자부부와 옆집에 계시는 이 선생 부부, 4명이 차 한 대를 가지고 했다. 그리고 경주에서 스님한분과 합류하고 다음 날 부산에서 또 다른 스님한분, 이렇게 총 6명이 차 2대로 일정을 도는 계획이었다. 우리 4명이 첫날 안동하회마을을 보고 점심을 먹는 것까지는 당초 계획대로 잘 진행이 되었다. 중앙고속도로를 타고 경주를 향하는데, 그런데 대구를 지나 영천을 지날 즈음 계획에 없던 '영천 돌 할매'를 친견해보자는 필자의 의견에 여정을 이탈하는 돌발사건이 생겨버렸으니...

'영천 돌 할매'... 다들 할머니를 경상도 사투리인 할매로 불러 제주도 '돌 하루방'처럼 이곳에선 '돌 할머니'를 '돌 할매'로 공식 명칭이 되어있다.

벌써 20년은 족히 자났으리라. 전국적으로 '영천 돌 할매'가 유명세를 날린 것이 말이다. 필자도 소싯적 누님의 권유로 '영천 돌 할매'를 찾아 10시간씩이나 기다린 끝에서야 겨우 차례가 되어 기도를 하고 소원을 빌었더니 들어 주겠다는 응감을 '돌할매'께서 해주셨다. 그런데 20년이라는 세월이 흘러 정말 그 소원이 이루어졌다.

지금은 설렁하다고 했다. 주변을 공원화해서 화장실이며 주차장까지 만들어놓았음에도 찾아오는 사람은 그리 많지가 않단다. 그 당시 필자가 찾아갔을 때 만 해도 주차장은 물론 화장실도 없었다. 그런데도 사람들이 줄을 서서 10시간이상은 기다려야 순번이 왔으니, 아마 당시 '돌 할매' 원력은 지금보다 더 대단 하였던가보다. '돌 할매'는 그동안 너무 많은 사람들의 소원을 다 들어주다보니 그 원력이 이제 다 쇠하여 진 것은 아닌지...

'돌 할매'는 무개가 약 10kg 정도 되는 돌덩어리다. 모양이 둥그스름한 타원형의 농구공, 아니 럭비공 같다. 그 돌은 약간 파인 바닥 돌 위에 반듯하게 올려 져 있는데 사람들은 '돌 할매' 앞에 다가가서 먼저 그 '돌 할매'를 두 손으로 들어본다. 그러면 백이면 백 그 돌은 번쩍 들려진다. 건장한 성인남녀면 그 정도 돌 무게는 아무것도 아니기에, 그리고 난 뒤 복전을 내고 소원을 말하고 절을 하고 기도를 한다. 그리고 다시 돌을 두 손으로 들어올린다.

이때 희비가 갈린다. 어떤 이는 '돌 할매'를 들지 못한다. 또 다른 이는 '돌 할매'를 기도전과 같이 쉽게 번쩍 들어올린다. 사람들이 말하길 '돌 할매'가 소원을 들어줄 사람은 '돌 할매'를 못 들어 올리게 한단다. 즉 '돌 할매'를 못 들어야 소원이 이루어진다는 것이다.

20년 전 필자도 소원을 빌고 기도를 한 후 '돌 할매'를 들려고 했다. 그런데 이게 어찌된 것인지 기도 전 쉽게 들려졌던 '돌 할매'가 이번에는 바닥 돌에 달라붙은 듯 꿈쩍도 않는다. 뒤에서 지켜보던 누님께서

"야야, 니는 뭐 빌었노? 돌 할매가 소원을 들어준다고 했네"

정말 그때는 그렇게 약간은 황당하였지만 소원이 이루진다는 소리에 10시간이상 기다린 피로도 잊고 기분 좋아했었는데 어쨌거나 세월이 20여년이나 지난 후에 그 사실이 증명이 되었으니 필자가 '돌 할매'에게 고맙다고 인사는 해야 될 모양이다. 그리고 또 다른 소원을 하나 들고 '돌 할매'를 찾아보겠다며 동행한 이선생 부부에게 이야기를 하였더니 다들 그 말이 사실이냐며 '돌 할매'를 보고 가잔다.

먼저 우리부부가 '돌 할매'를 친견했다. 이번에도 '돌 할매'는 소원을 들어주실 모양이다. '돌 할매'가 바닥에 달라붙어 떨어지지 않는다. 필자의 이번 소원은 나이가 지긋한 첫째아이 결혼을 빨리 할 수 있도록 해달라는 소원이었다. '돌 할매'가 들어주신다니 너무 감사할 뿐이다.

다음은 이선생 차례다.

기도를 하고 '돌 할매' 앞으로 다가서는가싶더니 이선생이 '돌

할매'를 두 손으로 머리 위까지 받쳐 들고 기쁜 듯이 덩실덩실 춤을 춘다.

"돌할머니 감사합니다."

그 광경을 보고 줄을 서서기다리던 사람이나 필자도 무슨 일인가하여 쳐다보게 되었는데 다들 이해가 안 되는 듯 그러면서도 그냥 묵묵히 의아하게 바라볼 뿐이다.

사연인즉 이랬다.

이 선생은 월남 참전용사출신이다. 작전 시 적의 폭탄에 귀고막이 상해 지금도 보청기에 의존해야 상대방과 대화가 가능할 정도라 '돌 할매' 설명을 들을 때 '돌 할매'를 들어 올려야 소원이 이루어지는 것으로 알아들은 모양이었다. 해서 이선생은 기도를 한 후 젖먹은 힘까지 다하여 돌을 들어 올린 모양이었다.

이선생은 지금까지도 그렇게 알고 있다. '돌 할매'가 번쩍 들려져 소원이 곧 이루어질 것이라고. 우리일행은 여행이 끝나고 난 이후 지금까지도 아무도 '돌 할매'의 진실을 이선생에게는 알려주지 않는다.

이선생은 지금도 당시를 회상하며 '돌 할매'를 못 들어 올린 우리들에게 자랑스레 한마디 한다.

"그때 말이야 나는 밤새목욕재계하고 몸과 마음을 청결히 하여 갔었지, 기도도 오래하였고. 그래서 그렇게 돌할머니가 번쩍 들려 주신거야. 사람이란 모름지기 평시에도 늘 마음과 몸을 청결하게 해야 될 것이야."

- 2015. 4

제3부 소설

□ 소설

물방울

2013. 2. 25
여의도 국회의사당 제18대 박근혜 대통령취임식장

'희망의 새 시대를 열겠습니다. 존경하는 국민여러분! 700만 해외동포 여러분! 저는 오늘 대한민국의 제18대 대통령에 취임하면서 희망의 새 시대를 열겠다는 각오로 이 자리에 섰습니다.

…

국민 여러분께서도 저와 정부를 믿고, 새로운 미래로 나가는 길에 동참하여 주십시오. 우리 국민 모두가 또 한 번 새로운 한강의 기적을 일으키는 기적의 주인공이 될 수 있도록 함께 힘을 합쳐 국민행복, 희망의 새 시대를 만들어 갑시다.

감사합니다.'

1997. 8.15. 저녁9시 MBC 뉴스데스크
'지금 감사원에서는 수도권 매립지에서 매립복토로 사용되는 토사를 반입하는 과정에서 시공사인 동아건설 측에 200억 이상의 부당한 공사비가 지출되었다는 사실이 밝혀냈다고 하여 사회에 큰 반향을 일으키고 있습니다. 자세한 사항을 현장에 나가 있는 고만송기자를 연결하여 알아보겠습니다. 고만송기자, 그곳은 밤인데도 대낮처럼 환한데요 지금도 야간복토 공사를 하고

있습니까?'

'예 그렇습니다. 제가 서 있는 이곳은 서울시를 포함한 인천시, 경기도에서 매일같이 배출되고 있는 음식물쓰레기를 토사로 매립을 하고 있는 현장입니다. 매일 3,600톤 이상이나 되는 각종쓰레기가 이곳에서 위생매립 되고 있습니다. 지금 제 주위에서 횃불처럼 빛나고 있는 것은 이미 매립된 음식물쓰레기에서 매탄가스가 발생하여 심한 악취를 내고 있어 이렇게 가스포집시설을 만들어 횃불처럼 불로 가스를 태우고 있답니다.'

'잘 알겠습니다. 그런데 지금 감사원에서 토사반입과 관련하여 무려 200억원이나 되는 공사비가 부당 지출되었다는 발표가 있었는데 그 내용은 무엇인가요?'

'내 그렇습니다. 감사원에서는 쓰레기를 매립하기위하여 토사를 필요로하는데 그 토사를 적기에 구입하기가 어려워 매립지 인근야산을 토사채취장으로 선정을 하였는데요. 그것이 잘못 되었다는 것입니다. 지금 서울을 포함하여 인천 경기도에는 주택재건축현장, 아파트신축현장과 각종 공사현장이 수도 없이 많은데 그 토사를 무대로 받아오면 별도의 토사 구입에 따른 추가공사비가 들지 않는다는 것이지요. 그럼 이곳 수도권 매립지 관계자인 이영환 시설계장을 만나 매립지 측의 입장을 알아보도록 하겠습니다.'

'지금 감사원감사가 끝나지 않은 상태라 결론을 말씀드리기는 어렵지만 토사의 반입이 적기에 이루어지지 않으면 쓰레기의 복토가 어려워지는바... 암튼 감사원에서 감사가 끝나면 확실한 결과가 나올 것으로 압니다'.

'매립지관계자는 아직 감사원 감사가 끝나지 않았기 때문에 정확한 입장을 내놓기가 어렵다는 답변을 하였습니다. 해서 이 문제는 감사원감사가 끝날 때까지 좀 더 시간을 가지고 지켜봐야 할 것 같습니다. 지금까지 수도권 매립지에서 엠비씨 뉴스

고만송이었습니다.'

그날 저녁 나의 전화통에는 불이 났다. 저 멀리 포항, 부산, 울산, 대구, 안동 등등 전국망으로부터 전화가 걸려왔다. 제일 먼저 내뱉는 말

'야 괜찮아?'

'별 일 아니지?'

이구동성이다.

9.15 오후2시

야, 단종..... 큰일 났다. 그녀가 죽었데... 왜 너도 기억하지? 그때 왜, 그렇네 벌써 23년이 지났네. 문세광이 육영수여사를 저격했든 날, 기억하지? 그래 맞아. 그때 내가 만났다는 그 여학생. 응 맞아. 왜 죽었느냐고? 그것 참, 그것이 내 때문이라는 거네. 그야 그렇지, 나는 이미 그때 죽었는데, 그런데 지난달 니도 봤겠지만 TV에 나오는 바람에 그 동생이 나를 알아봤다고 하는구만. 그렇지 응, 응, 그래 그래.

점시시간을 얼마 남겨 두지 않고 내사무실로 한 여인이 찾아왔다. 누군지 알아 볼 수는 없었지만 처음 봐도 어디서 많이 보았다는 느낌은 지울 수가 없었다. 그녀는 휴게실에 앉아서도 내가 권하는 음료수는 마시지도 않은 채 오랬 동안 준비해 온 듯한 말을 쏟아내기 시작했다.

"박소현 동생이에요"

"..."

"살아계셨네요..."

"..."

"언니는 돌아가셨어요. 15년도 더 되었네요."

"아니 어쩌다가…"
"영환씨는 그러고도 잘 살고 있었네요."
그녀의 이야기를 듣고 나는 가슴이 답답해지고 두 눈이 캄캄해져 옴을 느꼈다. 그녀가 자살을 했단다. 나와 헤어지고 난 뒤 마음의 상처를 잊고자 빈에 가서 몇 년간 음악공부도 해봤다고 했다. 잠시나마 그때의 기억을 잊는 것도 같았으나 결국은 스스로 죽음을 택했다고 했다. 그녀는 자그마한 상자를 하나 내 앞에 내밀었다.
"제가 가고 난 뒤 열어 보세요"
그녀는 그렇게 자기말만 내뱉고는 훌쩍 일어섰다.

박하향 가득한 백년찻집 한켠에서
소희 가득 온몸에 담고
현학금을 뜯는 아름다운 여인이여

그대는 아시나 그때 그 아름답든 추억들을
대구팔공산 정상에서 긴 머리 바람에 흩날리며
모든 것이 그저 즐겁다고 어린 소녀처럼 깔깔대든
습작처럼 글로나마 그대 향한 그리움을 전하고 싶구나
이모든 것 세월 흘러 행여 덧없을지 은정

그대 향한 진솔한 이 마음을
립-싱크처럼 그대에게 일치시키면 안될는지
다함이 없이 언제까지나 그대 향에 취하고 싶구나
－「박하 향을 닮은 여인」

그녀가 가고 난 뒤 나는 조심스레 그 상자를 열었다. 그녀가 전해준 상자 속에는 오랜 세월 접혀지고 구겨진 탓인지 네 모퉁이가 너불너불 떨어지고 중간 중간 물기가 베어번진 얼룩이 있는, 그러나 어느 정도는 식별할 수도 있는 누렇게 변한 글자들로 남겨진 편지 한 장과 당시 내가 전당포에 시계를 잡혀 산 18K로 만든 하트 모양의 목걸이와 귀걸이 한 짝이 들어 있었다.

그날 밤 나는 한숨도 못자고 밤을 꼬박 새다시피 했다. 그녀가 죽었다니...

그 녀 가 죽 다 니 . . . 그 녀 가 죽 다 니 . . .

1974. 8.15

대구 최고의 번잡한 거리 중 하나인 동성로, 일명 대구의 도깨비 시장이라고도 불리는 향촌시장 입구에 위치한 향촌사거리는 늘 수많은 인파들이 몰려들어 밤낮 시간대를 불문하고 서로 비집고 다니기도 어려울 정도로 왼 종일 북새통을 이루는 곳이다. 그 한 켠에 남향으로 자리를 잡은 가전제품 대리점이 있었는데 이름하여 '황태자', 종합가전제품대리점이다.

저녁 무렵 집에서 낮잠을 자다 슬며시 나오는 중이었는데 황태자 앞에는 다른 날과 달리 개미새끼도 한 마리 못 빠져나갈 정도로 사람들이 웅성거리며 몰려 있었다. 호기심에 이리저리 몸을 비틀며 인파속을 헤집고 겨우 황태자 정문 앞에 접근했는데 그곳 쇼 윈도우에는 한결 같이 땅을 치며 통곡하는 할머니들의 얼굴이 TV를 통하여 나타나고 있다. 금성, 대한도시바, 삼성 심지어 산요나 소니제품에서도 같은 모습이다. 모든 흑백TV에서는 국모인 육영수 여사의 죽음을 애도하는 추모방송이 화면으로 흘러나오고 있다.

화면에는 전국각지에서 오열하는 국민들이 여기저기 클로즈업되기도 하였는데 이곳 황태자 앞은 그 화면을 봐서인지 아예 할머니와 할아버지들도 화면에서처럼 두 손으로 땅을 치며 대성통곡을 한다.

충청북도 옥천 에서 태어나 배화여고를 졸업하고 6.25때 부산에서 박정희를 만나 대통령의 부인이 된 후 우아한 자태와 겸허

한 심성으로 온 국민의 존경을 받기도 하였고 특히 1972.10.17 유신체제이후 멀어진 국민의 민심을 그나마도 유지토록 한 것이 바로 영부인의 덕이었다는데... 애잔하게 아나운서의 나레이션이 내려앉고...

약간은 허탈한 마음 한구석으로 하고 막 돌아서나오려다 인파에서 조금 뒤로하고 서있는 한 여학생을 보고는 시선을 돌릴 수가 없었다. 그녀의 새카맣고 커다란 두 눈에서는 미처 닦지도 못한 듯 물방울 두개가 대롱거리고 있었다. 끝부분을 크게 웨이브 한 검은 머리카락은 허리까지 닿을 듯하고 엉덩이에 착 달라붙은 빛바랜 청바지는 가느다란 장단지를 훑고 내려 바지 밑단은 발이 보이지 않을 정도로 넓게 된 나팔바지다. 반팔 니트 밖으로 나온 가느다란 팔은 약간은 젖은 듯 한 빨간 손수건이 손목에 묶여 나풀거렸는데 짐작컨대 조금 전까지도 더위에 내비쳐진 목에 난 땀을 닦았으리라. 키는 164정도는 돼 보인다. 나이는 나와 동갑인 22살 정도. 그런데, 왜? 왜 울까?

"정말이네, 우야꼬."

"우짜긴 우째, 산 사람은 살아야지."

"저놈 보레이 문세광이라는 저놈 저 죽일 놈, 저 쳐 죽일 놈, 분하다 분해"

"정말 빨갱이 새끼는 해도 너무하는기라, 우짜면 좋노"

흥분한 군중들로부터 이리저리 떠받히며 나는 오늘의 목적지인 빅토리아 음악감상실에 들어왔다.

빅토리아는 우리 목요회의 아지트다. 하루의 스트레스를 한방에 날려주는 하드-록이 판치는 음악 감상실. 3층에 난 창문을 아예 없애고 사방 벽은 흡음재로 2중3중 방음 장치를 하고는 아무리 낮은 소리도 도심지 최대소음기준이라는 65대시빌 이하로는 내려가지 않은, 정면엔 미국 제느널 일렉트릭사의 대형 흑백 TV를 놓아 하루 종일 AFKN을 보륨을 없앤 채 내보내고 그 옆으로 긴 여자 머리를 방불케 하는 장발을 한 남자 디제이가 앉아 음악 신청을 받고, 또 재미있는 사연과 함께 멘트를 날리며 LP레코드를 틀어주고 있다. 모든 의자는 정면을 보도록 배열하여 옆에 앉은 사람끼리만 겨우 짧은 대화나 할 수 있도록 분위기를 만들어 자욱한 담배 연기 속에서는 더욱 서로를 알아볼 수가 없도록 만들어놓았다.

이곳을 우리 목요회가 선점 했다. '목요회' 좀 시시껄렁한 모임이다. 처음엔 다들 시국에 목놓아하면서 많은 지성들이 몸을 비틀 때 우리는 좀 달리 사회를 확대해보자는 취지로 모임을 결성을 했다. 허나 시간이 갈수록 당초의 초발심은 어디로 가고 현실을 잊기 위한 도피처나 만드는 아주 초라한 모임으로 변질되고 말았다.

우리학과가 목요일엔 오후강의가 없어 오후엔 도서관에 모여 '칼-막스' '아담스미스의 자본론' '오스트로프스키의 강철은 어떻게 단련 되었는가' '고리끼의 어머니"모리스 콘포스의 유물론과 변증법'같은 책을 읽고 '20대에 진보가 아니면 심장이 없는 인간'이라며 처칠을 흉내 내곤 했는데 스터디 멤버가 30명일 때도 있었다. 허나 어쩌다 사분오열되고 몇 명만 남게 되고 그것도 주류는 다 빠진 채 쭉정이만 모여 청년문화니 뭐니 하며, 밤이 늦도록 까지 이곳 빅토리아에 눌러앉아 장발에다 청바지, 통기타에 헤비-메탈에 푹 빠져들어 생맥주를 홀짝거리며 주위 여자애들과도 시시껄렁이며 노닥거리는 약간은 불량기가 넘치는 서클로 전락하고 말았다.

8월 22일 목요일.

빅토리아에 나갔다. 어두컴컴한 조명 속 벽에 붙은 흉칙하게

까지 생긴 돼지 스피커는 입에서 딮-퍼플의 하이웨이-스타를 토해내고 있고, 여기저기에서 게슴츠레하게 초점 풀린 눈동자를 내리깔고 앉은 젊은 군상들은 화통처럼 벌린 입으로 하얀 담배 연기를 뿜어내고 있었다.

너무 일찍 왔는지 일당들이 보이지를 않아 두리번거리는데 이게 왼 일, 바로 황태자 앞에서 눈물방울 두개를 단 그 여학생, 그녀가 이곳에 와있지 않는가, 그것도 혼자서.

"난 그때 댁이 영부인 친척이라도 되는 줄 알았어요."

옆에 앉겠다는 양해도 없이 그녀의 옆 의자에 무턱대고 앉아서는 첫마디를 그렇게 일갈했다. 젊고 예쁜 여인이 길거리에서 그렇게 우는 것은 처음 보았다며, 너무 기억에 남아 꼭 한번 만나봤으면 하고 생각하고 있었다고... 끈질긴 추궁 끝에서야 겨우 그녀가 K대학 음대 기악과를 다니고 있고 나와 같은 3학년이라는 신상정보를 얻어냈다. 헌데 재미있는 것은 지난번엔 보지 못했던 목에 예쁜 붉은 반점이 하나 있어 키스-마크라며 놀려대니, 아니란다. 바이올린 때문이란다.

"그래요? 그럼 다음에는 제가 그곳에 키스-마크를 하나 만들어드리겠습니다."

그렇게 농을 했음에도 그냥 웃기만 할 뿐 그녀는 좀체 말이 없었다. 경찰이 피의자 심문하듯 몇 번을 다그쳐야 겨우 '예', '아니오'로 그것도 목소리보다는 보조개를 만드는 하얀 이 만을 살짝 보이게 잔잔한 미소로 답을 해준다. 1학년이요? 하면 긴 머리카락을 좌우로 흔들며 설레설레... 3학년이요? 하면 하얀 이... 몇 번을 그러다

"아니 여기가 무슨 중환자실이요?"

소설에서나 보일법한 의사가 환자에게 눈동자를 깜박이게 하여 의사소통을 하는 것이 생각나 한마디 던지니 그제서야 뭐라고 웃으며 말을 내뱉는데 그것도 가늘고 긴 손가락을 입에 가져

다 나오는 소리를 막는 바람에 확실히 알아들을 수가 없다. 허나 에나멜로 다듬어진 긴 손톱이 실내조명 탓인지 연한 초코 유유 색을 한 긴 손가락과 어울려 뇌살 맞게 다가와 다시 물어볼 엄두를 못 냈다. 그날은 종일 나만 혼자 떠들어댔다. 괴에테도 세익스피어도 이해를 하는 것 같았고 니이체도 릴케도 돕스토옙스키와 톨스토이도 카프카며 사르트르도 이해를 하는 것 같았다. 심지어 칼막스와 아담스미스도 잘 아는 것 같았다. 해서 음악에 대해 이야기를 해보라니 역시 입술을 열어 가지르니 배열된 하얀 이만 조금 보여준다. 다음에 다시 만나면 알려주겠단다.

8월 24일 토요일.

다시 그녀를 만났다. 이번에는 돌체라는 조용한 음악다방이다. 물론 안 만나주면 학교로 쳐들어가겠다는 공갈조의 억지 에프터 신청을 한 성과였다. 나는 그녀를 기다리던 그 이틀이 일주일, 아니 한 달도 더 되는 것 같았다. 그날도 나는 그녀 앞에서 혼자만의 열변을 토했다. 미국작가 엘릭 시겔이 쓴 러브스토리를 두 번 세 번 이야기해주었다. 사랑은 결코 미안해라고 말하는 것이 아니라며... 역시 그녀는 이번에도 나보다 더 엘릭 시겔의 러브스토리를 잘 알고 있는 듯 하얀 이로 답을 했고 지난번에 약속한 음악이야기는 다음 만남에서 하겠단다.

헤어지고 나서 나는 이불속에 들어 누워서도 그녀만 생각했다. 정말 저렇게 지고지순한 여인을 내가 만난 것이 현실인가? 꿈은 아닐까하고, 이제 우리 목요회에 소개를 해야겠다고 마음을 굳혔다.

8월29일.

난 목요회 룰에 의해 그녀를 목요회 신고식장에 데리고 나가는데 성공했다. 다행이 그녀도 그늘 오후는 강의가 없단다. 목요회. 잔여 회원 수 총 6명. Y대학 토목과 3학년. 성격이나 외모의 특징을 살려 한 가지씩 별명으로 불렀는데, 머리 좋고 키가 작아 단종(제갈), 늘 팔자걸음으로 엉덩이를 흔들면서 다닌다고 오리, 가운데 다리가 너무 실해 여자에게 인기가 최고라 해서 말표, 싸움은 최고지만 좀 지저분한 외모를 하고 다녀 춘삼이, 손이 너무 커서 갈구리, 그야말로 늘 활동해야 생존이 가능하다며 발발이 처럼 쏘다녀서 상어 등으로 불려졌다. 이중 180센티의 키에 몸무게 60키로그램 밖에 나가지 않은 삐쩍 마르고 긴 장발로 인하여 맨날 파출소에 잡혀가고 5센티가 넘는 캉캉 굽 구두를 신고 휘청거리는 오리가 바로 나의 별명이다. 목요회의 정관 중 요사이 주목을 받고 있는 조문이 하나 있는데 회원의 임무 중 회원신상 공개 조항이다. 회원은 어떤 사소한 신변잡사라도 회원 간의 토론의 대상이 되며 특히 여자관계에 관한 한은 회원 전부 에게 사전 공개하도록 하였다. 여자를 사귀게 되면 회원들 앞에서 신고를 하도록 하였고 회원들은 품평회를 하고 향후 어떻게 해야 될 것인지를 결정하고 이행토록 한다. 예를 들면 신고식에 나온 여자를 보고 점수를 매겨 난이도를 정하는데 50점 미만은 1달, 50점 이상은 2달 이내로 기간으로 하고 그 동안 어떠한 수단방법을 동원해서라도 그 여자를 자기소유로 만들어야 임무가 완수되고 진정한 우리 목요회의 회원으로 인정 받을 수가 있었다.

"아니 왼 퀸카냐? 너 혹 친척 한 명 데리고 온 것 아니야?"

그녀를 내 보내고 나자 기다렸다는 듯이 아직 한 번도 임무를 제대로 수행하지 못한 춘삼이가 고개를 실룩거리며 못 믿겠단다. 춘삼이는 소개팅을 해도 늘 퇴짜다. 처음엔 잘나가는가 싶었는데, 그 술이 원수라 술 한 잔만 먹으면 술이 술을 먹고 사고를 치고는 파출소에 들어 앉아있다. 뭐라나, 술을 못 먹는 놈은 공부도 못 하는 놈이라고 떠들면서. 한번은 내가 소개 해 준 미대생이 있었는데 임무를 수행한다며 술을 먹고 옆 테이블 학생들을 얼마나 두들겨 팼던지 서울에서 검사를 하고 있는 그의 아버지가 아예 더 이상 봐 줄 수 없다며 이번에는 아예 감방으로 보내버리라고 해 그의 어머니가 며칠 동안 밥도 안 먹고 단식 아닌 단식투쟁으로 겨우 무마를 한 일도 있었다. 그날 이후 그는 임무 불이행한 죄로 목요회의 술값을 거의 다 감당하고 있었다.

"역시 오리야, 대단해. 근데 2달로는 어렵겠어, 니 실력으로도 말이야. 암 어려울 것 같에."

"맞아 내가 생각해도 무리야, 보통이 넘어 보여, 거봐 우리 앞에서 그냥 미소만 보이잖아, 내가 오리를 만난 첫인상이 어땠는냐고 몇 번이나 물어도 그냥 웃기만 하던데, 다른 여자들 하고는 뭔가가 달라. 그리고 너무 예쁘."

"그렇지? 꼭 고은아 젊은 시절 얼굴 같았어, 그래도 서울 출신은 아닌 것 같지? 너무 순진한 것 같애 암튼, 우리 모임에서 이렇게 어려운 고지가 나타나기는 처음이네..."

"그래, 내가 보기에도 율곡 어머니인 사임당 같아, 우리 오리에게 좀 더 시간을 주자. 3달로 하지 뭐. 고지가 고지니만큼 그에 걸 맞는 작전이나 실탄을 준비해야 안 되겠어. 어때? 오리, 3달이면 할 수 있겠지?"

다들 한마디씩 한다. 그리고 최종적으로 우리회의 브레인 인제갈이 결론을 내려준다. 이제까지 한 번도 없었던 고지점령기간 3개월로.

12.30.

"단종, 아니 미안 미안. 제갈량, 어디 좋은 방법이 없을까? 이러다간 내가 제명에 못 죽겠어. 아니 우리 집 식구 전부가 말이야."

나는 너무 급한 나머지 전화에다 대고 우리목요회의 브레인인 제갈에게 그가 제일 듣기 싫어하는 단종이라는 별명을 먼저 내지르고 말았다. 제갈은 우리 목요회에서 머리가 제일 좋은 친구로 중간고사나 기말시험 때면 세 번 정도까지는 답안지를 교환할 수 있는 실력이다. 그래서인지 시험 기간엔 서로 그의 주위에 앉겠다고 난리가 난다. 집안도 대한 결핵협회 이사직를 맡고 있는 유능한 의사님이 아버지라 검사아버지를 둔 춘삼이와 함께 대구에선 제법 힘깨나 쓰는 상류층 이었다. 그러나 그 키가 너무 작다는 것 하나 때문에 목요회의 임무를 한 번도 제대로 완수하지 못한 친구다. 머리가 좋고 똑똑하여도 어찌된 일인지 늘 마무리는 쫑을 친다. 나는 그에게 제갈 이라는 별명보다는 160 센티도 안 되는 작은 키를 빗댄 짧은 종자라는 뜻인 단종이라 부르길 좋아했는데 그것은 그의 잘난 집안을 약간은 무시하겠다는 의도도 있었지만 내심 그것을 알면서도 우리 회원들끼리 있을 때는 별 화답을 내보이지 않았다.

목요회에의 명령으로 나는 즉시 난공불락의 요새로 판단된 고지의 점령 작전 계획에 들어갔다. 몇 번이나 같은 질문을 하여야만 겨우 못 이긴 척 대답을 한다는 것. 그녀를 만나면서 여자들은 너무 수다를 뜬다는 것을 새삼 발견했다. 반대로, 말이 없는 여자는 더욱 얌전하고 순진한 여자로 보여 질 수 도 있다는 것을 알았다. 몇 차례의 만남에서 몇 가지 더 알게 된 사실이 있다면 그녀의 형부가 행정 사법 외무 3과 고시를 모두 합격하고 현재 변호사로 있으며 머잖아 국회의원으로 출마한다는 것과 수려한 미모덕택으로 무슨 미인 대회 엔 가에 출전한 경력이 있었다는 것 정도이다. 그녀는 그 때 까지도 많은 말은 될 수 있는 한 피했다는 사실이며 어쩌다 긴소리를 낼 때엔 부정확한 발음소리를 느껴야 할 때가 있어 행여 선천성 단설성(혀 짧은소리)의 증후군이 있지나 않나 하는 의구심을 가졌다는 정도일 것이다. 그러나 그녀의 완벽한 미모 앞엔 기우는 결국 기우로 끝나버리고..

"영환띠 어때 떱에 쩐화 해또 없떼? 어띠 가쪘쪄?"

나는 온갖 술수를 다 동원하여 목요회 에서 정한 고지 점령기한 일을 20여일 남겨놓은 시점에서 목표를 달성하였다. 덕분에 중간고사 시험은 엉망이 되었지만, 그런데 이게 웬일? 얌전하고 그냥 착하게만 느껴지던 그녀는 심하지는 않았지만 차츰 차츰 수다스럽게 변하였고 그러다 보니 자주 만나면서 내가 기우처럼 느꼈던 심한 언어장애를 나타내고 있지 않는가. 하루는 내가 없는 사이 어떻게 찾아 왔는지 우리 집으로 찾아와서는 다짜고짜 어머님께

"영환찌 어띠 깠쪄요?"

하는 바람에...

그날 밤 나는 정말이지 맞아 죽는 줄 알았다.

"이놈 니 놈이 우리가문의 몇 대 독자인줄 아느냐?"

나는 제갈에게 술이며 담배를 상납하며 손이 발이 되도록 부탁하고 또 부탁했다. 어떻게 하면 그녀를 내 곁에서 아니 내가 그녀 곁에서 멀리 도망 갈 수 있을까 하고 말이다. 우리 목요회에서 이와 같은 불상사가 일어난 것은 이제까지 한 번도 없었다. 특히 고지가 점령자를 집에까지 찾아와서 난리법석을 만들리라곤 전혀 예측하지 못한 돌발상황이었기 때문이었다. 나는 제갈

에게서 한번 좋은 방법을 연구해보겠다는 대답을 듣고서야 겨우 오늘은 누구네 집에 가서 하루 밤을 보낼까 하고 생각할 수 있었다.

"여보세요. 오리? 응. 그래. 나야 단종. 좋은 생각이 떠 올랐어. 오늘 빅토리아로 나오지 그래."

일요일 아침 일찍 단종의 전화를 받은 나는 신발을 끌다시피 하며 뛰어 나갔다. 잠시 후 나는 기발한 단종의 아이디어에 눈물을 흘리지 않을 수 없었다. 단종의 계획은 이러했다. 요번 기회에 아주 나를 죽여 주겠단다. 그것도 무서운 폐결핵 환자로 만들어서. 단종이 자기아버지 회사에 갔다가 책상 위에 널려있는 여러 장의 폐결핵진단서를 보게 되었단다. 그곳에서는 하루에도 수십 장의 진단서가 발급된다는 사실을 알고는 아직도 우리주위에 이렇게 많은 폐결핵환자가 있다는 사실이 의아스러워 한참동안 그 것을 보고 있었는데

"옳구나. 바로 이거다."

하고는 그 진단서 양식을 한 장 슬쩍 가져왔다는 것이었다. 그 양식에 내 이름과 그럴듯한 병력을 기입하고 큰 도장만 하나 꽝 찍는다면 보통사람들은 그 진위를 알아 볼 수 없을 것 같은 느낌이 들었단다. 어찌되었든 나는 단종의 계획에 의하여 졸지에 폐결핵 말기, 그것도 시한부 3개월 정도의 잔여 생을 남겨놓은 불쌍한 사나이가 되고 말았다.

모든 준비가 끝나자 마지막으로 그녀와 만날 장소를 물색하기 시작했다 고지점령 임무를 부여받고 작전계획을 세울 때 보다 더 심각하고 용의주도하게 작전계획에 임했다. 그러나 별 뾰족한 묘안이 없어 고지점령 계획 시에 만났던 그곳에서 다시 한 번 고지후퇴 작전을 꾸미려고 작정하고는 다 죽어 가는 목소리로 그녀에게 전화를 했다 그 동안 연락을 못해서 미안하다며 긴

히 할 애기가 있으니 그때 만났든 그분위기 좋은 백년찻집으로 나와 달라고...

"소현씨 정말 끝까지 밝히지 않으려고 하였는데..."

나는 한껏 심각한 표정으로 당장 죽을 듯이 하면서 내가 폐결핵 말기 환자이며 이제 머잖아 죽게 될 것이라는 것과 이 사실을 나의 생이 끝날 때까지 그녀에게 말을 하지 않으려고 하였는데, 그러나 그녀가 너무 아름답고 착하고 순수하기 때문에 더 이상 양심을 속여 가면서까지 그녀를 속일수가 없었다고 말했다. 그리고 이것이 그저께 병원에서 진찰 받은 결과라면서 단종이 만들어준 가짜 진단서를 그녀 앞에 살짝 펴 보였다. 그 동안 정말 즐거웠었고 빨리 애기하지 못한 것에 대하여 무어라고 사과의 말을 하여야 될지. 정말 미안하다면서 이모든 것이 처음 만났을 때 그녀의 아름다움에 취해 그만 이성을 잃어버린 탓이라면서, 그러나 이제라도 그녀를 위하여 어쩔 수 없이 진실을 밝힌다는 것을 다시 한 번 강조했다. 그리고는 찻잔 옆에 펼쳐놓은 진단서를 행여 그녀가 유심히 볼까봐 얼른 집어 들고는 그녀에게서 도망치듯 일어서 나오려는데 아무 말 없이 듣고만 있던 그녀의 새카맣고 커다란 두 눈에는 언젠가 황태자 앞에서 본 것과 똑같은 물방울 두 개가 대롱거리고 있었다.

"야 단종 이러다가 내일 아침에 그녀가 내 병 고쳐준다고 약 한보따리 사들고 오지나 않을지 모르겠네..."

"글쎄 요즈음 여자 애들이 어디 그런 순정이나 가지고 있을까?"

밖에서 기다리고 있던 단종은 내가 던진 우문에 그렇게 답했다.

2013.2.25

나는 여의도국회의사당에서 열리는 제18대 대통령취임식장 정리관으로 차출되어 새벽부터 장내를 돌고 있었다. 단상에 VIP석을 둘러보고 의사당 앞 잔디밭에 배석된 내빈들을 둘러보고 있는데 아직 행사 시작이1시간여가 남았는데도 축하 내빈석의자는 거의가 다 메꿔져 있었다. 2월이라 이른 봄소식이 오지 않아서인지 다들 모자며 두꺼운 외투를 걸치고 있었는데 갑자기 강풍이 일어나 어느 여인의 모자를 내 앞으로 굴려 보내고 있었다. 나는 모자를 주워 여인에게 다가갔는데... 난 그만 그 자리에서 주저 않고 말았다. 분명히 소현이었다. 박소현이... 그 모자주인이 바로 박소현이였다. 분명 16년 전에 동생이 와서 그녀가 죽은지 15년이 넘었다고 한.

취임식장을 뒤로하고 나는 직원전용휴게실로 그녀를 안내해 갔다. 도대체 어찌된 일인가하고 물었다. 한참을 있다 그녀는 입을 열었다. 그녀는 정말 내가 죽은 줄 알았다고 했다. 그 일이 있고난 뒤 몇 달인가 지나서 혹시나 해서 우리 집을 왔었는데 집 앞에 청사초롱이 걸려있는 것이 보였단다. 그러고 보니 아마 당시 아버지가 세상을 떠나 집에서 발인을 했었는데 그때 그녀가 오다 그것을 내가 죽은 것으로 착각한 모양이었다. 자기는 너무 슬펐다고 했다. 그녀의 동생말대로 오스트리아 짤쯔부르그에 가서 바이올린 유학도 몇 년 했단다. 그래도 텅 빈 마음은 쉽게 채워지지 않아 몇 번이나 자살을 하려고도 했단다. 그런데 당시 변호사였던 그녀의 형부가 국회에 진출하고 그녀를 의원보좌관으로 임명하고 같이 다니면서 차츰 과거를 잊고 현실로 돌아갈 수가 있었다고 했다. 언어교정도 점점 좋아지고 해서 그녀는 다른 국회의원 보좌관을 남편으로 만났고 지금은 벌써 삼선 의원 사모님이 되었다고 했다. 16년 전 동생을 내게 보내 자기가 죽었다고 이야기 한 이유가 뭐냐고 물었을 때 그녀는 이렇게 대답했다.

'개구리의 이야기를 아나요? 어린이가 장난삼아 던진 돌이 개구리는 생명을 담보한다는...나는 TV에서 당신이 살아있다는 사실을 알고 얼마나 놀랐는지, 정말 충격 그 자체였답니다. 혹시 잘 못 본 것이 아닌가 몇 번이나 생각을 해보았답니다. 나는 꼭 한번 확인해보고 싶었답니다. 정말로 당신이 나를 사랑했는지 그 진단서가 진짜인지, 해서 나는 당신의 근무지로 우리남편 보좌관을 보냈습니다. 아무것도 묻지 말고 당신이 공무원이 되기 전 폐결핵의 이력이 있는가만 알아보라고 했지요. 그런데, 보좌관의 보고에 의하면 당신은 그런 병 이력이 전혀 없다더군요. 그때 받은 충격 또한 어린 시절 내가 받은 충격이나 방송에서 당신을 본 충격 못지않게 나를 옥죄어 왔답니다. 나는 생각했었답니다. 이번에는 내가 죽어서 당신을 아프게 해줘야겠다고, 해서 동생을 시켜 그 말을 하게 했답니다.'

그러고 보니 그녀가 나 때문에 죽었다는 사실을 알고 지금까지 근 16년 동안을 늘 나는 속죄하는 심정으로 살아왔다.

나는 그녀를 식장으로 다시 안내해주면서, 정말, 정말, 미안하다고 했다. 그리고 나를 용서 해줬으면 좋겠다는 마음은 있으나, 그러나 절대 나를 용서 하지는 말라고 했다.

마침 취임식장에는 장사익의 찔레꽃이 국회의사당을 하얗게 뒤덮고 있었다.

> 하얀 꽃 찔레꽃
> 순박한 꽃 찔레꽃/별처럼 슬픈 찔레꽃
> 달처럼 서러운 찔레꽃
> 찔레꽃 향기는

너무 슬퍼요
그래서 울었지
목놓아 울었지
찔레꽃 향기는
너무 슬퍼요
그래서 울었지
밤새워 울었지
아!
찔레꽃처럼 울었지
찔레꽃처럼 노래했지
찔레꽃처럼 춤췄지
찔레꽃처럼 사랑했지
찔레꽃처럼 살았지
당신은 찔레꽃 ......

□ 발문

달관의 문학놀이

-이상일의 『隨詩說 길에서 삶을 보았네라』에 부쳐

홍 문 표
(시인 · 평론가 · 전오산대총장)

이상일 문인이 『隨詩說 길에서 삶을 보았네라』란 아주 생소한 제목의 시와 산문집을 냈다. 책의 제목에 대한 그의 변을 보면 수시설이란 수필 · 시 · 소설이란 장르 명칭에서 한자씩 차용해서 만든 조어란다. 매우 기발한 명칭이기도 하지만 한편으로는 대단히 충격을 주는 명칭이기도 하다. 남들은 시나 수필, 또는 소설 중 하나도 감당하기 어려운데 이상일 문인은 시 뿐만 아니라 수필도 쓰고 소설까지 쓰고 있으니 그의 문학적 열정은 물론 세 분야를 넘나들 수 있는 그의 문장력에 놀라움을 금할 수 없기 때문이다.

사실 우리 문단에는 아직도 시 · 소설 · 수필이 엄격히 구분되어 있는 풍토다. 그런데 이상일 문인은 이번 작품집에서 이러한 기존의 문화를 벗어나 모든 문학의 장르를 자유롭게 넘나들고 있는 것이다.

근대 문화의 특징은 전문성이다. 한 분야에서 전문성을 갖는 것을 미덕으로 생각했다. 그러기에 문학에서도 시인과 소설가 수필가가 엄격히 구분되어 한 분야에서만 충실해야 했고 시인이 수필을 쓰거나 소설을 쓰면 외도라는 생각을 했다. 이러한 문화를 경계세우기 문화라고 했다. 모더니즘 문화나 모더니즘 문학이 그런 것이다. 모더니즘은 철저히 세상을 분류하는 것이고, 구별하는 것이고, 너와 나의 사이에 장벽을 세우는 것이다. 그래서 장르와 제도의 경계가 엄격했고 그것을 매우 합리적이고 과학적이라고 생각했다. 그런데 이러한 경계 세우기 문화는 마침내 너와 나의 단절감, 바로 서로 간의 소통이 불가능한 분열을 초래했고, 그것이 근대의 후유증이 되어 모두 허무주의에 빠지는 결과가 되었다.

키엘케고르가 고독, 소외감을 죽음에 이르는 병이라고 했는데 이는 신과 인간의 단절감에서 오는 고독이기도 하지만 동시에 근대문명이 갖는 이 전문성, 경계세우기라는 과학주의가 빚어낸 저주이기도 하다. 이러한 저주는 인간의 사고방식이나 문화양식을 지배하면서 소위 이데올로기의 악령을 만들기도 하였다. 공산주의와 자본주의, 전체주의와 개인주의 문학에서 내용이냐 형식이냐 하는 이 이원주의적 대립은 치열한 대결의 시대, 냉전의 시대, 세계대전의 비극을 초래하기도 하였다. 이러한 근대의 과학주의가 가져온 저주에서 벗어나고자 현대는 탈냉전 · 탈 이데올로기, 탈구조주의 운동이 전개되었고 문학에서는 탈장르니 해체주의니 하는 것으로 그동안 경계세우기로 인한 장벽을 열고 장르의 자유로운 넘나들기를 하게 되었고 우물 안 개구리처럼 전문성만 고집하던 모든 영역이 이제는 상호보완, 상생(相生)이란 새로운 생존질서를 모색하고 있는 것이다.

그렇다면 이상일 문인의 이번 작품집은 바로 탈장르시대, 또는 해체주의 시대에 걸 맞는 매우 선진적인 시도라고 할 수도 있다. 이는 작품집이란 반드시 시집이나 수필집이나 소설집으로 전문화해서 각각의 울타리를 만들고 문학을 할 필요가 없다는 말이기도 하다. 필자가 이 작품집의 제목을 보고 대단히 충격을 주는 명칭이라고 한 것은 바로 이러한 작가의 자유로운 창조적 발상에 대한 공감에서 비롯한 것이기도 하다.

그런데 이번 작품 집 제목의『隨詩說』에는 집고 넘어야할 부분이 있다. 우선 隨詩說의 순서다. 일반적으로 문학의 장르를 열거할 때는 詩 · 小說 · 隨筆 순으로 표시하는 것이 관례다. 그렇다면 詩說隨가 맞다. 그런데 이번 작품집 제목은 隨, 수필을 맨 앞에 두었다. 이는 단지 어감상의 문제가 아니다. 수필을 앞에 둘만한 작가의 의도가 있는 것이라 생각되기 때문이다. 비록 시 · 소설 · 수필의 장르를 자유롭게 넘나들지만 그래도 수필에 더 비중을 두었다는 암묵적 표현이 아니겠는가 하는 것이다. 사실 이번 작품집의 분포를 보면 시 23편 · 수필 37편 · 소설 1편으로 되어 있어 단연 수필의 비중이 높다. 분량만 보더라도 450여 쪽의 이번 작품집에서 수필이 갖는 분량만도 400 여 쪽이 된다. 이는 독립된 수필집으로도 한 권이 넘는 분량이다. 뿐만 아니라 이번 작품집『隨詩說』의 제목에는 "길에서 삶을 보았네라"라는 부제가 첨부되어 있다. 이 부제는 그가 이미 출간한 기행 수필집 "길에서 삶을 보았네라"에 두 번째의 작품집이라는 것을 밝히고 있는데, 이 부제가 보여주는 의미도 첫 번째 수필집의 연속적인 작업임을 말해준다. 이만큼 이번『隨詩說』이 시 · 소설 · 수필의 종합적인 작품집이기는 하지만 역시 비중은 수필에 있음을 알게 된다. 그렇다면 구체적인 그의 작품세계도 수필, 시, 소설 순으로 살펴보아야 겠다.

먼저 이상일 수필가의 이번 작품들은 전반부에서는 가족관계, 직장생활, 은퇴 후의 새로운 생활에 대한 소재들이 진솔하면서도 당당하게 그려져 있고, 후반부는 주유천하를 하며 삶을 살펴보는 정말 여행길에서 인생을 발견하는 여유로운 문학기행이다.

이들 작품을 보면 이 책의 부제가 말해주듯이 정말 길에서 삶을 발견하는 진지한 담론임을 알게 된다.

그러나 여기서 길은 단지 여행길만이 아니다. 그에게 있어서 길은 여행길을 넘어 인생의 길이 있고, 문학의 길이 있고, 국가기관에서는 직장인, 집에서는 가장, 그리고 밖에서는 사회인으로서의 길이 있다. 그 길에서 진실을 발견하고, 사랑을 발견하고, 인생을 발견하면서 거침없이 걸어가는 남성적인 발자국이 있다. 그의 문장은 막힘이 없다. 해박한 언어와 솔직한 언어가 오히려 호감을 주고 인간미를 준다.

그의 수필은 기행수필이 많다고 했다. 그러나 그의 기행수필은 단지 낯선 세계를 주마간산(走馬看山)식으로 구경하고 다니는 기행문이 아니라 본격적으로 낯선 지역의 역사와 문화를 살피고 이를 철저히 고증하면서, 경치만 보는 것이 아니라 문화와 문화가 만나고 역사와 역사가 만나는 본격적인 문화탐방의 기행 수필이라는 데서 여타의 기행 수필과는 차별성을 지니고 있다.

한편 이상일 시인의 시들은 그의 수필에서도 길에서 삶을 발견하듯이 역시 길에서 시적 진실을 발견하는 깨달음이 있고 인간미가 있는 따뜻한 작품들이다. 20여 편의 작품들인데 그 중에서도 가장 비중 있는 주제는 함께 인생길을 동행하는 아내에 대한 시다. 「당신은 나의 로또」 「일기」 「쿵쾅쿵쾅」 「가마우지」 「여보자기당신허니다링」 「진실과 오해」 등의 작품들을 보면 제목만 보아도 천진스러움과 사랑스러움이 넘치는 열부시다.

> '여보자기당신허니다링'
> '여보자기당신허니다링'
>
> 컬러링 채 사라지기도 전
> 그녀 성음
> 트레몰로 선율 되어

몸속 찰싹 도배된다.

10년. 크로커다일
시위 떠난 화살, 과녁 없어 뒤뚱
동맥경화, 심근경색, 그녀를
토마토라 불렀다.

20년. 이가 갈린다/ 상상하기도 싫다/ 일고도 미련도 없다.
굳은 얼음 쪼개듯 한 송곳질.
내안에 구겨지고 있는 시지포스의 바위

30년. 서리 가득, 질식한 영혼,
못난 일별의 무능, 벌충해준
백화점 누워 있는 옷만 고른다는, 가시고기
8천생의 전생 연을 존귀로 참아 준, 그대
당신은, 당신은 호박(琥珀).

다링.
허니.
당신.
자기.
여보.

-「여보자기당신허니다링」

지난 주 말
전남부안에 있는 변산 월명암 가는 길.

땀을 뻘뻘 흘리면서도
붉게 그을린 나무에게 농을 거느라 힘든 줄 몰랐네

쿵쾅 쿵쾅

암자 턱밑에 와서야 요동치는 심장소릴 들었네

쿵쾅 쿵쾅

어디선가 많이 들었던 소리

부처님께 공양을 올리고

감로수로 목을 축이고서야 겨우

그 소리가 뭔지 알았네

아내를 처음 만나
수성 못 뚝 방을 거닐며

살포시 손을 잡았을 때

쿵쾅 쿵쾅

– 「쿵쾅 쿵쾅」

0월00일
그리움보다 더 지독한 보고 싶다 를 뭐라 하지? 말을 생각 하지 않고 할 수 있는 사이가 부부 밖에 더 있겠는가. 나이가 점점 무거워 지는 세월 앞에 우리의 사랑도 무거워 지리라 믿어봅니다. 앞으로. 오늘도 내일도 전진 앞으로....

0월00일
적막강산, 산속에 눌러 붙어 속새 이야기 물어다 주는 그대 목소리, 그거이 내겐 큰 낙 인디...

– 「일기」

「여보자기당신허니다링」 참으로 닭살이 돋는 부부애를 보여

주는 용어다. 점잖고 세련된 시학을 추구하는 사람들은 이런 제목을 보고 좀 치기가 있는 가벼운 시어라고 생각할 수도 있다. 그러나 남들이 쓰기를 주저할 수 있는 이러한 언어를 아무 거리낌 없이 구사하는 시적 용기가 바로 이상일 시인의 시적 매력이고 그의 문학이다. 그의 문학은 미사여구로 그럴듯하게 포장하거나 애매모호한 어법으로 독자를 미혹하는 그런 애매한 어법을 거부한다. 그의 언어는 솔직하고 직설적이다. 그래서 그의 이번 작품집에는「돌체다방 김마담」「역삼동 차마담」도 있고 「순자네 주점」도 있다. 이상일 시인은 남들이 숨길법한 이런 소재들마저 과감히 들어낸다. 인간의 길은 그리고 문학의 길은 아름다운 꽃밭이나 흘러가는 구름이나 청풍명월에만 있는 것이 아니라, 털털한 현실의 뒤안길에도 진실이 있고 사랑이 있고 인생의 길이 있기 때문이다.

그러나 사실 평생을 함께 하는 부부보다 더 소중한 인생의 길, 그 소중한 인연이 있을까. 그렇다면 그 소중함을 솔직하게 표현하는 것이 보다 시인다운 자세가 아닌가. 얼마나 그녀의 목소리가 소중했던지 「여보자기당신허니다링」이란 제목의 시는 수필의 제목이 되어 확대 재생산 되었다. 서로가 처음엔 꽃이었지만 살다보면 토마도가 되고 악어가 되고 가시고기가 된다. 그런 애증의 줄다리기가 부부다. 그럼에도 불구하고 이상일 시인에게 있어서 아내란 무엇인가. 그것은 8천생의 전생 연을 존귀로 참아 준, 그대 당신은, 당신은 호박(琥珀)이라는 결론이다. 여기서 호박은 늙어서 누렇게 주름진 줄기채소 호박이 아니라 바로 황금 빛나는 보석으로서의 호박(琥珀)이라는 것이다.

그의 아내 사랑은 「쿵쾅 쿵쾅」에서도 잘 드러나고 있다. 제목은 역시 아이들의 동시처럼 천진스럽지만 그 가슴 두근거리는 진동은 변산 월명암 가는 길에서 들었고, 부처님 공양을 올리고서야 그 진원지가 “아내를 처음 만나/ 수성 못 뚝 방을 거닐며//

살포시 손을 잡았을 때// 쿵쾅 쿵쾅"인 것을 알았다는 것이다. 그처럼 가슴 치던 첫사랑의 감동을 수십 년이 지난 지금도 그대로인 것을 고백할 수 있다는 것이 얼마나 행복한 일인가.

그의 작품엔 정년 이후 여가를 보내고 있는 어답산에 관한 시와 수필도 있다. 그런데 시에서 어답산에 관한 생활을 일기형식으로 쓴 작품이 있다. 시를 일기형식의 산문시로 쓴 것이다. 그런데 그 내용인즉, 역시 당신에 대한 절절한 연가다. 일기의 한 구절에 이런 표현이 있다. "그리움보다 더 지독한 보고 싶다를 뭐라 하지?" 얼마나 간절한 그리움인지를 역설적으로 보여주는 대목이다.

한편 그의 시에는「담연」이라는 시가 있다. 그런데 수필작품에도 「담연」이라는 작품이 있다. 이로 보면 담연에 대해서도 작가의 관심이 큰 것임을 알 수 있다. 시 「담연」을 보자.

밤늦게 찾아온 슬픔
대구 매형 사망
허둥댈 누님 안쓰러워
먼 길 마다않고 차를 몬다

는개 잠긴 고속도로
콱,
목이 잠겨
캬!
큰 기침 몇 번, 담연 한입
힘껏, 차창 밖에 내 친다
퉤!

귀경길 휴게소
몽롱한 정신, 진한 커피 향에 희롱 당할 때
차 뒷문에 달라붙은 희꺼머래 한 그 뭔가가 눈에 든다

뭐지?

다가가보니 그것은
그제 밤 야멸차게 내 팽개친
담연

말라비틀어진 채
붉게 물들여진 뒷문 차창에 찰싹 달라붙어 있었다.
뻰뻰스레...

-「담연(痰涎)」

시에서만 보면 매형 사망에 조문 차 내려가다 목이 잠겨 힘껏 차창밖에 담연 한 잎 뱉었는데 귀경 길에 보니 그것이 차 뒷문에 붙어 있는 것이다. 이 모습을 그는 이렇게 마무리 짓고 있다. "다가가 보니 그것은/ 그제 밤 야멸차게 내 팽개친/ 담연// 말라비틀어진 채/ 붉게 물들여진 뒷문 차창에 찰싹 달라붙어 있었다 / 뻰뻰스레…" 이 내용을 보면 이 시의 담연은 뭔가 버리고 싶고, 잃어버리고 싶은 감정이나 상처다. 그래서 야멸차게 내 팽개치고 싶었는데 쉽게 되지 않은 끈질긴 감이 있다.

이를 수필 「담연」에서는 보다 상세하게 그 사연을 드러내고 있다. 고등학교시절 엄마 같던 누님이 결혼한다기에 결사반대한 매형, 결코 누나를 행복하게 하지도 못했고, 더구나 자신이 7년간이나 교제하고 결혼하고자 했는데 매형의 훼방으로 실패한 일들, 그런 악연들로 끝내 껄끄럽던 매형의 죽음에 조문을 가면서 그 모든 감정을 담연으로 뱉어 버리고자 했는데 다시 뒷문에 달라붙은 그 끈질긴 인연의 번뇌를 지울 수 없는 것이 사바세계인 것을 드러내고 있다. 그래서 수필「담연」을 이렇게 마무리한다.

뭔가?

하며 가까이 가보니, 그것은.

담연(痰涎).

산을 힘겹게 넘으며 싸놓은 태양의 배설물을 주워 먹었는지 핏빛 같이 물던 붉은 선홍색 차창엔,

담연(痰涎)이 말라비틀어진 채 찰싹 달라붙어 있었다.

그제 밤 내가 모질게도 뱉어내 던져버린 바로 그 담연(痰涎).

뻔뻔스레 희죽거리며 나를 놀리기까지 한다.

– 수필 「담연」에서

이상일 소설가는 이번 작품집 마지막에「물방울」이란 소설 한 편을 실었다. 이 작품은 젊은 시절 무모한 객기가 빚어낸 사랑과 이별과 부끄러운 재회라는 결말의 성장소설이다. 육영수 여사의 사망과 박근혜대통령의 취임이라는 역사적 공간에서 여사의 죽음을 보고 눈물을 흘리던 여인의 물방울을 보고서 사랑을 고백했지만 부모의 반대로 죽을병에 걸렸다는 거짓말을 하면서 다시 이별의 물방울을 강요했던 주인공, 그러나 서로간의 죽음이라는 미끼로, 이별을 합리화했지만 박근혜대통령 취임식 날 서로 만나 그것이 거짓임을 알게 되고 객기로 헝클어 졌던 젊음을 벗어나 새로운 성인으로 성숙한 서로를 확인하게 된다. 누구에게나 족히 있을법한 아련하게 떠오르는 젊은 날의 수채화 같은 사랑 이야기가 역사적 사건을 무대로 구성진 화법으로 잘 전개되어 있다.

필자는 이번 이상일 문인의 작품집『隨詩說』을 보고 한 마디로 달관의 문학놀이라고 했다. 달관이란 시시한 세사에 얽매이지 않고 세속을 벗어난 초탈한 경지에서, 사물을 보고 인생을

경영해 가는 자세다. 이상일 문인의 문학이 그렇고 인생이 그렇다. 그는 시니, 소설이니, 수필이니 하는 어느 한 장르에 머무르지 않고, 고집하지 않는다. 그의 언어는 활달하면서 막힘이 없다. 결코 남을 의식하거나 세련된 격식으로 주변의 눈치를 보지 않는다. 그의 문학은 장르나 제도에 매달리는 것이 아니라 오히려 여러 장르를 넘나들며 문학을 즐긴다. 그러기에 그의 문학은 솔직함이 있고, 현실감이 있고, 그래서 정감이 넘치고 인간미가 있다. 또 하나 더 재미있는 것은 이번 책에 삽화를 44개나 올렸는데 모두 이상일 문인이 직접 제작한 것이라는 점이다. 서각을 하고 가죽공예를 하고... 전시회도하면서 지인들에게 선물로 주기도 한다는데 그는 횡성집필실에서 글만 쓴 것이 아닌 모양이다. 글쓰기도 힘이 드는데 여러 분야에서 열정을 보이는 이상일 문인께 다시 한 번 찬사를 보내면서 계속, 자유로운 영혼의 그 거침없는 달관의 문학놀이가 신선한 충격과 파문으로 계속되기를 기원하는 바이다.

한국창조문학대표문학선

隨詩說 길에서 삶을 보았네라<II>

2017년 1월 15일 초판 인쇄
2017년 1월 20일 초판 발행
저 자 이 상 일
발행인 신 용 호
발행처 창조문학사
서울 서대문구가좌로 86 동천아카데미5층

등록번호 제1-263호
전화 02 - 374 - 9011 FAX 374-5217
이메일: hmpo@hanmail.net

공급처: 한국출판협동조합 전화 716-5616~9
저자와 협의에 의해 인지를 생략합니다.
파본은 바꾸어 드립니다.
ISBN 978-89-7734-434-1
정가 21,000원
